Przywództwo z Synercube

Anatoly Zankovsky ·
Christiane von der Heiden

Przywództwo z Synercube

Dynamiczna kultura przywództwa
w dążeniu do doskonałości

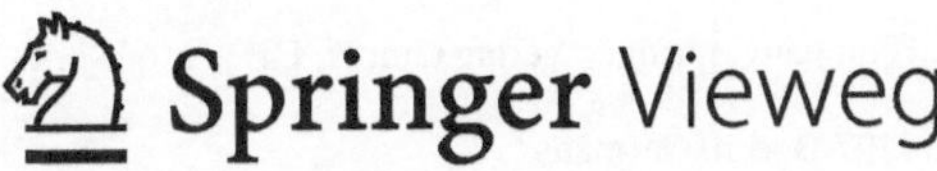 **Springer** Vieweg

Anatoly Zankovsky
Russische Akademie der Wissenschaften
Moskau, Russian Federation

Christiane von der Heiden
Synercube GmbH
Leverkusen, Germany

ISBN 978-3-662-58234-3
https://doi.org/10.1007/978-3-662-58235-0

ISBN 978-3-662-58235-0 (eBook)

Springer Vieweg
Translation from the English language edition: Leadership with Synercube. A dynamic leadership culture for excellence. (c) Springer-Verlag Berlin Heidelberg 2016

This Springer Vieweg imprint is published by the registered company Springer-Verlag GmbH, DE part of Springer Nature.
The registered company address is: Heidelberger Platz 3, 14197 Berlin, Germany

Wlipcu 2013 roku Boeing jednej z azjatyckich linii lotniczych rozbił się podczas podchodzenia do lądowania w San Francisco. Eksperci dość szybko ustalili, że głównymi przyczynami katastrofy były komunikacja i kultura przywództwa w kokpicie. Analiza nagrań z kokpitu nie pozostawiła wątpliwości – choć zespół pilotów doskonale zdawał sobie sprawę z grożącego niebezpieczeństwa, nie zrobił nic, aby zapobiec tragedii; nie zastosowano żadnej metody zarządzania zespołem, która pozwoliłaby na pełne i optymalne wykorzystanie dostępnych zasobów ludzkich. Główny pilot wybrał styl jednostronnego zarządzania oparty na zasadzie porządku i posłuszeństwa, a więc komunikację z góry na dół, która charakteryzuje przywódców wielu krajów azjatyckich.

Katastrofa w San Francisco tylko potwierdziła wyniki badania przeprowadzonego przez producenta samolotów Boeing na temat wypadków lotniczych. Badacze ustalili, że do wypadków statystycznie częściej dochodziło w liniach lotniczych tych krajów, w których dominował bardziej autorytarny styl przywódczy.

Wyniki te pokazują, że nawet w tak bardzo zdominowanym przez technologię świecie lotnictwa czynniki kulturowe odgrywają ogromną rolę. Wiele uznanych badań (GLOBE, HOFSTEDE, THOMAS, TROMPENAARS) pokazało, jak niezwykle zróżnicowany jest wpływ czynnika kulturowego na ludzkie zachowanie. To z kolei tłumaczy rosnące znaczenie badań kulturowych w naukach behawioralnych.

Anatoly Zankovsky jako jeden z pierwszych zwrócił uwagę na zjawisko kulturowości jako bogate źródło informacji dla teorii przywództwa. Jako profesor psychologii społecznej w renomowanej Rosyjskiej Akademii Nauk w Moskwie i badacz prowadzący swoje badania w Niemczech i Japonii, Zankovsky poświęcił dekady swojej kariery teorii i praktyce zachowań przywódczych. Posiada również duże doświadczenie szkoleniowe z dziedziny przywództwa w międzynarodowym środowisku.

Opracowana przez Zankovsky'ego teoria przywództwa opiera się na zagadnieniu dynamiki grupy opracowanym przez Blake'a i Mouton, którzy w połowie minionego stulecia opracowali dwuwymiarowy model siatki stylów zarządzania. Model ten dotyczy „orientacji na wyniki" oraz „orientacji na ludzi", uważanych, wraz z ich charakterystykami przedstawionymi w formie sieci behawioralnej, za podstawowe wymiary przywództwa. Zakrojone na szeroką skalę badania empiryczne prowadzone przez Zankovsky'ego pozwoliły mu rozszerzyć dwuwymiarową siatkę zachowań o wymiar „orientacji na kulturę", przekształcając siatkę stylów zarządzania w Synercube.

Przywództwo jest trójwymiarowe. To kwintesencja nowego modelu przywództwa, który umożliwia różnym procesom przywództwa zafunkcjonowanie w sposób bardziej konkretny niż kiedykolwiek wcześniej.

Co więcej, rozbudowanie wymiarów przywództwa o czynnik kulturowy położyło podwaliny pod nowe podejście do analizowania i opisywania zachowań przywódczych w wielokulturowym środowisku.

Dzięki temu teoria przywództwa opracowana przez Zankovsky'ego reprezentuje również dalekowzroczne podejście do *zarządzania wielokulturowego*, dziedziny zyskującej na znaczeniu, jeśli wziąć pod uwagę coraz silniejsze powiązania międzynarodowe w gospodarce.

Synercube stanowi istotę kompleksowego systemu szkoleniowego, w którym zasadniczą cechą przywództwa jest orientacja na wyniki, ludzi oraz kulturę.

Nie bez powodu uważa się psychologię przywództwa za jedną z najbardziej złożonych dziedzin współczesnej psychologii społecznej. Proponując podejście trójwymiarowe, Zankovsky wniósł ogromny wkład w rozwój teorii przywództwa i z tego powodu zasługuje na naszą wdzięczność i uznanie.

Osnabrueck, Niemcy   Hans-Wolf Sievert
16 października 2014

Spis treści

1.1 Przywództwo: przeszłość, teraźniejszość i przyszłość

Kwestia przywództwa jest dziś popularnym zagadnieniem nie tylko w życiu nowoczesnych firm, ale również w ogólnie pojętym społeczeństwie. Pojęcie przywództwa pojawia się na wszystkich kontynentach i obejmuje wszystkie sfery życia: edukację, sport, naukę, sztukę, czy nawet relacje rodzinne. Firmy i przedsiębiorstwa starają się być liderami na rynku, partie polityczne pokładają nadzieje w nowych, charyzmatycznych liderach, szefowie demokratycznych państw i silni dyktatorzy pochopnie są określani przez dziennikarzy mianem „przywódców". Całe państwa czy narody chętnie ogłosiłyby się przywódcami świata.

Wiele nauk społecznych bada zagadnienie przywództwa, a każda z nich usiłuje zrozumieć je na swój własny sposób. Tradycyjnie rzecz ujmując, przywódca czy lider powinien być tym członkiem zespołu, który jako pierwszy stawia czoła zadaniu, przygotowuje i organizuje działania pozostałych. Ponadto przywódcy wykazują się większym poświęceniem, zaangażowaniem, a także wywierają większy wpływ na podejmowanie decyzji. Pozostali członkowie zespołu uznają ich rolę jako liderów, tj. budują relacje z góry zakładające podporządkowanie się przywódcy.

Po raz pierwszy nad problemem przywództwa w organizacjach zaczęto zastanawiać się w latach 20-tych i 30-tych ubiegłego stulecia. Profesjonalizacja funkcji menedżerskiej została wymuszona potrzebami sfery biznesu. Nie deprecjonując wkładu innych dziedzin nauki, należy podkreślić decydującą rolę psychologii w spełnianiu potrzeb środowiska biznesu i przeprowadzeniu pierwszych badań na temat przywództwa. Poczynając od prac Lewina i Lippitta (1938), badania psychologiczne nad przywództwem zyskały status uznanej naukowej dziedziny badawczej. W tamtych czasach prowadzono pierwsze badania laboratoryjne i terenowe, tworzono pierwsze teorie, publikowano pierwsze monografie oraz opracowywano pierwsze programy szkoleniowe (Winkler 2010; Zankovsky 2000; Kouzes i Posner 2010).

© Springer-Verlag GmbH Germany, part of Springer Nature 2019
A. Zankovsky and C. Heiden, *Przywództwo z Synercube*,
https://doi.org/10.1007/978-3-662-58235-0_1

Z punktu widzenia praktyki zarządzania i administracji, to właśnie behawioralne podejście do przywództwa okazało się najbardziej skuteczne. W ramach tego podejścia akcentowano podstawowe czynniki odpowiedzialne za efektywne zachowania przywódcze (Misumi 1984; Blake i Mouton 1985; Hersey i Blanchard 1982). Pozwoliło to na stworzenie praktycznych technik behawioralnych kształtujących i rozwijających skuteczne umiejętności przywódcze, które w latach od 50-tych do 90-tych ubiegłego stulecia pomogły zwiększyć wydajność zawodową oraz poziom wiedzy menedżerów przedsiębiorstw z różnych branż.

Dostrzegając oczywiste naukowe i praktyczne osiągnięcia, musimy podkreślić, że dziś wiele organizacji mierzy się z poważnym brakiem liderów na wszystkich szczeblach zarządzania.

Zapytanie „brak liderów" w wyszukiwarce Google przynosi nie mniej niż 200 milionów linków! Statystyki mówią, że obecnie średni staż pracy menedżerów wyższego szczebla w korporacjach wynosi od 2,5 do 4 lat, a więc dwukrotnie mniej niż jeszcze kilka dekad temu.

W ciągu kilku ostatnich lat liczba zwolnionych prezesów firm wzrosła czterokrotnie. Co ciekawe, głównym powodem zwolnień są niewystarczające umiejętności przywódcze, a nie jak to bywało wcześniej, słabe wyniki finansowe. W sytuacji panującego bezrobocia, wiele firm ma nieobsadzonych blisko 25 % stanowisk menedżerskich wysokiego i średniego szczebla, ponieważ brakuje wartościowych kandydatów! Wiele firm martwi się niedoborem personelu, który wiążą z kryzysem przywództwa.

Nic dziwnego, że słynny guru zarządzania, Warren Bennis (1989), powiedział z zakłopotaniem:

> Gdzie się podziali wszyscy liderzy? Dlaczego nie mamy dziś prawdziwych liderów? Wszyscy wielcy liderzy, którzy przychodzą mi do głowy żyli w przeszłości; wszyscy zeszli już ze sceny.
>
> Więc gdzie się oni wszyscy podziali? Zgubili się wśród linii produkcyjnych swoich fabryk, wtopili się w produkcyjne tło. Zniknęli na odległej orbicie w poszukiwaniu natychmiastowych zysków. Zamiast inspirować ludzi, potrafią jedynie ich straszyć poważnymi problemami i koniecznością liczenia się z dniem dzisiejszym. Pilnie potrzebujemy liderów. Potrzebujemy ich, ponieważ pogorszyła się jakość menedżerów. Potrzebujemy ich, ponieważ stoją przed nami wyzwania poważniejsze niż kiedykolwiek. I tak jak żaden człowiek nie może funkcjonować bez umysłu, tak żadne społeczeństwo nie może funkcjonować bez przywódców, swoich ośrodków myśli.

Jednak dlaczego niedostatek przywódców jest tak wyraźny teraz w XXI wieku?

Głównej przyczyny należy szukać wśród tych radykalnych zmian, które miały miejsce w dwóch ostatnich dekadach. I rzeczywiście, zmiany te w różnych sferach życia są tak wielorakie i dynamiczne, że minione czasy wydają się przy nich spokojne i leniwe.

Bill Gates (2008) stwierdził kiedyś, że dawniej etapy rozwoju gospodarczego charakteryzowały się długimi okresami stabilizacji przerywanymi krótkimi iskrami rewolucyjnych zmian. Ewolucjoniści nazywają to punktualizmem (nieciągłymi stanami równowagi). Obecnie informacja cyfrowa kształtuje specyficzne, stale zmieniające się środowisko biznesowe, które ewolucjoniści mogliby nazwać nieciągłymi stanami chaosu – stanami sporadycznie przerywanego ciągłego zamętu. Zmiany zachodzą niepokojąco szybko.

Niektóre z nich wywierają bezpośredni wpływ na podstawowe zasady działań organizacyjnych oraz system wymagań tradycyjnie określany dla przywódców. Nazwijmy najważniejsze z nich:

1. Zmiana środowiska, w którym działa organizacja. Globalizacja stworzyła świat na nowo, zmieniając filozofię instytucji międzynarodowych, państwowych, społecznych oraz samego biznesu.
2. Zmiana samych organizacji. Wysoki poziom nieokreśloności i niestabilności zmusza organizacje do bycia szybkimi i elastycznymi. Organizacje stają się bardziej wirtualne, zmieniając zarówno treść, jak i formę działań administracyjnych i zarządczych (na przykład funkcję kontrolną i nadzorczą).
3. Zmiany specyfiki pracy. Praca stała się bardziej skomplikowana i oparta na wiedzy, a pracownicy stali się bardziej niezależni.
4. Wielokulturowy personel. Zróżnicowanie kulturowe i wyznaniowe wymaga dodatkowych umiejętności komunikacyjnych, jak również tolerancji i uprzejmości.
5. Pluralizm opinii i zindywidualizowana świadomość. Pracownicy organizacji zdają się odrzucać bezkrytyczne posłuszeństwo i ślepą lojalność; zróżnicowanie punktów widzenia wymaga nowych metod radzenia sobie z personelem.
6. Nowe pojęcie przywództwa we współczesnych naukach społecznych. Ma miejsce wyraźne przesunięcie od modeli behawioralnych (jak powinien się zachowywać lider?) w stronę paradygmatów osobowościowych (dlaczego lider zachowuje się w taki właśnie sposób?). Pojawiły się nowe teorie przywództwa: przywództwo transformacyjne, przywództwo charyzmatyczne, przywództwo autentyczne, przywództwo symboliczne, teoria wymiany przywództwa między liderem a pracownikiem. Opracowano też koncepcję destrukcyjnego („toksycznego") lidera (Schumacher 2014).
7. Zmiana roli lidera w organizacji. Przywództwo nie jest już postrzegane jako proces dotyczący zespołu, lecz jako czynnik definiujący ogólne funkcjonowanie organizacji, tj. przywództwo zaczęło dotyczyć całej organizacji. Odpowiedzialność i ryzyko podejmowane przez lidera zdecydowanie się podwoiło.

Jak wiadomo, gwałtowne zmiany sprawiają, że czujemy się bezbronni i bez wartości, ogłupiali, bezradni i sfrustrowani. Nie jest łatwo zachować w takiej sytuacji spokój i wielu liderów nie zalicza tego testu.

Jak można stać się i pozostać przywódcą w stale zmieniającym się świecie? Jak można zmienić model efektywnego zarządzania? Gdzie nowi liderzy mogą znaleźć informacje, jak sprostać nowym wymaganiom? Jakie style przywódcze i jakie umiejętności będą w cenie?

Znalezienie odpowiedzi na wszystkie te pytania ma kluczowe znaczenie, jako że modele przywództwa tak wysoce wydajne w okresie „punktualizmu" już nie działają. Nowe czasy bezwzględnie wymagają nowych rozwiązań.

1.2 Jak zmienia się świat, i co ze mną?

Temat gwałtownych zmian jest dziś tak popularny i powszechny, że można by pomyśleć, iż mamy do czynienia z czymś nowym i słabo zbadanym, szczególnie w kontekście organizacji i przywództwa. Jednak wystarczy dokładnie spojrzeć, aby zauważyć, że zmiany są nieodzowną częścią naszego życia. Ziarno wypuszcza pierwsze zielone pędy, które następnie zmieniają się w łodygi, liście i kwiaty, aby na końcu wydać dojrzały owoc. Obserwujemy stale zmieniające się procesy życiowe.

Ciało i system psychiczny dziecka kształtują się; edukacja i doświadczenie nieustannie zmieniają jego wiedzę, umiejętności, zachowanie, ogólnie rzecz biorąc – osobowość (niekiedy nie do poznania). Ta sama zasada odnosi się do grup społecznych czy organizacji: ich funkcjonowanie zakłada ciągłe zmiany w obszarach struktur, procesów, celów itd. Nawet pozornie martwe kamienie zmieniają swoją formę. Innymi słowy, życie we wszystkich swoich przejawach nieustająco się zmienia, już od samego początku.

Obserwowane dzisiaj szalone tempo rozwoju nie oznacza, że tendencje i prawa, opisane dawno temu przez myślicieli i uczonych, się zdezaktualizowały.

Niemal 2500 lat temu Heraklit z Efezu (520–460 p.n.e.) wygłosił słynną opinię, że „wszystko płynie". Sokrates (470–399 p.n.e.), jeden z największych mędrców starożytności, jako pierwszy dostrzegł w sprzecznościach i konfliktach źródło zmiany. Skupiając się na sprzecznościach, zarówno w myśli, jak i w mowie, ukuł pojęcie dialektyki, postrzegając ją jako sztukę prowadzenia sporów i kłótni, która może doprowadzać do prawdy (przez ujawnianie i analizowanie sprzeczności).

Wielki niemiecki myśliciel Georg Hegel (1770–1831) również przyczynił się do teoretycznego zrozumienia fundamentów zmiany. W jego słynnej dialektyce sprzeczność jest postrzegana jako „siła napędowa", nieodzowny impuls każdej zmiany i rozwoju. Sprzeczności pełnią funkcję wzajemnie wykluczających się, a zarazem wynikających z siebie przeciwieństw.

Świat obiektywny i świadomość rozwijają się przez rozdzielanie się na wzajemnie wykluczające się przeciwstawne aspekty i tendencje. Ich przeplatanie się, tj. walka i zgoda, stanowi podstawę każdego systemu jako całości, definiowanego jakościowo. Z drugiej strony, napięcie to jest nieodzownym impulsem wywołującym zmiany, rozwój i transformację, dzięki którym powstaje nowa jakość. Postęp nauki potwierdził heurystyczną wartość idei Hegla: współczesny pogląd naukowy jest w całości dialektyczny. Rzeczywiście, każdy system jest zarówno stałą jednością, jak i nieodzownie podzieloną całością. Ewolucja nauki uczyniła sprzeczność podstawową zasadą badań naukowych, natomiast różnice występujące w procesach naturalnych i społecznych są uważane za ich nieodłączną i podstawową cechę.

Zgodnie z tym można powiedzieć, że dzisiejsze przyspieszenie zmian i rozwoju we wszystkich sferach ludzkiej aktywności jest wynikiem niespotykanej wcześniej różnorodności i zaostrzania się sprzeczności, z którymi boryka się dziś ludzkość. Jedynie myślenie dialektyczne oraz podejście dialektyczne do zjawisk naturalnych, życia społecznego i funkcjonowania świadomości może odsłonić prawdziwe tendencje i siły sprawcze ich rozwoju.

1.3 Przywództwo i zmiany organizacyjne

Zmiany organizacyjne stały się przedmiotem badań naukowych już ponad 50 lat temu, przykuwając uwagę wielu ekspertów. Wyróżniono osobną dziedzinę zarządzania – rozwój organizacyjny (OD, ang. *Organizational Development*).

Jak już wspomniano, zmiany zachodzą pod wpływem zetknięcia się przeciwstawnych tendencji obecnych w każdym procesie, zjawisku, zdarzeniu, człowieku lub innej dowolnej istocie. Każdy system składa się z podsystemów lub komponentów, których rozwój nie przebiega jednorodnie, tj. interakcje różnych podsystemów mogą znacząco różnić się od siebie. Jedność i ścieranie się ze sobą tych przeciwieństw determinują rozwój każdego systemu organizacyjnego. W działaniach organizacji można wyróżnić trzy podsystemy o decydującym znaczeniu dla wydajności. Są to:

1. Kierownictwo wysokiego szczebla/właściciele;
2. Pracownicy;
3. Środowisko (gospodarcze, społeczne, polityczne), w którym organizacja funkcjonuje.

Interakcja zachodząca pomiędzy tymi podsystemami wyznacza główne cele zarządzania o decydującym znaczeniu dla przetrwania, integracji i rozwoju organizacji. Do zadań tych należą:

1. Optymalizacja wewnętrznych procesów i struktur;
2. Adaptowanie się organizacji do środowiska.

Pierwsze z tych zadań sprowadza się do poszukiwania optymalnych rozwiązań wszystkich wewnętrznych problemów organizacji, podczas gdy drugie dotyczy dodatkowych wyzwań stojących przed organizacją. Pierwsze pełni rolę nadrzędną, jako że przystosowanie się do środowiska możliwe jest dopiero wtedy, gdy wszystkie wewnątrzorganizacyjne konflikty zostaną rozwiązane, a organizacja funkcjonuje jako jeden stabilny byt. Skuteczność mierzenia się z wyzwaniami zależy od tego, jak menedżerowie poradzą sobie z pierwszym zadaniem.

Wzajemne oddziaływanie na siebie tych podsystemów generuje konflikty i sprzeczności, które ostatecznie określają kierunek dalszych zmian i rozwoju. Każdy z trzech elementów wchodzących w skład struktury zarządzania organizacyjnego powinien uzyskać określone korzyści i żaden z nich nie powinien postrzegać celów organizacji jako dla niego szkodliwych. Cele tych trzech elementów mogą być przy tym w pełni lub częściowo zbieżne, albo też całkowicie rozbieżne.

Czy określenie przez przywódcę celów, które w większym lub mniejszym stopniu będą satysfakcjonujące dla każdej osoby związanej z organizacją, jest w ogóle możliwe?

Weźmy dla przykładu oczekiwania właściciela, personelu, ekologów i organów władzy publicznej. Właściciela interesuje zysk, jaki przedsiębiorstwo może wypracować, m.in. poprzez cięcie wydatków nie związanych z produkcją (ekologia, personel) i optymalizację podatkową. Personel jest zainteresowany wzrostem wynagrodzeń, pakietem socjalnym, korzystnymi warunkami pracy, możliwościami rozwoju zawodowego i kariery, dlatego ograniczenie wydatków na te cele będzie dla tej grupy nie do przyjęcia. Ekologów najbardziej interesuje ochrona środowiska, dlatego nigdy nie zaakceptują cięć w tym zakresie, natomiast dla organów władzy publicznej organizacje są przede wszystkim podatnikiem.

Biorąc pod uwagę fakt, że w dobie globalizacji wydajność organizacji staje się zależna od szeregu różnych czynników nie związanych z samą działalnością biznesową lub od zasobów zewnętrznych, można śmiało powiedzieć, że współczesne organizacje zmieniają się w arenę, na której wzajemnie na siebie oddziałują i ścierają się liczne czynniki wewnątrz- i zewnątrz-organizacyjne o istotnym wpływie na przetrwanie i rozwój organizacji.

Z tego punktu widzenia do kluczowych kompetencji współczesnego lidera należy umiejętność dialektycznego myślenia i działania, tj. zdolność do rozpoznania podstawowych wewnętrznych sprzeczności oraz, dzięki ich odpowiedniemu rozwiązaniu, wdrażanie koniecznych zmian w organizacji. Jeśli lider nie podoła temu zadaniu zmiany w organizacji będą następowały w formie nieoczekiwanych kryzysów i destruktywnych konfliktów.

Dlatego pierwszą zasadą skutecznego przywództwa i zarządzania zmianą jest dostrzeganie podstawowych sprzeczności i zrozumienie dialektyki rzeczywistości organizacyjnej.

1.4 Organizacja jako sprzeczność

Ogólnie rzecz biorąc, problem sprzeczności w życiu organizacji jest często zaniedbywany przez kierownictwo do czasu wystąpienia destruktywnego konfliktu, którego rozmiar odzwierciedla skalę istniejących sprzeczności. Dopiero wtedy, poszukując przyczyn konfliktu, menedżerowie uświadamiają sobie, że u jego podstaw leży złożona historia długo zaniedbywanych, ukrytych oraz jawnych sprzeczności. Dopóki nie ma konfliktu wszystko wydaje się być w porządku, a niewielkie spięcia postrzegane są jako akceptowalne i nieuniknione zło konieczne. Toteż nie dziwi fakt, że większość menedżerów uważa, że konflikty występujące w ich organizacji nie kryją żadnych poważnych sprzeczności.

Jednak aby uniknąć niewypowiedzianych, ale destruktywnych napięć i ich skutków w postaci niekontrolowanych zmian, należy pamiętać, że każda organizacja sama w sobie jest systemem stałych sprzeczności i konfliktów. Główne obszary to między innymi:

- Wspólny cel organizacji a cele indywidualne pracowników
- Nagradzanie indywidualnych dokonań a nagradzanie pracy zespołowej
- Delegowanie a obowiązki indywidualne
- Kultura organizacyjna a zmiany organizacyjne
- Struktury formalne a struktury nieformalne
- Orientacja na wyniki a orientacja na ludzi
- Maksymalny zysk a imperatywy etyczne

Jak już wspomnieliśmy, do głównych zadań organizacji należy optymalizacja jej wewnętrznych procesów i struktur. W tym kontekście każda organizacja jest systemem wewnętrznych sprzeczności i konfliktów, których rozwiązanie jest niezbędne do przetrwania i dalszego rozwoju. U podstaw systemu konfliktów organizacyjnych leży interakcja pomiędzy dwoma zasadniczymi podsystemami: właściciele/kierownictwo wysokiego szczebla oraz pracownicy. Wydaje się, że organizacja jest obszarem interakcji pomiędzy tymi dwoma sprzecznymi podsystemami, z których każdy posiada inne, nierzadko przeciwstawne, cele, interesy i wymagania.

W kategoriach psychologicznych ta sprzeczność manifestuje się jako dwie przeciwstawne tendencje: dośrodkowa i odśrodkowa. Pierwsza z nich popycha pracownika (jednostkę) w kierunku organizacji (tj. podsystemu właścicieli/kierownictwa wysokiego szczebla), w kierunku współpracy i odnajdywania wspólnych celów i interesów. Przy takiej tendencji organizacja staje się narzędziem do spełniania indywidualnych potrzeb – będąc częścią organizacji pracownik nie tylko otrzymuje środki do życia, ale również możliwość rozwoju i poprawy swojego dobrostanu. Druga tendencja oznacza chęć ucieczki od presji wywieranej przez organizację, gdy tymczasem konieczność podporządkowania własnych interesów wymogom organizacji nieuchronnie prowadzi do sprzeciwu i braku chęci do współpracy z innymi w imię realizacji nie swoich celów.

Taką dialektyczną sprzeczność, wiecznie osłabiającą jedność struktury, można dostrzec w niemal każdej organizacji. Organizacja przetrwa tylko wtedy, gdy siły dośrodkowe będą konsekwentnie dominowały nad siłami odśrodkowymi. Innymi słowy, kiedy dążenie do jedności będzie silniejsze od dążenia do dezintegracji.

1.5   Władza jako główne narzędzie organizacyjne w rozwiązywaniu konfliktów i sprzeczności

Co więc może zapewnić organizacji przetrwanie i rozwój, stawiając integrację ponad dezintegracją oraz współpracę ponad rywalizacją?

Jednym z atrybutów każdej organizacji jest obecność wspólnego celu, który leży u podstaw wszystkich działań strukturalnych i funkcjonalnych. Z drugiej jednak strony, jak już wspomnieliśmy, cele dwóch głównych podsystemów – właściciela/kierownictwa wysokiego szczebla oraz pracowników – mogą być w pełni lub częściowo zbieżne, albo też całkowicie rozbieżne.

Jak w tych warunkach artykułowany jest wspólny cel, który będzie wyznaczał kierunek działań personelu? Zwykle celem tym jest jedno z zamierzeń kierownictwa wysokiego szczebla lub właścicieli – indywidualny cel pewnej grupy decydentów. I tu należy postawić pytanie: jak indywidualny cel może stać się celem wspólnym? Czy taki indywidualny cel może skłonić pracowników do ciągłego dążenia w wyznaczonym kierunku, nawet jeśli cel ten jest tylko częściowo zbieżny, albo wcale nie jest zbieżny, z ich własnymi celami i interesami?

Naukowcy przeprowadzili kilka słynnych już eksperymentów psychologicznych z udziałem zwierząt w zoo. W jednym takim eksperymencie głodna małpa miała sięgnąć po banana zawieszonego pod sufitem. Aby zdobyć owoc, musiała wykorzystać pudła, które naukowcy wstawili wcześniej do klatki. Ustawiając odpowiednią konstrukcję z pudeł, małpa mogła sięgnąć po owoc. Każda małpa, działając w pojedynkę, była w stanie dość szybko zrealizować ten cel. Kiedy jednak w klatce znajdowała się grupa zwierząt, każde z nich koncentrowało się na sobie, nie traktując pozostałych osobników jak partnerów.

Tego typu „współpraca" niezmiennie prowadziła do starć i walki o pudła. Kiedy jednemu osobnikowi udało się ustawić pudła, tak że mógł sięgnąć po owoc, inny osobnik nagle decydował się wykorzystać pudło ustawione na samym spodzie konstrukcji. W rezultacie zwierzętom nie udało się zrealizować celu – nie dość, że nie zaspokoiły głodu, to były dodatkowo zmęczone i sfrustrowane.

Ten przykład trafnie ilustruje pewien typ „organizacji", w której choć indywidualne cele wszystkich członków są zbieżne z celem wspólnym, to mimo wszystko nie udaje się tego wspólnego celu zrealizować. Nie mówiąc już o sytuacji, w której cele i interesy indywidualne są tylko częściowo zbieżne albo wcale nie są zbieżne z celem wspólnym.

Organizacja musi posiadać jeden wspólny cel oparty o siłę lub proces zapewniający mu nadrzędność względem wszelkich dążeń indywidualnych, dając tym samym pierwszeństwo tendencji dośrodkowej. W przeciwnym razie, nawet najbardziej szczytne i obiecujące przedsięwzięcie nie będzie miało szansy przebić się przez całą masę przeciętnych propozycji.

I odwrotnie – nawet najbardziej kuriozalna propozycja może pokonać plan genialny, jeżeli u podstaw tej pierwszej stoi jakiś proces, który zapewni jej pierwszeństwo. Warto również wspomnieć, że cel indywidualny może stać się celem wspólnym tylko wtedy, gdy będzie miał zapewniony względnie stabilny priorytet.

Dlatego pierwszym warunkiem koniecznym dla istnienia i rozwoju każdej organizacji jest nie tylko obecność wspólnie podzielanego celu, ale również istnienie pewnych sił, które pokonają tendencje odśrodkowe, przyznając celowi indywidualnemu status celu wspólnego.

Najlepszym przykładem takiej siły jest władza organizacyjna i związane z nią procesy, które przy wykorzystaniu szeregu instrumentów organizacyjnych i personalnych gwarantują stałą przewagę celu wspólnego nad indywidualnymi interesami pracowników (Zankovsky 2000).

Na ewolucję form organizacyjnych – od najbardziej prymitywnych po modele współczesne – można spojrzeć z perspektywy rozwoju władzy i kształtowania się coraz bardziej finezyjnych narzędzi zapewniających nadrzędny charakter celu wspólnego względem indywidualnego. Warto również zauważyć, że dziesiątki tysięcy lat temu ludzie żyli w społeczeństwach plemiennych, a więc kształtowanie się pierwszych form organizacji (państw) było niezwykle trudnym acz decydującym krokiem. Dysponujemy mocnymi dowodami na to, że stało się to o wiele później niż jeszcze do niedawna sądzili historycy. Nawet dzisiaj fenomen Arabskiej Wiosny Ludów uświadamia nam, jak cienka jest linia pomiędzy organizacją (państwem) a chaosem wewnątrzgrupowym.

W całej długiej historii ludzkości głównym narzędziem do zapewnienia pierwszeństwa określonych celów było użycie siły.

Dzisiaj, w dobie demokracji, wolności osobistej i tolerancji można by pomyśleć, że władza sama w sobie jest zbędnym anachronizmem, a organizacja może funkcjonować na nowych zasadach, w myśl których każdy może wziąć udział w artykułowaniu wspólnych celów organizacji i decydować o obszarze jej działalności.

Władza organizacyjna jest procesem organizacjogennym (tworzącym organizację), od którego zależy stabilność organizacji oraz orientacja na cel, gdyż zapewnia on pierwszeństwo określonego celu ponad planami i interesami tego czy innego pracownika. Jeżeli taki proces nie istnieje lub nie ma wystarczającej siły przebicia, wówczas istnienie organizacji jako społeczności działającej w określonym celu jest nieustannie kwestionowane.

Dzisiaj władza organizacyjna wygląda znacznie bardziej atrakcyjnie – daje więcej swobody członkom organizacji i dysponuje całym szeregiem bezprzemocowych narzędzi wpływu. A jednak jej istota nie zmieniła się. Nadal musi zapewnić, wszelkimi możliwymi środkami (w tym siłowymi), stabilny priorytet celu jednej grupy nad celem innej.

Władza organizacyjna jest atrybutem każdej organizacji, niezależnie od tego, jaki jest jej wspólny cel czy cechy osobowościowe ludzi ją sprawujących. Jako narzędzie do zmiany celów i zachowań członków organizacji, tj. narzędzie do wywierania wpływu psychologicznego, władza organizacyjna przejawia się w systemie instrumentów, za pośrednictwem których może być sprawowana w sposób bezosobowy poprzez system formalnych wzajemnych powiązań, obowiązki służbowe i instrukcje, zbiory norm i zasad. System ten mógłby funkcjonować bez pośredników sprawujących władzę o ile nastąpi bezdyskusyjne podporządkowanie wszystkich celów indywidualnych jednemu celowi wspólnemu.

Proces sprawowania władzy organizacyjnej jest integralną częścią każdej organizacji: państwa, dużej przemysłowej grupy, oddziału w wojsku, funduszu społecznego czy małego przedsiębiorstwa. Pogląd jakoby wymagająca i pozytywnie działająca władza mogła być wyłącznie autorytarna wydaje się wynikać z ideologii i ignorancji. Władza organizacyjna będzie tak samo ważna w organizacji autorytarnej, jak i demokratycznej – w każdej, która chce realizować swoje cele i osiągać wysokie wyniki.

Współczesne organizacje wykorzystują sześć typów władzy, aby móc rozwiązywać konflikty pomiędzy celami wspólnymi i indywidualnymi (French i Raven 1959; Raven 1965, 1992):

1. *Władza oparta na nagrodach.*
   Ludzie gotowi są zmienić swoje zachowanie, jeśli mają pewność, że to pozwoli im zaspokoić własne potrzeby, zdobyć podwyżkę, awans i uznanie, otrzymać nagrodę itp. Dlatego ten, kto kontroluje dystrybucję korzyści i przywilejów ma realną władzę i może wpływać na zachowanie tych, którzy takie nagrody sobie cenią.
2. *Władza oparta na karach.*
   Ta władza wykorzystuje strach. Ludzie poddają się władzy ze strachu przed przemocą fizyczną, bólem, pozbawieniem wolności i brakiem możliwości zaspokojenia podsta-

wowych potrzeb, a nawet przed śmiercią. Na poziomie organizacji, menedżer może wykorzystywać władzę opartą na przemocy rzucając aluzje, udzielając reprymendy, nakładając karę pieniężną, degradując pracownika czy nawet go zwalniając.

3. *Władza oparta na pozycji.*

Formalna pozycja menedżera daje mu możliwość wpływania na zachowanie podwładnych, zakładając z góry ich posłuszeństwo i obowiązek podporządkowania się. Ten rodzaj władzy opiera się na całym systemie uregulowań prawnych, tradycji i instrukcji. Dlatego zwykle mówi się o niej, że jest oparta na przepisach.

4. *Władza oparta na informacji.*

Każdy członek organizacji potrzebuje mieć ciągły dostęp do ważnych informacji, a menedżer w dużym stopniu kontroluje kanały komunikacyjne. Dlatego regulując przepływ informacji w swoim dziale, może wpływać na swoich podwładnych. Ludzkie potrzeby, motywacje, wartości i postawy, jak również procesy decyzyjne w dużym stopniu zależą od komunikacji wewnątrz organizacji i wsparcia informacyjnego. A więc realną władzę posiadają ci, którzy kontrolują dostęp do informacji i potrafią je odpowiednio wykorzystywać.

5. *Władza oparta na wiedzy.*

Pracownik, który posiada dużą wiedzę i umiejętności również zyskuje władzę – obsługuje maszyny, programy, sprzęt; ma wiedzę na temat wszystkich reguł prawnych; kontroluje warunki pracy innych pracowników. Poza tym, im bardziej wyspecjalizowane są działania organizacji, tym bardziej musi ona polegać na ekspertach.

6. *Władza oparta na identyfikacji.*

Potrzeba upodobnienia się do kogoś innego, naśladowania jego zachowania, myślenia jak on, dzielenia z nim jego celów i wartości – to wszystko daje osobie będącej dla innych punktem odniesienia (takiej, która przy tym chce być tym wzorem) realną możliwość wpływania na zmianę postaw, przekonań i wzorców zachowań innych ludzi. Jeżeli menedżer posiada władzę opartą na identyfikacji, wówczas podwładni traktują jego cele jak własne.

Jednocześnie sam fakt ukształtowania się władzy nie gwarantuje organizacji osiągnięcia wysokiej skuteczności ani też jej społecznej, demokratycznej czy humanistycznej orientacji. Na przełomie XIX i XX wieku pewien europejski polityk powiedział, że nawet kucharz może rządzić krajem. Niestety, nie można się z tym nie zgodzić – pomijając skuteczność czy moralność osoby sprawującej władzę – każdy może zarządzać organizacją (lub państwem). Jednak czy to kucharz, czy sierżant, Barack Obama czy Władmir Putin, zarządzać można tylko pod warunkiem istnienia władzy organizacyjnej.

Będąc narzędziem do zapewnienia pierwszeństwa jednego celu ponad innymi, władza może być używana do osiągnięcia dowolnego realnego celu przy wykorzystaniu dostępnych zasobów. Dlatego w kolejnych rozdziałach książki będziemy obracać się w temacie celów jako fundamentu funkcjonowania każdej organizacji.

1.6   Przywództwo jako optymalna metoda radzenia sobie z podstawowymi sprzecznościami w organizacjach przy pomocy źródeł władzy osobistej

Przywództwo, jako element władzy organizacyjnej, pomaga spojrzeć na to zjawisko z nowej perspektywy. Zarówno władza, jak i przywództwo, koncentrują się na tym samym: godzeniu celów i zachowań członków organizacji. Choć przywództwo nie jest zjawiskiem wyraźnie represyjnym, to z pewnością wymaga zdolności do wywierania pewnego rodzaju presji społecznej.

Stając w obliczu problemu lub potrzeby użycia władzy, menedżer staje przed dylematem: jak mogę skłonić lub zainspirować podwładnego do podporządkowania się; jakiej władzy mam użyć? Rodzaje władzy, które zostały omówione powyżej, można zakwalifikować do trzech grup: organizacyjnej (władza oparta na karach, nagrodach, hierarchii), osobistej (władza oparta na kompetencjach i identyfikacji) lub organizacyjno-osobistej (władza oparta na informacji).

Taka klasyfikacja umożliwia nowe spojrzenie na różnicę pomiędzy szefem-menedżerem a przywódcą. Pozycja w strukturach organizacji daje szefowi-menedżerowi dostęp do wszystkich sześciu typów władzy. Automatycznie umożliwia użycie władzy opartej na karach, nagrodach i hierarchii. W idealnej sytuacji szef-menedżer ma również dostęp do pozostałych trzech typów władzy – opartej na informacji, charyzmie i kompetencjach.

Pamiętajmy jednak, że organizacja nie przyznaje menedżerowi władzy osobistej automatycznie, gdyż charyzma i kompetencje to cechy, które u każdego menedżera kształtują się niezależnie. Warunkiem wstępnym do sprawowania władzy organizacyjno-osobistej opartej na informacji jest posiadanie wiedzy eksperckiej, gdyż bez wiedzy informacje nie mogą być skutecznie wykorzystane.

I odwrotnie – brak pełnego dostępu do informacji uniemożliwia sprawowanie władzy pomimo faktu posiadania umiejętności komunikacyjnych i kompetencji zawodowych. Naturalnie spostrzegawczość i pamięć oraz zdolność myślenia analitycznego mogą pomóc menedżerowi samodzielnie przewidzieć konieczność podjęcia pewnych ważnych decyzji organizacyjnych, lecz ten wyjątek potwierdza tylko regułę. W każdym razie, szef-menedżer może być jednocześnie przywódcą tylko wtedy, gdy posiada te trzy ostatnie rodzaje władzy.

Uznany psycholog, Douglas McGregor, traktował przywództwo jako najlepszą z możliwych form sprawowania władzy (McGregor 2005). Identyfikując się ze swoim menedżerem-przywódcą, który stara się realizować cele organizacji, pracownik zaczyna identyfikować się również z celem, uznając go za ważny również z punktu widzenia osobistego. W tym kontekście menedżer jest postrzegany nie jako zwykła jednostka, ale jak osoba, której powierzono realizację celu – jego ucieleśnienie. Dopóki menedżer dąży do celu, dopóty jego wysiłki są inspiracją dla podwładnych. Jeśli natomiast jego zorientowanie na cel zmniejszy się, pracownicy również przestaną utożsamiać się z celem, tj. menedżer przestanie być przywódcą.

I dlatego McGregor twierdzi, że tak jak siła grawitacji nie jest cechą obiektów, tak samo przywództwo nie jest wyłącznie cechą osobowości menedżera.

W idealnej sytuacji przywódca posiada wiedzę, doświadczenie oraz umiejętności, które pomogą mu, niezależnie od pozycji zajmowanej w strukturze organizacji, wpływać na sposób myślenia i działania pracowników, prowadząc ich w kierunku wspólnego celu.

1.7   Od dialektyki konfliktu do dialektyki współpracy i rywalizacji

Na poziomie behawioralnym podejście dialektyczne manifestuje się jako zdolność do odkrywania i pokonywania sprzeczności towarzyszących konfliktom.

Menedżerowie mają w zwyczaju uważać, że konflikty niosą ze sobą wyłącznie negatywne konsekwencje. Rzeczywiście, kiedy konflikt wybucha jest to sytuacja negatywna (destruktywna), która wymusza skupienie się na napięciach i sprzecznościach. Lecz szybko okazuje się, że te sprzeczności nie są niczym nowym.

Ten aspekt konfliktu zwykle nazywany jest destruktywnym, ponieważ może prowadzić do nieporozumień i braku spójności. Co więcej, mówi się, że destruktywny konflikt nie ma nic wspólnego z jego pierwotną przyczyną. Charakteryzuje go duży ładunek emocjonalny i pozamerytoryczny sposób argumentowania, przenoszenie na różne płaszczyzny oraz nasilenie się postaw negatywnych (ekspansja konfliktu).

Jednak, aby zdać sobie sprawę z wagi zmian i rozwoju, wszyscy członkowie organizacji muszą odbierać wewnętrzne i zewnętrzne impulsy, bodźce i komunikaty. Jeśli organizacja nie funkcjonuje w najlepszy sposób, ale za to stabilnie i spokojnie, większość pracowników nie będzie chciała zmieniać czegokolwiek. W tym kontekście tak zwanym destruktywnym aspektem konfliktu może być rzucenie światła na problemy, uwidocznienie wewnętrznych sprzeczności. Z drugiej jednak strony, taki destruktywny czynnik może w obszarze konfliktu wskazać przestrzeń potencjalnego wzrostu i rozwoju. Podejście dialektyczne pozwala spojrzeć na destruktywne aspekty konfliktu jako sygnał alarmowy i uruchomić proces rozwiązania sprzeczności na poziomie funkcjonalnym, pozwalając również lepiej zrozumieć problem.

Sam fakt dostrzeżenia problemów i różnic sprzyja rozwijaniu interakcji polegającej na współpracy w warunkach konfliktu i stwarza szansę na znalezienie optymalnych rozwiązań.

Ralf Dahrendorf (1992) słusznie zauważył, że właściwa regulacja sił wywołujących konflikt promuje ewolucję struktur społecznych. Konflikt może ostatecznie przyczynić się do zmiany procesów decyzyjnych, zajęcia się zaniedbywanymi dotąd problemami, motywować do bliższego przyjrzenia się różnym punktom widzenia i zachęcić do przyjęcia konstruktywnej krytyki.

Pamiętając o wszystkich zaletach konstruktywnej strony konfliktu, nie zapominajmy, że to jego destruktywny (alarmujący) aspekt pierwotnie przykuł naszą uwagę i stał się impulsem do poszukiwania nowych rozwiązań. Dlatego właściwym podejściem powinno być branie pod uwagę obu tych aspektów konfliktu i zależności pomiędzy nimi, czyli dialektyka konfliktu.

Powyższa konkluzja zabrzmi może nieco bardziej przekonująco, kiedy spojrzymy na oba aspekty konfliktu jak na wzorzec sprzeczności zachodzącej we wzajemnych relacjach, związanej ze współpracą i rywalizacją. Innymi słowy, konstruktywny aspekt konfliktu dotyczy współpracy, zaś destruktywny (alarmujący) – rywalizacji.

I tutaj pojawia się pewien paradoks. Otóż próbując rozwiązać konflikt, polegamy na aspekcie konstruktywnym, to znaczy na umiejętności współpracy (wykluczając tym samym aspekt destruktywny). Jednocześnie współczesna teoria i praktyka zarządzania traktują rywalizację i konkurencję jako główne źródła rozwoju.

Istnieje nawet osobna gałąź teorii ekonomii poświęcona konkurencji, która bada jej strukturę. Jeden z jej twórców, Michael Porter z Uniwersytetu Harvarda (1990, 1998), powiedział, że sukces rynkowy zależy od zdobycia przewagi konkurencyjnej. Współczesna teoria ekonomii, pomimo dużego zróżnicowania perspektyw, nadal w dużym stopniu koncentruje się na koncepcji konkurencji jako jedynej godnej uwagi formie interakcji gospodarczej.

Dominujący pogląd na konkurencję jako główny mechanizm zmian jest zasadniczo związany z teorią ewolucji Darwina, wedle której konkurencja jest naturalną konsekwencją walki o ograniczone zasoby. Jednak zastosowanie ewolucjonizmu do nauk społecznych spotkało się z uzasadnioną krytyką jeszcze w czasach Darwina (Darwin 1975; Denton 1986; Erwin 2000; Lewin 1980).

Interakcja oparta na współpracy zakłada skoordynowane wysiłki grupy osób (ich zaaranżowanie, połączenie, zsumowanie). Psychologowie opisują współpracę i konkurencję na różne sposoby, używając takich terminów jak partnerstwo i rywalizacja, zgoda i konflikt, asocjacja i dysocjacja.

Zdaniem Deutscha (1994) zasadnicza różnica pomiędzy współpracą a konkurencją polega na celu. W społecznym kontekście współpracy jednostka może osiągnąć cel tylko wtedy, gdy pozostali członkowie grupy również go osiągnęli (sytuacja korzystna dla obu stron). Z tego punktu widzenia, współpraca przynosi następujące skutki:

- Wszystkie indywidualne wysiłki są uzależnione od działań pozostałych członków grupy.
- Każda jednostka jest umacniana przez rolę jaką pełni w strukturze.
- Zbiorowe przekonanie co do możliwości osiągnięcia celu zostaje wzmocnione.

W kontekście konkurencji cel osiągnięty przez jedną stronę wyklucza możliwość jego realizacji przez drugą (sytuacja korzystna tylko dla jednej ze stron).

Biorąc pod uwagę powyższe rozważania, można by sądzić, że badania nad konkurencją są bezużyteczne, a źródłem potencjalnych zmian może być tylko współpraca. Tak jednak nie jest, a obie te tendencje, choć przeciwstawne, mają swoje zalety i wady. Jeżeli dominującą tendencją jest konkurencja, wówczas taka nieustanna rywalizacja może prowadzić to nieporozumień i sporów. Jeżeli zaś dominującą postawą jest współpraca, dążenie do zgody za wszelką cenę może skłaniać do nieroztropnych kompromisów i stagnacji. Tylko przechodzenie od jednej do drugiej i wzajemne wypieranie się obu tych postaw może wzmocnić kooperatywny aspekt konkurencji oraz konkurencyjny aspekt kooperacji, dając tym samym impuls do zmian i rozwoju.

Analizując wzajemne przesunięcia od destruktywnych konfliktów w stronę konstruktywnych, od konkurencji do współpracy w kontekście interakcji zachodzących w organizacji, należy zwrócić uwagę na problem ukierunkowania działań organizacji. Niejeden z nas miał do czynienia z dynamicznie rozwijającym się, wysoko produktywnym działem czy organizacją, gdzie konflikty były skutecznie rozwiązywane, ale której cele były egoistyczne, anty-społeczne czy wręcz niezgodne z prawem (ten fakt staje się oczywisty dopiero po czasie). Nikogo wszak nie dziwi, że środowisko przedsiębiorców już od dziesięcioleci zwraca uwagę na normy etyczne prowadzenia biznesu.

Wzorce behawioralne i psychologiczne można opisać jedynie przy użyciu koncepcji konstruktywnych i destruktywnych konfliktów, współpracy i konkurencji oraz podejścia dialektycznego, podczas gdy ukierunkowanie w obu przypadkach można określić na podstawie szerszego kontekstu działalności, globalnego środowiska biznesowego i kultury korporacyjnej, które obejmują współpracę i konkurencję. Dlatego, analizując konflikty i interakcje, należy rozpatrywać te koncepcje nie tylko w kontekście technologii behawioralnej, ale również w świetle pewnego idealnego modelu. Taki model z góry zakłada, że cel, jeśli zostanie osiągnięty, może zharmonizować i udoskonalić wszystkie podsystemy wzajemnie na siebie oddziałujące w ramach organizacji.

1.8   Kształcenie przez rozwiązywanie konfliktów (diagogika)

Istotna rola sprzeczności jako siły napędzającej zmiany potwierdza fakt, że we współczesnym, ciągle ewoluującym świecie sprzeczności i proces ich eliminowania staną się głównym tematem kształcenia przywódców nowego typu. Odnajdywanie i rozwiązywanie sprzeczności w organizacji pozwala menedżerowi kontrolować zmiany organizacyjne oraz skutecznie wykonywać swoje zasadnicze funkcje. Rola menedżera może sprowadzać się do podejmowania decyzji – wszak ktoś, kto nie podejmuje decyzji nie może nazywać siebie menedżerem. Z zasady, konieczność podejmowania decyzji nie pojawia się w trakcie wykonywania rutynowych obowiązków, lecz wtedy, gdy menedżer staje w obliczu trudnych i niejednoznacznych zadań. Zaś sam proces decyzyjny zawsze polega na wyborze optymalnej alternatywy spośród wszystkich dostępnych, co zakłada rozwiązywanie wewnętrznych sprzeczności.

Dlatego we współczesnym kontekście kluczową umiejętnością jest zdolność do znajdywania i rozwiązywania konfliktów zewnątrz- i wewnątrzorganizacyjnych. Poza tym, ta umiejętność staje się zarówno przedmiotem, jak i strategią nauczania. Mówiąc o diagogice, mamy na myśli strategię nauczania dotyczącą rozwiązywania konfliktów.

Zadanie znajdywania i radzenia sobie ze sprzecznościami nie jest łatwe. Jego zasadom, technologii, normom i tradycji podporządkowana jest znaczna część aktywności intelektualnej oraz modeli behawioralnych w organizacji. I choć zasady te niekoniecznie określają jakiekolwiek formy radzenia sobie z konfliktem, to mogą być uznawane za formalne metody eliminowania sprzeczności. Wszak pracownicy nie powinni i nie muszą zastanawiać się nad tym, na którą godzinę mają przychodzić do pracy ani jak prowadzić księgowość (np. sprawozdania finansowe).

Podobnie ma się rzecz z edukacją. Jeżeli trener daje do rozwiązania zadanie i opisuje prawidłową procedurę jego wykonania to nie ma to nic wspólnego z diagogiką. Uczestnicy szkolenia mogą włączyć się do projektu naukowego zbierając materiały, ale jeśli nie rozwiążą problemów naukowych i nie odkryją wzajemnych powiązań i sprzeczności badanego zjawiska, to taka forma kształcenia nie będzie się niczym różniła od tradycyjnej. Prawdziwa diagogika polega na stwarzaniu jednostkom (lub grupie) warunków do poszukiwania rozwiązań i eliminowania sprzeczności. Kształcenie można nazwać diagogicznym tylko wtedy, gdy jego celem jest nauczenie uczestnika szkolenia metod eliminowania sprzeczności leżących u podstaw pewnego teoretycznego lub technicznego (praktycznego) problemu, sprzeczności, które generują i eksponują konflikt.

W komfortowym, dobrze znanym środowisku, próby wykorzystania nowej wiedzy i zmian niemal nigdy nie dają odczuwalnej różnicy. Nie można zmienić zachowania dziecka bez zmiany modelu wzajemnych relacji panujących w rodzinie. Ta sama zasada dotyczy organizacji – zmiana wzorców zachowań pracowników jest możliwa tylko wówczas, gdy cały system wzajemnych powiązań ulegnie zmianie. Organizacja sama w sobie działa jako jednostka zmiany i rozwoju. Zasady kształcenia diagogicznego opierają się na założeniach synergogiki Roberta Blake'a i Jane Mouton (1962), lecz idą o krok dalej. Mamy tutaj na myśli środowisko kształcenia, w którym współpraca i konstruktywne rozwiązywanie konfliktów aktywują wzajemne zmiany i uczenie się.

Tradycyjny model kształcenia instruktażowego (znanego nam wszystkim z dzieciństwa) zakłada istnienie autorytarnej i wpływowej figury nauczyciela, przekazującego swoją wiedzę uczniom, a więc od góry do dołu. Ponadto w tradycyjnym modelu uczniowie są zależni od nauczyciela, na którym to spoczywa cała odpowiedzialność. Jak w takim razie kształtuje się świeża i stabilna postawa bycia zmotywowanym do indywidualnej zmiany i rozwoju? Co może być zachętą dla pracowników, aby dążyli do zmian i rozwoju?

Energia konieczna do zmiany pochodzi od grupy i interakcji w niej zachodzących. Już na początku lat 40-tych ubiegłego stulecia okazało się, że terapia grupowa żołnierzy przynosi o wiele lepsze efekty niż terapia indywidualna (Bion 1946). Zauważono, że grupa posiada potężne zasoby terapeutyczne, a większy stopień osobistego zaangażowania jest motorem pozytywnych zmian.

Badania nad procesami grupowymi pokazują również, że kiedy nauczyciel lub trener korzysta z tradycyjnego modelu kształcenia, u jego uczniów rozwija się (świadomie lub instynktownie) jeden z czterech głównych modeli postawy wobec nauczyciela:

- Zależność – uczniowie czują się zależni i próbują wkupić się w łaski nauczyciela;
- Konfrontacja – odrzucają wpływową figurę nauczyciela, traktując go jak rywala;
- Unikanie – uczniowie próbują izolować się, traktując wpływową figurę nauczyciela jako niebezpieczną bądź bezużyteczną;

- Zawieranie sojuszy – uczniowie próbują łączyć się w grupy, aby wspólnie zmagać się z trudnościami i wyzwaniami.

W rzeczywistości nikt nie wybiera (świadomie bądź nie) modelu zachowania, ale raczej strategię rozwiązywania konfliktu. Innymi słowy, procesy interakcji grupowej w ogóle oraz kształcenie grupy w szczególności zachodzą poprzez ciągłe rozwiązywanie jawnych i wewnętrznych konfliktów. Wśród tych strategii nie znajdziemy współpracy, która jest jedyną strategią umożliwiającą efektywną pracę w grupie i zwalczenie mechanizmu wygrany/przegrany.

Badania pokazały, że kiedy nauczyciel lub trener celowo ogranicza swój wpływ na grupę, wywołuje w niej „nieświadome napięcie" (Bion 1961), ponieważ użycie tradycyjnych modeli i rozwiązań staje się niemożliwe. Uruchamia się wówczas proces poszukiwania nowych perspektyw i strategii, a grupa zaczyna badać nowe wzorce zachowań. To jest ten moment, w którym zachodzi rzeczywista zmiana zarówno działań indywidualnych, jak i grupowych.

Gdy odpowiedzialność zostaje przekazana w ręce grupy, formuje się nowy model jej działalności. Grupa zaczyna się otwierać, ujawniając ukryty wcześniej potencjał odczuwalny przez każdego członka grupy. Ten potencjał zakłada zdolność do długoterminowej zmiany.

Należy również zaznaczyć, że nasz stosunek do własnego zachowania jest zazwyczaj krótkowzroczny i pobłażliwy, również wtedy, gdy to koliduje z rozwojem kariery. Rozwiązując wewnętrzne konflikty pomiędzy sobą a drugą osobą oraz sobą a światem zewnętrznym, jednostka ponownie używa wymienionych powyżej strategii: zależności, konfrontacji, unikania i zawierania sojuszy. Każda z nich zakłada istnienie pewnej psychologicznej zależności, która nie pozwala jednostce postrzegać siebie i własnego zachowania w sposób bezstronny. Te bariery stanowią istotną przeszkodę na drodze do kształcenia i rozwoju jednostki, która zaczyna żyć w ułudzie – począwszy od zaprzeczania faktom i filtrowania informacji, skończywszy na racjonalizowaniu i pobłażaniu.

Ponadto jeżeli informacja oparta na faktach pochodzi od trenera, innego pracownika lub menedżera, zwykle zostaje odrzucona lub, w najlepszym wypadku, zignorowana. Ale kiedy informacja zwrotna pochodzi od grupy, jednostka bierze ją na poważnie, widząc silne wsparcie ze strony grupy oraz potencjał do zmian i doskonalenia. Widać tutaj olbrzymie możliwości wynikające z wykorzystania grupy i organizacji w ogóle jako kluczowej komórki pomagającej w głębokiej i trwałej przemianie każdego pracownika.

Ale jak tworzyć proces szkoleniowy bez jego podstawowego elementu strukturalnego – pary trener-uczeń? Jak pokonać zjawisko spadku motywacji, które manifestuje się głównie poprzez brak utrwalenia nabytej wiedzy i umiejętności w środowisku organizacji?

Kluczowym czynnikiem jest usunięcie wpływowej figury z procesu kształcenia grupowego. Niezależnie od stopnia formalizacji roli nauczyciela jest on zawsze postrzegany jako ktoś wpływowy, i to nawet bardziej niż surowy kierownik, którego wpływ jest zwykle bardziej ukryty. Konieczne jest stworzenie takich warunków kształcenia, które umożliwią grupie samodzielne zarządzanie procesem uczenia się. Poza tym, grupa wymaga szczególnych warunków, które pomogą jej wcielić w życie wszystkie dopuszczalne i ukryte modele zachowań (po wcześniejszej dyskusji).

Zachowanie grupy realizuje się w stabilnych i spójnych modelach, choć każdy rozumie je inaczej, dlatego konieczne jest ujęcie ich w pewne ramy. Potrzebna jest ogólna teoria, dzięki której dyskusja grupy będzie koncentrować się na konkretnych wzorcach zachowań. Taka teoria może przyspieszyć proces kształcenia, gdyż podkreśli jedynie istotne problemy i poda ich neutralną interpretację. Może mieć również korzystny wpływ określenie struktury dynamiki grupy bez włączania wpływowej osoby trenera. Stąd też można ją wykorzystać m.in. jako narzędzie do budowania struktury w środowisku edukacyjnym.

Tak więc teoria gładko wpisuje się w proces rozwoju organizacji, wyłączając z procesu kształcenia postać trenera i zapewniając grupie konieczne warunki do uczenia się (takie warunki obejmują myślenie dialektyczne i konstruktywne rozwiązywanie konfliktów, tj. diagogikę).

Do najważniejszych elementów diagogiki jako metody nauczania należą:

1. Studiowanie teorii w ramach przygotowania do szkolenia (szkolenie wstępne), co powinno pomóc w zrozumieniu pierwotnie nieokreślonych poglądów na temat zachowania oraz w przygotowaniu się do coachingu grupowego (ang. *peer coaching*).
2. Regularna refleksja na temat jakości pracy grupy w oparciu o wcześniej ustalone kryteria oceny postępu.
3. Atmosfera konstruktywnej współpracy w ramach ustalonych celów organizacji.
4. Warunki do artykulacji i określenia indywidualnych wartości i podejść.

Jak widać diagogika ma na celu wypracowanie wspólnej teorii z wyłączeniem wpływu trenera oraz stworzenie (dzięki wzajemnej współpracy i konstruktywnemu rozwiązywaniu konfliktów) takiego środowiska kształcenia, które pozwala jednostkom i grupom opanować zbiór postaw odpowiednio zintegrowanych z kulturą korporacyjną organizacji. Wyjątkowa atmosfera kształcenia oparta na rywalizacji jak i współpracy pozwala menedżerowi na poprawę aktywności intelektualnej i modelu zachowania, pomagając mu w zdobyciu odpowiedniego stylu przywództwa oraz w wypracowaniu szczególnego sposobu myślenia, zwanego zwykle naukowym, krytycznym lub dialektycznym.

Źródła

Publikacje online

Winkler I (2010) Contemporary Leadership Theories, Contributions to Management Sciences, https://doi.org/10.1007/978-3-2158-1, Springer, Berlin, Heidelberg

Literatura

Bennis W (1989) Why leaders can't lead. Jossey-Bass, San Francisco
Bion W (1961) Experiences in Groups – and other papers. Tavistock, London

Blake R, Mouton J (1962) The Intergroup Dynamics of Win/Lose Conflict and Problem-Solving Collaboration in Union-Management Relations. In: Sherif M (Ed.) Intergroup Relations and Leadership. Wiley, New York, p. 94–140

Blake R, Mouton J (1985) The Managerial Grid III: The Key to Leadership Excellence (3. Aufl.). Gulf Publishing Company, Houston, Texas

Dahrendorf R (1992) Der moderne soziale Konflikt. Essay zur Politik der Freiheit. DVA, Stuttgart, p. 392, 394

Darwin C (1975) On the Origin of Species: A Facsimile of the First Edition. Harvard UP, Cambridge

Denton M (1986) Evolution: A Theory in Crisis. Adler and Adler, Bethesda

French J, Raven B (1959) The Bases of Social Power. In: Cartwright D (Ed) Studies in Social Power: Ann Arbor, University of Michigan, Institute for Social Research, p. 150–167

Gates B (2008) Business at the Speed of Thought (2. Ed.). Penguin, London

Kouzes J, Posner, B (2010) The Truth about Leadership. Jossey-Bass, San Francisco

McGregor D (2005) The Human Side of Enterprise. McGraw-Hill, New York

Misumi J (1984) The behavioral science of leadership (aus dem Japanischen). Yuchikaku, Tokio

Porter M (1990) The Competitive Advantage of Nations. Free Press, New York

Porter M (1998) On Competition. Harvard Business School, Boston

Raven B (1965) Social influence and power. In: Steiner I und Fishbein M (Ed) Current studies in social psychology. Holt, Rinehait, Winston, New York

Zankovsky A (2000) Organizational Psychology. Flinta, Moscow

Czasopisma

Bion W (1946) Leaderless group project, Bulletin of the Menninger Clinic, 10:77–81

Deutsch M (1994): Constructive Conflict Resolution: Principles, Training and Research. J Social Issues Vol. 50 1, p. 13–32

Erwin D (2000): Macroevolution is More Than Repeated Rounds of Microevolution. Evolution & Development. 2, p. 78–84

Hersey P, Blanchard K (1982): Leadership style: Attitudes and behaviors. Train Dev J 36:50–52

Lewin R (1980): Evolutionary Theory Under Fire. Science. 210, p. 883

Lewin K, Lippitt R (1938) An Experimental Approach to the Study of Autocracy and Democracy: A Preliminary Note. Sociometry 1:292–380

Raven B (1992): Power/interaction model of interpersonal influence. In: French J und Raven B thirty years later. Journal of Social Behavior and Personality, Vol. 7, 2, p. 217–244

Prace magisterskie

Schumacher S (2014) Leadership dimensions: an empirical integration. Master Thesis, University Osnabrueck

Synercube: Naukowa teoria kształtowania efektywnych relacji w organizacji 2

2.1 Organizacja jako system otwarty

W kontekście podejścia systemowego, organizacja jest zestawem elementów i ich wzajemnych powiązań, które funkcjonują jako integralna całość (Katz i Kahn 1966). Dla zachowania tej integralności i prowadzenia swojej działalności organizacja potrzebuje pozyskiwanych z zewnątrz zasobów (informacji, energii, funduszy, pracowników, materiałów, sprzętu itp.). W toku swoich działań organizacja przekształca zasoby na rezultaty (produkt, towary, usługi, informacje itp.), które wracają do środowiska zewnętrznego, przynosząc zysk. Następnie zysk jest przeznaczany na zakup nowych zasobów i tak cykl rozpoczyna się na nowo. Widać stąd, że każda organizacja jest systemem otwartym, który nieustannie wchodzi w interakcje ze środowiskiem zewnętrznym (patrz Rys. 2.1).

Jako organizmy biologiczne, organizacje rozwijają się i trwają dzięki korzystnej korelacji pomiędzy zużytymi zasobami a osiągniętymi rezultatami. Aby móc przetrwać w dłuższej perspektywie, wyniki organizacji powinny być przynajmniej równe nakładom przeznaczanym na zasoby, procesy transformacyjne i codzienną działalność. Jeżeli wyniki nie pozwalają na odtworzenie wydatkowanych zasobów i wysiłków, organizacja traci zdolność funkcjonowania. Dlatego wydajność procesu transformacyjnego jest kluczowym warunkiem determinującym przetrwanie każdej organizacji.

Historia biznesu zna wiele przypadków bankructw wielkich organizacji posiadających olbrzymie zasoby, których procesy transformacyjne okazały się jednak mało wydajne,

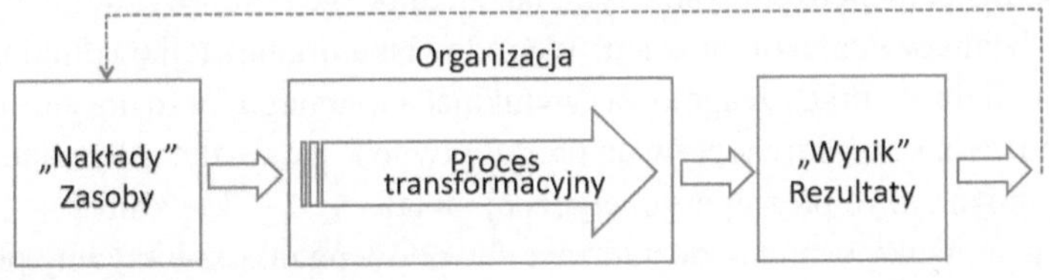

Rys. 2.1 Organizacja jako system otwarty

© Springer-Verlag GmbH Germany, part of Springer Nature 2019

A. Zankovsky and C. Heiden, *Przywództwo z Synercube*,

https://doi.org/10.1007/978-3-662-58235-0_2

co uniemożliwiało im osiąganie wysokich rezultatów. I odwrotnie – jest wiele przedsiębiorstw odnoszących sukces nawet przy braku zasobów, ponieważ ich procesy transformacyjne są wydajne.

Uzasadnieniem takich paradoksów jest złożoność procesu transformacyjnego, który obejmuje szereg czynników organizacyjnych, technicznych i ludzkich. Przez długi czas uważano, że źródłem wszelkich problemów jest niewystarczające zaawansowanie technologiczne (w konsekwencji poszukiwano rozwiązań związanych wyłącznie z postępem technologicznym). Dopiero z czasem okazało się, że problemy związane z procesem transformacyjnym wynikają głównie z nieefektywnej interakcji pomiędzy pracownikami organizacji.

Na pierwszy rzut oka zarządzanie wspólnymi wysiłkami i owocną interakcją wydaje się łatwym zadaniem – wystarczy udostępnić pracownikom informacje na temat tego, co i jak mają robić, stworzyć korzystne i rozsądne warunki pracy, zaopatrzyć każdego pracownika w sprzęt i narzędzia, przewidzieć konieczne projekty edukacyjne. Teoretycznie to wyczerpuje listę koniecznych warunków wstępnych do wydajnej pracy zespołowej. Taki pogląd utrzymywał się przez stosunkowo długi czas, a menedżerowie koncentrowali się na zasobach, rezultatach i aspektach technologicznych procesu transformacyjnego. Jednak pominięcie współpracy oraz pracy zespołowej w połączeniu z niską świadomością mechanizmów wewnętrznych dotyczących interakcji w ramach organizacji doprowadziła w przeszłości do wielu spektakularnych porażek i to niezależnie od rozmiaru, rodzaju i branży organizacji.

2.2   Paradoksy i tajniki pracy zespołowej

Większość zadań udaje się wykonać jedynie dzięki wspólnym wysiłkom. Pracując razem, grupa może osiągać cele nieosiągalne dla jednej osoby nieważne jak utalentowanej, ciężko pracującej, mądrej i silnej, nawet jeśli jej wysiłki są technologicznie wspomagane. Potencjalne możliwości jednostki osiągania wybitnych rezultatów są ograniczone.

To imponujące, że wielkie budowle, takie jak piramidy egipskie czy Wielki Mur Chiński, powstawały pomimo braku technologii i maszyn, a niemal wyłącznie dzięki dobrej organizacji i wspólnemu wysiłkowi rzeszy ludzi. Wysiłek jednego człowieka tysiąckrotnie pomnożony daje olbrzymią moc zdolną do tworzenia wyłącznie siłą ludzkich rąk rzeczy niezwykłych.

Tej prawdy nie zmienił ani postęp społeczny ani technologiczny. Dzisiaj, starając się spełnić swoją misję, menedżer myśli o tym, jak zjednoczyć i skoordynować wysiłki członków grupy – działu czy całej organizacji. W środowisku organizacji od długiego już czasu panuje przekonanie, że praca zespołowa (wynikająca z samego faktu obecności współpracowników) posiada korzystny wpływ na produktywność jednostki. Aby zademonstrować ten przyrost, można użyć prostej arytmetycznej metafory: $1 + 1 > 2$ lub $2 + 2 > 4$.

Wyniki badań naukowych nie dostarczają dowodów na taki kolektywny przyrost. Pod koniec XIX wieku francuski profesor Maximilian Ringelmann wykazał dramatyczny spadek produktywności jednostki, która dołącza do grupy pracowników (Ringelmann 1913; Moede 1927).

Porównując rezultaty aktywności indywidualnej i grupowej w ramach eksperymentu, który polegał na podnoszeniu ciężaru przy pomocy wyciągu, Ringelmann oczekiwał, że wysiłek grupowy będzie przynajmniej równy sumie wysiłków indywidualnych. Innymi słowy, że dwoje ludzi razem wziętych osiągnie posobny rezultat co suma ich osobnych wysiłków. A jednak badanie wskazało na istnienie niemal liniowej zależności pomiędzy liczbą ludzi w grupie (od 2 do 8) a średnią indywidualną produktywnością. I tak, w grupie 2-osobowej odnotowano 7 % spadek indywidualnej wydajności każdego członka, w grupie 3-osobowej – 15 % spadek, a w grupie 8-osobowej – 51 % spadek wydajności indywidualnej. W tym ostatnim przypadku, każdy z członków grupy stracił ponad połowę swojego indywidualnego potencjału (Steiner 1972; Ingham i in. 1974; Kravitz i Martin 1986).

Nowsze badania pokazują, że te spadki są mniejsze, ale wciąż potwierdzają istotę spostrzeżeń Ringelmanna: pracując w grupie jednostka traci część swojej indywidualnej produktywności. Stajemy tym samym w obliczu tajemniczego psychologicznego zjawiska, które może skomplikować działalność organizacji za każdym razem, gdy zachodzi potrzeba interakcji.

Ten fakt jest zwykle interpretowany w kontekście czynników motywacyjnych – w grupie jednostka jest mniej zmotywowana do większego wysiłku, ponieważ wie, że jej udział w zespołowym sukcesie rozmywa się. Emile Durkheim zauważył kiedyś, że „grupa myśli, czuje i działa nie jako suma poszczególnych jej członków. Wychodząc od jednostki, nie da się zrozumieć procesów występujących w grupie" (Durkheim 1924, 1950).

Grupa formuje się, rozwija i działa wedle własnych reguł, których nie da się wydedukować z psychologii konkretnej jednostki.

Psychologia dysponuje danymi naukowymi na temat zachowań grupowych. Te dane, oprócz tego, że potrafią wyjaśnić efekt Ringelmanna, mogą również pomóc w znalezieniu środków do radykalnej poprawy pracy zespołowej.

Cele działań zespołowych, sposób formowania się grupy, a także formalne wymagania dotyczące jej struktury i funkcjonowania określane są, z zasady, przez większe systemy organizacyjne. Jednocześnie zjawiska i procesy zachodzące w grupie mają swoją własną regularność i osobliwość. Choć w większości przypadków grupy są w stanie ciągłej zmiany, można w nich wyróżnić kilka następujących po sobie faz (patrz Rys. 2.2).

Pierwsza faza to formowanie się grupy lub nawiązywanie przez jednostki wchodzące w jej skład formalnych związków. Ludzie, którzy poznali się jakiś czas temu, naraz

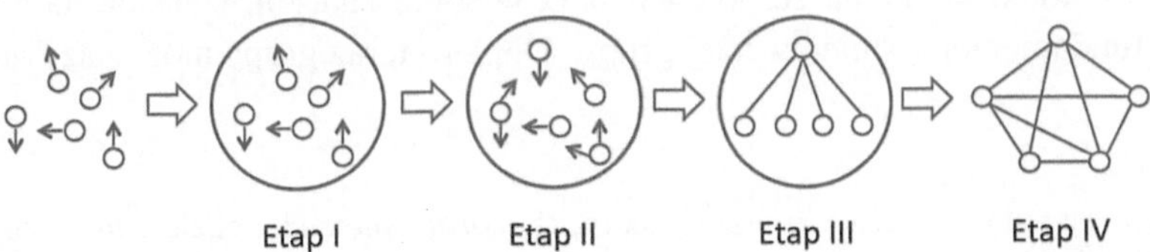

Rys. 2.2 Etapy formowania się zespołu

znajdują się w jednej formalnej grupie. Na początku zachowują się ostrożnie, z uwagą obserwują każdy krok swoich nowych partnerów. Ten etap charakteryzuje się brakiem ustalonych celów, struktury i przywództwa. Członkowie grupy próbują się wybadać, zdefiniować role i wybrać wzorzec zachowania najlepiej odpowiadający sytuacji. Na tym etapie wszelkie prace opierają się przede wszystkim na działaniach indywidualnych. Pierwsza faza kończy się, kiedy poszczególne jednostki zaczynają postrzegać siebie jako członków zespołu.

Faza szturmu jest w pewnym sensie fazą wewnątrzzespołowego konfliktu. Jednostki akceptują fakt istnienia zespołu, ale opierają się próbom kontrolowania. Różne formy aktywności zaczynają się klarować i rozstrzygać. Z zasady decyzje zapadają większością głosów (podczas gdy interesy mniejszości schodzą na dalszy plan). Dodatkowo potrzeba wyboru przywódcy rodzi kolejny konflikt. Po zakończeniu tej fazy zespół posiada już relatywnie stabilną hierarchię wewnętrznego przywództwa.

Faza trzecia to faza normowania, tj. ustalania bliskich relacji, wspólnych zasad i wartości. Na tym etapie konsolidacja grupy jest w toku. Grupa zaczyna funkcjonować jak zespół. Każdy jej członek ma wyrobione pojęcie na temat drugiego – jego umiejętności i cech osobowości; ustalają się role i funkcje członków zespołu – każdy zna swoją rolę i uświadamia sobie odpowiedzialność, jaka z niej wynika. W zespole pojawia się silne uczucie utożsamiania się (wewnątrzzespołowa tożsamość) oraz duch współpracy. Ta faza kończy się po stworzeniu jasno określonej struktury. Każdy członek zespołu wie, jakiego zachowania oczekują od niego pozostali w różnych sytuacjach. Ci, którzy nie są usatysfakcjonowani swoją rolą muszą ją zaakceptować i trzymać się ustalonych reguł i wymogów. Panuje ogólnie pozytywna atmosfera, napięcia towarzyszące początkowym fazom ustępują, a wspólny cel w końcu wychodzi na pierwszy plan.

Ostatnia faza to faza działania. Grupa jest już uformowana jako jednostka psychologiczna. Nowa struktura staje się funkcjonalna i jest akceptowana przez wszystkich członków. Wszyscy są pracowici, pełni energii i zorientowani na wspólny cel – dążą do samodoskonalenia i są skłonni pracować na rzecz zespołu. Odpowiedzialność za realizację wszystkich zadań jest wspólna. Energia zespołu przenosi się z interakcji na działanie. Momentem szczytowym tej fazy jest stan grupowej synergii[1], kiedy członkowie zespołu starają się wyrównywać wszelkie różnice i doceniają wartość każdego członka jako integralnej części zespołu.

Atmosfera w zespole staje się ciepła i przyjazna. Rośnie poczucie bezpieczeństwa i dumy z faktu przynależności do zespołu. Pogłębia się również integracja – oprócz odpowiednich wartości grupowych, wartości wynikające z działania stają się wspólne dla wszystkich członków. Praca zespołowa sama w sobie znacznie zyskuje na znaczeniu, stając się fundamentem istnienia całej grupy. Dopiero teraz grupa może nazywać się ze-

---

[1] Termin ten jest jednym z członów nazwy teorii, tj. *teoria Synercube*, gdzie *syner* – oznacza synergię, obejmującą synergię w zespole, o której mowa powyżej, oraz *cube* – figurę trójwymiarową, reprezentującą trójczynnikowy model przywództwa organizacyjnego.

społem, który jest nie tylko skuteczny, ale zaspokaja również cały szereg potrzeb jego poszczególnych członków, w tym poczucie własnej wartości i samorealizacji.

W rzeczywistości granice pomiędzy poszczególnymi fazami nie są tak wyraźne. Co więcej, w obliczu nowych sprzeczności i problemów, pojawia się niebezpieczeństwo powrotu do fazy konfliktu wewnątrzgrupowego. Natomiast kiedy grupa utknie w fazie szturmu, grozi jej podział. W takim wypadku chęć do współpracy dramatycznie spada i zaczynają tworzyć się „podgrupy", co ma już niewiele wspólnego z realizacją wspólnych celów zespołowych. Z czasem podgrupy zaczynają ze sobą rywalizować i walczyć o przywództwo, a skuteczność spada. Jeśli grupie nie uda się uniknąć dezintegracji to w sposób nieunikniony wejdzie na ścieżkę nieustannego destruktywnego konfliktu, a nawet całkowitej dezintegracji. Jeśli natomiast grupa i jej przywódcy zdołają pokonać kryzys, wówczas grupa powraca na ścieżkę konstruktywnego rozwoju.

W rzeczywistości trudno jest również zaobserwować wszystkie opisane powyżej fazy w ich czystej postaci (jest to możliwe jedynie w szczególnych lub krytycznych kontekstach). Zwykle obserwuje się zachodzenie kilku równoległych, a czasami nawet przeciwstawnych, procesów w tym samym czasie. Dlatego powyższe fazy należy traktować jako ogólny schemat, którego celem jest pokazanie dynamiki oraz ujawnienie problemów.

Pamiętajmy więc, że aby móc działać skutecznie, grupa musi przejść przez kilka etapów, z których każdy nastręcza dość charakterystycznych problemów i ujawnia pewne sprzeczności. Wszystkie one muszą zostać pokonane na drodze do synergii.

Należy podkreślić, że dotąd menedżerowie postrzegali organizację jako zbiór indywidualności, a interakcję w zespole jako mechaniczną sumę indywidualnych wysiłków. Dopiero w latach 30-tych i 40-tych ubiegłego stulecia zauważono, że jakość pracy indywidualnej różni się od jakości pracy zespołowej. Jednego z największych odkryć dostarczyły eksperymenty przeprowadzone w latach 20-tych i 30-tych XX wieku w fabryce Hawthorne'a w Chicago przez George'a Eltona Mayo (1933; Roethlisberger i Dickson 1939).

Na początku eksperymenty miały na celu sprawdzenie wpływu warunków zewnętrznych na wydajność pracy. Okazało się, że wpływ ten był przeceniany. Natomiast pewne czynniki, które były dotąd pomijane, okazały się mieć znaczenie kluczowe.

W ramach jednej z części eksperymentu porównywano wydajność pracy dwóch grup kobiet. Jedna grupa pracowała w normalnych warunkach, podczas gdy druga została objęta ciągłym nadzorem badaczy, którzy rejestrowali postępy w pracy, ilość popełnianych błędów, warunki pracy oraz wszystko, co zaobserwowali. W ciągu 28 miesięcy trwania eksperymentu wydajność pracy drugiej grupy nieustannie się poprawiała. Morale pracowników również było wysokie. Odsetek zwolnień chorobowych zmniejszył się trzykrotnie w porównaniu do średniej w całym zakładzie.

Warunki pracy były identyczne w obu grupach, stąd też postęp można było wytłumaczyć jedynie większą atencją i troską kierownictwa. Kobiety również uznały, że udział w eksperymencie był dla nich interesującym doświadczeniem, że zmienił się ich dotychczasowy stosunek do pracy, którą uznały za ważną i liczącą się. Sam fakt, że kierownictwo podjęło decyzję o przeprowadzeniu takiego badania został przyjęty przez pracowników z entuzjazmem oraz jako dowód zainteresowania ich pracą.

Te eksperymenty w sposób istotny pokazały, że wydajność pracy w niewielkim stopniu zależała od indywidualnych motywów, kompetencji i umiejętności. W niektórych grupach badano wpływ kompleksowego planu nagród finansowych. Zakładano, że wydajność pracownika wzrośnie, jeśli będzie bezpośrednio powiązana z korzyściami finansowymi. Okazało się, że pracownicy podnosili produktywność zespołowo, a nie indywidualnie, oraz że zależała ona od standardów wypracowanych w zespole a nie od standardów narzuconych przez menedżera. Doszło nawet do tego, że pracownicy raportowali fałszywe wyniki, aby wykazać ich zgodność z planem. Innymi słowy, zespoły wykształcały swoje własne standardy wydajności.

Eksperymenty przeprowadzone w fabryce Hawthorne'a wniosły duży wkład do badań nad zachowaniem zespołów i wykazały, że wydajność organizacji może wzrosnąć tylko wtedy, gdy menedżerowie są świadomi procesów grupowych. Ponadto pokazały, że troska i interesowanie się emocjami pracowników wpływają na wydajność bardziej niż jakiekolwiek korzyści finansowe. Te eksperymenty też po raz pierwszy ujawniły sprzeczności pomiędzy celami formalnymi organizacji i celami nieformalnymi, ustalanymi przez same zespoły.

Od tamtej pory kierownicy przedsiębiorstw zaczęli przyglądać się bliżej wszelkim procesom grupowym i poszukiwać sposobów i metod poprawy interakcji w grupie i pracy zespołowej.

2.3 Mechanizmy interakcji w organizacji

Jak już wspomnieliśmy, interakcja w organizacji jest istotnym elementem procesu transformacyjnego. Chcąc skupić się wyłącznie na interakcji, uprościmy model organizacji jako systemu otwartego, redukując proces transformacyjny do interakcji w organizacji – patrz Rys. 2.3.

Ten model interakcji w organizacji zawiera trzy elementy: R – zasoby (ang. *resources*), I – interakcje (ang. *interactions*) oraz O – rezultat (ang. *output*).

Zasoby stanowią podstawę interakcji. Ten element obejmuje finanse, informację, energię, materiały, sprzęt oraz zasoby ludzkie w postaci cech osobowościowych pracowników, ich wykształcenie, umiejętności, wiedzę, doświadczenie, entuzjazm i oddanie.

Rys. 2.3 Model interakcji w organizacji

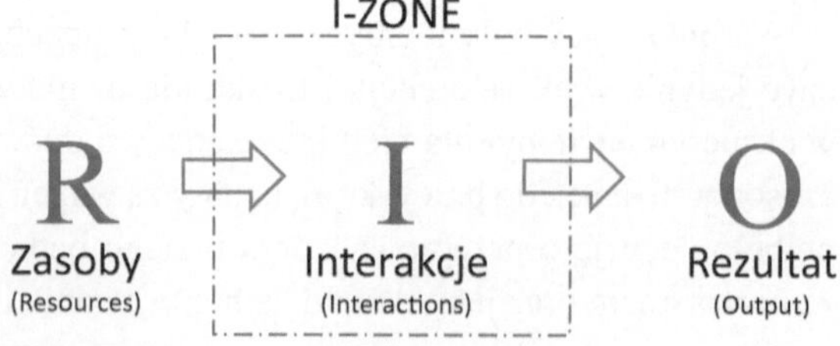

Interakcje obejmują wszystkie rodzaje zachowania, działania i relacji jednostek w grupie, które mogą w jakikolwiek sposób wpłynąć na proces transformacyjny, tj. zużycie i przekształcanie zasobów potrzebnych do osiągania celów organizacji. Dotyczy to również interakcji między ludźmi, ich zdolności do pracy w grupie oraz do przekształcania zasobów w rezultaty. Sfera interakcji wiąże się z tym JAK ludzie pracują, a nie JAKĄ pracę wykonują.

Rezultat to wynik działań – produkty, usługi, informacje, wiedza lub kreatywne pomysły. Pokazuje, czy zasoby zostały właściwie wykorzystane oraz czy interakcje były efektywne.

Pozostańmy przez chwilę w strefie interakcji *(I-ZONE)*. Jakość I-ZONE determinuje wydajność transformacji $R \rightarrow O$.

Kiedy strefa I-ZONE jest niewłaściwie zaaranżowana, większość zasobów jest marnotrawionych lub zużywanych w sposób niewydajny. Nierozwiązane konflikty uniemożliwiają pracownikom dostrzeganie własnych niedoskonałości i zrozumienie aktualnych problemów. Jeżeli pracownicy obawiają się negatywnego nastawienia swoich kolegów lub kierowników, zasoby nie są wykorzystywane w sposób wydajny. Na przykład, gdy pracownicy obawiają się siebie nawzajem, ignorują rezultaty i przyjmują postawę defensywną. Wolą ustąpić, ukryć się lub nawet przerwać pracę. Taka chorobliwa atmosfera hamuje kreatywność – nikt nie chce podejmować ryzyka, jeżeli nie czuje wsparcia i zrozumienia ze strony kolegów. Niewłaściwe interakcje nieuchronnie prowadzą do przykrych konsekwencji dla całej organizacji.

Jednak kiedy strefa I-ZONE zaaranżowana jest prawidłowo, panuje atmosfera wzajemnego zaufania i szacunku, a zasoby są zużywane w sposób wydajny. Indywidualna energia (która wcześniej była wykorzystywana na znajdywanie wymówek i ukrywanie słabości) może być teraz użyta na rzecz współpracy, poszukiwania rozwiązań i podejmowania uzasadnionego ryzyka. Jeżeli aktualne problemy są omawiane uczciwie, wówczas pracownicy nie obawiają się negatywnych konsekwencji i poszukują odpowiednich rozstrzygnięć w sposób otwarty i szczery. Taka atmosfera zorientowana na wsparcie i otwartość pobudza oddanie i zapał personelu. Ludzie zaczynają podejmować się ambitnych zadań, badać i tworzyć, ponieważ oskarżenia ze strony innych czy stygmatyzacja już im nie grożą.

Efekt synergii pojawia się, gdy zasoby są pomnażane. W takim wypadku, rezultaty osiągane na drodze pracy zespołowej przewyższają sumę indywidualnych wysiłków. Efekt synergii zostaje osiągnięty, kiedy zespół definiuje swoje cele i dokłada wszelkich starań, aby je osiągnąć. Synergia zakłada wysoki poziom wzajemnego szacunku i zaufania oraz zdolność do pokonywania konfliktów w sposób konstruktywny.

Osiągnięcie lepszych rezultatów przy mniejszych nakładach, jedynie poprzez zwiększenie zatrudnienia, liczby godzin pracy lub nakładów inwestycyjnych jest niemożliwe. Dlatego każda organizacja w jakimś momencie zawsze staje przed tym samym dylematem: nadal walczyć z efektem Ringlemanna w I-ZONE czy działać na rzecz synergii.

Skoro I-ZONE jest tak istotna to dlaczego wciąż schodzi na dalszy plan zamiast stać w centrum uwagi każdego menedżera? Powodów organizacyjnych, personalnych i psychologicznych jest wiele.

Wymieńmy najważniejsze z nich:

1. We współczesnej organizacji kariera menedżera w znacznym stopniu zależy od zasobów i końcowych wyników. Sposób wykorzystania zasobów i rezultaty mają decydujące znaczenie dla przyszłego awansu menedżera w hierarchii organizacji. W takich warunkach I-ZONE jest zwyczajnie lekceważona.
2. Współczesne organizacje nakładają na menedżerów ogromną odpowiedzialność związaną głównie z wynikami. Przeciążenie oraz brak czasu nie pozwalają menedżerom skoncentrować się na I-ZONE. W takiej sytuacji nacisk zawsze będzie kładziony na przekształcanie procesów w rezultaty.
3. Indywidualne cechy psychologiczne oraz unikatowe doświadczenie życiowe i zawodowe sprawiają, że każdy z nas ma inny system przekonań i osobistych wartości. W związku z tym wyobrażenie tego jak powinny wyglądać wzajemne relacje w I-ZONE jest również inne, a wypracowanie wspólnego podejścia wydaje się celem nieosiągalnym. Ponadto obawy, mechanizmy obronne i inne trudne emocje są dodatkową przeszkodą na drodze do produktywnej interakcji i pracy zespołowej.
4. Większość pracowników organizacji nie posiada wystarczającej wiedzy, aby móc zrozumieć pewne prawidłowości dotyczące procesu interakcji.

2.4 Narzędzia zarządzania i poszukiwanie grupowej wydajności

Spośród wszystkich procesów grupowych najważniejszym jest przywództwo. Determinuje ono zdolność zespołu samoorganizacji, do interakcji z innymi działami oraz do ustalenia zbioru swoich zasad. Dlatego znając podstawowe zasady dotyczące przywództwa, można przewidzieć jak będzie rozwijała się grupa, jaki przyjmie rodzaj interakcji zachodzących w I-ZONE oraz jakie osiągnie rezultaty.

Problematyką przywództwa zajął się w latach 30-tych XX wieku Kurt Lewin jako jeden z pierwszych badaczy (Lewin i Lippitt 1938). Od tamtego czasu psychologia przywództwa stała się niezależnym obszarem badań. Do dzisiaj przeprowadzono wiele eksperymentów, dokonano fundamentalnych odkryć, stworzono liczne teorie, opracowano monografie i podręczniki (Zhuravlev 2005; Parygin 1973; Bennis i Nanus 1985; Conger 1990; Locke 1991; Vroom 1973; Vroom i Jago 1978; Yammarino i Bass 1990; Yukl 1994; Blake i Mouton 1964; Fiedler 1967; Hersey i Blanchard 1993; Stogdill 1974).

Badanie Lewina oraz wyniki eksperymentów w fabryce Hawthorne'a przyczyniły się do rozwoju tak zwanego behaviorystycznego podejścia do przywództwa. Celem tego podejścia jest znalezienie głównych czynników związanych z zachowaniem przywódcy.

Wiele lat badań i poszukiwań doprowadziło do odkrycia dwóch głównych czynników, które gwarantują skuteczne przywództwo. Od czasu tego odkrycia ten dwuczynnikowy model przywództwa stał się popularny wśród psychologów. Te dwa czynniki posiadają różne nazwy: zarządzanie zorientowane na pracę/personel (Likert 1961), ustrukturyzowana działalność i troska o ludzi (Bass 1960; Fleischman i Harris 1962), podejście zorientowane na ludzi/zadania (Blake i Mouton 1964), podejście zorientowane na zadanie/relacje (Hersey i Blanchard 1982; Fiedler 1967; Reddin 1970), przywództwo dyrektywne/partycypacyjne (Bass 1990), przywództwo zorientowane na wsparcie/postęp (Filley i in. 1976), przywództwo zorientowane na pracodawcę/pracownika (Tannenbaum i Schmidt 1973), kontrola i zaangażowanie/aktywność (Lawler 1992), oraz przywództwo zorientowane na wsparcie (Misumi i Shirakashi 1966, Misumi 1972, 1985).

Najlepszym przykładem zastosowania tego podejścia był model siatki kierowniczej opracowany przez Roberta R. Blake'a i Jane S. Mouton (1964), będący ramą dla interakcji zachodzących w I-ZONE.

Wspomniane powyżej dwa czynniki stanowią dwie osie siatki. Pierwszym jest zorientowanie na zadania, a drugim zorientowanie na ludzi.

Zorientowanie na zadania. Rezultaty produkcji mogą być albo krótkookresowe, albo długookresowe. Na osi poziomej na skali od 1 do 9 pokazana jest orientacja na zadanie. Zorientowanie na rezultat obejmuje cały szereg aktywności, które przyczyniają się do realizacji celów organizacji: planowanie, kontrola, koordynacja oraz podnoszenie wydajności procesów. Na przykład, przywódca zorientowany na zadania będzie prosił o składanie mu regularnych raportów, nadzorował pracę oraz robił co może, aby personel ukończył zadanie na czas.

Zorientowanie na ludzi również posiada skalę dziewięciostopniową i oznacza zdolność przywódcy do budowania relacji. Wysokie zorientowanie na ludzi oznacza, że menedżer potrafi rozważyć i zrozumieć opinie, sądy i uczucia innych ludzi. Zwraca uwagę na ich problemy zawodowe i osobiste, przejmuje się ich postępami i dobrostanem. Właściwie wyrażana troska o ludzi daje im pewność siebie i pozwala wszystkim członkom grupy budować wzajemne relacje, które prowadzą do osiągnięcia dobrych rezultatów.

Każda z osi siatki posiada 9-stopniową skalę. To daje 81 pól i tyleż samo stylów przywódczych. Jednak ta liczba jest niedorzecznie wysoka, ponieważ przy takiej liczbie stylów różnice pomiędzy każdym z nich będą bardzo subtelne. Jednak celem siatki kierowniczej nie był ilościowy opis zachowań przywódców, ale raczej pokazanie głównych tendencji w kontekście bieżących zadań.

Oba rodzaje orientacji są współzależne, to znaczy, że nie mogą być brane pod uwagę osobno, a zrozumienie współzależności obu tych czynników jest kluczowe dla osobowości przywódcy. Na przykład, wysokie zorientowanie na ludzi może być różnie wyrażane w zależności od poziomu zorientowania na zadanie.

Blake i Mouton wyróżnili siedem stylów przywódczych (Rys. 2.4).

Według modelu, tych siedem stylów przywódczych opiera się na trzech poziomach orientacji – wysokim, średnim i niskim. Pięć głównym stylom: 1.1, 9.1, 1.9, 5.5 i 9.9

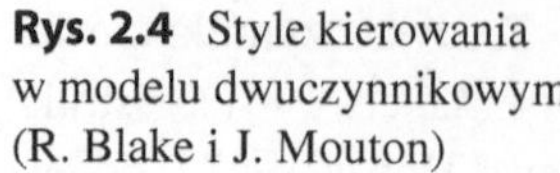

Rys. 2.4 Style kierowania
w modelu dwuczynnikowym
(R. Blake i J. Mouton)

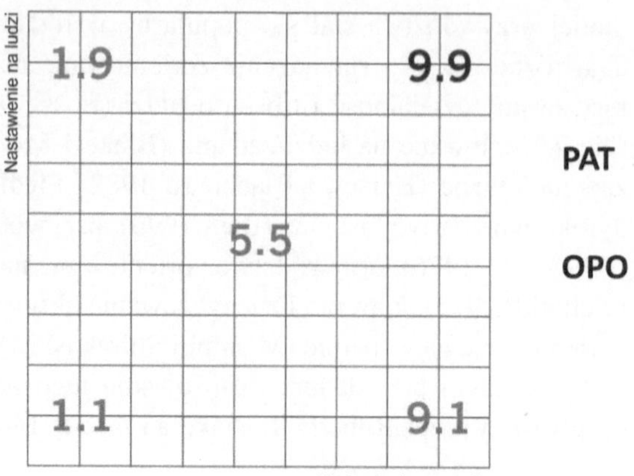

nadano nazwy numeryczne, zaś dwa pozostałe nazwano: paternalistycznym (PAT) i oportunistycznym (OPP). Są one kombinacją głównych stylów, które odzwierciedlają podstawowe postawy względem wpływowej osoby w organizacji: zależność/ustępstwo, konfrontacja, unikanie, sojusz, współpraca. Ponadto Blake i Mouton usiłowali odkryć motywację każdego ze stylów w oparciu o chęć unikania negatywnych konsekwencji oraz dążenie do realizacji celów.

Za najbardziej efektywny i sensowny badacze uznali styl 9.9. Łączy on w sobie wysoką orientację na zadania z wysoką orientacją na ludzi. Wysokie rezultaty są osiągane dzięki szczerej, uczciwej i konstruktywnej współpracy. Liderzy, którzy sprawują swoje przywództwo w stylu 9.9 wiedzą, że osobisty wkład jest niezbędny dla wydajnego funkcjonowania organizacji; realizują cele dzięki i wspólnie z pracownikami. Wszystkie pozostałe style plasują się przynajmniej o poziom niżej od stylu 9.9 (Blake i Mouton 1982, str. 20–43; Blake i Adams McCanse 1992, str. 267). Dwuczynnikowy model przywództwa okazał się wysoce skuteczny w kształceniu odnoszących sukcesy przywódców. Przez ponad pół wieku był on wykorzystywany do tworzenia programów rozwoju organizacji na całym świecie (Larson i in. 1976, str. 628 ff.; Nystrom 1978, str. 325 ff.).

Tymczasem, jak wspomnieliśmy w Rozdziale 1, globalizacja i istotne zmiany środowiska pracy doprowadziły do radykalnej zmiany roli przywódców w organizacjach. W tym kontekście konieczne jest stworzenie nowego, bardziej aktualnego podejścia do przywództwa.

2.5 Od przywództwa grupowego do organizacyjnego

Dwuczynnikowe modele przywództwa omówione powyżej, w tym siatka kierownicza Blake'a i Mouton, są modelami przywództwa grupowego w hierarchicznej, biurokratycznej organizacji, która działa w stabilnym i przewidywalnym środowisku oraz posiada liczne, szczegółowo określone cele.

W kontekście ciągłych zmian, sprzeczności i braku stabilności, przywódca, który nie posiada jasno sprecyzowanych celów znajduje się w trudnej sytuacji. Jaką decyzję należy podjąć, jeżeli problem jest bezprecedensowy? Z której okazji skorzystać, skoro warunki nieustannie się zmieniają? Co należy uznać za priorytet: pracowników, społeczeństwo, organizację, grupę czy samego siebie? W którym kierunku poprowadzić podwładnych? Te pytania nigdy wcześniej nie były tak istotne jak dzisiaj.

Zorientowanie na zadania i ludzi jest nadal istotne, lecz niewystarczające. Jak być zorientowanym na rezultat, skoro rezultat jest niejasny? Jak być zorientowanym na ludzi, kiedy różnice pomiędzy ludźmi i kulturami, narodami i indywidualnymi światopoglądami są nie do pogodzenia?

Co więcej, niektóre badania wskazują, że przywództwo, po zredukowaniu do dwóch czynników, może wywierać silny wpływ na zachowanie zespołu, nawet jeśli cel przywódcy stoi w sprzeczności z indywidualnymi postawami i jest antyspołeczny. Z tego względu tradycyjny model przywództwa grupowego działa jak technologia behawioralna, która może zmieniać zachowanie członków grupy niezależnie od celów narzuconych przez przywódcę. Dzisiaj przywództwo nie jest już procesem grupowym, lecz determinuje działalność całej organizacji, co oznacza, że stało się organizacyjne. To zmienia cały paradygmat przywództwa, które jest teraz formą władzy organizacyjnej (wykorzystującą zasoby głównie osobowe i informacyjne) oraz moralnym i aksjologicznym standardem (Zankovsky 2011).

Zorientowanie na wartości jest kluczowym elementem wewnętrznej, osobistej konstrukcji przywódcy, gdyż pozwala mu odróżnić to, co istotne od tego, co nieistotne, niezbędne od zbędnego. Jest to swego rodzaju oś świadomości, będąca gwarantem stabilnej osobowości i ciągłości pewnych wzorców behawioralnych widocznych przez pryzmat tego, jak kształtują się indywidualne potrzeby i dążenia. Stąd też zorientowanie na wartości jest kluczowym czynnikiem motywacji.

2.6 Przywództwo organizacyjne

Moralne aspekty celów ustalanych przez przywódcę, jego osobisty system wartości oraz zorientowanie mają decydujące znaczenie. Orientacja na wartości umożliwia rozróżnienie pomiędzy tym, co jest, a co nie jest istotne. Jest osią świadomości, która gwarantuje stabilną osobowość i zapewnia ciągłość zachowania oraz wyraża się poprzez realizację potrzeb i interesów. Z tego powodu zorientowanie na wartości jest głównym czynnikiem, który wpływa na motywację (Rys. 2.5). Wymiar moralny celów wyznaczanych przez przywódcę, jego orientacja, osobowość i wartości mają znaczenie zasadnicze. Najbardziej tragicznym jest przypadek, w którym wykwalifikowany przywódca jest wrogo nastawiony do ludzi i prowadzi organizację w ślepą uliczkę lub do samozagłady. Taki koniec czeka nawet najzdolniejszego przywódcę, jeśli brakuje mu moralnych podstaw. Wystarczy przypomnieć sobie bankructwa wielkich amerykańskich firm, pogrążonych przez egoizm ich przywódców.

Rys. 2.5 Trójwymiarowy
model przywództwa

Orientacja na wartości i postawa moralna przywódcy wydają się mieć zasadnicze znaczenie w kontekście globalizacji informacyjnej i technologicznej, gdy organizacja jest poddana twardej rywalizacji w nie do końca określonych warunkach, tj. przy braku stałych punktów orientacyjnych, które wyznaczałyby kierunek działania (Creusen i in. 2013; Schumacher 2014).

Wraz z rozwojem kariery menedżera jego orientacja na wartości przybiera na znaczeniu.

W tym sensie można stwierdzić, że przywództwo organizacyjne jest przywództwem zorientowanym na wartości, wymagającym od menedżera odpowiedniej postawy moralnej. Dlatego model przywództwa organizacyjnego musi obejmować nie tylko wymiar behawioralny, ale również wymiar aksjologiczny, tj. związany z wartościami. Innymi słowy, musi on obejmować trzy czynniki.

2.7   Przywództwo organizacyjne i kultura korporacyjna

System wartości kształtuje się w różnych okolicznościach życiowych i edukacyjnych. To czyni te systemy heterogenicznymi, sprzecznymi i hierarchicznymi. Niektóre wartości można poświęcić na rzecz innych. Wartości jest wiele i są one różnorodne. Niektórzy preferują wartości duchowe – chłoną dziedzictwo kulturowe i poszukują odpowiedzi na odwieczne pytania. Inni wybierają wartości transcendentne – Boga, zbawienie, życie po życiu. Na poziomie osobistym każdy z nas samodzielnie formułuje swój własny system wartości, a na wiele jego aspektów wpływ ma bieżąca historia, kontekst kulturowy i wykształcenie.

Pogodzenie wielu indywidualnych systemów wartości wyznawanych przez pracowników organizacji stanowi nie lada wyzwanie, a do najważniejszych wyzwań należy pogodzenie systemu wartości przywódcy ze wspólnym celem organizacji. Jest to misja, którą ma do spełnienia kultura korporacyjna. Każda kultura pełni określone funkcje, a do najważniejszych należy ochrona i pomnażanie doświadczenia, wzbogacanie go i przekazywanie dalej.

Funkcja komunikacyjna kultury korporacyjnej oznacza zdolność do tworzenia warunków i narzędzi do komunikowania się. Kultura definiuje pewne zasady i formy komunikacji odpowiednie do klimatu operacyjnego organizacji.

Funkcja normatywna oznacza zachowanie pewnego porządku i skoordynowania zaspokajania potrzeb oraz interesów organizacji przy pomocy całych działów, grup i jednostek. To sama kultura jest odpowiedzialna za normy, standardy i reguły.

Funkcja treści jest realizowana wówczas, gdy kultura korporacyjna nadaje sens i treść zadaniom. Ponadto kultura korporacyjna odpowiada za proces socjalizacji w organizacji, a więc zdolność pracowników do uczenia się norm, wartości, umiejętności społecznych i zachowań obowiązujących w organizacji.

W kulturze korporacyjnej, jak w każdej innej kulturze profesjonalnej, można wyróżnić dwa poziomy: powszedni (rzeczywisty) i specjalistyczny. Poziom kultury powszedniej oznacza nabytą wiedzę, zwyczaje, normy i umiejętności potrzebne pracownikowi do pracy i codziennego funkcjonowania w środowisku organizacji. Zatrudniając nowego pracownika, organizacja uznaje, że ma on opanowany powszedni poziom kultury korporacyjnej. Aby taki pracownik mógł opanować kulturę specjalistyczną, wymaga szkoleń i szczegółowej socjalizacji w organizacji. Na tym poziomie dochodzi do akumulacji zawodowego społeczno-kulturowego doświadczenia i podstawowych wartości organizacji, będących sercem kultury korporacyjnej.

Oba te poziomy są blisko ze sobą związane i na siebie wpływają, podczas gdy informacje kulturowe są nieustannie pomiędzy nimi wymieniane. Wymiana zachodzi na drodze pewnych określonych kanałów komunikacyjnych: kodeksów ładu korporacyjnego, misji organizacji, zadań organizacyjno-szkoleniowych i rozwoju. Jednak to przywództwo organizacyjne stanowi najważniejszy kanał transmisyjny, za pośrednictwem którego sprawowana jest władza oraz wykorzystywane są informacje i zasoby ludzkie.

Istotne wartości korporacyjne stanowią pewien ideał, do którego organizacja nieustannie dąży. Uznanie tej bądź innej wartości za idealną, wykraczającą poza granice danej rzeczywistości, pozwala na uchwycenie nie tylko jej wymiaru międzyludzkiego, ale również wymiaru głęboko osobistego. Takie wartości pełnią rolę życiowych drogowskazów i wspierają autonomię każdego pracownika organizacji (w tym, przede wszystkim, przywódców).

Dlatego kultura korporacyjna pełni rolę zorientowanej na wartości i wypełnionej treścią przestrzeni do sprawowania przywództwa organizacyjnego. Jest ona obecna w dwóch postaciach: idealnej i rzeczywistej. Istotnie, powszednia kultura korporacyjna jest mozaiką, jest zindywidualizowana i pełna sprzeczności, zaś idealna kultura korporacyjna, jako system, opiera się na orientacji na wartościach uznanych przez globalną społeczność biznesową oraz liderów rynku. Taka idealna kultura korporacyjna znajduje swoje odzwierciedlenie w kodeksach ładu korporacyjnego i misjach organizacji. Służy za punkt odniesienia zarówno dla samego kierownictwa, jak i dla rzeczywistej kultury korporacyjnej, tj. systemu wartości rzeczywiście istniejącego w organizacji w danym momencie.

W tym kontekście kulturę korporacyjną można zdefiniować jako system ideałów, wartości, norm, reguł i związków stworzony przez największe i najważniejsze organizacje publiczne oraz społeczność korporacyjną, który służy za punkt odniesienia zarówno dla samego kierownictwa organizacji, jak i dla rzeczywistej kultury korporacyjnej, tj. systemu wartości powszechnie obowiązującego w organizacji w danym momencie.

W tym miejscu należy nadmienić, że:

1. System idealnych wartości nie jest standardem danym raz na zawsze, lecz jest ciągle zmieniającym się i doskonalącym, dynamicznym systemem.
2. W gruncie rzeczy żadna nawet najbardziej produktywna organizacja nigdy w pełni nie osiągnie tego ideału. Może jedynie bardziej lub mniej się do niego przybliżyć.
3. System ten nie jest równoznaczny z sumą ideałów pracowników na temat tego, jak powinna wyglądać idealna organizacja. Nawet kiepski księgowy może mieć swoje wyobrażenie na temat tego, jak powinna wyglądać idealna sprawozdawczość finansowa, lecz jego wyobrażenie może znacznie odbiegać od wymogów współczesnej kultury finansowej.

Aby móc zidentyfikować podstawowe wartości i zasady idealnej kultury korporacyjnej, zbadaliśmy różne podejścia do stylów przywódczych i kultury korporacyjnej, przejrzeliśmy kodeksy ładu korporacyjnego największych międzynarodowych firm oraz przeanalizowaliśmy akty prawne, które opisują procedurę ich wdrażania. Przeanalizowaliśmy następujące dokumenty, definiujące fundamentalne aspekty kształtowania się kultury korporacyjnej w organizacji: Zasady prowadzenia działalności gospodarczej Okrągłego Stołu w Caux (Caux Round Table), regulacje OECD na temat korporacji międzynarodowych, UN Global Compact, Zasady odpowiedzialności korporacyjnej Interfaith Centre oraz Globalną Inicjatywę Sprawozdawczą (Zankovsky 2011; Schumacher 2014).

W wyniku analizy zauważyliśmy, że pomimo oczywistych różnic, większość z tych dokumentów w przeważającym stopniu jest spójnych z ogólnie przyjętym stylem zarządzania i standardami etyki, szczególnie standardami etyki pracy. Wybrane dokumenty są, po pierwsze, uniwersalne dla wszystkich firm, niezależnie od specyfiki działalności czy sektora rynku. Po drugie, odnoszą się do dużego zakresu działalności korporacyjnej, a nie tylko wybranego problemu, funkcji czy grupy. Po trzecie, zbadane przez nas dyrektywy są uznanym źródłem na całym świecie. Powyższe analizy stanowiły punkt wyjścia do przestudiowania kodeksów ładu korporacyjnego największych przedsiębiorstw świata (listę zaczerpnięto z Financial Times), wszystkich spółek w składzie indeksu DAX, jak również największych przedsiębiorstw z Chin, Indii i Rosji. Dla przykładu, kultura organizacyjna niemieckiej spółki Siemens AG sprowadza się do trzech następujących zasad:

1. Odpowiedzialność: angażowanie się w etyczne i odpowiedzialne działania. Pracownicy spółki są zdeterminowani, aby spełniać najwyższe wymogi prawne i etyczne. Biznes prowadzimy zgodnie z najwyższymi profesjonalnymi i etycznymi standardami i procedurami, nie tolerujemy żadnych przejawów zachowania niezgodnego z kodek-

sem etyki. Zasady oparte na tej wartości służą nam jako drogowskaz w procesie podejmowania kluczowych decyzji biznesowych. Dbamy o to, aby nasi partnerzy, dostawcy oraz inne osoby zainteresowane współpracą z firmą Siemens również przestrzegały powyższych standardów.

2. Perfekcja: ciągłe dążenie do efektywności i osiągania doskonałych wyników. Pracownicy stawiają sobie ambitne cele zgodne z misją organizacji, weryfikują je pod kątem zaplanowanych wskaźników i zawsze dają z siebie wszystko. Z myślą o naszych klientach dokładamy starań, aby oferować najwyższą jakość oraz rozwiązania, które przerastają oczekiwania. Dążenie do doskonałości wymaga od nas poszukiwania metod poprawy i ciągłej weryfikacji istniejących procesów. Wymaga również zmian, które pozwolą nam przygotować się na nowe możliwości. Doskonałość oznacza również zatrudnianie najbardziej utalentowanych pracowników i zwiększanie ich umiejętności, wiedzy i kompetencji po to, aby mogli osiągać najwyższe wyniki. Jesteśmy głęboko oddani kulturze wysokich osiągnięć.

3. Innowacyjność: koncentracja na innowacyjności z myślą o zrównoważonym zysku. Innowacje są kamieniem węgielnym sukcesu Siemensa. Przykładamy dużą wagę nie tylko do badań naukowych, ale i strategii biznesowych. Posiadamy szereg kluczowych patentów i mamy silną pozycję w dziedzinie zarówno rozwiniętych, jak i rozwijających się technologii. Naszym celem jest być prekursorem we wszystkich obszarach, w których działa spółka. Zachęcamy pracowników, aby wykorzystywali swoją energię, rozwijali potencjał i zdobywali nowe i niezwykłe terytoria. Poszukujemy kreatywnych metod wykorzystywania oryginalności, pomysłowości i przedsiębiorczości. Jesteśmy przedsiębiorcami, których nastawienie na innowacyjność przynosi sukces na światową skalę. Miarą sukcesu naszych innowacji jest sukces naszych klientów. Nieustannie aktualizujemy nasze portfolio, starając się sprostać najbardziej pilnym wyzwaniom współczesnego społeczeństwa. To pomaga nam w osiąganiu zrównoważonych i doskonałych wyników (witryna internetowa firmy Siemens AG).

W kodeksie korporacyjnym Bayera odnajdziemy cztery wartości, zaś motto firmy brzmi „Science for a better life", gdzie słowo LIFE oznacza *leadership* (przywództwo), *integrity* (spójność), *flexibility* (elastyczność) i *efficiency* (wydajność) (witryna internetowa firmy Bayer AG). Są też takie firmy, które nie ograniczają się do trzech czy czterech wartości, lecz odwołują się do całego szeregu wartości, które uznają za fundamentalne.

Wartości korporacyjne Gazpromu to: *profesjonalizm* – dogłębna wiedza w obszarze, w którym spółka się specjalizuje, terminowość i najwyższa jakość wykonywanych zadań, ciągłe doskonalenie wiedzy i umiejętności; *inicjatywa* – zaangażowanie i niezależność wszystkich pracowników w proces optymalizacji produkcji; *gospodarność* – odpowiedzialne i uważne podejście do wykorzystywania własności firmy; *wzajemny szacunek* – duch współpracy, zaufanie, życzliwość oraz współpraca w rozwiązywaniu zadań; *otwartość na dialog* – otwarta i szczera wymiana informacji, chęć do wspólnej pracy w celu opracowania optymalnego rozwiązania; *ciągłość* – szacunek dla pracy i doświadczenia starszego pokolenia, kontakty z weteranami pracy, szkolenia zawodowe i mentoring; *repu-

tacja – korzystanie z pewnych technik i strategii dla stworzenia pozytywnej opinii o firmie (kodeks etyki Gazpromu zamieszczony w witrynie internetowej Gazpromu).

Choć nazw nadawanych wartościom i zasadom jest niezliczona ilość, niemal wszystkie one są podobne jeśli chodzi o treść. I tak, znaczenie wspomnianych powyżej trzech głównych wartości korporacyjnych – doskonałość (Siemens AG), wydajność (Bayer AG) i profesjonalizm (Gazprom) jest zasadniczo takie samo. W tym kontekście wydaje się więc, że potrzeba zwięzłości jest oczywista. Dlatego z powyższych dokumentów, które określają fundamentalne aspekty kultury korporacyjnej, wybraliśmy 43 wartości i zasady korporacyjne wymieniane najczęściej, a następnie, po pogrupowaniu i streszczeniu, stworzyliśmy listę 24 podstawowych wartości. Należą do nich: wydajność, sukces, jakość, wiedza, władza, inicjatywa, sprawiedliwość, szczerość, proaktywność, szacunek, wiarygodność, lojalność, odpowiedzialność, duch współpracy, podejście zorientowane na klienta, innowacyjność, przywództwo, dążenie do doskonałości (rozwój), kreatywność, szacunek dla tradycji, reputacja, praworządność, partnerskie stosunki z interesariuszami, zaangażowanie i profesjonalizm. Wartości te zostały najpierw zidentyfikowane na podstawie analizy literatury psychologicznej i badań dotyczących zarządzania oraz rozmów z ekspertami, a następnie nadano im operacyjne definicje. Na ich podstawie opracowano kwestionariusz oceniający stopień istotności danej wartości dla założenia i funkcjonowania idealnej organizacji, zdolnej do osiągania doskonałych wyników.

Kwestionariusz został wypełniony przez reprezentatywną grupę 226 menedżerów z firm rosyjskich i międzynarodowych. Analiza czynnikowa (analiza głównych składowych z rotacją Varimax) ujawniła pięć podstawowych czynników wyjaśniających 74 % wariancji całkowitej. Czynniki te otrzymały nazwy pochodzące od wartości o większym udziale. Te wartości to:

1. Zaufanie – przeświadczenie jednostki (grupy lub całej organizacji), że zachowanie i postawa innych osób (grup lub całej organizacji) względem niej spełniają jej uzasadnione i pozytywne oczekiwania, nawet w najbardziej nieoczekiwanych i niekorzystnych sytuacjach (Kupreychenko 2008; Hosmer 1995).

Zaufanie jest miarą jakości relacji między pojedynczymi ludźmi, w grupie oraz pomiędzy jednostką a organizacją. W pełni przewidywalnych okolicznościach kwestia zaufania jest bardzo rzadko podnoszona – ludzie doskonale wiedzą, czego mogą się spodziewać od organizacji oraz jakie są oczekiwania względem nich samych. Wysoki stopień niepewności, fuzje, restrukturyzacja, zmiana modelu biznesowego oraz globalizacja tworzą niekorzystne warunki do budowy zaufania. Zaufanie liderowi jest szczególnie ważne w sytuacji, gdy pracownicy mierzą się z poważnymi problemami, nie posiadając wystarczającego doświadczenia, kompetencji i zasobów niezbędnych do ich rozwiązania. Brak zaufania do lidera i strach przed krytyką lub sankcjami z jego strony sprawiają, że pracownicy ukrywają problemy lub symulują decyzje, co w efekcie może doprowadzić do poważnych strat, naruszeń i wypadków. Tylko skuteczni przywódcy potrafią stworzyć stabilną sytuację kierowniczą nawet w warunkach ciągłych zmian. Jeżeli przywódcy uda się zdobyć i utrzymać zaufanie podwładnych i współpracowników, ma on szansę stworzyć naprawdę skuteczną kulturę korporacyjną. Zdobywanie zaufania w zespole w dużym stopniu zależy od stosunku przywódcy do ludzi i ich natury w ogóle. Jeśli przywódca jest przekonany, że ludzie są z natury leniwi, zależni, próżni, nieuczciwi i samolubni, zdobycie i utrzymanie zaufania będzie niemożliwe. Z drugiej zaś strony, wiara w uczciwość ludzi, w ich umiejętności i talenty oraz szczera chęć niesienia pomocy, tak aby mogli w pełni realizować swój potencjał z pewnością pomogą przywódcy zbudować zaufanie u podwładnych i w całej organizacji. Aby móc zaufać innym, lider musi ufać samemu sobie, w swój profesjonalizm i życiowe osiągnięcia. Warto również pamiętać, że zaufanie jest z natury wzajemne i symetryczne, tzn. lider, który nie ufa swoim podwładnym, nie może oczekiwać, że oni zaufają jemu. W tym miejscu należy wspomnieć o kilku kluczowych punktach, które pozwolą liderowi zbudować i utrzymać zaufanie w jednostce, którą zarządza.

1. Przywódca powinien bardzo ostrożnie podchodzić do błędów i sukcesów. Każdy popełnia błędy i liderzy nie są tutaj wyjątkiem. Nie mniej jednak, przywódcy dysponują znacznie większymi możliwościami ukrywania własnych błędów i zrzucania winy na inne osoby, niszcząc tym samym zaufanie do siebie. Aby uniknąć takiej sytuacji, należy pamiętać o dwóch zasadach: błędy podwładnych są błędami lidera, zaś błędy lidera są wyłącznie jego błędami. Jednocześnie sukces pracowników jest wyłącznie ich sukcesem, a lider nie powinien przywłaszczać sobie osiągnięć swoich podwładnych. Skuteczny przywódca, nawet kiedy mówi o sukcesie, który osiągnął dzięki własnemu wysiłkowi, zawsze podkreśli zespołowy aspekt tego sukcesu.
2. Przywódca powinien potrafić słuchać. Skuteczni liderzy nie wyszydzają, nie krytykują, nie narzucają własnych opinii. Raczej powstrzymują się, nie przerywają innym i pozwalają im wyrazić swoje zdanie.
3. Przywódca powinien dotrzymywać słowa, być szczery i konsekwentny. Aby móc ufać innym i samemu cieszyć się zaufaniem, konieczne jest przestrzeganie zasad, które obowiązują w każdych warunkach, nawet najbardziej niekorzystnych.
4. Zaufanie lidera nie powinno być ślepe. Powinien on okresowo sprawdzać, analizować, zadawać sobie pytania, aby upewnić się, czy jego zaufanie nie jest przypadkiem nadużywane.

Nawet w organizacjach, w których poziom zaufania jest wysoki, codzienność nie jest bajką. Nieporozumienia, niezadowolenie i konflikty mogą zdarzać się dość często, ale ich znaczenie nie jest tak duże, pod warunkiem, że w zespole i organizacji panuje zaufanie.

2. Sprawiedliwość – *prawdziwa równość wszystkich wobec prawa oraz symetryczność pomiędzy rzeczywistą rolą jednostki w życiu organizacji a jej pozycją w organizacji, pomiędzy jej prawami a zakresem odpowiedzialności, pomiędzy pracą a nagrodą, pomiędzy zasługami a ich uznaniem, pomiędzy wykroczeniem a karą. Rozbieżności tych wzajemnych związków uważa się za przejaw niesprawiedliwości* (Beugre 1998).

Badania jednoznacznie pokazują, że efektywność każdej organizacji zależy w dużym stopniu od tego, czy działania kierownictwa postrzegane są przez pracowników jako sprawiedliwe. Jeśli pracownicy uważają, że są traktowani sprawiedliwie, ich motywacja rośnie i z większym entuzjazmem wypełniają polecenia kierownictwa. Sprawiedliwość jest silnie powiązana z satysfakcją z pracy, zaangażowaniem oraz odpowiedzialnością personelu. Badacze często rozróżniają w organizacji trzy rodzaje sprawiedliwości: dystrybucyjna, proceduralna oraz sprawiedliwość interakcji. Sprawiedliwość dystrybucyjna dotyczy tego, jak pracownicy postrzegają stosunek włożonego wysiłku do otrzymanych nagród. Porównując siebie do innych członków organizacji, mogą ocenić sytuację jako sprawiedliwą bądź niesprawiedliwą. Innym obszarem sprawiedliwości dystrybucyjnej może być równość (dawanie po trochę, ale każdemu) oraz potrzeby (dawanie więcej tym, którzy bardziej tego potrzebują). Te obszary zależą od kontekstu organizacyjnego, lecz ich cel jest zawsze taki sam, tj. aby dystrybucja dóbr była sprawiedliwa.

Sprawiedliwość proceduralna zwróciła uwagę badaczy po odkryciu „efektu sprawiedliwego procesu" w procesie podejmowania decyzji. Efekt sprawiedliwego procesu polega na tym, że im więcej uczestników bierze udział w dyskusji i procesie decyzyjnym, tym większe jest poczucie sprawiedliwości, niezależnie od tego, jaka ostatecznie zapadła decyzja. Postrzeganie procedur organizacyjnych jako sprawiedliwych w dużym stopniu zależy od stosunku pracowników do pracy i organizacji. Jeżeli pracownicy kierują się chęcią odniesienia osobistych korzyści, cenią sobie atmosferę wygody i koleżeńskości, wszelkie procedury, które naruszają te warunki będą uznawane za niesprawiedliwe. Badacze zidentyfikowali sześć warunków, od których zależy, czy procedury organizacyjne są postrzegane jako sprawiedliwe:

1. Procedura musi być wykonywana przez wszystkich członków w każdym przypadku w niej przewidzianym.
2. Powinna służyć nie tyle stronom trzecim, ile interesowi członków organizacji.
3. Powinna ustalać sposoby zbierania i wykorzystywania istotnych informacji w procesie decyzyjnym.
4. Procedura powinna zawierać mechanizm korygowania błędnych decyzji.
5. Powinna korespondować ze standardami osobistymi oraz obowiązującymi normami moralnymi i etycznymi.
6. Procedura powinna zabezpieczać interesy wszystkich grup, których dotyczy.

Sprawiedliwość interakcji odzwierciedla istotność jakości relacji, które towarzyszą wykonywaniu procedur organizacyjnych. Przeprowadzone niedawno badania wskazują, że sprawiedliwość interakcji posiada dwa składniki: interpersonalny i informacyjny. Sprawiedliwość interpersonalna jest wynikiem uprzejmego i godnego traktowania podwładnych oraz okazywania im szacunku przez kierownictwo organizacji. Zaś sprawiedliwość informacyjna wyrażana jest głównie poprzez klarowność wyjaśnień: dlaczego pewne procedury są wdrażane, na jakiej podstawie pracownicy zostają nagrodzeni bądź ukarani. Pamiętajmy wszak, że kryteria pomiaru sprawiedliwości organizacyjnej kierownictwa różnią się od kryteriów pracowników, dlatego ważne jest, aby te rozbieżności były zmniejszane.

3. Przejrzystość *i prawdomówność – trwała orientacja na mówienie prawdy w sposób odpowiedzialny, właściwy i konkretny, unikanie zwodzenia, aluzji i niedopowiedzeń. Na poziomie organizacji jest wynikiem przejrzystości celów, procesów i relacji panujących wewnątrz organizacji* (Radoilska 2008).

Przejrzystość i prawdomówność oznacza otwartość i unikanie oszukiwania innych oraz samego siebie. Może być cechą charakteru lub wyuczonym zachowaniem, które polega na mówieniu prawdy i unikaniu kłamstwa niezależnie od okoliczności. Wyraża się poprzez gotowość do przyznania się do błędu, nieusprawiedliwianie własnych słabości oraz dążenie do szczerości w każdej sytuacji. Osoba prawdomówna posiada wewnętrzny regulator, który kontroluje wszystkie jej czyny i działania pod kątem zgodności z wyznawanymi zasadami i wartościami. Istnieją dwa rodzaje przejrzystości i prawdomówności – względem innych ludzi oraz względem samego siebie. Mogłoby się wydawać, że bycie szczerym z samym sobą nie jest niczym trudnym. Często jednak bywa tak, że ludzie, kierowani strachem lub złudzeniami, nieustannie się oszukują. Wpadnięcie w pułapkę ułudy jest szczególnie niebezpieczne dla menedżerów. Zajmując w hierarchii organizacji pozycję wyższą niż podwładni, menedżerowie są często pozbawieni regularnej i obiektywnej informacji zwrotnej na temat swoich działań i decyzji, w wyniku czego wyrabiają sobie własny, często przerysowany obraz samych siebie. Z czasem dysproporcja pomiędzy samooceną a rzeczywistym zachowaniem menedżera staje się dramatyczna. Warunkiem wstępnym do prawdziwej szczerości jest pozbycie się ułudy, dążenie do bycia szczerym z sobą samym, nie popadanie w samozadowolenie, przyznawanie się do własnych błędów, nieprzypisywanie sobie pomysłów i sukcesów podwładnych, przykładanie tej samej miary do działań własnych i innych osób. Szczerość lidera względem innych osób wyraża się przede wszystkim poprzez dotrzymywanie słowa. Osoba prawdomówna zawsze dotrzymuje obietnic i pomaga partnerom w trudnych chwilach. Można jej ufać jak samemu sobie, mówi zawsze do rzeczy, nie schlebia, nie mówi półprawd. Osoba prawdomówna zachęca innych do bycia prawdomównym oraz dba, aby w każdej sytuacji sprawiedliwości stało się zadość. W praktyce prawdomówność wymaga taktu i powinna spełniać kilka wymogów. Dlatego niepisany kodeks moralny dopuszcza brak prawdomówności w przypadku, gdy informacja mogłaby zranić uczucia partnera lub zaszkodzić jego zdrowiu. Podobnie, wielu ludzi woli ukrywać swoje osobiste problemy, aby nie obciążać nimi swoich bliskich. Dlatego ważne jest, aby odróżnić szczerość od nadmiernej bezpośredniości czy bezceremonialności. Człowiek szczery zawsze zachowuje się właściwie, również wtedy, gdy mówi bolesną prawdę. Osoba prostolinijna mówi co myśli, nawet wtedy, gdy jej słowa są nie na miejscu i mogą ranić. Dla ludzi o dobrych manierach najważniejsza jest szczerość wobec samego siebie oraz szacunek dla uczuć innych ludzi. Natomiast na poziomie organizacji prawdomówność przejawia się w przejrzystości działań oraz otwartym i kompletnym obiegu informacji. Manifestuje się również poprzez dostępność i kompletność informacji dotyczących organizacji, przejrzystość struktur oraz procedur zarządzania.

4. Zaangażowanie i utożsamianie *się – poczucie jedności jednostki z organizacją, manifestujące się poprzez pełną akceptację celów organizacji, dokładanie się do jej sukcesu oraz chęć pozostania jej członkiem niezależnie od okoliczności* (Ermolayeva 2008; Mowday i in. 1982).

Zaangażowanie i utożsamianie się można określić jako stan umysłu pracownika definiujący jego oczekiwania, postawę, zachowania oraz postrzeganie kierownictwa i organizacji. Oznacza oddanie się, zaangażowanie i lojalność. Utożsamianie się jest równoznaczne z uczuciem dumy z organizacji oraz pełną akceptacją jej celów. Zależy od tego, w jakim zakresie członkowie są informowani o aktualnej sytuacji panującej w organizacji; od perspektyw stawienia czoła istotnym wyzwaniom; od tego, czy cele osobiste są skorelowane z celami organizacji; czy ocena kierownictwa jest sprawiedliwa. Pracownicy, którzy są zaangażowani w sprawy organizacji chętnie wnoszą do niej własny wkład oraz, jeśli wymagają tego okoliczności, dają z siebie więcej niż wymaga tego charakter stanowiska, podejmując dodatkowy wysiłek. Aby generować zaangażowanie, organizacja powinna dokładać wszelkich starań, aby zwiększać poczucie wartości pracowników, pobudzać chęć realizowania istotnych celów biznesowych i zwiększać odpowiedzialność za rezultaty pracy. Utożsamianie się zaś oznacza emocjonalne przywiązanie do organizacji, chęć pozostania jej członkiem niezależnie od okoliczności. Lojalność względem organizacji zakłada, że pracownicy odczuwają satysfakcję z pracy i kariery, czują troskę ze strony organizacji oraz widzą sens podejmowanych działań. W rzeczywistości oddanie przybiera różne formy i posiada wiele różnych źródeł. Na przykład, pracownicy mogą utożsamiać się nie tyle z całą organizacją, ile z niektórymi elementami życia organizacyjnego: zbiorem formalnych reguł, tradycjami, rezultatami pracy lub korzyściami, których organizacja im dostarcza. Utożsamianie się może rozciągać się od całkowitego oddania organizacji i szczerej potrzeby wniesienia maksymalnego wkładu w jej sukces, po zwykłe emocjonalne przywiązanie do ludzi, strach przed niepewnością lub obawę przed zwolnieniem i brakiem perspektyw. Pracownicy nierzadko nie zdają sobie sprawy z tego, jaka przepaść dzieli ich rzeczywistą postawę od prawdziwego i szczerego oddania. Bywa i tak, że deklarowane przez menedżerów wysokie oddanie pracowników w rzeczywistości okazuje się zaledwie powierzchowne.

5. Odpowiedzialność i niezawodność *– organizacje i ich pracownicy odpowiadają za swoje działania, dążą do tego, aby praca była sprawiedliwie wynagradzana, do wierności zasadom, do przestrzegania zobowiązań oraz postępowania zgodnie z obowiązującymi krajowymi przepisami administracyjnymi oraz ustawami* (Zhuravlev i Kupreychenko 2003; Turker 2009).

Odpowiedzialność to zobowiązanie – nałożone na kogoś lub na samego siebie – do wykonania i raportowania wszelkich działań oraz do brania na siebie winy za ich ewentualne konsekwencje.

Odpowiedzialność ma bezpośredni związek z wywiązywaniem się ze zobowiązań, w tym umownych oraz z dotrzymywaniem obietnic. Odpowiedzialność zawsze dotyczy konkretnej osoby, a zobowiązanie ma swoje granice. Zobowiązanie jest obowiązkiem, jaki jedna osoba ma do spełnienia względem drugiej lub swojego sumienia, co oznacza bycie świadomym odpowiedzialności za zobowiązanie. Odpowiedzialność może zostać nałożona na jednostkę, grupę lub całą organizację; może być polityczna, prawna, moralna, zawodowa, społeczna itp. Świadomość własnej odpowiedzialności jest determinowana przez cały szereg czynników: kognitywnych, motywacyjnych, osobowościowych, sytuacyjnych. U każdego z nas z czasem rozwija się wewnętrzny mechanizm kontroli, który zapewnia zdolność do zachowywania się w sposób odpowiedzialny bez zewnętrznej kontroli. Zaczynamy być odpowiedzialni za swoje czyny nie tyle przed zwierzchnikami, ile przed sobą samym. Psychologicznym warunkiem wstępnym dla odpowiedzialności jest możliwość podejmowania własnych decyzji, tj. dokonywanie świadomych wyborów co do sposobu zachowania. Taki wybór jest szczególnie trudny w sytuacjach konfliktowych, kiedy istnieje sprzeczność interesów jednostki, organizacji i jakiejś grupy społecznej. Szczególnie ważki dla jednostki jest problem wyboru własnego stanowiska, a więc problem natury „być albo nie być". Dla jednej osoby „być" może oznaczać bycie człowiekiem, obronę własnego stanowiska oraz przejęcie pełnej odpowiedzialności za swoje zachowanie. Zwykle odpowiedzialność za działania przypisujemy albo czynnikom zewnętrznym (takim jak przypadek, przeznaczenie itp.), albo własnym kompetencjom i aspiracjom. W zależności od wyboru jednej z tych dwóch postaw kształtują się pewne strategie ludzkiego zachowania. Odpowiedzialność przywódcy przejawia się jego zdolnością do podejmowania rozsądnych zawodowych decyzji, w dążeniu do celu i zachowaniu integralności we wdrażaniu decyzji oraz w gotowości do wzięcia na siebie odpowiedzialności za rezultaty i konsekwencje. Odpowiedzialność społeczna przywódcy przejawia się w jego dążeniu do zachowywania się zgodnie z interesem pozostałych pracowników i organizacji jako całości, w postępowaniu zgodnie z przyjętymi standardami i niezawodnego wywiązywania się ze swoich obowiązków. Na poziomie organizacyjnym odpowiedzialność społeczna nie oznacza jedynie realizowania celów i interesu ekonomicznego organizacji, ale również troskę o społeczny wpływ działań biznesowych na pracowników, konsumentów, partnerów, lokalne społeczności, oraz angażowanie się w rozwiązywanie problemów społecznych w ogóle.

O tym, że powyższe wartości odgrywają kluczową rolę świadczą wyniki wielu badań z dziedziny psychologii organizacyjnej i zarządzania (Sheppard i in. 1992; Zhuravlev i Kupreychenko 2003; Kehne 2009; Turker 2009; Caldwell i in. 2010; Lane i Bachmann 1998; Schumacher 2014).

Na powyższe wartości można spoglądać jak na sam rdzeń idealnej kultury korporacyjnej; punkt odniesienia, który pokazuje kierunek rozwoju osobistego i całej organizacji. Operacjonalizacja tych wartości w formie kwestionariusza umożliwia polaryzację, a więc pozwala na ocenę rzeczywistej kultury korporacyjnej lub systemu osobistych wartości w odniesieniu do obu biegunów, tj. bliskiego i dalekiego od ideału.

W ostatnich latach psychologia organizacyjna aktywnie rozwinęła koncepcję dopasowania pracownika do organizacji (ang. *person-organization fit*), która coraz częściej służy za podstawę dla współczesnych procedur selekcji pracowników. Osoby poszukujące pracy świadomie, choć częściej nieświadomie, poszukują pracodawców, którzy odpowiadają ich koncepcji sprawiedliwości, integralności, władzy, przywództwa i harmonijnych relacji (Westerman i Cyr 2004).

Rzadko zgodność tę daje się dostrzec na poziomie powierzchownym, tj. zachowania, ale raczej wyłania się ona z głębokich struktur osobowości, świadomości i nieświadomości. Istotna korelacja z rotacją kadr wskazuje, jak ważne jest dopasowanie pracownika do organizacji (Westerman i Cyr 2004). Robbins i Judge wskazują, że współczesne organizacje działają w dynamicznym, ciągle zmieniającym się świecie, co wymaga gotowości i zdolności pracowników do rotacji zadań i funkcji oraz pracy w różnych zespołach. Ten kontekst zakłada pełne zastosowanie się nie tyle do wąskich wymogów pełnionej funkcji, lecz do wymogów kultury korporacyjnej organizacji w ogóle (Robbins i Judge 2009).

Dopasowanie pracownika do organizacji jest definiowane jako dopasowanie wynikające z fundamentalnych podobieństw między zatrudnionym a organizacją oraz z zaspokojenia obustronnych potrzeb (Kristof-Brown i in. 2005). Do najbardziej fundamentalnych podobieństw badacze zaliczają w szczególności dopasowanie indywidualnych celów i wartości (Van Vianen i in. 2007).

Przywództwo organizacyjne, jako forma sprawowania władzy w organizacji, jest naczelnym procesem organizacyjnym. Dlatego dopasowanie przywódcy jest kluczem do efektywności przedsiębiorstwa. Aby móc ocenić dopasowanie podstawowych wartości lidera do kultury korporacyjnej, stworzono kulturową skalę wartości, która opiera się na pięciu zasadach idealnej kultury korporacyjnej. W oparciu o tę skalę, skoordynowaną z dwiema tradycyjnymi podskalami zachowania („zorientowanie na ludzi" oraz „zorientowanie na zadania"), utworzono kwestionariusz S3, który umożliwia trójwymiarową ocenę przywództwa. Ogólna wiarygodność kwestionariusza wynosi $\alpha = 0{,}87$.

Analiza czynnikowa, w toku której zidentyfikowano trzy czynniki, potwierdziła słuszność modelu teoretycznego. Zidentyfikowane czynniki wyjaśniły 77,8 % wariancji.

Analiza korelacji zidentyfikowanych czynników ujawniła występowanie następujących regularności: pomiędzy „zorientowaniem na ludzi" i „zorientowaniem na zadania" istniał minimalny stopień korelacji ($r = 0{,}15$, $p > 0{,}05$), natomiast pomiędzy „zorientowaniem na ludzi" i „zorientowaniem na wartości kulturowe" korelacja była maksymalna ($r = 0{,}47$, $p < 0{,}001$). Korelacja pomiędzy „zorientowaniem na wartości kulturowe" i „zorientowaniem na zadania" wynosiła $r = 0{,}39$ ($p < 0{,}01$).

Powyższe wyniki pokazują, że czynniki tradycyjnie uznawane za nierozerwalnie związane z zachowaniem lidera są w rzeczywistości niezależne, podczas gdy wartości kulturowe wydają się być czynnikiem jednoczącym i integrującym. Analiza korelacji pomiędzy zidentyfikowanymi czynnikami a integralnymi wskaźnikami działalności działów, które były zarządzane przez managerów, wykazała istotną dodatnią korelację wszystkich trzech czynników z wartościami kulturowymi ($r = 0{,}517$; $p < 0{,}001$).

Rys. 2.6 Trójwymiarowy
sześcian przywództwa „Synercube"

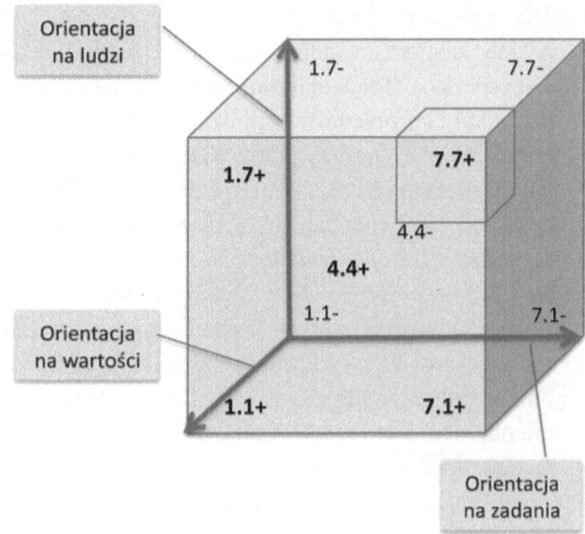

Tym samym wyniki analizy potwierdziły zasadność kryterium każdego czynnika oraz wzajemne związki pomiędzy wszystkimi czynnikami, które tylko jeśli występują w połączeniu stanowią o efektywności przywództwa.

Otrzymane dane wyraźnie podkreślają dominujący trend: wraz z rozwojem kariery zwiększa się rola czynnika wartości kulturowej podczas gdy rola czynnika „zorientowanie na zadania" zmniejsza się.

Wyodrębniono 10 grup menedżerów u których w różnym stopniu przejawiają się powyższe trzy czynniki. Pozwoliło to na rozpatrzenie każdej z grup jako odrębnego stylu zarządzania.

Wyniki przedstawiono jako trójwymiarowy model przywództwa (Rys. 2.6). Model trójwymiarowy może być, de facto, przedstawiony jako kombinacja dwóch modeli dwuczynnikowych (ludzie/zadania), które odróżnia od siebie obecność wartości kulturowych: w pierwszym przypadku zorientowanie na wartości jest najmniejsze z możliwych, zaś w drugim – silnie zaznaczone.

2.8 Typologia przywództwa

Ze względu na to, że kwestionariusz opiera się na skali od 1 do 7, style przywódcze można przedstawić numerycznie, przypisując czynnikom „zorientowanie na ludzi" i „zorientowanie na zadania" wartości w skali od 1 do 7. Dla jasnego obrazu oraz aby nie zaciemniać nazw stylów liczbami, skrajne wyniki dla wartości kultury będą określane jako – (minimalna intensywność) lub + (maksymalna). Dlatego wyróżniliśmy 10 stylów przywódczych – poniżej znajdują się ich skrótowe opisy (w kolejnych rozdziałach szczegółowo przeanalizujemy każdy ze stylów):

1. *1.1— Obojętny, cynik.*
   Niskie zainteresowanie wynikami i ludźmi, obojętność i negatywny stosunek do wszystkiego. Tendencja do uchylania się od odpowiedzialności za wyniki, dążenie do unikania problemów organizacyjnych i jakiegokolwiek zaangażowania w działania organizacji. Zmuszony przez wymagania, jakie stawia przed nim organizacja, stosuje taktykę ochronną i przyjmuje agresywny ton podkreślający bezużyteczność i bezowocność jakichkolwiek działań. Raczej zadowolony ze swojej roli w grupie/organizacji.

2. *1.1+ Pełen zahamowań, niespełniony.*
   Niskie zainteresowanie wynikami i ludźmi. Pod maską obojętności skrywa zainteresowanie i niezrealizowane pragnienie przysłużenia się wspólnej sprawie. Towarzyszy mu rozczarowanie związane z niezdolnością do zaoferowania innym korzyści, pragnie unikać politycznych gierek i konfliktów. Wycofany. W sytuacji krytycznej jest w stanie odrzucić wątpliwości i obawy, i przyjąć aktywną i konstruktywną postawę mającą na celu przezwyciężenie kryzysu. Przygnębia go jego rola w grupie/organizacji.

3. *1.7— Pochlebca (Jak mogę ci pomóc?).*
   Niskie zainteresowanie wynikami i wysokie zainteresowanie ludźmi, obojętność względem działań organizacji, chęć zadowalania wszystkich. Pragnienie posiadania dobrych stosunków z innymi za wszelką cenę, dostosowywanie się do sytuacji. Unikanie konfliktów i napięć, brak szczerości; wykorzystuje pochlebstwa i służalczość do własnych celów, których sam do końca nie rozumie.

4. *1.7+ Entuzjasta o miękkim sercu.*
   Niskie zainteresowanie wynikami i wysokie zainteresowanie ludźmi. Praca organizacji nie jest mu obojętna i zależy mu na stworzeniu przyjaznej i motywującej atmosfery. Przewaga marzeń nad realnymi planami i działaniami. Zachowywanie pozorów. Motywuje kolegów, by skupiali się na pozytywnych aspektach pracy.

5. *7.1— Dyktator, despota.*
   Wysokie zainteresowanie wynikami i niskie zainteresowanie ludźmi, obojętny lub negatywny stosunek do ludzi, których postrzega jako narzędzie do realizacji celów. Oczekuje posłuszeństwa i obowiązkowości, sprawuje całkowitą kontrolę nad podwładnymi i nakłada na nich ciągłą presję. Rygorystycznie i ściśle przestrzega zasad.

6. *7.1+ Promotor.*
   Opiekun (paternalizm). Wysokie zainteresowanie wynikami i niskie zainteresowanie ludźmi, nie obojętny względem pracy i organizacji. Traktuje podwładnych jak osoby niedojrzałe i wymagające troski. Przybiera postawę mentora, obrońcy.

7. *4.4— Konserwatysta, formalista.*
   Przeciętne zainteresowanie wynikami, przeciętne zainteresowanie ludźmi. Obojętny, formalny stosunek do pracy i organizacji, strach przed zmianą czy innowacją. Zadowolenie ze status quo, obrona tradycyjnych opinii i poglądów. Rygorystyczne i ścisłe przestrzeganie zasad umożliwiające stabilne i bezproblemowe funkcjonowanie organizacji.

8. *4.4+ Tradycjonalista (kręgosłup).*
   Przeciętne zainteresowanie wynikami, przeciętne zainteresowanie ludźmi. Zatroskany pracą organizacji, pragnie tworzyć atmosferę stabilności i rzetelności. Szanuje i podtrzymuje tradycje i wartości organizacji. Cechuje go oddanie i lojalność względem organizacji.

9. *7.7– Oportunista.*
   Manipulator. Wysokie zainteresowanie wynikami i wysokie zainteresowanie ludźmi. Obojętny, pragmatyczny stosunek do pracy i organizacji. Umiejętność pracy z ludźmi i osiągania wyników przynoszących osobistą korzyść. Brak szczerości, deklaratywna zgoda z wyższymi wartościami, zdolność do manipulowania.

10. *7.7+ Wizjoner.*
    Wysokie zainteresowanie wynikami i wysokie zainteresowanie ludźmi, jak również pozytywny stosunek do pracy i organizacji. Pragnienie tworzenia atmosfery poświęcenia i zaangażowania. Rozpoznaje ważność każdego pracownika, stara się osiągać najwyższe standardy pracy. Poszukiwanie i wdrażanie optymalnych rozwiązań wspieranych i popieranych przez wszystkich. Oddany rozwojowi i poprawie, jednocześnie szanuje tradycje i wartości organizacji.

Przeanalizowaliśmy kryterium trafności powyższych stylów przywódczych. Jako kryterium zastosowano standaryzowaną procedurę profesjonalnej oceny skuteczności lidera. Najwyższa trafność była wyrażona wartością 7.7+ Wizjoner i 7.1+ Promotor (odpowiednio $r = 0,69$, $p < 0,01$ i $r = 0,57$, $p < 0,05$).

2.9   Stabilność i elastyczność stylów Synercube

Style Synercube stale objawiają się w zachowaniu ludzi zarówno w krótko-, jak i długoterminowej perspektywie. Bez względu na kontekst, liderzy reagują na konflikt oraz używają swoich umiejętności w zakresie interakcji społecznych w sposób charakterystyczny dla określonego stylu. Jednocześnie współdziałając z kierownictwem wysokiego szczebla, menedżerami liniowymi i szeregowymi pracownikami, lider postępuje zgodnie z wartościami wyznawanymi w codziennym życiu.

Wartości te stanowią drogowskaz zachowania się w różnych sytuacjach napotykanych w organizacji i dlatego mogą być określane jako ostateczny aspekt stylu przywódczego. Dlatego, aby móc go zmieniać, konieczne jest zastosowanie integralnego systemu szkoleń i działań rozwojowych.

Jak wspomniano wyżej, wartości osobiste przejawiają się w zachowaniu. Mimo iż często pozostają one dla lidera niewidoczne, wywierają na niego olbrzymi wpływ. Drobne zmiany mogą pojawić się po otrzymaniu informacji zwrotnej o własnym zachowaniu, jednak duże zmiany mogą nastąpić jedynie wówczas, gdy osoba przemyśli wyznawane przez siebie wartości i poglądy. Na przykład, przywódcy o wysokiej orientacji na zadania i niskiej orientacji na ludzi są surowi, bez względu na kontekst czy sytuację. Po otrzymaniu informacji zwrotniej i zrewidowaniu wartości determinujących zachowanie, osoby takie mogą znacząco zmienić swoje postępowanie.

Czynniki determinujące zachowanie mogą być niezwykle silne i decydować o dominacji któregoś stylu. Jednakże można ten stan rzeczy w dużej mierze optymalizować dzięki treningowi. Uznanie tych czynników za instrumentalne miary stylów przywódczych, pozwoli na praktykowanie różnego ich oddziaływania na zachowanie lidera.

Dominującym stylem Synercube jest styl najbardziej typowy dla danej osoby. Oznacza to najbardziej typową formę prowadzenia interakcji, która uwidacznia się stopniowo już od pierwszych chwil wspólnej pracy czy tworzenia relacji.

Identyfikacji dominującego stylu Synercube nie da się dokonać podczas pojedynczego wydarzenia czy na podstawie wybranego świadomego zachowania w jednej określonej sytuacji. Tak naprawdę, czyjś główny styl bazuje na solidnie ugruntowanych wzorcach zachowań i jest w pełni manifestowany tylko wówczas, gdy interakcja trwa już od jakiegoś czasu. Można go określić jedynie na podstawie bezpośredniej i wielopłaszczyznowej współpracy, która umożliwia rozpoznanie najbardziej typowych wzorców zachowań.

Pomimo względnej stałości ludzkiego zachowania, relacje z innymi ludźmi są określane przez czynniki organizacyjne i indywidualne, które na nie wpływają. Pracy w organizacji często towarzyszą stres, przepracowanie, brak czasu czy siły wyższe. Poza tym, określone zmiany w zachowaniu mogą również być powodowane problemami osobistymi czy indywidualnymi okolicznościami. Zazwyczaj jednak nie prowadzą one do radykalnych zmian w osobowości czy poważnej rewizji podstawowych wartości. Takie potrzebne w danej chwili lub sytuacji chwilowe zmiany w stylu zachowania się można nazwać aktywizacją wsparcia. Gdy trudności się kończą, dana osoba wraca do swojego podstawowego stylu zachowania. Dlatego też poza podstawowym stylem zachowania lidera można u niego zidentyfikować okazjonalny, *wspierający styl przywódczy.*

Wspierający styl Synercube jest drugim rodzajem stylu zachowania wyrażającym się w codziennych interakcjach. W pewnych okolicznościach, gdy dominujący styl nie pomaga w osiągnięciu zamierzonego rezultatu, można tymczasowo przestawić się na styl wspierający. Na przykład, w sytuacji, gdy łagodna osoba, która zazwyczaj dostosowuje się do innych, nagle krzyczy na podwładnego. Taka gwałtowna zmiana będzie zaskoczeniem dla obu stron i zapewne po niej nastąpi powrót do starego stylu zachowania połączony z przeprosinami i wyjaśnieniami. Dominujący styl zachowania tej osoby nie uległ zmianie, został tylko na chwilę zakłócony.

Nie istnieją gotowe połączenia stylów głównego i wspierającego. Niektórzy konsekwentnie stosują główny styl, a stylem wspierającym posiłkują się jedynie sporadycznie. Stałość ta świadczy o sile głównego stylu. Osoba, której styl jest silny, jest stała w swoich zachowaniach, bez względu na okoliczności. Inni zaś w określonych typowych sytuacjach częściej odwołują się do stylu wspierającego, na przykład, w konflikcie lub gdy popełnią błąd. W takim przypadku można powiedzieć, że główny styl jest relatywnie słaby, ponieważ lider regularnie przełącza się na styl wspierający.

2.10   Współrzędne Synercube jako podstawa skuteczności działań organizacji

Teoria przywództwa Synercube zachęca do postawienia pierwszego kroku w kierunku skutecznego samorozwoju i wprowadzania zmian, które doprowadzą do skutecznej synergii w organizacji. Koncepcja ta zakłada stosowanie metody analizowania jakości relacji na poziomie pojedynczej osoby, grupy czy całej organizacji, z wykorzystaniem modeli 10 stylów (lub typów) przywództwa. Każdy ze stylów to dobrze znany wzorzec zachowania, który można napotkać podczas codziennych rozmów, spotkań, rozmów telefonicznych czy innych form interakcji z ludźmi.

Model Synercube ma ogromne znaczenie w badaniach organizacji, ponieważ wymaga dialektycznego myślenia przy próbach zmiany zachowań oraz analizuje każdy aspekt interakcji i zmiany, pokazując „jak należy to zrobić". Próby dokonania zmiany rzadko kończą się sukcesem, jeśli nie dostrzeżemy klarownego obrazu prawdziwej sytuacji i nie postawiamy sobie wyraźnych celów na przyszłość. Te dwa punkty pozwalają nie zbaczać z obranego kursu i osiągać zamierzone wyniki. Gdy rozumiemy, jaki rodzaj interakcji chcielibyśmy uzyskać w przyszłości, jasny punkt odniesienia w postaci rzetelnego opisu bieżących interakcji umożliwi nam wyznaczenie planu rozwojowego.

Style przywódcze Synercube stanowią realny punkt odniesienia, dzięki któremu można określić standardy indywidualnych i kolektywnych udoskonaleń. Niewiele osób zakwestionowałoby potrzebę osobistego rozwoju i rozwoju udanych relacji, jednak większość wysiłków podejmowanych w tej dziedzinie jest zbyt niejasnych i mało precyzyjnych, by mogły one wspomagać indywidualne i kolektywne zmiany na lepsze. Aby móc pracować skuteczniej, jednostka czy też cały zespół musi najpierw zdefiniować, czym jest skuteczność. Model Synercube pozwala skupić się na konkretnych wzorcach zachowań (przejawianiu inicjatywy, podejmowaniu decyzji) i może być wykorzystany do pozyskania wsparcia tych osób, które naprawdę mogą pomóc nam się zmienić, które mają bezpośrednio do czynienia z naszym zachowaniem. Mowa tu o naszych najbliższych współpracownikach, znajomych, członkach rodziny itp.

Gdy już ustalona zostanie definicja tego, co jest, a co nie jest skuteczne, będzie można zastosować model Synercube jako użyteczne narzędzie do identyfikacji i zmiany nieskutecznego zachowania. Na przykład, gdy tylko członkowie zespołu ustalą, że „właściwa" inicjatywa musi obejmować aktywne wyszukiwanie informacji bez oglądania się na innych, łatwiej będzie zidentyfikować „złe" kroki i decyzje. Ludziom łatwiej będzie komentować czyjeś zachowanie, jeśli z góry ustalą, jakie zachowanie jest skuteczne. Zgodność co do tego, co jest skuteczne umożliwi powiedzenie, na przykład: „Wiem, że masz duże doświadczenie w marketingu, ale podczas dzisiejszego spotkania nie zaproponowałeś nic nowego. Czy możemy zastanowić się, dlaczego?". Jeśli postąpisz tak nie wiedząc wcześniej, czym jest skuteczność, twój rozmówca może zacząć się bronić lub nawet poczuć się urażony. W takim przypadku proste zdanie tego typu zakłóci albo całkiem uniemożliwi pracę nad realizacją celu. Jeśli natomiast wszyscy rozumieją, czym jest skuteczność, komentarz ten nie zostanie odebrany jako zniewaga, lecz jako środek do osiągnięcia celu.

Odpowiedzią na twoje pytanie będzie: „Masz rację. Nie chciałem niczego proponować, ponieważ . . . ", po czym nastąpi dyskusja.

Teoria przywództwa Synercube daje podstawy do dokonywania zmian, oferując jednostkom, zespołom czy organizacjom sposób omawiania skutecznych i nieskutecznych sposobów zachowania. Tymczasem kierowane naturalnym impulsem jednostki bądź grupy często zaczynają działać natychmiast, bez zbadania i omówienia skuteczności pracy i interakcji.

Ludzie kierują się tym, co znane. Pracować tak, jak zawsze jest dużo łatwiej niż zmusić się do opracowania strategii, omówienia najwyższych standardów jakości i ustalenia kryteriów osiągnięcia zamierzonego celu. Ludziom wydaje się, że nawet jeśli te konieczne kroki zostaną pominięte, wszystkie problemy uda się rozwiązać w trakcie pracy, przy założeniu, że wszyscy będą działać skutecznie. Podejście to jest podobne do sytuacji, w której grupa osób z zawiązanymi oczami umieszczona w pomieszczeniu ma wskazać północ. Oczywiście każdy będzie wskazywać inny kierunek i każdy będzie przekonany, że ma rację. To samo dzieje się, gdy grupa zaczyna pracować nad projektem bez wcześniejszego ustalenia algorytmu wykonania tej pracy. To bezrefleksyjne podejście jest przyczyną pojawienia się nieporozumień, złych założeń i konfliktów. A im dłużej pracownicy będą w ten sposób pracować, tym częściej będą się spotykać z destrukcyjną krytyką i złym planowaniem.

Teoria Synercube zmierza w kierunku rozwiązania, w którym pracownicy omawiają i uzgadniają model skutecznego zachowania zanim rozpoczną pracę nad zadaniem. To powszechne zrozumienie zwiększa zaangażowanie i zespół zaczyna pracować efektywniej, opracowuje strategie, omawia standardy jakości i wyznacza kryteria działania. Wykorzystując wiedzę teoretyczną, nieodzowną przy wyznaczaniu standardów, strategia Synercube daje organizacjom możliwość skutecznego wprowadzenia zmian i osiągnięcia znaczącego postępu.

Zawsze znajdzie się też ktoś, kto będzie kwestionować trafność tej teorii, nawet bez uprzedniego jej wdrożenia w organizacji. Wykorzystując tę teorię jako impuls, zespół może rozpocząć dyskusję na temat różnych hipotez i kryteriów dokonywania zmian, w oparciu o indywidualne wartości i poglądy. Osiągnąwszy porozumienie i określiwszy jasne kryteria, członkowie zespołu z większym przekonaniem dążą do zmian, ponieważ ich opinia zostaje wzięta pod uwagę, a oni sami biorą udział w procesie podejmowania decyzji. Mogą działać otwarcie i szczerze, ponieważ ich wątpliwości i obawy zostają rozwiane, a oni mogą zaprezentować swoje pomysły. Gdy brak jest podobnej otwartej dyskusji, wprowadzanie zmian rozpoczyna się od wyobcowania i nieporozumień, które z czasem tylko narastają.

Teoria Synercube stanowi również punkt wyjścia dla indywidualnej zmiany i rozwoju. Zaprezentowane style zachowania mogą pomóc w zrozumieniu, w jaki sposób osobiste lęki blokują zmianę, dlaczego dyskusje pogłębiają konflikty i wzmacniają bariery, i dlaczego wyniki okazują się gorsze niż zakładano. Im aktywniej stosuje się metody wczesnego wykrywania, eliminacji i zapobiegania nieskutecznym wzorcom zachowania, tym większa szansa na synergię w zespole. Eliminacja wszystkich problemów dotyczących interakcji w zespole daje swobodę poszukiwania twórczych rozwiązań, zwiększa możliwości, zmniejsza ryzyko i pozwala osiągać imponujące rezultaty.

Źródła

Literatura

Bass B (1960) Leadership, psychology and organizational behavior. Harper. New York

Bennis W, Nanus B (1985) Fuehrungskraefte: Die vier Schluesselstrategien erfolgreichen Fuehrens. Campus Verlag, Frankfurt

Beugre C (1998) Managing fairness in organizations. Quorum Books, Westport

Blake R, Adams McCanse A (1992) Das GRID Fuehrungsmodel. ECON Verlag GmbH, Duesseldorf

Blake R, Mouton J (1964) The managerial grid. Gulf Publishing Company, Houston

Creusen U, Bock R, Thiele C (2013) Fuehrung ist dreidimensional. In: Crisand E, Raab G, Crisand N (Ed.) Arbeitshefte Fuehrungspsychologie, vol. 69. Windmuehle Verlag, Hamburg

Durkheim E (1924) Sociologie et Philosophie. F. Alcan, Paris

Durkheim E (1950) Leçons de sociologic. Presses universitaires de France, Paris

Ermolayeva EP (2008) Psychology of social realization in occupation. IPRAS Publishing House, Moscow (Russian version)

Fiedler F (1967) A theory of leadership effectiveness. McGraw-Hill, New York

Filley A, House R, Kerr S (1976) Managerial Process and organizational behavior (2. Ed.). Scott, Foresman and Company, Glenview

Hersey P, Blanchard K (1993) Management of organization behavior utilizing human resources (8th. Ed.). Prentice-Hall, Englewood Cliffs

Katz D, Kahn R (1966) The social psychology of organizations. John Wiley & Sons, New York

Kehne T (2009): Laesst sich Verantwortung normen? Ueberlegungen zu Rolle und Funktion von Standards im Themenfeld Corporate Social Responsibility. In: Aßlaender M, Senge K (Publ) Corporate Social Responsibility im Einzelhandel. Metropolis, Marburg, p. 209–236

Kupreychenko A (2008) Psychology of trust and distrust. IPRAS Publishing House, Moscow (Russian version)

Lane C, Bachmann R (Eds) (1998) Trust within and between organizations. Oxford University Press, New York

Lawler E (1992) The ultimate advantage: create the high involvement organization. Joss Bass, San Francisco

Likert R(1961) New patterns of management. McGraw-Hill, New York

Locke E (1991) The essence of leadership. Lexington Books, New York

Mayo E (1933) The Human Problems of an Industrial Civilization. Macmillan, New York

Misumi J (1985) The behavioural science of leadership: An interdisciplinary Japanese research program. University of Michigan Press, Ann Arbor

Mowday R, Porter L, Steers R (1982) Employee-Organization Linkages: the psychology of commitment, absenteeism, and turnover. Academic Press, New York

Parygin B (1973) Management and Leadership. LGPU, St. Petersburg

Reddin W (1970) Managerial effectiveness. McGraw-Hill, New York

Robbins S, Judge T (2009) Organizational Behavior. Pearson Prentice Hall, Upper Saddle River

Roethlisberger F, Dickson W (1939) Management and the Worker. Harvard University Press, Cambridge

Sheppard B, Lewicki R, Minton J (1992) Organizational justice: the search for fairness in the workplace. Lexington Books, New York

Steiner I (1972) Group process and productivity. Academic Press, New York

Stogdill R (1974) Handbook of leadership: a survey of theory and research. Free Press, New York

Yukl G (1994) Leadership in organizations. Prentice Hall, Englewood Cliffs

Zankovsky A (2011) Psychology of Leadership: from behavioural model to value/cultural paradigm. IPRAS Publishing House, Moscow

Zhuravlev A (2005) Psychology of collective performance. IPRAS Publishing House, Moscow (Russian version)

Zhuravlev A, Kupreychenko A (2003) Ethics in psychological regulation of business activity. IPRAS Publishing House, Moscow (Russian version)

Czasopisma

Bass B (1990) From transactional to transformational leadership: learning to share the vision. Organ Dyn 18(3):19–31

Blake R, Mouton J (1982) A Comparative Analysis of Situationalism and 9.9 Management by Principle. Organ Dyn 10(4): 20–43

Caldwell C, Hayes L, Long DT (2010) Leadership, Trustworthiness, and Ethical Stewardship. J Bus Ethics 96:497–512

Conger J (1990) The dark side of leadership. Org Dyn 19(2):44–55

Fleischman E, Harris E (1962) Patterns of leadership behavior related to employee grievances and turnover. Pers Psychol 15(2):43–56

Hersey P, Blanchard K (1982) Leadership style: Attitudes and behaviors. Train Dev J 36:50–52

Hosmer LT (1995) Trust: the connecting link between organizational theory and philosophical ethics. Acad Manage Rev 20:379–403

Ingham A, Levinger G, Graves J, Peckman V(1974) The Ringelmann Effect: Studies of Group Size and Group Performance. Journal of Experimental Social Psychology 10: 371–384

Kristof-Brown A, Zimmerman R, Johnson E (2005) Consequences of Individuals' fit at work: a meta-analysis of person–job, person-organization, person-group and person-supervisor fit. J Pers Psychol 58:281–342

Kravitz D, Martin B (1986) Ringelmann Rediscovered: The Original Article. Journal of Personality and Social Psychology 50(5):936–941

Larson L, Hunt J, Osborn R (1976) The Great Hi-Hi Leader Behavior Myth: A Lesson from Occam's Razor. Acad Manage J 19(4):628–641

Lewin K, Lippitt R (1938) An Experimental Approach to the Study of Autocracy and Democracy: A Preliminary Note. Sociometry 1:292–380

Misumi J, Shirakashi S (1966) An experimental study of the effects of supervisory behavior on productivity and moral in a hierarchical organization. Hum Relat 19:297–301

Moede W (1927) Die Richtlinien der Leistungs-Psychologie. Industrielle Psychotechnik, 4, p. 193–209

Nystrom P (1978) Managers and the Hi-Hi Leader Myth. Acad Manage J 21 (2):325–331

Radoilska L (2008) Truthfulness and business. J Bus Ethics 79 :21–28

Ringelmann M (1913) Recherches sur les moteurs animes: Travail de l'homme. Annales de l'Institut National Agronomique, 2e série-tome XII, 1–40

Tannenbaum R, Schmidt W (1973) How to choose a leadership pattern. Harv Bus Rev 51: May–June 162–180

Turker D (2009) How Corporate Social Responsibility Influences Organizational Commitment. J Bus Ethics 89:189–204

Van Vianen A, De Pater I, Van Dijk F (2007) Work value fit and turnover intention: some source or different source fit. J Manage Psychol 22(2):188–202

Vroom V (1973) A new look at managerial decision making, Organ Dyn, 1(4): 66–80

Vroom V, Jago A (1978) On the validity of the Vroom-Yetton model, J Applied Psychol 63:151–162
Westerman J, Cyr L (2004) An Integrative Analysis of Person-Organization Fit Theories. Int J Sel
     Assess 12(3): 252–261
Yammarino F, Bass B (1990) Transformational leadership and multiple levels of analysis. Human
     Relations, 43:975–995

Prace magisterskie

Schumacher S (2014) Leadership dimensions: an empirical integration. Master Thesis, University
     Osnabrueck

Inne

Misumi J (1972) An empirical study of political leadership. In: Bulletin of the Institute for Industry
     and Labour. Kyushu University, S. 57 (Japanese Version)

3.1 Nowa kultura korporacyjna

Efektywność organizacji, jak wcześniej wspomniano, jest podstawowym czynnikiem decydującym o jej przetrwaniu. Dlatego też wskaźniki wydajności znajdują się w centrum zainteresowania kierownictwa wysokiego szczebla i są stosowane jako główne kryteria oceny powodzenia każdego menedżera. Także instytucje państwowe pośrednio nadzorują wydajność organizacji, oceniając i kontrolując zobowiązania podatkowe, socjalne i inne.

Oceny te mają sformalizowany charakter, są przeprowadzane w standardowy sposób oraz są stosowane ze względu na ich obiektywizm opracowany przez ludzkość w jej długiej historii. Na przykład, istnieją międzynarodowe i krajowe standardy księgowości i sprawozdawczości finansowej, które określają, w jaki sposób organizacja powinna informować o swoich wynikach finansowych, przepływach środków pieniężnych, kapitale, aktywach, dochodach itd. To samo dotyczy zasobów: organizacja ma obowiązek je ocenić i przedstawić dokładną informację na temat budynków, sprzętu, terenu, złóż minerałów. Istnieją również standardy oceny zasobów ludzkich, uwzględniających wykształcenie, profesjonalizm, doświadczenie, motywację itp.

Kryteria te są formalne i obiektywne, i dlatego powszechnie rozumiane i uznawane. Mimo iż ich interpretacja może prowadzić do pewnych różnic opinii, ogólne ich rozumienie jest uniwersalne we wszystkich krajach i organizacjach. Pojęcia wysokiej lub niskiej wydajności, poprawnych lub błędnych informacji, oraz poziomu profesjonalizmu czy motywacji są wszędzie takie same.

Wszakże jasne jest, że wszystkie te standardy oceny można odnieść do zasobów (*Resources*) i wyników (*Outcomes*), jednak kryterium I-ZONE to co innego. Pracowników organizacji, w tym kierownictwo wysokiego szczebla, nie obowiązują jednolite standardy właściwych bądź niewłaściwych relacji czy wzorców interakcji. W ich przypadku ocena i dyskusje są subiektywne, oparte na osobistych doświadczeniach, opiniach, pomysłach, nawykach czy stereotypach.

© Springer-Verlag GmbH Germany, part of Springer Nature 2019   51
A. Zankovsky and C. Heiden, *Przywództwo z Synercube*,
https://doi.org/10.1007/978-3-662-58235-0_3

Takie poglądy i preferencje znacząco różnią się od siebie i rzadko są spójne, nawet wśród osób, które długo się znają. Jednakże w zarządzaniu istnieje stanowcze przekonanie, że osoba zatrudniona do wykonywania określonych zadań, która podpisała umowę o pracę, będzie produktywnie współdziałać z innymi pracownikami. Nie ma nad czym się spierać: wszystko jest jasne. Jednak spontaniczna i produktywna współpraca jest bardziej wyjątkiem, niż regułą, a I-ZONE nierzadko powoduje problemy i straty. Dlatego też ludzie przywykli do tego, aby zdawać się na los szczęścia.

Dlaczego tak trudno jest stworzyć harmonijną synergię w I-ZONE? Trudności te biorą się z niedoceniania wagi umiejętności społecznych oraz z niejednorodności i zróżnicowania wartości, postaw i interesów wszystkich pracowników organizacji. Ludzie reprezentują różne postawy względem organizacji, jej zadań, samych siebie i innych. Mają różne interesy i poglądy na temat istotności różnych aspektów życia organizacji. Choć trudne do zauważenia na pierwszy rzut oka, różnice te mogą okazać się ogromne i blokować efektywne współdziałanie. Dlatego też najważniejszym zadaniem lidera jest stworzenie wspólnej płaszczyzny wartości, podzielanych przez wszystkich pracowników.

Oto trzy główne sposoby, które mogą pomóc liderowi wpływać na wartości wyznawane przez innych:

1. Definiowanie zasad.
   Określenie tego, co dobre i tego, co złe. Do poparcia danego poglądu może tu być wykorzystywany dowolny autorytet.
2. Przykład osobisty.
   Lider działa w zgodzie z własnymi przekonaniami, mając nadzieję, że inni będą czerpać z jego doświadczenia i kierować się jego przykładem.
3. Pomoc w objaśnianiu wartości.
   Lider pomaga członkom zespołu lub organizacji przyjąć wartości najbardziej zgodne z celami organizacji i zwraca uwagę raczej na ich ważność, przydatność i adekwatność do sytuacji panującej w organizacji niż na potrzebę stosowania znanych, tradycyjnych metod.

Pomoc w tworzeniu wartości organizacji daje pracownikom okazję, aby zrozumieć własne podstawowe wartości, które są zbliżone do wartości zakorzenionych w kulturze korporacyjnej. Wyjaśnione w ten sposób wartości stają się bardziej osobiste i trwałe.

Jednak zanim lider zmierzy się ze zmianą wartości wyznawanych przez podwładnych, sam musi mieć jasny pogląd na temat swoich wartości. Aby tego dokonać, powinien przeanalizować i na nowo ocenić zbiór istniejących wartości i odkryć swój pogląd na kwestie, które wcześniej go nie interesowały. Niekiedy zadanie to okazuje się trudne do wykonania, ponieważ ocena wartości wpływa na uczucia, emocje, pragnienia i interesy danej osoby. Analiza ukrytych i nieuświadomionych poglądów, które determinują zachowanie, wymaga znacznego wysiłku. Jednak określenie osobistych wartości może stać się sposobem na polepszenie wydajności działań kierowniczych.

Systematyczne określanie wartości można potraktować jak trening poznawania samego siebie. Koledzy z pracy mogą w tym pomóc, jednak ostateczna decyzja należy do lidera. Autoanaliza pod kątem hierarchii wartości obejmuje pięć poniższych kroków:

1. Decyzja, by być szczerym.
   Chcąc zmienić siebie trzeba podjąć decyzję o byciu ze sobą szczerym. Zlekceważenie tego warunku oznacza odrzucenie prawdziwej zmiany.
2. Wyrażenie poglądów i ich omówienie w sposób otwarty.
   Wspólne wartości można odkrywać jedynie dzięki szczerej dyskusji. Ocena i analiza stają się możliwe, gdy wartości zostają wyartykułowane.
3. Analiza wartości alternatywnych.
   Istotne jest zidentyfikowanie i przeanalizowanie wszystkich możliwych alternatywnych wartości determinujących zachowanie oraz skorelowanie ich z wartościami typowymi dla idealnej kultury korporacyjnej.
4. Poszukiwanie sprzeczności i rozwiązywanie konfliktu, u którego podstaw leżą różne wartości.
   Dalsza analiza wartości ujawnia rozbieżności i sprzeczności, które stają się podstawą do nowej oceny poglądów i zachowań.
5. Weryfikacja w działaniu.
   Porównanie rzeczywistego zachowania ludzi z deklarowanymi przez nich wartościami często ujawnia istotne rozbieżności. Można w ten sposób namierzyć dotąd nierozstrzygnięte konflikty różnych wartości lub brak zrozumienia podstawowych wartości. W każdym przypadku rozbieżność między zachowaniem a deklarowanymi wartościami oznacza potrzebę dalszej pracy.

Określenie osobistych wartości pozwala menedżerowi w pełni wywiązać się z powierzonych mu zadań. Trzeba jednak przyznać, że dość powszechnym zjawiskiem jest działanie sprzeczne z deklarowanymi wartościami. Przywódca powinien poprosić kolegów i podwładnych, aby informowali go o takich rozbieżnościach, ponieważ to oni uważnie obserwują jego zachowanie w różnych sytuacjach zawodowych. Zmiany stałych wartości następują jedynie wtedy, gdy stare wartości całkowicie nie przystają do sytuacji i prowadzą do porażki. Ujawniając swój system wartości, menedżer może uzyskać istotną informację zwrotną bez konieczności czekania na dotkliwą nauczkę od życia.

3.2   Kultura korporacyjna i umiejętność współpracy

Gdy menedżer dostrzega potrzebę zmiany, zadaje sobie pytanie: „co powinno zostać zmienione?" Dlatego jego wysiłki są nakierowane na zmianę strategii, produktów i procesów. Jednak nawet najlepsza strategia zostaje zahamowana, gdy kultura organizacji nie pozwala na wcielenie jej w życie. Częściej, aby coś poruszyć, trzeba najpierw zmienić kulturę i wartości. Jednak nawet osoby, które to rozumieją, zazwyczaj nie wiedzą, jak zmienić coś tak nieuchwytnego i amorficznego jak kultura organizacyjna.

Teoria Synercube skupia się raczej na tym „jak zmieniać" niż na tym „co zmienić". Synercube oferuje konkretny sposób budowania kultury wzajemnego zaufania, szacunku i szczerości, która pomaga w uwolnieniu ukrytego potencjału twórczego organizacji. Nowa kultura, z kolei, umożliwia pokazanie pełnego potencjału i prowadzenie działalności w niespotykanej wcześniej skali.

Podejście Synercube oferuje metodę oceny relacji tak samo dokładną i obiektywną, jak metody stosowane przy ocenie zasobów czy wyników. Metoda ta opiera się na następującym schemacie:

1. System współrzędnych z trzema osiami: wartości kulturowe, zorientowanie na zadania oraz zorientowanie na ludzi.
2. Podział na zachowania „dobre" i „złe", zgodnie z jasnymi i powszechnymi wartościami i kryteriami kulturowymi.
3. Przyswajanie umiejętności Synercube umożliwiających ocenę zachowania zgodnie z obiektywnymi kryteriami oraz, co ważniejsze, oferujących środki do budowania zespołu (z wyłączeniem metod „ataku" i „obrony").

Definiując relacje za pomocą prostych i jasnych kryteriów skutecznego i nieskutecznego działania w pracy, podejście Synercube zmienia teorię w metodę stosowaną. Model stylów Synercube daje podstawy do prowadzenia obiektywnej dyskusji na temat tego „co jest słuszne", a nie „kto ma rację". Dysponując określonym właściwym standardem skutecznego działania, można stworzyć model (wzór) do porównywania rzeczywistego zachowania z właściwym. Gdy tylko udaje się dostrzec różnicę pomiędzy tymi dwoma rodzajami zachowania, pojawiają się napięcia na tle motywacyjnym. Mając odpowiedni plan, łatwiej jest zrozumieć, co należy zmienić, aby kształtować bardziej skuteczne zachowanie.

Stres motywacyjny jest pierwszym krokiem w kierunku zmiany zachowania. A z racji tego, że większość ludzi dąży do zmiany i doskonalenia, sama motywacja często wystarcza, by rozpocząć zmiany na lepsze. Jeśli chęć poprawy jest dodatkowo wspierana przez współpracowników, indywidualne wysiłki zmieniają się we wspólne dążenie do poprawy tego, co istotne dla wszystkich. Wzrasta motywacja, pojawia się plan działania oraz wsparcie od innych osób, które gotowe są zasygnalizować przywódcy, że nie ma racji.

Według teorii Synercube, wspólny proces realizacji celów organizacyjnych wymaga pięciu umiejętności (lub elementów) towarzyszących budowaniu i utrzymywaniu relacji. Nie muszą być one widoczne przy każdej czynności czy interakcji; niektóre z nich występują częściej niż inne, jednak w dłuższej perspektywie stosujemy je wszystkie.

Odpowiedz na poniższe pytania, aby zrozumieć własne zachowanie w kontekście relacji w I-ZONE:

1. Rozwiązywanie konfliktów
   Co robisz, gdy twoje interesy są naruszane lub ignorowane? Jak często znajdujesz się w sytuacjach konfliktowych, których przyczyn nie rozumiesz? Co robisz, gdy nie zgadzasz się z innymi lub nie podoba ci się ich zachowanie? Czy jest dla ciebie priorytetem udowodnienie drugiej osobie, że się myli, gdy się z tobą nie zgadza? Czy wolisz się wycofać, by nie uczestniczyć w zbliżającym się konflikcie? Czy zależy ci na szanowaniu uczuć innych osób i utrzymywaniu zgody? Którą zasadę – „co jest słuszne" czy „kto ma rację" – stosujesz szukając rozwiązań?

2. Komunikowanie się
   W jaki sposób dzielisz się informacjami? Czy łatwo nawiązujesz kontakty z nowymi ludźmi w organizacji? Co robisz, by kształtować jednolitą strategię interakcji? Czy komunikacja z kierownictwem lub innymi pracownikami sprawia ci trudność? W jaki sposób zdobywasz niezbędne informacje? Czy czujesz się niepewnie i dlatego polegasz na innych? Wolisz otrzymywać „czyste" informacje bez komentarzy i opinii, czy też uważasz, że należy słuchać opinii innych, nawet jeśli postawi to przed tobą nowe wyzwania? Czy prosząc innych o informacje udajesz, że wiesz, o co chodzi i tylko się upewniasz, czy otwarcie przyznajesz się do niewiedzy?

3. Proaktywność
   Jak zaczynasz pracę nad kolejnymi zadaniami czy rozwiązaniami problemu? W jaki sposób angażujesz innych we własne działania? Czy pierwszy podejmujesz działanie? Czy czekasz, aż inni zrobią pierwszy krok? Do jakiego stopnia otwarcie i z przekonaniem dzielisz się swoimi opiniami z innymi? Czy zachęcasz ich do rozmowy o alternatywach? Czy twoje zdanie na jakikolwiek temat zależy od poglądów osób biorących udział w dyskusji? Czy narzucasz innym swoje zdanie bez wysłuchania ich opinii?

4. Podejmowanie decyzji
   W jaki sposób współdziałasz z innymi, gdy musisz podjąć działanie? Czy starasz się forsować twoim zdaniem właściwe rozwiązanie, czy wolisz, by to inni przejmowali inicjatywę i podejmowali decyzje? Czy szukasz rozwiązań, które byłyby pozytywnie przyjęte przez wszystkich, czy wolisz te rozwiązania, które okazałyby się najbardziej skuteczne w osiąganiu określonych wyników?

5. Konstruktywna krytyka
   W jaki sposób badasz i oceniasz własne interakcje z innymi? Czy zachęcasz innych do komentowania twojej skuteczności? Jak często krytykujesz innych, nie oczekując krytyki z ich strony? Czy wydajesz tylko pozytywne oceny? Jak reagujesz na porażki i błędy? Czy wstydzisz się i stajesz się defensywny? Czy potrafisz wziąć na siebie odpowiedzialność za problem spowodowany twoją porażką i czy potrafisz wyciągnąć z tego wnioski? Czy unikasz robienia czegoś z obawy przed popełnieniem błędu?

3.3   Rozwiązywanie konfliktów jako podstawa udanej interakcji

Przeciwieństwem konfliktu nie są spokój i harmonia, lecz obojętność. Przyjęta metoda rozwiązywania konfliktów ujawnia, jak ludzie przewidują i reagują na narastający problem. W sytuacji konfliktowej różnicę poglądów przecież można wyrazić na różnych poziomach – od luźnych komentarzy aż do otwartego sporu z wybuchami irytacji czy nawet złości. Objawy konfliktu są takie same bez względu na jego podłoże: kontrowersyjną prezentację działu marketingu, spóźniające się opracowanie nowego produktu w dziale badawczym, codzienne problemy z kontrolą operacyjną czy omówienie kwestii administracyjnych zawiązanych z długoterminowym planem rozwoju. Konflikt może bardzo szybko zablokować pracę. Ludzie zazwyczaj nie wiedzą, jak się zachować w sytuacji konfliktowej, dlatego próbują konflikt zdusić, załagodzić, znaleźć kompromis, wykorzystać go do własnych celów albo po prostu uznają konflikt za przejaw braku lojalności w stosunku do organizacji. Takie zachowanie jest skuteczne tylko w krótkiej perspektywie. Poza tym raczej nie pomaga w rozwiązaniu konfliktu tylko pozwala, żeby „tlił się" aż do następnego razu.

Ludzie zazwyczaj usiłują unikać konfliktów, zamiast traktować je jako źródło pożytecznej energii. Zderzanie się sprzecznych opinii jest niezwykle ważne dla postępu i rozwoju firmy, gdyż rozbieżne poglądy torują drogę twórczej ekspresji i synergii. Konflikt musi inspirować ludzi do rozwoju, większego zaangażowania i efektywnego wykorzystywania dostępnych zasobów. Konflikt uwypukla istotę problemu i zachęca ludzi do odkrywania różnych punktów widzenia, dając szansę nowym pomysłom i okazjom.

Badania pokazują, że 80 % konfliktów pojawia się niezależnie od woli zaangażowanych stron, oraz że większość ludzi albo nie jest ich świadoma, albo nie przywiązuje do nich żadnej wagi. Konflikt to zderzenie przeciwstawnych tendencji w umyśle pojedynczej osoby, we wzajemnym oddziaływaniu osób czy też w relacjach interpersonalnych lub pomiędzy grupami, któremu towarzyszą negatywne emocje.

Główną funkcją rozwojową konfliktu jest stwarzanie okazji do uświadomienia sobie, z jakimi problemami i sprzecznościami ma do czynienia pojedyncza osoba, zespół czy cała organizacja. Konflikt pomaga również identyfikować sposoby radzenia sobie z tymi sprzecznościami oraz wyznaczać kroki konieczne do dalszego rozwoju.

Na konflikt składają się następujące elementy:

1. Incydent (informacja): wydarzenie, które uświadomiło przynajmniej jednej osobie jej cele i wartości, które stoją w opozycji do celów i wartości innych uczestników interakcji.
2. Incydent (czynność): casus belli, który wywołuje konfrontację.
3. Środowisko konfliktu: rozwijanie się konfliktu w określonym czasie i okolicznościach.
4. Aktorzy konfliktu: strony konfliktu (pojedyncze osoby, grupy, działy lub cała organizacja).
5. Przedmiot konfliktu: określone interesy czy wartości, które wywołały konflikt (tj. przyczyna konfliktu).

6. Relacje w konflikcie: forma i treść interakcji pomiędzy aktorami oraz działania podejmowane przez nich w celu rozwiązania konfliktu.

Główną rolę w wywołaniu konfliktu odgrywają tzw. czynniki konfliktu, tj. słowa czy działania (lub brak działań) bezpośrednio przyczyniające się do powstania i narastania konfliktu.

Czynniki te nabierają wagi ponieważ jesteśmy o wiele bardziej wrażliwi na słowa innych, niż na to, co sami mówimy. Ta szczególna wrażliwość na słowa bierze się z chęci obrony nas samych, naszej godności i poczucia wartości przed ewentualnymi atakami. Nie jesteśmy jednak tak samo wrażliwi w kwestii godności innych osób. Tak więc nie zwracając wystarczającej uwagi na nasze słowa i czyny, nieopatrznie dostarczamy innym impulsów wywołujących i podsycających konflikt.

Jednak sam pojedynczy czynnik konfliktu nie wywoła go, jeśli nie pociągnie za sobą następnych czynników. Musi zaistnieć cały ich łańcuch prowadzący do eskalacji konfliktu: na cudzy czynnik konfliktu reagujemy jeszcze mocniejszym własnym. Słysząc lub doświadczając czynnika konfliktu, „ofiara" chce wynagrodzić sobie psychologiczną porażkę i dlatego odpowiada zniewagą. Odpowiedź ta nie może być w żadnym razie słabsza, dlatego ofiara popada w przesadę. Trudno jest oprzeć się pokusie ukarania winowajcy, aby zniechęcić go do ponownego ataku. W wyniku takiego działania intensywność czynników konfliktu gwałtownie rośnie.

Istnieją trzy główne rodzaje czynników konfliktu:

- Dążenie do doskonałości.
- Przejawianie agresji.
- Ujawnienie egoizmu.

Jak unikać czynników konfliktu w komunikacji i interakcji z innymi ludźmi?

1. Należy pamiętać, że jakikolwiek nieopatrzny komentarz (zgodnie z zasadą eskalacji) może doprowadzić do konfliktu.
2. Należy okazywać innym osobom empatię (przewidywać, jak nasze słowa i działania mogą zostać odebrane).
3. Należy zawsze najpierw szukać odpowiedzi na pytanie „co jest słuszne", zamiast szukać kogoś, „kogo można obwinić".

Narastanie konfliktu obejmuje kilka etapów:

1. Okres przed konfliktem
    Pojawiają się różne interesy, jednak nikt nie zdaje sobie sprawy z ich wzajemnego oddziaływania.
2. Początek konfliktu
    Jedna ze stron biorąca udział w interakcji zdaje sobie sprawę z tego, że jej interesy różnią się od interesów pozostałych osób. Świadomość tego często pociąga za

sobą jednostronne działania mające na celu zabezpieczenie tych interesów. Głównym symptomem tego etapu jest napięcie.

3. Incydent
   Casus belli dający początek działaniom konfrontacyjnym.
4. Przedmiot konfliktu
   Określone interesy wywołujące konflikt.
5. Kryzys
   Rodzaj interakcji, w której poszczególne etapy nie występują już jeden po drugim (np. długa zwłoka lub destrukcyjne zakotwiczenie w jednym w etapów, stagnacja czy nawet powrót do wcześniejszego etapu).
6. Rozwój konfliktu
   Działania, które sprzyjają swobodnej eskalacji konfliktu.

Wygaszanie konfliktu to rozwój interakcji w konflikcie, tj. stopniowe przechodzenie od aktualnego etapu konfliktu do następnego. Dlatego najwyższa sztuka reagowania na konflikt oznacza nie tyle walkę, co konstruktywne rozwijanie relacji podczas konfliktu.

Skuteczne rozwiązywanie konfliktu wymaga analizy jego parametrów:

1. Ustalenie jakie są faktyczne strony konfliktu, kto w nim uczestniczy.
2. Opis jakie te strony mają cechy, co je charakteryzuje.
3. Zweryfikowanie, jakie były ich wzajemne relacje w okresie przed konfliktem.
4. Znalezienie głównych różnic interesów, które doprowadziły do konfliktu.
5. Zrozumienie jakie są intencje stron konfliktu oraz jakie rozwiązanie byłoby akceptowalne.
6. Przeanalizowanie wszystkich możliwych sposobów zażegnania konfliktu.

Jak twierdzą M. H. Mescon i in. (1985), wśród głównych przyczyn konfliktów w biznesie czy w organizacjach wyróżnić można:

- Problemy z alokacją zasobów w organizacji (problem niesprawiedliwego podziału).
- Różne cele i zamierzenia (rozwinięta specjalizacja w organizacji prowadzi do nieporozumień, ponieważ każda jednostka ma własne cele i interesy).
- Różne poglądy na temat wartości (na przykład na temat prawa do wyrażania swoich opinii w obecności przełożonego).
- Różne formy zachowania i doświadczenia życiowe (szczególnie w przypadku, gdy osoby pracują w tej samej jednostce).
- Niewystarczające narzędzia komunikacji, często prowadzące do nieporozumień między współpracownikami.

Konflikty są często zaogniane przez błędne działania. Do typowych błędów w reagowaniu na konflikt zaliczyć można:

- Opóźnianie działań mających na celu zażegnanie konfliktu.
- Próby rozwiązania konfliktu bez poznania jego prawdziwych przyczyn.
- Stosowanie siły i środków odwetowych lub, przeciwnie, stosowanie wyłącznie dyplomatycznych negocjacji.
- Próba załagodzenia konfliktu z wykorzystaniem uniwersalnych metod bez uwzględniania indywidualnego kontekstu i sytuacji.
- Dążenie do osiągnięcia własnego celu za pomocą politycznej intrygi, która choć przynosi natychmiastowe korzyści, prowadzi do negatywnych skutków.

R. Kilmann i K. Thomas (1977) zidentyfikowali główne style zachowania podczas konfliktu, umożliwiające diagnozowanie sposobów jego rozwiązywania:

- Konfrontacja: dążenie do zaspokojenia własnych potrzeb kosztem innych (indywidualne działania i kroki).
- Dostosowanie: poświęcanie własnych interesów dla dobra innych (bierność i niezdolność do zaspokajania i zabezpieczania własnych interesów).
- Unikanie: strategia polegająca na zaprzeczaniu istnienia rozbieżności i dążenie do unikania konfliktu za wszelką cenę, włączając koszty organizacyjne lub własne.
- Rywalizacja: współpraca oparta na współzawodnictwie zgodnie z zasadami przyjętymi przez strony, bez wyrządzania szkód innym czy organizacji.
- Kompromis: metoda wzajemnych ustępstw.
- Współpraca: podejmowanie decyzji, które w pełni zabezpieczają interesy obu stron.

Wszystkie style zachowania, z wyjątkiem współpracy, oznaczają ostatecznie wygraną tylko jednej strony. Poniższe punkty mogą pomóc w przejściu od zasady wygrywania za wszelką cenę do współpracy, gdzie korzyści odnoszą obydwie strony:

1. Konsensus oparty na jasnych przesłankach.
2. Szczery dialog wspierający zasadę „co jest słuszne".
3. Ciągła świadomość negatywnych skutków towarzyszących chęci wygrania za wszelką cenę.
4. Wysokie standardy i jasne kryteria rozwiązywania konfliktów.
5. Obecność „obserwatorów" (pomagających rozwiązać problem), która prowadzi do zaangażowania i synergii.
6. Poszukiwanie modelu idealnej relacji nie tylko w grupie, ale i między grupami.
7. Porównanie modelu relacji idealnych z rzeczywistymi i opracowanie strategii niwelowania różnic.

Podejście Synercube nie zawiera porad, w jaki sposób zapobiegać konfliktom w organizacji. Trudno bowiem wyobrazić sobie organizację, w której konflikty nie występują.

Dlatego Synercube przedstawia metody zarządzania konfliktem i sposoby jego zażegnywania, skupiając się na zasadzie „co jest słuszne" (przeciwstawiając ją zasadzie „kto ma rację"). Konflikty są nieodzowną częścią interakcji i różnice w poglądach nie powinny blokować komunikacji czy realizacji celów. Konflikt można porównać do góry lodowej, której tylko wierzchołek wystaje ponad powierzchnią wody, natomiast cała reszta ukryta jest pod nią. Wiele osób myli się sądząc, że brak kłótni czy wybuchów złości oznacza brak konfliktów. Ludzie mają silną skłonność do lekceważenia komentarzy czy sytuacji problemowych, ponieważ boją się potencjalnych kłótni czy konfliktów. Nie da się ukryć, że menedżerowie, poprzez unikanie konfliktów, fundują swoim podwładnym potencjalnie wybuchową mieszankę wyobcowania, frustracji i obojętności.

Gdy konflikt zostaje zażegnany w otwartej atmosferze i gdy cała uwaga koncentruje się na znalezieniu najskuteczniejszego rozwiązania, efekt finalny jest zdecydowanie lepszy niż gdy do jego rozwiązania stosuje się strategię wykorzystywania silniejszej pozycji, władzy, tłumienia czy unikania. Dążenie do celu poprzez skuteczne rozwiązywanie konfliktów owocuje synergią i stanowi klucz do skutecznego przywództwa.

Podejście Synercube uświadamia, że konflikt można wykorzystać do realizacji finalnego celu, do głębszego zrozumienia i przeanalizowania problemu. W efektywnie zbudowanych relacjach ludzie uczą się i stosują umiejętności rozwiązywania konfliktów, aby wzajemnie się rozumieć i wzmacniać zaangażowanie w realizację celów organizacji. Oznacza to, że konfliktem można zarządzać i że jego rozwiązanie może być konstruktywne.

Nawet w przypadku poprawnych interakcji konflikty rodzą lęk i obawy, lecz nie powodują strachu, gdyż korzyści płynące z właściwie rozwiązywanych konfliktów są oczywiste. Lęk słabnie i ustępuje miejsca pewności i wsparciu, gdyż doświadczenia z przeszłości związane z rozwiązywaniem konfliktów były pozytywne. Każda organizacja lub jednostka, której udało się przezwyciężyć kryzys, czuje przypływ energii i kreatywności. Jest to możliwe tylko wówczas, gdy problemy zostają zidentyfikowane, przeanalizowane i skutecznie rozwiązane.

3.4 Komunikowanie się

Komunikacja w organizacji to skomplikowany, wielopłaszczyznowy proces budowania i rozwijania kontaktów międzyludzkich. Wynika on z potrzeby działania i obejmuje wymianę informacji, rozwój wspólnej strategii porozumiewania się, postrzeganie i rozumienie innych.

Znaczna część naszego życia upływa na komunikowaniu się – pisaniu, czytaniu, mówieniu, słuchaniu – i dlatego w żadnym razie nie jest przesadzonym stwierdzenie, że komunikacja może być zarówno źródłem sukcesu, jak i przyczyną wielu kłopotów. Menedżer spędza 90 % swojego czasu na komunikowaniu się. Nie bez powodu komunikacja jest jednym z najbardziej skomplikowanych zagadnień organizacyjnych, a jej nieskuteczność stanowi jedną z głównych przeszkód w osiąganiu dobrych wyników. Żadna grupa czy organizacja nie może istnieć bez odpowiedniej komunikacji zapewniającej przekaz informacji, wymianę pomysłów i koordynację.

Komunikacja w środowisku organizacji obejmuje różnorodne interakcje między pracownikami. Jest nieodzownym elementem planowania, podejmowania decyzji, koordynowania, sprawowania kontroli, wdrażania skutecznego przywództwa, zarządzania konfliktem, szkolenia, oraz innych funkcji przywódczych. Dlatego też posiadanie kompetencji komunikacyjnych jest dla skutecznego lidera sprawą kluczową.

Niestety na drodze do skutecznej komunikacji leży wiele przeszkód, w większości o podłożu psychologicznym. Przeszkody te mogą wynikać z faktu, że komunikacja rozumiana jest na wiele sposobów, i nie dlatego, że ludzie posługują się różnymi „językami", ale z o wiele poważniejszych powodów. Gdy pracownicy organizacji wywodzą się z różnych kultur, mogą między nimi pojawiać się różnice społeczne, polityczne, religijne czy zawodowe, które są przyczyną nie tylko różnych interpretacji tych samych pojęć stosowanych w komunikacji, ale także różnego nastawienia, poglądów, czy sposobów postrzegania świata.

Przeszkody te nie blokują komunikacji całkowicie: negocjują ze sobą nawet przeciwnicy na wojnie. Tym niemniej przeszkody te mogą dramatycznie zmniejszyć ogólną skuteczność działań zespołu czy organizacji.

Przeszkody w komunikowaniu się mogą być powodowane indywidualnymi cechami psychologicznymi porozumiewających się osób (na przykład niekomunikatywność, nadmierna nieśmiałość czy małomówność) lub wrogością i brakiem zaufania pomiędzy niektórymi pracownikami etc. Przeszkody te mogą doprowadzić do błędnej interpretacji pierwotnie właściwej i przydatnej informacji.

Nawet jeśli odbiorca rozumie komunikat, może on zniekształcić jego znaczenie, gdy informacja jest niezgodna z jego przekonaniami czy wartościami. Na przykład, gdy jeden z pracowników proponuje innemu skuteczniejszy sposób rozwiązania problemu, ten drugi, zamiast wziąć poradę pod uwagę, może odczytać ją jako sugestię własnej niekompetencji i tę ważną informację zignorować. Skuteczność komunikacji zależy również od stanu emocjonalnego bieżących uczestników rozmowy. Źli lub przybici, słuchamy mniej uważnie i możemy nie przyjąć rozsądnej rady.

Interpretacja i akceptacja komunikatu w dużej mierze zależy od tego, jak jej odbiorca ją postrzega. Na przykład, pochwała od kogoś, kto chce zrobić dobre wrażenie i zdobyć przywileje jest postrzegana jako mniej szczera niż pozytywna ocena od niezaangażowanej osoby. Szanse na przyjęcie komunikatu są większe, gdy jedna osoba traktuje drugą przyzwoicie i z szacunkiem. Inaczej będzie w przypadku osoby obcej lub wroga – w tym przypadku komunikat zostanie niemal zawsze odrzucony.

Fundamentalna zasada komunikacji interpersonalnej brzmi następująco: znaczenie komunikatu, odkodowane przez odbiorcę, nigdy dokładnie nie odzwierciedla znaczenia przypisanego intencji nadawcy. Na przykład, pewne badanie wykazało olbrzymią rozbieżność między informacją przekazaną przez lekarza, a odbiorem i zrozumieniem tej samej informacji przez pacjenta. Zdanie lekarza: „To będzie prawie bezbolesne" w niemalże jednej czwartej przypadków było interpretowane jako: „To będzie bardzo bolesne".

Aby dowiedzieć się, jak został zinterpretowany twój komunikat, musisz rozpocząć dialog i uzyskać informację zwrotną. Rozmówca nie tylko będzie uważnie słuchał, ale również poinformuje autora komunikatu, jak zrozumiał informację. Autor oceni stopień zrozumienia i, jeśli zajdzie taka potrzeba, powtórzy komunikat, aby zostać lepiej zrozumianym. Rola nadawcy jest z natury bardziej dynamiczna: chce on przekazać informację odbiorcy i zachęca go do słuchania. To on mówi, określa temat rozmowy i jej treść. Jeśli nadawca jest aktywny i jasno artykułuje treść komunikatu, jedyne co musi zrobić odbiorca, to starać się właściwie zrozumieć jego znaczenie.

Inny problem pojawia się, gdy musisz zdobyć ważną informację, podczas gdy potencjalny nadawca nie wykazuje inicjatywy i wypowiada się niejasno na nieistotne tematy. Aby rozwiązać taki komunikacyjny problem, zwykle zaczynamy zadawać pytania. Pytanie często motywuje. Zadając pytanie, zazwyczaj oczekujmy odpowiedzi, a tym samym wpływamy na przebieg i treść rozmowy, tj. przejmujemy rolę lidera.

Jednak nadmiar, w szczególności cała seria pytań, może osłabić entuzjazm rozmówcy, szczególnie, gdy pytania wymagają odpowiedzi lakonicznych lub „tak/nie". Dlatego należy unikać nadmiernego przepytywania z trzech powodów.

Po pierwsze, format „pytanie-odpowiedź" sugeruje władzę mówiącego i niedojrzałość lub niekompetencję słuchacza.

Po drugie, zakłada się, że, otrzymawszy odpowiedź, mówiący podpowie, co należy zrobić, aby rozwiązać problem. A to z pewnością nie poprawi zdolności słuchającego do podejmowania inicjatywy.

Po trzecie, celem pytania jest zwykle uściślenie kolejnej wypowiedzi. Tego typu wytyczne stanowią zaprzeczenie dialogowej natury komunikacji.

Jeśli naprawdę musisz zadać pytanie, zastanów się, jak należałoby je zadać i o co zapytać. Wszystkie pytania dzielą się na otwarte i zamknięte.

Pytania zamknięte wymagają prostej, jednowyrazowej odpowiedzi („tak", „nie", „uhm", „piętnaście", „nie chcę" itd.) lub dokonania wyboru jednej z dostępnych opcji. Dość często po cichu zakłada się, że istnieją „dobre" i „złe" odpowiedzi, a decyzja zależy od zadającego pytanie.

Stosowanie pytań w rozmowie tego typu może sprawić, że rozmówca poczuje się pod presją, sprawdzany czy egzaminowany.

Pytania „Ile?" i „Co?" również wymagają prostej odpowiedzi.

Aby osiągnąć porozumienie i zaufanie, nie powinno się zadawać zbyt wielu pytań zamkniętych. Poza tym wszystkie pytania zamknięte skłaniają ku określonej odpowiedzi, sugerują ją. Kto je zadaje, ma realną kontrolę nad tematem rozmowy, przyjmuje rolę kierowniczą. W rezultacie rozmowa traci swój dwustronny charakter.

Pytania otwarte nie narzucają gotowych odpowiedzi. Zakłada się, że odpowiedź na takie pytanie może nas zaskoczyć, jednak nie ma w tym nic złego. Jeśli chcesz zrozumieć partnera najlepiej, jak tylko to możliwe, musisz zadawać pytania otwarte.

Pytania otwarte dzielą się na następujące kategorie:

1. Rozszerzające (prośba o rozszerzenie odpowiedzi): „Czy możesz powiedzieć coś więcej na ten temat?", „Czy chciałbyś coś dodać?"
2. Zawężające: „Mówiłeś, że masz kłopoty ze snem. Czy coś się stało?"
3. Konfrontacyjne: „Nie jestem pewien, czy dobrze cię zrozumiałem. Powiedziałeś, że nie chcesz wykonać tego zadania, a teraz mówisz, że jesteś obrażony, bo nie poproszono cię o jego wykonanie. Coś tu się nie zgadza, prawda?"
4. Wyjaśniające: pytania, które rozjaśniają określone kwestie zarówno w umyśle słuchacza, jak i pytającego.

Właściwe sformułowanie pytania może być najlepszym sposobem na nadanie tonu owocnej dyskusji. Pytania inicjują rozmowę, ponieważ wymagają odpowiedzi, innymi słowy dwustronnej interakcji. Sama forma zadawanych pytań może wywołać albo entuzjazm i szczerość, albo uruchomić mechanizmy obronne i opór. Grupy kierujące się zasadą „co jest słuszne" zazwyczaj stosują pytania i odpowiedzi, aby uzyskać więcej informacji. Ich motto brzmi: w rozmowie nie ma tematów „tabu"; świat się zmienia, zatem musisz wciąż pytać i poszukiwać wciąż nowych informacji.

Skuteczne poszukiwanie informacji i ich przyswajanie, zgodnie z zasadą „co jest słuszne", można scharakteryzować w następujący sposób:

• Zakłada się, że możliwe jest przewidzenie wszystkich potencjalnych konsekwencji działań; pozwala to wejść na nowy poziom zrozumienia problemu.
• Ludzie mogą otwarcie i w dowolnym momencie dzielić się swoimi przemyśleniami; pozwala to wierzyć, że wszystkie ważne informacje zostaną wzięte pod uwagę w procesie podejmowania decyzji.
• Tego typu poszukiwania skłaniają ludzi do dialogu i wymiany informacji bez strachu przed popełnieniem błędu lub karą.
• Zostaje ustalony model obiektywnej oceny faktów.

Z drugiej strony, jeśli grupa kieruje się zasadą „najważniejsze jest to, kto ma rację, a nie co jest słuszne", wówczas tylko nieliczni wchodzą w posiadanie informacji. Tym, co absorbuje członków grupy najbardziej jest jak wyjść z twarzą z dyskusji. Skoro nadrzędną kwestią nie jest rozwiązanie problemu, lecz przewaga nad innymi, informacje stają się wybiórcze. Wszystko, co nie pasuje do obrazu, generalnie nie jest brane pod uwagę. W przeciwieństwie do tego sposobu, skuteczne poszukiwanie informacji to takie, które obejmuje dwie zasadnicze aktywności: analiza problemu i formułowanie pytań, rozmowa i opracowanie dalszych strategii. W ten sposób każdy, kto jest zaangażowany w proces rozumie, co się dzieje i czuje się odpowiedzialny za osiągane wyniki.

Kluczowym elementem właściwego poszukiwania i przyswajania informacji jest dwustronny proces zadawania pytań i słuchania.

Stosując strategię informacji zwrotnej pokazujemy rozmówcy, że go zrozumieliśmy, jak również, że sprawdzamy, czy właściwie uchwyciliśmy sens komunikatu. Dzięki tej strategii przez cały czas regulujemy stopień zrozumienia komunikatu.

Nasze rozumienie może być błędne kilku powodów. Pierwszym z nich jest wieloznaczność większości słów. Słowa ludzkiej mowy mają często więcej niż jedno znaczenie. Co więcej, znaczenie to może się zmieniać w zależności od kontekstu.

Drugim powodem jest celowe wypaczanie znaczenia komunikatu przez mówcę. Gdy dzielimy się naszymi pomysłami, poglądami, uczuciami i ocenami, starannie dobieramy słowa. Niektóre aspekty wyolbrzymiamy, inne pomniejszamy, Często stosujemy wyrazy wieloznaczne, starając się przy tym dobrze zaprezentować, sprawić wrażenie przekonujących i wykorzystać słowa na naszą korzyść.

Trzecim źródłem trudności jest problem z otwartym wyrażaniem myśli. Konwenanse i potrzeba akceptacji hamują ludzi przed szczerym i precyzyjnym wypowiadaniem się.

W końcu, czwartym źródłem trudności jest subiektywne znaczenie. Przez całe życie każdy z nas gromadzi ogromną liczbę unikatowych skojarzeń wywoływanych przez różne słowa. Niektóre słowa mogą przywołać złe wspomnienia i sprawić ból, mimo że ich autor nie miał nic złego na myśli.

Nie będzie przesadą, jeśli powiemy, że bycie zrozumianym jest źródłem satysfakcji dla każdego człowieka. Instynktownie czujemy sympatię do tych osób, które nas nie potępiają, lecz akceptują i są wyrozumiałe. Dlatego komunikacja pomaga w kształtowaniu relacji z rozmówcami.

Jak twierdzi F. Schulz von Thun (2006), komunikatem można nazwać jakikolwiek zwrot, pytanie, czynność niewerbalną (na przykład trzaśnięcie drzwiami, złe spojrzenie, grzeczne skinienie), których odbiorcą jest jakiś adresat. Tym adresatem może być pojedyncza osoba lub grupa osób. Jeśli jednak chcemy, aby nasz komunikat był jasny, musimy najpierw określić potencjalnych odbiorców.

W naszym czteroelementowym modelu każdy komunikat można przedstawić jako czworokąt. Każda z jego ścian reprezentuje jeden z czterech aspektów komunikatu (Rys. 3.1).

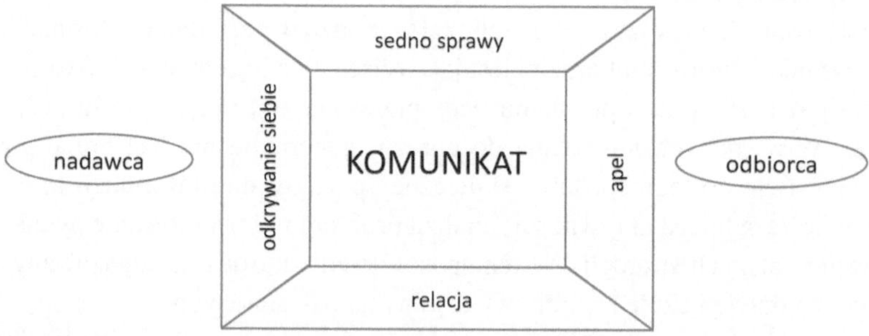

Rys. 3.1 Czteroelementowy model przekazywania komunikatu

Treść to główny element komunikatu, przedmiot rozmowy. Apel to informacja na temat oczekiwań nadawcy. Nadawca wykorzystuje każdy komunikat, aby ujawnić określone informacje na swój temat: o uczuciach, cechach psychologicznych, wartościach itd. Oznacza to, że mówienie jest swego rodzaju odkrywaniem siebie. Nadawca, bezpośrednio lub pośrednio, pokazuje swój stosunek do odbiorców. Nieporozumienia pojawiają się, gdy żaden z tych czterech elementów nie zostaje odkodowany.

Ważnym elementem kompetencji komunikacyjnych jest umiejętność obrony własnego zdania. Przydaje się ona wówczas, gdy przedstawimy innym naszą opinię na dany temat. Wszyscy wiemy, jak trudno jest przyjąć czyjąś opinię, nawet jeśli jest ona słuszna. Dlatego tak ważne jest, aby kierować się zasadą „pamiętaj o tym, co jest słuszne", dyskutować w sposób otwarty i obiektywny, koncentrując się na osiągnięciu pożądanego wyniku. Do obrony własnego zdania należy przejść dopiero wtedy, gdy pozostali uczestnicy rozmowy otrzymali szansę wypowiedzenia się. Konieczny jest do tego odpowiedni klimat, w którym członkowie zespołu będą chcieli dzielić się swoimi osobistymi doświadczeniami, pomysłami czy troskami, oraz będą chcieli dokładnie omawiać problemy. Ostatecznie powinien zwyciężać pogląd najbardziej słuszny, niezależnie od tego, kto pierwszy go zaproponował.

Możliwość konstruktywnego i szczerego wyrażania opinii może znacząco wzmocnić osobiste zaangażowanie każdego członka zespołu. W takich okolicznościach, wiele osób będzie chciało podzielić się swoimi poglądami i przyczynić się do osiągnięcia określonego wyniku. Możliwość wypowiedzenia się łagodzi stres, uwidacznia głęboko zakorzenione problemy oraz wyjaśnia ewentualne obawy. Osobiste zaangażowanie zwiększa znaczenie udziału we wspólnej sprawie, podnosi poziom świadomości i zainteresowania realizacją celów, i ostatecznie wiedzie do sukcesu.

3.5 Proaktywność

Ludzie manifestują swoją aktywność na różne sposoby. Aktywność zależy od indywidualnego temperamentu, charakteru, motywacji, stanu psychofizycznego, specyfiki zawodu oraz konkretnego zadania. I tak choleryk będzie bardziej ekspresyjny, głośny i ostentacyjny w działaniu niż flegmatyk, natomiast przepracowany pracownik nie będzie tak aktywny, jak ktoś, kto dopiero zabrał się za pracę. Jednak mówiąc o aktywnej postawie nie mamy na myśli pojedynczych przejawów aktywności czy zachowań, takich jak pragnienie wyrażenia własnej opinii, zawsze gdy jest ku temu sposobność. Aktywna postawa to stała forma demonstrowania wartości, poglądów, wiedzy czy umiejętności mających wpływ na zachowanie czy działania ludzi.

Świat organizacji nie jest statyczny. Stale zmienia się pod wpływem zewnętrznych i wewnętrznych czynników, jak również pod wpływem pracowników, ich wysiłku czy zachowania. Każdy z nich, pod warunkiem, że jest zainteresowany rozwojem zawodowym i poprawą wydajności, jest w stanie wpływać na wyniki organizacji. Aktywna postawa wymaga wewnętrznej motywacji do działania, szczerego ukierunkowania na cele i wartości organizacji oraz poczucia osobistej odpowiedzialności za pracę całej organizacji. Przejawia się w celowym i świadomym działaniu.

Osoba przyjmująca postawę aktywną często jest liderem w kwestii rozwiązywania ważnych problemów. Działa niezależnie i konstruktywnie.

Wyróżniamy trzy główne poziomy postaw aktywnych: bierny, reaktywny i aktywny.

Postawa bierna oznacza płynięcie z nurtem – działanie zgodne ze zwyczajowym planem. Osoba reprezentująca taką postawę nie jest zaangażowana w osiąganie celów organizacji i nie podziela jej wartości. Nie czuje żadnej odpowiedzialności za swoją pracę i zawsze znajdzie powód, by się nie wysilać, by kierować się za bezpieczną większością.

Postawa reaktywna oznacza, że osoba ją reprezentująca pokazuje swoje zaangażowanie jedynie wówczas, gdy bierze w czymś bezpośrednio udział i to coś jej dotyczy. Postawę reaktywną charakteryzuje niezbyt wysokie, czasem symulowane zaangażowanie w realizację celów organizacji i jej wartości. Taki pracownik czuje się odpowiedzialny wyłącznie za zadania jemu powierzone i podejmuje działania tylko w odpowiedzi na taki czy inny problem. Postawa reaktywna nie oznacza analizy sytuacji ani wysiłków mających na celu znalezienie nowych rozwiązań, ponieważ pracownikowi nie zależy lub wręcz jest leniwy.

Postawa aktywna nakierowana jest na konstruktywne rozwiązywanie problemów i utrzymywanie kontroli nad sytuacją. Głębokie osobiste zaangażowanie powoduje ciągłe poszukiwanie rozwiązań umożliwiających pokonywanie trudności i konfliktów dla wspólnego dobra organizacji. Mottem postawy aktywnej jest działaj i nie trać czasu. Osoba aktywna wierzy, że wszystko na świecie można osiągnąć jedynie dzięki własnemu wysiłkowi i ciężkiej pracy.

Postawa aktywna objawia się podczas podejmowania nowych działań lub kontynuacji bieżącej pracy. Inicjatywa jest tym, co charakteryzuje osobę, która podejmuje się nowego zadania lub korzysta z nowej możliwości. Osoba o silnej, proaktywnej osobowości stale porusza się naprzód, określa konieczny kurs i zarządza swoimi priorytetami. Aktywność manifestuje w określonym toku działania, strategicznym planowaniu, angażowaniu innych ludzi oraz podejmowaniu natychmiastowej interwencji w przypadku, gdy działanie zbacza z obranego kursu. Osoba taka nie potrzebuje nadzoru czy sterowania, pewnie podejmuje ryzyko i stawia pierwszy krok na drodze do realizacji kolejnego celu.

Działania takiej osoby nadają ton interakcjom, jako że inicjatywa jest punktem wyjścia do działania. Charakter takiej inicjatywy jest ważny, gdy chce się zaangażować innych ludzi. Odpowiednio wyrażona inicjatywa może angażować różnych ludzi, wywołując u nich entuzjazm i dając pewność siebie. Jeśli członek zespołu weźmie udział w tak zainicjowanych działaniach, poczuje, że uzyskany rezultat jest w pewnym sensie jego własnym osiągnięciem.

W przypadku, gdy czyjaś aktywność jest nadmiernie wysoka, uniemożliwia zaangażowanie się innych osób i wywołuje rozgoryczenie oraz postawy obronne. Dzieje się tak zazwyczaj wtedy, gdy inicjator „pędzi do przodu", ignorując innych uczestników, i pomija etap dyskusji nad planem. Członkowie zespołu mogą być również niezadowoleni, kiedy lider, mimo iż okazuje zainteresowanie opiniami innych, nigdy nie bierze ich pod uwagę i prze do przodu niczym lodołamacz, realizując własny pomysł.

Z drugiej strony, gdy czyjaś aktywność jest niska, poziom zaangażowania innych osób również jest niski, ponieważ nie czują się oni wystarczająco pewnie by działać niezależnie. Widać to szczególnie w sytuacjach, gdy inicjatywa lidera jest anemiczna. Słabość lidera jest zwykle tak samo zaraźliwa, jak entuzjazm i pewność siebie silnego lidera.

Postawę proaktywną można w naturalny sposób rozwinąć poprzez współpracę opartą na wzajemnym zaufaniu i szacunku. Nie istnieje wówczas potrzeba poszukiwania dodatkowych sposobów zdobycia akceptacji współpracowników.

Gdy inicjatywa przybiera właściwą formę, lęk przed porażką ustępuje miejsca pewności, że wszyscy robią, co mogą i korzystają ze wszystkich możliwych informacji. Wśród ufających sobie osób działanie jest bardziej skupione na tym, „co jest słuszne", niż na tym, „kto ma rację". Członkowie zespołu zdobywają jak najwięcej informacji i dzielą się nimi z innymi, nie boją się mówić otwarcie o swoich słabościach i przeżywanych trudnościach. Mając wszystkie ogólnodostępne informacje i będąc gotowym do działania, zespół może działać świadomie i z entuzjazmem.

3.6 Podejmowanie decyzji

Jednym z podstawowych zadań przywódczych jest podejmowanie decyzji. Eksperci są zdania, że liderem można nazwać tę osobę, która umie podejmować decyzje.

Najpoważniejszym i najszerzej rozpowszechnionym błędem dotyczącym kwestii podejmowania decyzji jest ograniczanie tego skomplikowanego procesu wyłącznie do samej chwili, gdy decyzja zostaje podjęta. Jak pokazują badania i praktyka, właściwa decyzja nie może zostać podjęta zanim nie zostanie podjętych kilka następujących po sobie kroków (Malik 2006):

1. Dokładne określenie problemu.
2. Przygotowanie listy wymagań odnośnie decyzji.
3. Zidentyfikowanie możliwych opcji.
4. Przeanalizowanie ryzyka i konsekwencji, jakie pociąga za sobą wybranie którejś z opcji, a także przeanalizowanie ograniczeń.
5. Podjęcie decyzji.
6. Określenie planu wdrożenia decyzji.
7. Pozyskanie informacji zwrotnej przez monitorowanie procesu i jego zakończenie.

Pierwszym krokiem przy podejmowaniu decyzji jest dokładne i wyczerpujące zdefiniowanie problemu. Każde zjawisko zależy od szeregu czynników. I tak, spadek sprzedaży może być spowodowany niską jakością sprzedawanych produktów, zmianą warunków rynkowych, spadkiem zdolności finansowych populacji, niewykwalifikowaną kadrą itp. Konieczna w takiej sytuacji jest uważna praca analityczna, a nie odwoływanie się do opinii czy wcześniejszych doświadczeń. Jednocześnie największym wyzwaniem staje się realistyczne zdefiniowanie problemu. Lecz taka definicja niemal zawsze jest niekompletna i tylko częściowo prawdziwa.

Chcąc ustalić naturę problemu ważne jest, aby przynajmniej rozumieć, czy ma on charakter incydentalny czy fundamentalny. Podjęcie decyzji w pierwszym przypadku nie jest niezbędne i istnieje wówczas pole do improwizacji, ponieważ problem taki może nigdy więcej się nie pojawić.

Innego zgoła podejścia i rozwiązania wymaga problem fundamentalny. Wiąże się on z koniecznością określenia pewnych zasad i praw.

Najważniejszą sprawą jest rozpoznanie istoty problemu, a jednym z najczęstszych błędów jest pośpiech. Tymczasem wysiłek włożony na tym etapie zwraca się wielokrotnie. Niewłaściwe zrozumienie problemu uniemożliwia znalezienie właściwego rozwiązania. Z drugiej strony, nawet jeśli problem zostanie zdiagnozowany właściwie, błędy mogą pojawić się na etapie podejmowania decyzji. Jednak w takim wypadku dzięki poprawnej diagnozie, błędy można łatwo zidentyfikować i poprawić. Dlatego analiza i definicja problemu powinny być weryfikowane z uwzględnieniem wszystkich dostępnych faktów. W przeciwnym wypadku, nie można uznać tego kroku za wykonany.

Drugi krok – „Przygotowanie listy wymagań odnośnie decyzji” – oznacza jak najdokładniejsze sformułowanie warunków, które muszą zostać spełnione, aby móc uznać decyzję za właściwą. Kluczowym pytaniem jest tu: „Co jest słuszne?”.

Trzecim krokiem w procesie podejmowania decyzji jest identyfikowanie opcji. Na tym etapie można popełnić dwa błędy: 1) zaprzestanie poszukiwań po znalezieniu zaledwie kilku pierwszych możliwych wariantów; 2) podjęcie decyzji nawet, gdy wszystkie znalezione opcje są niewłaściwe.

Czwarty krok jest zazwyczaj najbardziej czasochłonny i wymaga systematycznej, dogłębnej oceny wszystkich konsekwencji i ryzyka związanych z każdą z opcji. W tym przypadku czas na wprowadzenie w życie każdej z opcji jest określony, tak samo jak potencjalne ryzyko dla grupy czy organizacji. Naturalnie opcje, które mogą doprowadzić do poważnych negatywnych czy nawet nieodwracalnych konsekwencji powinny być starannie rozważone.

Co więcej, na tym etapie powinny zostać określone tak zwane ryzyka. Nawet po dokładnym przeanalizowaniu wszystkich opcji, jakieś czynniki pozostaną nierozpoznane i taką ewentualność należy założyć. Założenia te tworzą podstawę dla warunków ograniczających, a te należy odpowiednio zdefiniować i udokumentować, jako że zostaną one wykorzystane, by odpowiedzieć na pytanie: dlaczego decyzja, początkowo słuszna, okazała się niewłaściwa i nieodpowiednia w nowych okolicznościach?

Jeśli pojawi się jeden z warunków ograniczających oraz ryzyko wystąpienia poważnych konsekwencji, pierwotna decyzja musi zostać odrzucona. W takim wypadku mamy do czynienia z całkowicie nową sytuacją – należy przyznać, że stare rozwiązanie było nieodpowiednie i zastosować nowe.

Jeśli wszystkie wcześniejsze kroki zostały wykonane właściwie, możemy (i musimy) podjąć decyzję, ponieważ zrobiliśmy wszystko, co było w naszej mocy, by się do tego przygotować.

Szósty krok to identyfikacja i wyliczenie czynności koniecznych do wdrożenia w życie podjętej decyzji, wyznaczenie osób odpowiedzialnych za każdą czynność oraz określenie terminów wykonania zadania. Innymi słowy, należy zaplanować, co należy zrobić, kto ma to zrobić i kiedy.

Ostatni krok to monitorowanie procesu aż do jego zakończenia.

W trakcie podejmowania decyzji wszyscy pracownicy analizują dostępne zasoby i ustalają dalsze działania. Dwoma kluczowymi czynnikami umożliwiającymi znalezienie właściwych, skutecznych rozwiązań są:

- Właściwa interakcja i wsparcie dla każdego rozwiązania, bez względu na to, kto je zaproponował i w jakich okolicznościach.
- Zdefiniowanie kryteriów oceny skuteczności podjętej decyzji.

Kompromisowe i skuteczne rozwiązania są wynikiem wspólnej, szczerej i obiektywnej analizy wszystkich faktów i innych danych, zdobytych doświadczeń, jak również zastosowania kryteriów oceny osiągnięcia zamierzonego rezultatu. Tylko w takim przypadku mamy do czynienia z rozwiązaniem akceptowanym przez cały zespół. Nie oznacza to, że każdy musi być zaangażowany w końcowy etap podejmowania decyzji, ani że każdy musi się bezwarunkowo zgadzać z podjętą decyzją. Najistotniejsze jest to, aby wszyscy popierali wybraną drogę.

Idea „kolektywnego podejmowania decyzji" często prowadzi do mylnego przekonania, że każdy członek zespołu musi być zaangażowany w każdy etap przygotowujący do ostatecznego rozwiązania. Taka formuła zabierałaby jednak dużo czasu i pochłaniała zasoby organizacji, obciążając członków zespołu dodatkową pracą. Proces podejmowania decyzji powinien angażować tylko te osoby, które posiadają stosowną wiedzę i doświadczenie.

Innym powszechnym przekłamaniem jest twierdzenie, że jedna osoba nie może podjąć właściwej decyzji. To także nie jest prawdą, tym bardziej, że w szybko zmieniających się warunkach w świecie biznesu umiejętność reagowania i szybkiego podejmowania decyzji staje się kluczowa.

Właściwa decyzja może być wynikiem różnego typu współpracy wybranej w zależności od wielkości i struktury organizacji, podziału władzy, jak również fundamentalnej natury i złożoności potencjalnej decyzji. Skuteczne rozwiązania mogą zostać zaproponowane przez jedną osobę, przez dwie, trzy lub więcej osób, lub też wspólnie przez całą grupę. Kluczową kwestią jest zaangażowanie wszystkich niezbędnych zasobów.

Większość słusznych decyzji jest podejmowanych w organizacjach, w których panują wzajemne zaufanie i szacunek. Nawet gdy ktoś nie zgadza się z podjętą decyzją, nadal ją wspiera, ponieważ rozumie, że w dłuższej perspektywie ta decyzja jest zgodna z podstawowymi celami i wartościami organizacji, oraz, że on sam – bezpośrednio czy pośrednio – przyczynił się do jej podjęcia. Bezpośrednie zaangażowanie ludzi zapewnia skuteczniejsze podejmowanie decyzji. Jednak konieczność działania pod presją czasu nie pozwala większości firmom zapewnić możliwości takiego zaangażowania. Wzajemne zaufanie i skuteczna współpraca oparte na osobistym zaangażowaniu zwalniają z konieczności bezpośredniego uczestnictwa wszystkich pracowników w procesie podejmowania decyzji. Ludzie działają na różne sposoby. Na przykład, jedna osoba podejmuje decyzje tylko po dokonaniu szczegółowej analizy całej sprawy. Dla innej zaś głównym kryterium są szacunkowe dane o przyszłej produkcji i sprzedaży, a jeszcze inni po prostu lubią ciekawe, twórcze pomysły. Zespół bierze wszystko to pod uwagę i przed podjęciem decyzji wysłuchuje wszystkich opinii.

Jeśli zespół pracuje w stabilnej atmosferze wzajemnego zaufania, szacunku i szczerości, osoba podejmująca decyzje ma wszystkie dane. Jest w posiadaniu wszystkich niezbędnych informacji od wszystkich potencjalnych ekspertów i podejmuje decyzję wiedząc wszystko na dany temat. Oznacza to, że jeśli określone rozwiązanie może wywołać negatywną reakcję któregoś z członków zespołu, osoba decyzyjna powinna o tym fakcie zostać natychmiast poinformowana i wszystko powinno zostać jej wyjaśnione. Na przykład, gdy ktoś podejmuje decyzję nie biorąc pod uwagę historii danego zagadnienia, wówczas powinno się przedyskutować tę decyzję z osobami, dla których ta historia jest sprawą najważniejszą. Ten prosty, lecz mądry zabieg – wzięcie pod uwagę opinii wszystkich zainteresowanych – pomaga zachować skuteczną interakcję nawet wtedy, gdy decyzja została podjęta indywidualnie. Zatroskanie „miłośnika historii" będzie mniejsze, gdy kierownictwo przedstawi mu racjonalne uzasadnienie. Jeśli decyzja okaże się błędna, wówczas „przeciwnik" będzie mniej skłonny powiedzieć złośliwie: „A nie mówiłem!".

Należy również pamiętać, że pracownicy szybko zorientują się, że „wspólne" podejmowanie decyzji zmieniło się w mydlenie oczu czy formalność. Nie wystarczy jedynie zebrać ludzi i zapytać ich o zdanie. Ludzie muszą wierzyć, że ich opinie naprawdę zostały wzięte pod uwagę. Na przykład, jeśli menedżer organizuje regularne, comiesięczne zebrania, podczas których prezentowane są nowe pomysły, jednak podejmuje decyzje wyłącznie na podstawie własnych koncepcji, pracownicy nie będą chcieli dalej dzielić się swoimi poglądami i sugestiami.

Aby osiągnąć długotrwałe porozumienie, menedżerowie i pracownicy muszą szczerze i otwarcie dzielić się informacjami i obiektywnie je przedstawiać. Jeśli lider jedynie zbiera pomysły innych bez brania ich pod uwagę podczas podejmowania decyzji, wzbudzi niechęć, ponieważ 1) pomysł zignorowano i 2) jego autor stracił czas na jego zaprezentowanie. W atmosferze wzajemnego wsparcia dużo łatwiej jest zdroworozsądkowo przeanalizować każdy fakt lub pomysł i wyciągać konieczne wnioski na przyszłość. Jeśli mentalnie przeanalizujemy problem z perspektywy każdego członka zespołu, bardziej prawdopodobnym jest, że podejmiemy właściwą decyzję, nawet bez omawiania danego tematu.

3.7   Konstruktywna krytyka

Krytyka (z greckiego *kritike* – „sztuka sporu") to umiejętność uczestniczenia w interakcji, mająca na celu zmianę zachowań, myśli, opinii czy poglądów drugiej osoby. Krytyka stosowana celowo lub spontanicznie może być wykorzystywana do następujących celów:

1. Konstruktywnej zmiany (optymalizacji) zachowania, opinii lub poglądu.
2. Udowodnienia ukrytego lub jawnego zwierzchnictwa.
3. Wywołania u drugiej osoby nieprzyjemnych doświadczeń.
4. Uwolnienia napięcia nerwowego oraz jako środek do ukierunkowania tego, czego nie da się kontrolować.

Niestety wielu osobom krytyka kojarzy się z trzema ostatnimi celami i dlatego jest postrzegana jako zjawisko nieprzyjemne i na ogół negatywne.

Dla nas celem konstruktywnej krytyki jest wywołanie zmian strukturalnych (optymalizacji) zachowania, opinii lub poglądu. Inne rodzaje krytyki nie są konstruktywne, ponieważ nie są nakierowane na optymalizację zachowania, polepszenie komunikacji czy wyników organizacji.

Aby jasno oddzielić krytykę konstruktywną od niekonstruktywnej, powinniśmy przyjrzeć się najbardziej typowym rodzajom niekonstruktywnej krytyki. Polski psycholog J. Mellibruda (1980) identyfikuje następujące rodzaje krytyki:

Pytania retoryczne Pytanie tego typu jest pośrednim sposobem na wyrażenie oburzenia; nie oczekuje się odpowiedzi. Celem nie jest zachęcenie strony przeciwnej do poprawienia lub ulepszenia czegoś, ale zmuszenie jej do przeprosin: „Dlaczego ty zawsze się spóźniasz?", „Jak śmiesz do mnie dzwonić?", „Dlaczego tu znów jest taki bałagan?"

Nakazy i zakazy Ta krytyka jest wyrażana w formie kategorycznych recept bez informowania, co rzeczywiście jest nie tak i przybiera formę bezpośrednich i precyzyjnych instrukcji: „Masz natychmiast przeprosić!", „Przestań krzyczeć!", „Nie przejmuj się tak! Wyluzuj!", „Musisz być cierpliwy . . .".

Nawet, gdy polecenia wydaje przełożony, są one źle odbierane i zazwyczaj rozwścieczają pracownika. Wykonując polecenie, będzie on najprawdopodobniej działał niechętnie i dywersyjnie.

Przeklinanie i Złorzeczenie „Krytyka" tego typu przybiera kilka form: używanie nieodpowiedniego języka bez bezpośredniego zwracania się do konkretnej osoby, przekleństwa, złorzeczenie, używanie słów i wyrażeń, które mogą ranić, umniejszać lub zastraszać. Przekleństwa nie informują o charakterze zarzutów, a jedynie wyrażają negatywny stosunek.

Upomnienia i Nagany W tym przypadku nacisk kładziony jest raczej na osobowość niż na zachowanie. Upomnienia często zawierają nieodpowiednie uogólnienia wywołujące nieporozumienia i spory: „Wykonanie nawet tak prostego zadania dobrze i na czas przerasta twoje możliwości". Upomnienia często prowokują reaktywne oskarżenia.

Ironia i Sarkazm Celem tego typu krytyki nie jest wywołanie pozytywnej reakcji, lecz zakłopotania lub wstydu oraz zademonstrowanie własnej intelektualnej wyższości: „Nie muszę dodawać, że to ty jesteś tutaj najmądrzejszy!", „Ależ jesteś spostrzegawczy!", „Bardzo zabawne!" (wypowiedziane poważnym tonem).

Poniżanie Przełożony nie tylko wskazuje na błąd podwładnego, lecz również wypowiada negatywne komentarze o jego zachowaniu. Jego osobista opinia i ocena faktów są przedstawiane jako fakty: „Słabo wykonałeś zadanie", „Nie wiesz najprostszych rzeczy".

Przypisywanie nieistniejących cech innym Osoba krytykująca mówi o swoich odczuciach i usiłuje wyjaśnić ich pochodzenie odwołując się do pewnych aspektów czy cech, które mogły wywoływać te uczucia. Na przykład, martwi się o wyniki i upatruje przyczyn swoich zmartwień w obojętności i niedbalstwie pracownika.

Te formy niekonstruktywnej krytyki są szczególnie szkodliwe, gdy towarzyszy im pogardliwy ton czy nieprzyjemny wyraz twarzy, agresywne gesty i mowa ciała. Bazując na czteroelementowym modelu komunikatu (Rys. 3.2), możemy wyróżnić najważniejsze wyróżniające się cechy niekonstruktywnej krytyki. Po pierwsze, krytyka jest skierowana przeciwko określonej osobie, która jest krytykowana, do której zwracamy się w negatywny sposób, i która sprawia kłopoty. Stosunek do tej osoby jest zawsze negatywny. Taka postawa często wywołuje u osoby krytykowanej reakcje obronne.

   Konstruktywna krytyka nie zawiera ścisłych przepisów czy wskazówek postępowania; krytykujący polega na zdrowym rozsądku i dobrej woli krytykowanego. Nie czując presji, krytykowany podejmuje własną decyzję, a więc konstruktywna krytyka umożliwia dokonywanie wyborów, podejmowanie decyzji, pozwala pracownikom na niezależność.

1. Konstruktywna krytyka zawiera szczegółowe i obiektywne opisy tego, co należy zmienić.
2. Konstruktywna krytyka ujawnia prawdziwe uczucia krytykującego.
3. Konstruktywna krytyka zawiera sugestie dotyczące sposobu, w jaki można polepszyć sytuację i pomaga krytykowanemu zrozumieć, czego się od niego wymaga.

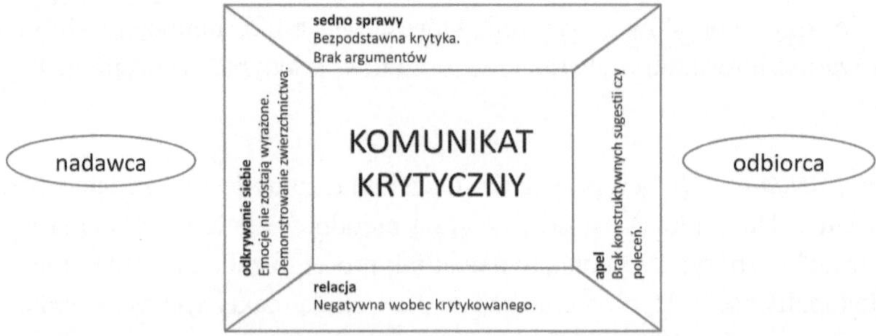

Rys. 3.2 Komunikat niekonstruktywny

4. Konstruktywna krytyka wyraża pozytywny stosunek do osoby krytykowanej, zawiera przekonanie, że osoba ta może znaleźć w sobie wystarczająco dużo sił, by dokonać koniecznych zmian.
5. Konstruktywna krytyka opisuje wpływ czyjegoś zachowania na innych.

W toku wyrażania konstruktywnej krytyki istnieje możliwość omówienia każdego zjawiska tak, aby lepiej je zrozumieć i zdobyć nowe doświadczenie. Jest ona przejawem ważnej umiejętności podtrzymywania relacji, która pomaga zwiększać wydajność organizacji. Krytyka „uwalnia informacje" i daje szansę na synergię (Rys. 3.3).

Jeżeli grupa potrafi nie tylko analizować fakty, dane i liczby, ale również omawiać sposoby ich skuteczniejszego wykorzystania, to produktywność ma szansę wzrosnąć. Takie dyskusje mogą okazać się szczególnie ważne podczas podejmowania decyzji lub poszukiwania algorytmu do rozwiązywania nowych problemów. Gdy pracownicy mogą otwarcie przedstawiać swoje twórcze pomysły lub wątpliwości oraz mówić o tym wszystkim, o czym zwykle się nie mówi, to pozwala to grupie dokładniej przewidywać rezultaty i szybciej rozwiązywać problemy. Można wyróżnić 4 elementy krytyki:

Krytyka wstępna   Krytyka wstępna jest konieczna na wczesnym etapie przygotowań do wykonania zadania. Wyraża ona główne pytanie: „Co zamierzamy zrobić i w jaki sposób?". Na tym etapie zostaje wstępnie określona strategia działania. Wiele osób przyzwyczaiło się szybko zabierać się do pracy, szczególnie w sytuacji, gdy rodzaj zadania jest im znany, pośpiech wydaje się zwiększać skuteczność, a planowanie uważane jest za stratę czasu. Taka metoda działania jest jak „strzelanie w ciemno" – grupa jest tak zajęta pracą, że nie potrafi się zatrzymać i spojrzeć na rezultaty. Wstępna krytyka może być krótka i trwać kilka minut i mieć formę wymiany opinii. Na przykład, bardzo ważne jest ustalenie planu zebrania na samym początku, albo też określenie, co obie strony chcą osiągnąć, gdy rozmowa telefoniczna właśnie się rozpoczęła.

Poza tym, planowanie dalszych działań podczas wstępnej krytyki pomaga opracować harmonogram ich realizacji i implementację. Takie postępowanie sprawia, że wszyscy realistycznie podchodzą do celów i ich realizacji. Musimy brać pod uwagę dodatkową

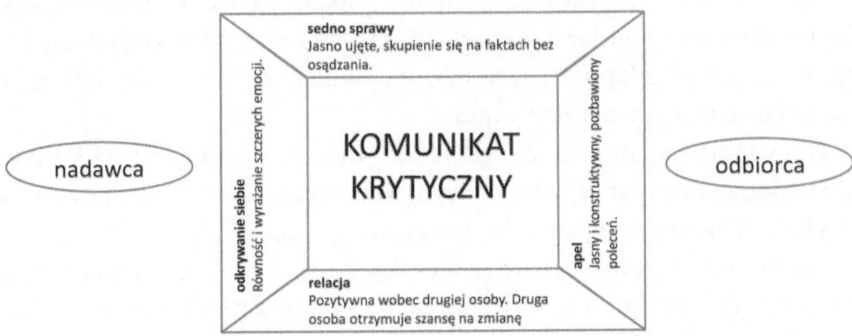

Rys. 3.3   Konstruktywny komunikat

pracę, niezbędne zasoby, czas planowany na ukończenie pracy itd. Jeżeli wstępna krytyka jest skuteczna, można z łatwością określić sposób osiągnięcia jasno sprecyzowanego wcześniej celu. Jeśli wszyscy zgadzają się co do finalnego efektu, dużo łatwiej jest nie zboczyć z obranej drogi. A jeśli do tego dojdzie, zawsze można powiedzieć: „Zboczyliśmy z tematu rozmowy".

Regularna Krytyka Regularna krytyka to zbiór ustalonych punktów odniesienia dotyczących kontroli nad wyznaczonymi działaniami, które powinny zostać uzgodnione na etapie wstępnej krytyki. Te z góry ustalone punkty pozwalają zespołowi przerwać zadanie i omówić jakość jego wykonania. Regularna krytyka może się odbywać w określonych odstępach czasu (na przykład raz w tygodniu) lub w zależności od etapu, na którym znajduje się praca (na przykład na początku każdego nowego etapu). Mogą to być cotygodniowe spotkania, podczas których omawiane będą postępy w realizacji projektu, 10-minutowy raport z planowania na początku każdego dnia pracy, lub kwartalne spotkania dotyczące sprzedaży. W ten oto sposób pracownicy mogą zatrzymać się, odłożyć przyziemne problemy na bok i przeanalizować krytycznie i całościowo swoją pracę. Regularna krytyka pozwala na ocenę tego, co zostało już zrobione, na wypadek, gdyby trzeba było dokonać zmian i ulepszyć dalsze działania.

Spontaniczna Krytyka Spontaniczna krytyka ma miejsce, gdy ktoś przerywa pracę i zwołuje pozostałych, by ją omówić i przeanalizować. Tego typu dyskusja skupiona jest na pojawiających się problemach, nieplanowanych zmianach w procesach czy procedurach, pojawiających się nowych pomysłach czy jakichkolwiek innych wątpliwościach. Spontaniczna krytyka odgrywa ważną rolę w wykrywaniu problemów niewidocznych na etapie wstępnej czy regularnej krytyki. Wymaga też większej elastyczności, ponieważ wymusza przerwanie pracy bez czekania na planową regularną krytykę. Spontaniczna krytyka jest istotnym krokiem na drodze ku synergii, ponieważ problemy zostają zidentyfikowane i rozwiązane w momencie, gdy się pojawiają.

Spontaniczna krytyka jest najbardziej skuteczna, gdy odnosi się do wyników i opiera się na jasnych kryteriach sukcesu, uzgodnionych na etapie wstępnej krytyki. Na przykład, jeżeli pracownik gorzej pracuje po pojawieniu się nowego oprogramowania z nowymi funkcjami, wszyscy powinni porównać te nowe funkcje z oczekiwanymi wynikami oraz z wcześniej ustalonymi kryteriami jakości. Zespół musi szybko zdecydować, czy przesunąć terminy i wdrożyć to oprogramowanie, czy jednak będzie lepiej, jeśli praca będzie kontynuowana na starym oprogramowaniu.

W grupach, w których panuje duża szczerość i zaufanie, spontaniczna krytyka stwarza możliwość regularnej oceny niezbędnych wyników i minimalizowania możliwości wystąpienia odchyleń. W takim przypadku krytyka jest zazwyczaj odpowiednio przyjmowana, ponieważ skuteczność zespołu jest bardzo wysoka. Jeśli poziom zaufania jest niski, czyjaś niewinna uwaga: „Przerwijmy i porównajmy nasz postęp z pierwotnymi wymaganiami", może w poważny sposób zakłócić pracę, powodując wybuchy złości czy oburzenie. W zespołach o silnym poziomie zaufania, reakcja byłaby raczej taka: „Oczywiście, zróbmy tak". W takim przypadku uwaga tego typu nie zagraża pracy.

Krytyka Podsumowująca Krytyka podsumowująca jest często jedynym typem krytyki stosowanym w zespołach. Czeka się aż do zakończenia prac i dopiero wtedy inicjuje się dyskusję na temat pozytywnych i negatywnych konsekwencji. W zespołach o najniższym poziomie zaufania i szacunku, krytyka taka jest zazwyczaj stosowana, aby ośmieszyć lub ukarać innych. Jeśli wyniki są dobre, przybiera formę oceny i może służyć do wyrażania pochwał czy przydzielania nagród. W obu przypadkach grupa traci cenną szansę, by wykorzystać zdobyte doświadczenie w celu polepszenia swoich działań i wzmocnienia skuteczności. Podczas etapu krytyki podsumowującej bardzo ważna jest umiejętność dokonania krytycznej i racjonalnej oceny tego, co wpłynęło na wydajność pracy. W tym przypadku zespół może aktywnie promować skuteczne metody i odrzucać działania nieefektywne, powodujące problemy.

Krytyka podsumowująca powinna mieć miejsce natychmiast po zakończeniu pracy, gdy wszystkie szczegóły tkwią jeszcze w pamięci. Najwartościowsze są komentarze udzielane z uwzględnieniem wspomnianych wcześniej zasad i koncepcji, i powinny dotyczyć sposobu wykonania pracy. Natomiast nie powinno wypowiadać się uwag personalnych.

Tak jak pozostałe rodzaje krytyki, również krytyka podsumowująca działa tylko wtedy, gdy komentarze są oparte na kryteriach uzgodnionych na etapie krytyki wstępnej. Kryteria te są równie ważne nie tylko podczas omawiania sukcesów, ale i porażek. Krytyka odniesie zamierzony skutek jeśli zespół rozpocznie dyskusję dobrze rozumiejąc, co jest niezbędne. Zespół, którego wyniki okazały się być poniżej oczekiwań może skupić się na tym, co poszło nie tak i dlaczego, a także opracować sposoby polepszenia interakcji. Zespół, którego wyniki okazały się być lepsze od oczekiwań może skupić się raczej na przyczynach sukcesu, niż na świętowaniu czy okazywaniu samozadowolenia. Bardzo ważne jest określenie tego nowego sposobu, który doprowadził do osiągnięcia sukcesu, aby można było go wykorzystać w przyszłości. Równie dobrze może się okazać, że osiągnięcie wyników lepszych niż zakładano było spowodowane zbyt niskimi oczekiwaniami na początku, co oznacza, że w przyszłości powinny one zostać zrewidowane. Oczywiście w obu przypadkach krytyka podsumowująca pełni bardzo ważną rolę w ciągłym doskonaleniu interakcji w zespole.

Dobrze znaną metodą zdobywania informacji zwrotnej w środowisku, w którym brak szczerości jest anonimowa krytyka, będąca przeciwieństwem krytyki bezpośredniej i szczerej. Często argument przemawiający za anonimowością jest następujący: ludzie są bardziej skłonni do obiektywnego i bezstronnego wyrażania krytyki, gdy nie wiedzą, kogo ma ona dotyczyć lub gdy nie boją się konsekwencji wypowiadanych słów. W takim wypadku osoba krytykująca często mówi prawdę.

Jednak anonimowe komentarze uniemożliwiają skorzystanie z takiego feedbacku, ponieważ anonimowość wyklucza możliwość omówienia i wyjaśnienia problemu oraz zrozumienia jego istoty. Czerpanie nauki z cudzego doświadczenia możliwe jest tylko w rozmowie. Jeśli indywidualne opinie nie zostaną przedyskutowane, pozostaną opiniami tylko jednej osoby. Zmniejsza to szansę na osiągnięcie synergii, ponieważ problem nie zostaje omówiony i nowe doświadczenia nie zostają przyswojone przez zespół.

Podstawą krytyki są kryteria ustalone przed rozpoczęciem działania. Określają one cele i sposoby ich osiągnięcia, i są wynikiem wyznaczania krótko- i długoterminowych celów, planowania strategicznego oraz ustalania harmonogramu wykonywania zadań. Ustalone kryteria utworzą schemat osiągania wspólnego celu. Kryteria można poprawiać czy zmieniać w zależności od pojawienia się nowych faktów lub doświadczeń. Ich trafność i rzetelność jest sprawdzana na każdym etapie krytyki. Dają one jasny pogląd na to, dokąd zmierzamy, co robimy i jak powinniśmy działać.

Zasady skutecznej krytyki Skuteczna krytyka powinna zawierać konkretne przykłady ilustrujące krytyczny komentarz. „Uważam, że brakuje ci kwalifikacji" to uwaga niedookreślona. „To już trzeci raz dzisiaj, gdy prosić mnie o pomoc w wypełnieniu twoich obowiązków. Być może przydało by ci się dodatkowe szkolenie?". Ten komentarz jest konkretny, obiektywny i zawiera chęć udzielenia pomocy.

„Tu i teraz" W każdej sytuacji najskuteczniejsza informacja zwrotna czy krytyka dotyczy „świeżych" wydarzeń, które miały miejsce tu i teraz. Taki rodzaj krytyki ma tę niezaprzeczalną zaletę, że wykorzystuje konkretne przykłady wciąż pozostające w pamięci. Na przykład, mówiąc „Dziś rano twoje wartościowe uwagi pomogły mi skupić się na pewnym aspekcie nowego projektu", udzielamy natychmiastowej informacji zwrotnej na temat skutecznego zachowania kolegi. Istnieje jeszcze jedna oczywista zaleta tej zasady, mianowicie odwołanie się do wciąż „świeżych" uczuć, co może pomóc lepiej zrozumieć wpływ czyjegoś zachowania na to, co te emocje wywołało. Na przykład, jeśli osoba mówi: „Gdy się ze mną kłócisz, nie zapoznawszy się ze wszystkimi informacjami na ten temat, czuję, że nie zostałem zrozumiany", czuje natychmiastową ulgę, a odbiorca tej wiadomości rozumie, że wywołał taką reakcję.

Zasada „tu i teraz" nie działa w sytuacji, gdy atmosfera jest do tego stopnia napięta, że uniemożliwia to obiektywne omówienie danej kwestii. Jeżeli uczestnicy rozmowy są źli lub poirytowani, dyskusja może wyrządzić więcej szkody niż pożytku. W takiej sytuacji konieczny jest czas, który pozwoli sprawie okrzepnąć do tego stopnia, aby rozmówcy mogli zebrać myśli i znów byli w stanie rozmawiać bardziej obiektywnie. Może to potrwać godzinę czy nawet cały dzień, w zależności od typów osobowości i kontekstu. Najważniejsze, by efektywnie wykorzystać ten czas, wszystko przemyśleć i przygotować się do obiektywnej rozmowy. Emocje stanowią ważny i cenny element interakcji pod warunkiem, że korzystnie wpływają na rozmowę.

Brak uwag personalnych Informacja zwrotna i krytyka działają najskuteczniej, gdy nie zawierają w sobie ataków personalnych i odnoszą się wyłącznie do zachowań i reakcji mówiącego na dane zachowanie. „Byłem zaskoczony, gdy mi przerwałeś podczas zebrania i potem nie byłem w stanie zebrać myśli by kontynuować". Metoda ta wyklucza ataki personalne, ponieważ nie zawiera żadnych osądów, a jedynie wyjaśnia, jaki efekt wywołało dane zachowanie. Jednocześnie ton nadawcy wyraża szczerą chęć udzielenia pomocy osobie krytykowanej.

Bazowanie na kryteriach   Wiele grup celowo sprzeciwia się wewnątrzkorporacyjnej krytyce, uważając ją za męczącą i bezowocną. Nawet jeden krytyczny komentarz na spotkaniu wywołuje pomruk oburzenia, ponieważ zakłóca plan spotkania. Jednak krytyka stosowana skutecznie zamienia długie i bezowocne dyskusje w coś zupełnie przeciwnego. Skuteczna krytyka zwiększa wydajność wszystkich części składowych interakcji. W takim wypadku długa rozmowa z każdym z członków grupy może zostać zastąpiona 5-minutową rozmową telefoniczną lub krótkim spotkaniem z dwoma lub trzema członkami zespołu. Jeśli wcześniej ustalone kryteria na to pozwolą, krytyka może przybrać krótką i skondensowaną formę. Członkowie zespołu powinni być w stanie porównać faktyczne wyniki swoich działań z opracowanym planem i, w razie konieczności, dokonać stosownych poprawek. W takiej sytuacji krytyczna rozmowa jest zrozumiała, skoncentrowana na zadaniu oraz oparta na faktach.

Konstruktywna krytyka jest nieodzowna, gdy pojedyncze osoby lub grupy patrzą wstecz i próbują zrozumieć błędy, które doprowadziły do gorszych wyników niż zakładano. Właściwe przezwyciężanie trudności wymaga bezpośredniej i szczerej analizy błędów, jak również przekształcenia frustracji i innych negatywnych emocji w prawdziwe zrozumienie przyczyn tychże błędów. Nawet przy wysokim poziomie wzajemnego zaufania i szacunku trudno jest przyznać się do błędu. Podejście Synercube może nie ułatwiać przyznania się do błędu, jednak daje możliwość uczenia się na błędach i poprawy skuteczności w przyszłości. Przyznanie się do błędów i wzięcie za nie odpowiedzialności to jedyny sposób, by skorzystać z negatywnych doświadczeń. W wielu zespołach nie jest to możliwe, ponieważ każdy natychmiast zaczyna szukać wymówek, winić innych albo ukrywać błędy. Co gorsza, członkowie zespołu zaczynają pędzić na oślep do następnego zadania, nie zastanawiając się nawet nad starymi, wciąż nienaprawionymi błędami.

Korekta błędów to najważniejsza recepta na odniesienie sukcesu w stale zmieniającym się świecie biznesu. Umiejętność wyciągania nauki z nawet najbardziej gorzkich doświadczeń i potraktowanie ich jako cennych i przydatnych lekcji na przyszłość, jest niezwykle ważną cechą.

W takiej sytuacji interakcja w I-ZONE jest skuteczna, ponieważ opiera się na konstruktywnej krytyce, wzajemnym zaufaniu i szacunku. W takich warunkach podejmowanie decyzji jest skuteczne i spójne, jednocześnie proces udzielania krytyki zaczyna funkcjonować skutecznie. Aby „dojść do siebie" po długiej chorobie i nie ustawać w dążeniu do celu, pracownicy muszą rozmawiać o błędach i analizować je otwarcie, obiektywnie i konstruktywnie.

Porażki przeanalizowane obiektywnie i z wzięciem za nie pełnej odpowiedzialności mogą stać się najskuteczniejszą motywacją do dokonywania indywidualnych zmian. Gdy sukces jest zbyt oczywisty, łatwo wpaść w samozadowolenie; będąc przekonanym o własnej nieomylności można się pogubić. Dlatego też rywal, który aktywnie analizuje swoje porażki może znaleźć pomysłowe rozwiązanie prowadzące do przełomu, zostawiając nas w tyle. „Dochodzenie do siebie" po porażce trwa krócej, kiedy poziom wzajemnego zaufania i szacunku jest wysoki, a porażka jednoczy ludzi, wzmacnia ich i sprawia, że idą naprzód. Zespół, który wyznacza najwyższe standardy jakości, będzie stale myślał o wynikach i parł do przodu.

3.8 Wnioski

Wszelkie zmiany dokonywane przez zespół powinny zależeć od tego, jaki rezultat „O" (outcome) grupa chce osiągnąć oraz jak chce tego dokonać. Teoria Synercube, organizując współpracę w I-ZONE za pomocą umiejętności Synercube i podstawowych zasad kultury korporacyjnej, umożliwia grupie wypracowanie takiego wspólnego stanowiska. Umiejętności w zakresie skutecznej interakcji stanowią warunek konieczny do właściwego wykorzystania wszystkich dostępnych zasobów. Tak naprawdę dość łatwo jest przeanalizować wkład pracownika, porównując jego codzienne czynności z odpowiednimi umiejętnościami Synercube, takimi jak podejmowanie decyzji czy rozwiązywanie konfliktów. Dlatego wartość teorii Synercube wyraża się w codziennych umiejętnościach w zakresie interakcji. Umiejętności nawiązywania i podtrzymywania relacji mogą również wpłynąć na poprawę określonych aspektów pracy, zanim stosowanie odpowiednich metod stanie się drugą naturą wszystkich pracowników. Podejmowanie indywidualnych działań w oparciu o metody opisane wyżej zasadza się na głębokim przyswojeniu wartości podzielanych przez wszystkich członków zespołu. Ludzie przyzwyczajają się do efektywnej pracy, tak jak przyzwyczajają się do wyłączania światła przed wyjściem z pracy do domu. Nie zastanawiają się nad tym, po prostu to robią.

Analiza wymienionych wyżej cech interakcji jest istotna, jeśli ktoś chce się zmienić. Posiadane przez nas umiejętności w zakresie interakcji nie są niezmienne. Większość z nas po prostu nie wie, jak skutecznie przeanalizować zachowanie członków zespołu. Tym niemniej, jakiekolwiek zmiany możliwe są jedynie po wzięciu pod uwagę wszystkich specyficznych zachowań objawiających się w codziennych interakcjach, jak również po ustaleniu jasnego celu – jak takie zachowanie powinno wyglądać. Udana zmiana zachowania wymaga trzech elementów: dokładnego zrozumienia aktualnego zachowania, wyznaczenia celu i wsparcia innych, oraz udziału w codziennych interakcjach.

Źródła

Książki

Malik F. (2006) Fuehren. Leisten. Leben. Wirksames Management fuer eine neue Zeit. Campus Verlag, Frankfurt/New York
Mellibruda J. (1980) Ja – Ty – My: Psychologiczne możliwości ulepszania kontaktów międzyludzkich. Nasza Księgarnia, Warszawa

Mescon M., Albert M., Khedouri F. (1985) Management: Individual and Organizational Effectiveness. Harper and Row Publishers, New York
Schulz von Thun F. (2006) Miteinander reden. Rowohlt-Taschenbuch-Verlag, Reinbeck

Czasopisma
Kilmann R., Thomas K. (1977) Developing a Forced-Choice Measure of Conflict-Handling Behavior: The „MODE" Instrument. Educational and Psychological Measurement 37, 2, p. 309–327

Styl 7.1–: Dyktator, despota (wskazywać i egzekwować)

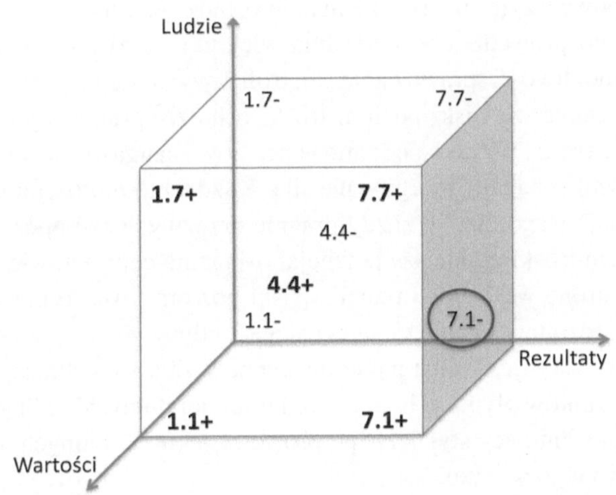

System organizacyjny jest zawsze słuszny, nie podlegający zmianom porządek musi być niezawodnie przestrzegany. Osoba reprezentująca styl 7.1– wymaga od podwładnych najwyższych wysiłków i trzyma wszystko pod kontrolą, wyznaczając jasny cel działania. Nie może zostać naruszona żadna zasada mogąca pomóc w realizacji celu.

4.1 Podstawowe cechy stylu 7.1–

Lider reprezentujący styl 7.1– charakteryzuje się wysokim zorientowaniem na zadania, połączonym z niskim zorientowaniem na ludźmi i obojętnością względem kultury organizacji. Duża koncentracja na wyniku, typowa dla tego stylu, sprawia, że cały zespół skupia swoją aktywność wokół osiągnięciu sukcesu. Z reguły osoba taka jest przygotowana zawodowo i organizacyjnie, ma doświadczenie i jest w stanie pomóc organizacji osiągać

© Springer-Verlag GmbH Germany, part of Springer Nature 2019
A. Zankovsky and C. Heiden, *Przywództwo z Synercube*,
https://doi.org/10.1007/978-3-662-58235-0_4

bardzo dobre wyniki. Jest pewna siebie, wymaga stosowania się do wysokich standardów, a także potrafi ponosić ryzyko, pod warunkiem, że zostało ono uprzednio skalkulowane i ocenione.

Poza tym rzadko zastanawia się nad swoją stanowczością, która każe jej zostawiać w tyle wszystko poza wynikiem. Osoby takie są przekonane, że organizacja jest doskonałym systemem bazującym na doskonałych zasadach, a człowiek z natury jest leniwy i niesamodzielny. Z tego powodu należy stale nadzorować wszystkich pracowników, ponieważ nigdy nie można im ufać. Jednostka jest traktowana jako jeden z trybików, którym trzeba odpowiednio pokierować, jeśli chce się zapewnić sprawne funkcjonowanie całej organizacyjnej machiny. Idealny pracownik musi być bezdyskusyjnie posłuszny i demonstrować silne przywiązanie do celów, w pełni się im poświęcając.

Dlatego osoba reprezentująca ten styl jest zdania, że ufać można jedynie tym pracownikom, którzy zawsze ściśle i dokładnie wypełniają wszystkie instrukcje, nie kwestionują ich i okazują stałą gotowość do wykonywania poleceń.

W związku z powyższym, uważa, że dbanie o ludzi jest nie tylko niepotrzebne, ale nawet szkodliwe, bo prowadzi do budowania większej więzi emocjonalnej, co z kolei znacznie osłabia możliwość sprawowania kontroli i wywierania presji. Osoba taka nie jest w stanie zrozumieć, że niski poziom troski o ludzi ogranicza jej możliwość osiągnięcia trwałej synergii: wysiłki podejmowane, aby zaangażować innych okazują się nieskuteczne, a wynik osiągany jest głównie siłą. Każdy, kto reprezentuje ten styl wierzy, że ludzie nie działają wspólnie, że każdy pragnie przezwyciężyć opór drugiej osoby, że okazywanie ludziom troski zmniejsza potencjał osiągania celu, tak więc należy minimalizować „ludzką” stronę wszystkich relacji. Niski poziom troski o innych uniemożliwia dostrzeżenie, jakie rezultaty można by było osiągać, gdyby wszyscy ze sobą współpracowali. Osoba o stylu 7.1– jest silnie nakierowana na wynik i wyobraża sobie wszystkich pozostałych pracowników płynących na wysokiej fali jej pomysłów. Stąd menedżer wyższego szczebla reprezentujący styl 7.1– po prostu oczekuje od innych, by ci podążali za nim w stronę założonego wyniku.

Osoba reprezentująca styl 7.1– wydaje się nachalna, wymagająca, lekceważąca reakcje ludzi na swoje zachowanie. Kwestie społeczne takie jak płace, szkolenia, elastyczne godziny pracy, działania prospołeczne, czy nawet rozmowy wydają się być dla niej nieistotne. Pojęcie filantropii jest jej obce, często postrzega ludzkie aspekty relacji (szczerość, otwartość, wzajemne zaufanie i szacunek, osobiste cele itp.) jako przeszkody na drodze do wysokich standardów i ważnych wyników. W sytuacji konieczności ograniczania kosztów, zacznie od poświęcenia personelu. Osobiste cele tego lub innego pracownika wydają się nie mieć dla niej znaczenia; często takie podejście prowadzi do tego, że wszyscy pracownicy firmy są nieprofesjonalni i słabo zmotywowani. Styl 7.1– nie musi oznaczać atakowania ludzi, za to oznacza głęboką wiarę w konieczność całkowitego skupienia się na wynikach. Jego motto brzmi: „Nic więcej poza wynikiem się nie liczy”.

4.2   Praca zespołowa w stylu 7.1−

Poniższe przykłady są typowe dla zachowania lidera reprezentującego styl 7.1− w organizacji. Gdy pracownik nie radzi sobie z pracą, lider 7.1− reaguje następująco:

Rozmawia z pracownikiem oskarżycielskim tonem. Krytyka może zawierać oskarżenia o lenistwo lub niezdolność do pracy. Mogą się również pojawić inne ataki na cechy osobowościowe pracownika, łącznie z oskarżeniem o niekompetencję. Próby tłumaczenia czegokolwiek spotykają się z nietolerancją lub stronniczością i towarzyszą im uwagi typu: „Tak, może to prawda, ale . . . " czy „Mogę uwierzyć, że tak było, ale naprawdę . . . " lub „I znowu wymówki". Na końcu, w formie ultimatum, pracownik otrzymuje określoną liczbę zadań do wykonania.

Reakcja lidera o stylu 7.1− na konstruktywną krytykę ze strony pracownika jest następująca:

Natychmiast zaczyna się bronić. Nawet jeśli pracownik ma rację, jest on zmuszany zgodzić się z tym, że intencje lidera były dobre, nawet jeżeli wyniki są złe. Co więcej, taki lider natychmiast przerzuca winę na inną osobę lub na czynniki zewnętrzne, których nie był w stanie kontrolować.

W zespole osoba o stylu 7.1− trzyma się na uboczu, ponieważ musi zachowywać odpowiedni dystans, by móc kontrolować całą sytuacją. Ciężko pracuje nad przygotowaniami, planowaniem, strategią itd. Nie potrzebuje doradców, nawet tych, którzy są odpowiedzialni za dane zadanie. Nie ma znaczenia, czy przygotowali oni właściwą strategię, bo jej indywidualne działania i tak uniemożliwiłyby udział innych zainteresowanych osób. Zaangażowanie pracowników maleje z racji tego, że są odsuwani od celów, które mają osiągnąć. Wśród pracowników dominuje postawa: „Po co mam się tak starać, skoro on wciąż polega tylko na sobie? Ignoruje wszystkie moje sugestie i nigdy mnie nie słucha!"

I dlatego podwładny jest tak samo skuteczny, jak jego menedżer o stylu 7.1−. Nie ma znaczenia czy lider jest utalentowany, sprawny czy doświadczony, jako że niskie zaangażowanie pozostałych członków zespołu prowadzi do przejęcia przez niego zasobów całego zespołu; jakiekolwiek alternatywne opinie, pomysły czy nawet proste pytania są ignorowane. Jego mottem jest „zero współpracy". Oznacza to posłuszeństwo bez możliwości zadania choćby jednego pytania. Alternatywne poglądy czy zastrzeżenia są ignorowane lub postrzegane jako zakłócanie lub oddalanie się od celów organizacji. Praca zorganizowana jest tak, że członkowie zespołu nie mają prawie żadnej szansy na przedstawienie pomysłu, wyrażenie krytyki czy obrony swoich poglądów.

Mimo iż interakcja jest zbudowana na jednostronnych fundamentach, to ponieważ są one również solidne, możliwe jest utrzymanie kontroli nad wykonywaną pracą. Polecenia zwykle brzmią: „Dokładnie to zrobimy", „Masz zrobić to i to" czy „Przygotowałem dla ciebie plan". Lider 7.1− woli sam decydować o biegu wydarzeń i o nim informować, nie dając szansy na dyskusję czy twórczy wkład. Pozostali mają po prostu zacząć pracę. Takie podejście minimalizuje możliwość osiągnięcia synergii, ponieważ nie dopuszcza się do osobistego zaangażowania członków zespołu.

Lider o stylu 7.1– zabiega o najlepsze wyniki, stawia ambitne cele, które jednak nie są wspierane przez pozostałych. Członek zespołu, zauważywszy problem, nie poinformuje o nim lidera, nawet jeśli ów problem mógłby zablokować osiągnięcie głównych celów. Podobnie nic nie powie osoba z ciekawym pomysłem i wiedzą na temat tego, jak należałoby go zrealizować. Relacje są zbudowane na zasadzie braku zaangażowania: „Dlaczego mam się wysilać i mu pomagać?". W rzeczywistości jedynym sposobem optymalizacji wykorzystania dostępnych zasobów jest zachęcanie ludzi do pomagania sobie i natychmiastowego informowania o problemach. Takie postępowanie wymaga jednak wstrzymania przez wszystkich pracy po to, aby poprawić jej jakość na przyszłość. Nawet jeśli lider jest osobą niezwykle inteligentną i doświadczoną, nie jest w stanie przewidzieć wszystkich problemów, ani też zaproponować najlepszych rozwiązań wszystkich problemów. Osiąganie strategicznych celów jest wystarczająco trudne, nawet wtedy, gdy wszyscy członkowie zespołu aktywnie dzielą się informacjami i łączą wysiłki. Jeśli zatają informacje czy nawet stosują uniki, problemy zaczynają się mnożyć.

Decydując się na taki rodzaj kontroli, lider 7.1– traci korzyści płynące z aktywności innych osób; nie chce jednak tracić czasu na tłumaczenia, omawianie problemów czy ocenianie pracy każdego członka zespołu. Na dodatek zużywa ogromnie dużo własnej energii na ciągłe monitorowanie, czy jego polecenia są wykonywane. Czuje się jednak odpowiedzialny za wykrywanie i eliminowanie wszelkich trudności, przeszkód czy sprzeciwów. Zazwyczaj uważa siebie za najciężej pracującą osobę w zespole, a mimo to jakość wykonywanej pracy jest niska ze względu na to, że jest on zbyt aktywny, podczas gdy pozostali niemal wcale. Lider o stylu 7.1– z reguły nie dostrzega tego braku równowagi i nie rozumie, dlaczego pozostali nie chcą pracować tak ciężko, jak on. W obliczu problemów jeszcze bardziej zwiększa koncentrację na wynikach i zmusza innych, by pracowali jeszcze ciężej.

4.3 I-ZONE w stylu 7.1–

Styl 7.1– jest zaprzeczeniem naturalnej ludzkiej potrzeby komunikacji, dzielenia się pomysłami i dążenia do osiągnięcia wspólnego celu. Osobiste zaangażowanie jest wynikiem wzajemnego zaufania i szacunku, jak również możliwości dołożenia się do wspólnej sprawy. Żaden z tych elementów nie przystaje do stylu 7.1– (patrz Rys. 4.1).

W sytuacji, gdy lider o stylu 7.1– podejmuje decyzję dotyczącą pracy całego zespołu, jakakolwiek próba podjęcia inicjatywy potyka się o jego komentarz: „Brak ci kompetencji w tej kwestii" czy „Twoja uwaga jest nie na temat".

Ludzie lubią czuć, że robią coś pożytecznego dla wspólnej sprawy, jednak takie podejście lidera dzieli, a nie zbliża. Gdy menedżer krytykuje lub odrzuca każdy pomysł, pracownicy zaczynają myśleć: „Skoro tak, to nie obchodzi mnie, co się tu dzieje. I tak nikt nie zwraca uwagi na moje pomysły" i szukają innej pracy. Co więcej, obojętność i brak zaangażowania mogą wywoływać sprzeciw.

Rys. 4.1 7.1–

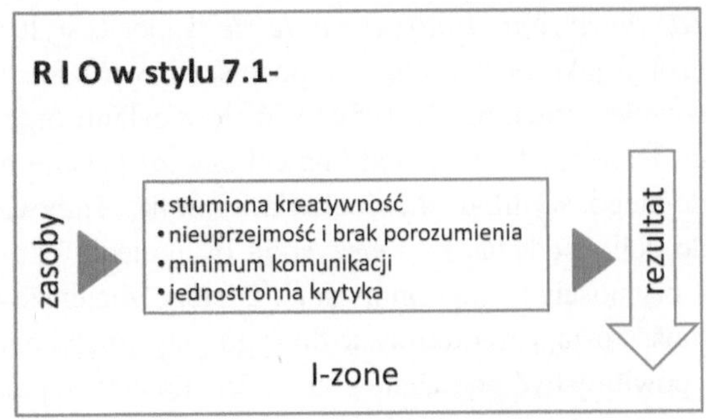

W najgorszym możliwym razie członkowie zespołu zaczynają sprzeciwiać się liderowi, sabotują jego wysiłki i odczuwają satysfakcję, gdy uda im się zniweczyć jego starania: „Dobrze mu tak. Wszyscy ostrzegaliśmy go, że to nie zadziała, ale nas nie posłuchał". Mając do czynienia z negatywnie nastawionym zespołem, lider 7.1– nie będzie mógł liczyć na poparcie i nie uda mu się stworzyć atmosfery wzajemnego zaufania i szacunku.

4.4   Kultura i wartości w stylu 7.1–

Kultura kontroli, presji i strachu. Podstawowa cecha: produkcja i dobre wyniki za wszelką cenę

Zaufanie Lider o stylu 7.1– uważa, że ludzie są z natury leniwi i niesamodzielni, nie można im ufać, a trzeba ciągle zmuszać do pracy. Ufa jedynie tym pracownikom, którzy zawsze ściśle i dokładnie wypełniają wszystkie instrukcje, nie kwestionują ich i demonstrują posłuszeństwo. Z tego powodu jest też podejrzliwy w stosunku do osób próbujących działać niezależnie. W takim przypadku zaufanie zostaje zastąpione wiarą w procesy i procedury obowiązujące w organizacji. Podświadomie w pełni nie ufa nawet samemu sobie, uzależniając całkowicie swój image od osiąganych wyników, stosowanych procedur i spełniania wymagań organizacji. Jego obawa przed niewykonaniem zadania, popełnieniem błędu lub poczuciem bezradności tworzy atmosferę nerwowości, napięcia i lęku, z którą trudno sobie na dłuższą metę radzić.

Sprawiedliwość Lider o stylu 7.1– jest przekonany, że sprawiedliwość powinna być powiązana z osiąganymi wynikami. Pracownicy, którzy gorliwie wypełniają polecenia i osiągają dobre wyniki mogą liczyć na jego uznanie i uwagę. Jednak nawet w tym przypadku muszą oni przestrzegać poleceń i nie powinni kwestionować instrukcji. Pracownicy, którzy nie osiągają pożądanych wyników lub ci, z których lider 7.1– nie jest zadowolony, nie mają prawa wyrażać swoich opinii ani okazywać ludzkiej twarzy. Wszystkie środki pomagające osiągnąć zamierzone wyniki są uznawane za uzasadnione i sprawiedliwe.

Zaangażowanie i utożsamianie się   Lider o stylu 7.1– rozumie oddanie sprawom organizacji jako bezwarunkowe posłuszeństwo i ścisłą wierność celom. Według niego pracownicy powinni identyfikować się z celami organizacji; powinni całkowicie się z nimi utożsamiać. Bez względu na cel czy też psychologiczne i moralne aspekty dochodzenia do niego, wynik usprawiedliwia wszystko. Indywidualna tożsamość zostaje zredukowana do celu, podczas gdy wszystkie osiągnięcia przypisywane są wyłącznie menedżerowi, który uosabia całą organizację. Dlatego zaangażowanie w sprawy organizacji oraz tożsamość zostają zredukowane do rygorystycznego oddania się i identyfikacji z przełożonym, i powinny być wyrażane gotowością do ciężkiej pracy zgodnie z jego instrukcjami.

Odpowiedzialność i niezawodność   Na liderze 7.1– można zawsze polegać gdy cele, procedury i procesy są jasno określone i zaakceptowane przez kierownictwo lub przyjętą tradycję. Nadmierne skupianie się na otrzymywanych poleceniach często łączy się z lekceważeniem pozostałych czynników nie związanych bezpośrednio z realizacją celów, a które mogą jednak zakłócić niezawodność całej organizacji. Jego odpowiedzialność jest wybiórcza: koncentruje się na wynikach mających związek z jego karierą oraz na pomiarach wydajności dokonywanych przez kierownictwo. Wewnętrznie lider 7.1– sprzeciwia się filozofii odpowiedzialności społecznej nakazującej współpracę i zaangażowanie w rozwiązywanie problemów społecznych. Jego zdaniem problemy te powinno się rozwiązywać w inny sposób: zwiększając kontrolę, presję i władzę.

Z reguły dostrzega kwestie odpowiedzialności społecznej dopiero wtedy, gdy wymaga tego kierownictwo wysokiego szczebla.

Przejrzystość i prawdomówność   Zdaniem lidera 7.1– uczciwość, otwartość i szczerość powinny manifestować się poprzez pełne, dokładne i terminowe wypełnianie instrukcji, poleceń oraz wymagań, do których pracownicy powinni się stosować. Ścisłe przestrzegania tych warunków powinno ułatwiać i usprawniać interakcje. Inne informacje są pomijane, ponieważ lider 7.1– uważa je za niepotrzebne, a nawet szkodliwe. Otwarta wymiana informacji jest wykluczona, jako że mogłaby podważyć autorytet i władzę menedżera. Informacja zwrotna przybiera formę kar lub nagan. Ten styl wyklucza konieczność omawiania z kimkolwiek celów lub zachęcania kogokolwiek do aktywności. Dlatego też całościowy obraz działań organizacyjnych, ich znaczenie oraz rozwój organizacji są całkowicie niezrozumiałe dla pracowników co, jak można się tego spodziewać, skutkuje niskim zaangażowaniem, lękiem i brakiem zaufania.

4.5   Kultura i władza w stylu 7.1–

Koncentracja na karze i pozycji

Kara   Lider 7.1– używa kary jako najważniejszego instrumentu wywierania wpływu na zachowanie pracowników. Stosowane są bardzo różne kary, od grymasu i ostrych uwag do podnoszenia głosu podczas dyskusji na temat wyników, kar pieniężnych czy zwolnienia z pracy. Władza ta stale wywiera presję na pracowników, nawet wtedy, gdy działają zgodnie z wymaganiami lidera. Kara jest często niewspółmierna do przewinienia lub błędu pracownika. Z surową karą można spotkać się nawet za drobne przewinienie.

Nagroda Styl 7.1– uznaje nagrody za nieefektywne i opcjonalne sposoby wywierania wpływu. Wychodząc z założenia, że wszyscy są z natury leniwi i bierni, lider 7.1– nie wierzy w skuteczność nagród. Podświadomie uważa, że nawet ci pracownicy, którzy osiągają dobre wyniki, zmniejszą swoją skuteczność, gdy zostaną nagrodzeni. Jego zdaniem dobry pracownik będzie pracował dobrze nawet bez nagrody. Dlatego, gdy nagradza pracownika czy dziękuje mu za dobrą pracę, robi to niechętnie. Nawet proste „dziękuję" pojawia się niezwykle rzadko i jest nieszczere. Założywszy, że wynik jest najważniejszy i że to on jest jedyną osobą za niego odpowiedzialną, uważa, że nagroda należy się tylko jemu.

Pozycja Lider 7.1– bardzo ceni sobie pozycję zajmowaną w organizacji, a jego ambicje zawodowe sięgają bardzo wysoko. Dlatego przy każdej okazji podkreśla swój status i zawsze trzyma pracowników na dystans. W obliczu konfliktu z pewnością powiedziałby lub pomyślał: „Ja tu jestem szefem, więc rób, co mówię!". Często również odwołuje się do sprawowanej władzy w sytuacjach, gdy pracownicy są niechętni i sprzeciwiają się podporządkowaniu się poleceniom. Jego zdaniem pozycja daje mu prawo do kontrolowania każdego kroku pracowników. Polecenia przełożonych są słuszne i należy natychmiast je wykonywać.

Informacja Wymiana informacji ogranicza się do wyznaczania zadań i wydawania instrukcji podwładnym, a informacje dotyczą jedynie danego zadania. Z zasady informacjom tym towarzyszy wskazanie, co i jak należy zrobić. Uznając, że taka ilość informacji wystarcza do wykonania zadania, lider o stylu 7.1– nie lubi pytań, będąc zdania, że odpowiadanie na nie to strata czasu. Ważne informacje organizacyjne zatrzymuje tylko na własny użytek i często wykorzystuje je, by wzmocnić swój wpływ i kontrolę. Informacje przez niego przekazywane są krótkie i zwięzłe, podkreślają jego przewagę i w jego opinii wykluczają spory czy brak zaufania.

Wiedza Z zasady osoba o stylu 7.1– jest dobrze zorganizowana, wysoce profesjonalna i skoncentrowana na osiąganiu dobrych wyników. Lubi podkreślać swoją wiedzę i umiejętności, którymi przewyższa innych. Jego opinia na temat własnego profesjonalizmu oraz pragnienie dominacji uniemożliwiają mu przyswajanie nowej wiedzy, szczególnie od podwładnych. Przekonany, że wszystko wie lepiej od innych, uparcie robi to, co uważa za słuszne. Bojąc się utraty kontroli, rzadko dzieli się z innymi swoją wiedzą i umiejętnościami.

Autorytet Lider 7.1– usiłuje stworzyć wrażenie odnoszącego sukcesy w biznesie dyrektora, który w organizacji (dziale, zespole) uznawany jest za mistrza w dążeniu do wspólnych celów i wyników. Jego wiara, że dzięki swoim osobistym i zawodowym zaletom może działać właściwie i zawsze podejmować słuszne decyzje robi duże wrażenie na kolegach i podwładnych. Jednak taka postawa jest często źle odbierana przez pracowników jako przejaw arogancji czy zarozumialstwo. Nietolerowanie opinii innych i niechęć do konstruktywnego dialogu i współpracy czynią ze stylu 7.1– autorytet jedynie w przypadku zaistnienia sytuacji wyższej konieczności.

4.6   Umiejętność współpracy w stylu 7.1–

Rozwiązywanie konfliktów

Każde indywidualne czy zbiorowe działanie jest nieodzownie związane z przezwyciężaniem trudności, problemów i sprzeczności. Jednak nawet w działaniu indywidualnym stale zadajemy sobie pytania: co, jak i gdzie należy zrobić. Budzi to wewnętrzne wątpliwości i konflikty w sytuacji, gdy nie możemy zdecydować, co jest słuszne, lepsze, bardziej użyteczne. Podczas wspólnej pracy wielu ludzi sytuacja komplikuje się, ponieważ każda z osób jest inna i ma swoje własne cele i interesy. Innymi słowy, konflikt jest wszechobecny, a sposób, w jaki lider próbuje go zażegnać w dużej mierze świadczy o jego skuteczności i zgodności z duchem kultury korporacyjnej obowiązującej w organizacji.

Skuteczne rozwiązywanie konfliktów obejmuje identyfikację problemów i sprzeczności podczas pracy pojedynczych osób, grupy czy organizacji, oraz poszukiwanie sposobów zaradzenia tym sprzecznościom. Styl przywództwa w dużej mierze determinuje sposób, w jaki dana osoba wykorzystuje tę umiejętność w codziennej pracy. Dla stylu 7.1– każdy konflikt jest zjawiskiem negatywnym i nieakceptowalnym ponieważ zmniejsza skuteczność. Lider 7.1– uważa, że główną przyczyną konfliktów jest brak nadzoru ze strony menedżera. Rozwiązaniem przez niego proponowanym jest przejęcie kontroli nad sytuacją i zatuszowanie lub stłumienie konfliktu tak, aby nie zakłócał pracy.

Konflikt stanowi zagrożenie dla możliwości sprawowania kontroli, tak więc lider 7.1– zachowuje się tak samo, jak w innych niebezpiecznych sytuacjach: uderza w konflikt zamiast szukać sposobów rozwiązania go. Tłumi go, podejmując jednostronną decyzję i aktywnie broni swojego zdania. Podejście to nie pozostawia miejsca na wątpliwości czy pytania, dając mu ścisłą kontrolę nad sytuacją.

Nie chcąc dopuścić do spadku wydajności, próbuje ugasić konflikt najszybciej, jak to możliwe. Odrzuca wszelkie kontrargumenty oraz stanowczo i sztywno broni swojego zdania. Nawet jeśli rozumie istotę konfliktu, nigdy nie przyzna racji stronie przeciwnej bojąc się okazać słabość.

Jeśli konfliktu nie da się natychmiast stłumić, może próbować całej gamy skutecznych środków: władzy opartej na pozycji (z naciskiem na negatywne konsekwencje dla tych osób, które nie chcą się podporządkować), osobistego i zawodowego autorytetu (aby ośmieszyć przeciwników) oraz konieczności stosowania się do instrukcji i przepisów, ścisłego trzymania się obowiązków. Wykorzystuje również sytuację, by ostrzec innych przed podobnymi sytuacjami. Karą może być również degradacja, nagana lub odmowa przyznania nagrody. Postępując w ten sposób, lider 7.1– jest przekonany, że odzyskał prestiż i doprowadził do zgody, nawet gdy ceną jest zastraszenie. Gdy zaś widzi, że nie może wykorzystać swojej władzy czy autorytetu, by zmusić innych do zaakceptowania jego rozwiązania, wycofuje się i stara się uniknąć konfliktu.

Najczęściej rozpoznaje konflikt dość wcześnie, gdy konfrontacja dotycząca rozbieżnych interesów i wartości przybiera konkretną formę. Rzadko jednak analizuje przyczyny i historię konfliktu. Przyczyny, tj. problemy i różnice, które doprowadziły do konfliktu, z reguły go nie interesują. Od razu zaczyna szukać winnego. Żadna z zainteresowanych stron nie angażuje się w tej sytuacji w rozwiązanie konfliktu i zazwyczaj, pracownicy są tylko informowani o decyzji podjętej przez lidera. Z racji tego, że przyczyna konfliktu pozostaje nieznana, jego rozwiązanie okazuje się powierzchowne. Lider 7.1– unika metodycznej pracy nad rozwiązywaniem konfliktów i omija wszelkie okazje do wyciągania konstruktywnych wniosków. W sytuacji, gdy działa w konflikcie jako arbitralny sędzia, woli nie skupiać się na szczegółach tylko rozdziela skonfliktowane strony, a niezadowolonych przesuwa na inne pozycje. Posługuje się strategią konfrontacji usiłując zabezpieczyć własne interesy kosztem drugiej strony (na podstawie własnych aktywności i indywidualnych działań). Jego zachowanie podczas konfliktu ostatecznie przynosi mu zwycięstwo, a wszystkim pozostałym pracownikom – przegraną.

Osoba reprezentująca styl 7.1– nie jest w stanie wydobyć z konfliktu pozytywnej energii poprzez szukanie konstruktywnych rozwiązań. Nie stara się wyjaśnić i przedyskutować jego możliwych przyczyn. Zamiast wskazać różnice i omówić rozwiązania, skupia się na zduszeniu konfliktu i szybkim powrocie do pracy. Co więcej, ignoruje aspekt osobisty konfliktu i często rozwiązuje problem wywołując bolesne doświadczenia czy urazy.

Komunikowanie się

Wysokie zorientowanie na wyniki sprawia, że osoba o stlu 7.1– zazwyczaj stosuje jednostronny styl komunikowania się, tj. z góry do dołu, co nie pozostawia miejsca na dialog czy informację zwrotną. Ten rodzaj komunikacji, mimo iż skupiony na wykonaniu bieżącego zadania, jednocześnie pomija informacje, które, choć na pierwszy rzut oka mogą wydawać się nieistotne, często są niezbędne do działania. Lider 7.1– jest przekonany, że dostęp do najważniejszych informacji organizacyjnych powinna mieć ograniczona liczba osób. Jest przekonany, że najważniejsze w komunikacji jest określenie problemu oraz wskazanie, co, kiedy oraz przez kogo ma zostać zrobione. Dlatego też wierzy, że jego kompetencje komunikacyjne są na najwyższym poziomie, a on sam potrafi właściwie i jasno przydzielać zadania swoim podwładnym. Uważa, że poświęcanie uwagi uczuciom i troskom podwładnych, wiara w ich umiejętności, a także potrzeba wsparcia i zachęty to rzeczy niepotrzebne, a nawet szkodliwe, ponieważ mogą odwracać uwagę pracowników od głównego zadania, jakim jest osiągnięcie celów.

Tylko lider jest w posiadaniu wszystkich istotnych informacji o sprawach dotyczących innych pracowników. Na przykład, gdy ma on znaleźć nowe biuro, rozmawia z ekspertami, by znaleźć najlepszą lokalizację, jednak nie przychodzi mu do głowy, by porozmawiać o tym z osobami, które w tym biurze będą pracować. Czego potrzebują? Z jakimi problemami mogą się w nim zetknąć? Co by doradzili? Konsultacje w tej sprawie za niekonieczne, a nawet szkodliwe, Ludzie mają tam tylko pracować i odnosić sukcesy. Myśli: „Nie ma potrzeby pytać ich o zdanie. Jak zawsze będą narzekać, a ja najlepiej wiem, czego im potrzeba”.

Lider 7.1– kontroluje postęp prac, stale nadzorując innych i pytając o już wykonaną pracę. Jednak jego podejście do komunikacji nie zachęca do omawiania z nim czegokolwiek. Ten typ jednostronnej komunikacji zakłada tylko odpowiedź „tak” lub „nie”, lub powtarzanie tego, co już zostało powiedziane.

Dusi możliwość dyskusji w zarodku poprzez wypowiedzi typu: „To właśnie powinniśmy zrobić” czy „Powinieneś …”. Aby powstrzymać niepotrzebne pytania czy dyskusje, często dodaje: „Mam nadzieję, że wszystko jest jasne!”. Wypowiedzi takie nie zachęcają do wygłaszania nowych komentarzy czy przedstawiania nowych pomysłów. Dzieje się tak szczególnie w sytuacji, gdy pozycja lidera daje mu dużą władzę. W takim przypadku wszyscy pracownicy muszą go słuchać i bez słowa wykonywać jego polecenia.

Takie podejście do komunikacji nie buduje atmosfery wzajemnego zaufania i szacunku. Wszyscy są ostrożni i boją się zadawać pytania; przez taki styl interakcji cierpi cały zespół. To, co lider nazywa „wymianą informacji” przypomina bardziej przesłuchanie, a podejście to przeszkadza w skutecznym obiegu informacji w organizacji. Ludzie zaczynają ukrywać ważne informacje, które mogłyby poprawić efektywność całego zespołu, a stosunek pracowników do lidera opiera się na zasadzie: „Wydaje ci się, że jesteś taki mądry, to sam ratuj sytuację”.

W komunikacji lider 7.1– nie dostrzega bądź ignoruje bariery utrudniające lub zakłócające zrozumienie. Wydaje mu się, że jego instrukcje są tak proste i jasne, że tylko leniwy lub głupi pracownik mógłby ich nie zrozumieć. Za niedopuszczalny uważa dialog lub wymianę informacji zwrotnych z pracownikami. Gdy orientuje się, że nie został zrozumiany, nie przejmuje się, ale mimo wszystko ostrożnie powie: „A teraz dla tych, którzy nie słuchali uważnie powtarzam raz jeszcze, co powinno zostać zrobione”. Podczas rozmowy często zadaje pytania zamknięte, dlatego pracownicy czują, że wymaga się od nich udzielania tylko „dobrych” odpowiedzi. Czują się egzaminowani, ich inicjatywa zostaje zduszona, a zaufanie słabnie. Sama forma pytań lidera, zamiast entuzjazmu i szczerości, nierzadko wywołuje reakcje obronne i opór.

Broniąc swojej opinii, usiłuje zawczasu określić kryteria wykonania i skierować rozmowę na wyniki. Stąd też przeforsowanie własnej opinii za wszelką cenę staje się głównym kryterium skuteczności każdej dyskusji. Styl 7.1– nie pozostawia miejsca na konstruktywne i szczere wyrażanie opinii i w ten sposób prowadzi do zmniejszenia osobistego zaangażowania pracowników. W tego typu okolicznościach wielu z nich niechętnie wyraża swoje poglądy czy włącza w pracę nad ostatecznym wynikiem. Niemożność wypowiedzenia się zwiększa napięcie, poważnie pogłębia problemy i zmniejsza zaangażowanie i lojalność pracowników. Wyobcowanie i utrata poczucia wkładu we wspólną sprawę zmniejszają motywację pracowników. Te zjawiska mogą w końcu wywrzeć negatywny wpływ na wyniki organizacji.

Proaktywność

Lider 7.1– aktywnie wyraża swoje opinie, bazując na poniższych założeniach:

1. Najlepiej wiem, jak osiągnąć cel.
2. Jeśli zapytam innych o zdanie, okażę słabość i stracę kontrolę.
3. Nie mogę ufać innym przejawom inicjatywy.

Cechy typowe dla stylu 7.1– to rzucanie się na oślep w pracę bez zastanowienia. Osoba reprezentująca ten styl zazwyczaj posiada wysokie kompetencje zawodowe, zwykle jest pewna siebie i nie boi się odpowiedzialności. Zazwyczaj przychodzi na zebrania nie po to, by omówić określone pomysły ze współpracownikami i podwładnymi, ale by przedstawić własne sugestie, które gotowa jest natychmiast wcielić w życie. Takie zachowanie jest dowodem na małe zainteresowanie ludźmi. Lider 7.1– pewnie i z wiarą przedstawia swoje indywidualnie opracowane plany, nigdy nie stara się ukryć swojego stosunku do innych wyrażającego się w zdaniu: „No cóż, wszystko jest już ustalone, zabierzmy się do pracy”.

Nadmiar inicjatywy lidera 7.1– często źle wpływa na innych. Zazwyczaj spieszy się z wdrożeniem projektu, nie czekając, aż pozostali poznają niezbędne informacje i proces działania. Członkowie zespołu mogą nawet nie rozumieć, co lider miał na myśli przedstawiając projekt, jednak nie chcą zadawać pytań. Pozostają niedoinformowani. Zaplanowane działania mogą wymagać wdrożenia nieznanych procedur i nowego poziomu odpowiedzialności, co prowadzi do coraz większej liczby pytań. Bez względu na to dlaczego ludzie czują się pominięci, lider 7.1– nie widzi i nie chce widzieć, jaki efekt jego aktywność wywołuje u innych. Niski poziom zorientowania na ludzi nie pozwala mu zrozumieć, jak ważna dla każdego pracownika jest możliwość angażowania się w działania. Naturalną rzeczą jest, że każdy chce zrozumieć nowe zadanie i dobrze je wykonać.

Chcąc podkreślić swoją pozycję, lider 7.1– kategorycznie akcentuje poprawność swoich opinii, która nie podlega dyskusji. Wytyka pracownikom ich słabości, czym zmusza ich do szukania wymówek albo przejmowania się rzeczywistymi lub wirtualnymi błędami. Unika nawet szczerze zasłużonej pochwały, bo uważa, że mogłaby ona doprowadzić w przyszłości do samozadowolenia i źle wpłynąć na wyniki.

Lider 7.1– najlepiej czuje się broniąc własnych poglądów – ujawnia wtedy te same cechy, co przy przejmowaniu inicjatywy. Pewnie wypowiada swoje zdanie, jasno zaznaczając, że tylko jego opinia jest słuszna i nie podlega dyskusji. Gdy wyraża swoje zdanie, robi to bez cienia niepewności czy wątpliwości. Swoje opinie, oparte na faktach i dowodach, przedstawia bardzo logicznie i naukowo. Stwierdzenia przedstawia w sposób jednoznaczny, a nawet emocjonalny, nie znoszący sprzeciwu: „To jedyny sposób", „To niemożliwe", „Wszyscy wiedzą, że . . . " itd.

Torpeduje wszystkie próby zakwestionowania jego zdania, inne opinie są przez niego kategorycznie i stanowczo odrzucane. Inne sugestie, opinie czy alternatywne rozwiązania traktuje jak prowokację i, nie zwracając uwagi na ich ważność i słuszność, obala niepodważalnymi argumentami oraz falą krytyki. Osoby, którzy ośmielą się wygłosić odmienne zdanie są często niszczone moralnie pod falą argumentów i krytyki, i w końcu poddają się, czując, że walka nic nie da. Dzieje się tak szczególnie wtedy, gdy lider 7.1– sprawuje realną władzę. Wówczas pozostali członkowie stają się jeszcze mniej chętni do wypowiadania się i zadawania pytań.

Styl obrony poglądów lidera 7.1– przypomina raczej walkę na śmierć i życie. To zamiłowanie do rywalizacji prowadzi do sytuacji, w której nawet słuszne obserwacje czy opinie nie mają absolutnie żadnej szansy wpłynąć na jego poglądy. Postrzega on odejście od pierwotnego pomysłu jako słabość, której należy za wszelką cenę unikać. Często zbyt zawzięcie broni własnego zdania, by zaakceptować rozsądne argumenty oponenta. W tych rzadkich przypadkach, gdy jest zmuszony zmienić zdanie, okazuje swoje niezadowolenie i w następujący sposób komentuje okoliczności: „OK. Skoro uważacie, że to konieczne, poddaję się". Taki lider rzadko zmienia zdanie, nawet jeśli ma pod ręką skuteczniejsze rozwiązanie. Wyjątki stanowią poglądy jego przełożonych, które zazwyczaj akceptuje bez słowa.

Lider 7.1– jest na tyle pewny swoich umiejętności, by podejmować ryzyko i stawiać pierwszy krok w rozwiązywaniu problemów o każdym stopniu skomplikowania. Ogólnie rzecz biorąc, jego inicjatywa mocno wpływa na interakcje w grupie, jednak dominująca i apodyktyczna natura jego inicjatywy blokuje zaangażowanie innych i zmniejsza ich entuzjazm oraz pewność siebie. Członkowie zespołu ponieważ nie uczestniczą w początkowym etapie prac, nie czują, aby wnosili jakikolwiek wkład w rezultaty.

Podejmowanie decyzji

Jak wspomnieliśmy w poprzednim rozdziale, podejmowanie decyzji to skomplikowany proces składający się z wielu kroków. Jednak, gdy decyzję podejmuje lider 7.1–, proces ten wydaje się szybki i prosty: „Zdecydowałem, że tak zrobimy!". I tak, pracownicy widzą, że skomplikowany proces podejmowania decyzji składał się paradoksalnie tylko z jednego kroku – decyzji podjętej bez dyskusji, konsultacji czy zaangażowania innych osób. Po prostu zostali poinformowani, co mają robić w danej sytuacji. Podejście lidera 7.1– do podejmowania decyzji jest jednostronne i bezwarunkowe. Nie oznacza to jednak, że taki styl jest zawsze nieskuteczny. Przeciwnie, dzięki umiejętności szybkiego podejmowania decyzji, lider 7.1– często odnosi sukces, a umiejętność tę ceni się szczególnie w czasie kryzysu czy w obliczu wyższej konieczności.

Decyzje lidera 7.1– są akceptowane niemalże bezdyskusyjnie i traktowane jako ostateczne. Lider uzupełnia je następnie o jasne instrukcje dotyczące wdrożenia, które przekazuje każdemu członkowi zespołu. Mogą zadać kilka pytań na temat procesu wdrożeniowego, jednak wątpliwości czy alternatywne pomysły są niedopuszczalne.

Lider 7.1– woli sam podejmować decyzje w oparciu o własne doświadczenie, wiedzę, zakres uprawnień i odpowiedzialności. Podejmuje decyzje mając przede wszystkim na uwadze zadanie oraz poszczególne kroki konieczne do jego wykonania. Jednak wszystko robi sam, bez pomocy pracowników. Takie zindywidualizowane i bezpośrednie podejście jest często nieefektywne z powodu fragmentarycznego czy mało realistycznego spojrzenia na problem, co z kolei uniemożliwia skuteczną implementację.

Lider 7.1– rzadko dopuszcza innych pracowników do procesu przygotowawczego. To dotyczy również tych pracowników, którzy później będą wprowadzać pomysł w życie. Lider wprawdzie może zadać kilka pytań lub poprosić o raport dla fazy przygotowawczej, jednak nigdy nie omawia tych kwestii i nie wyjaśnia, dlaczego potrzebuje tej lub innej informacji. Kieruje się logiką „Sam wiem, co jest lepsze". Od podwładnych potrzebuje faktów, nie opinii. Takie podejście uniemożliwia mu uzyskanie kompletnej wiedzy na dany temat, bo pracownicy mogą przekazać wszystkie niezbędne informacje tylko wtedy, gdy sami wiedzą, co się dzieje i dlaczego prosi się ich o wykonanie tego czy innego zadania.

Większość decyzji zapada w zespołach, w których panują zaufanie i szacunek. Brak zaufania i szacunku prowadzi do tego, że nawet słuszna decyzja nie wzbudza u pracowników motywacji i zaangażowania i proces jej wdrażania „utyka w martwym punkcie".

Lider reprezentujący styl 7.1– szczerze wierzy, że podejmowanie decyzji jest wyłączną prerogatywą wyższego kierownictwa, a próby przedyskutowania decyzji i alternatywnych rozwiązań wywołują jego zazdrość. Jednocześnie, w celu podkreślenia swojego prawa do podejmowania decyzji, mawia: „Przepraszam, ale nie znasz wszystkich szczegółów", podkreślając w ten sposób swoją pozycję i dostęp do informacji znanych jedynie wąskiemu gronu osób. Jego zdaniem tylko menedżerowie najwyższego szczebla mogą wiedzieć wszystko lub prawie wszystko.

Konstruktywna krytyka

Krytyka ze strony osób o stylu 7.1– jest jednostronna i niekonstruktywna. Lider 7.1– wytyka pracownikom ich błędy i słabości, co w jego mniemaniu ma im pomóc wyciągnąć wnioski z popełnionych błędów i poprawić jakość pracy. Jest kategoryczny i oskarżycielski i rzadko bierze pod uwagę uczucia, oczekiwania czy motywacje innych osób. Dlatego jego krytyka odnosi efekt przeciwny do zamierzonego: pracownicy przyjmują postawę obronną i tracą zapał do lepszej pracy.

Osoba o stylu 7.1– może obwiniać innych na zebraniu ogólnym: „niech wszyscy wyciągną wnioski". Szczerze wierzy w skuteczność takich metod i kieruje się prostą logiką: wszyscy pracownicy znają swoje błędy, więc nie ma potrzeby, aby wyjaśniać z osobna każdą sprawę; niech każdy we własnym zakresie wyciągnie właściwe wnioski. Częściej jednak takie podejście okazuje się destrukcyjne, gdyż upokarza godność pracowników i wywołuje u nich strach i lęk.

Podejście lidera 7.1– do krytyki nie zezwala na udział innych osób w dyskusji. Uniemożliwia dalsze komentowanie, oświadczając: „Mylisz się i powiem ci, dlaczego ..." lub „Nie interesuje mnie to" czy też „Nie rozumiesz, o czym mówisz". W podobny sposób ignoruje lub przez zaciśnięte zęby komentuje dobre wyniki. Ponieważ oczekuje wyłącznie dobrych rezultatów, uważa, że pozytywne komentarze są oznaką słabości i potęgują samozadowolenie.

Uważa, że ma prawo zadawać pytania, jednak nikt nie może ich zadawać jemu. Jego pytania mają na celu zweryfikowanie, czy został dobrze zrozumiany. Oczekuje odpowiedzi, które są mu potrzebne w danej chwili i nie ma ochoty zapoznawać się z pomysłami, które nie są zbieżne z jego poglądami na dany temat.

Ze wszystkich typów krytyki, lider o stylu 7.1– najczęściej wybiera krytykę podsumowującą, gdy praca jest zakończona i nie można już niczego naprawić. Rzadko stara się poznać przyczyny porażki i atakuje pracowników, którzy nie osiągnęli dobrych wyników, nieświadomie przyczyniając się do przyszłych porażek. Bowiem po takiej krytyce pracownicy często czują się zniechęceni. Ogólnie rzecz biorąc, taka krytyka jest niekonstruktywna: „Pytam innych, ale sam nie lubię być pytany. Zadaję tylko istotne pytania, by dowiedzieć się czy dobrze mnie zrozumiano i otrzymuję tylko te informacje, których potrzebuję w danej chwili. Nie muszę zapoznawać się z pomysłami, które nie są zbieżne z moimi poglądami na dany temat".

Lider reprezentujący styl 7.1– lubi stosować pytania retoryczne nie wymagające żadnej odpowiedzi i pośrednio wyrażające jego negatywny stosunek; pracownikowi pozostawia jedynie możliwość wytłumaczenia się i szukania wymówek. Słysząc słowa: „Dlaczego ty nigdy nie robisz niczego na czas?", pracownik nie rozumie, co dokładnie zrobił źle i dlaczego musi zmienić swoje zachowanie. Nie wie, jak poprawić swoje wyniki. Dostrzega za to skrywaną wyższość lidera i jego niechęć.

Krytyka wyrażona przez lidera w formie kategorycznych recept nie pokazuje, co pracownik zrobił źle ani nie informuje go, co powinno zostać naprawione: „Musisz być mądrzejszy!", „Nie pozwolę na fiasko planów działu!". Taka forma krytyki zazwyczaj zniechęca pracowników i sprawia, że czują wewnętrzny opór. Lider 7.1– często stosuje też inne formy niekonstruktywnej krytyki: nagany, oskarżenia, sarkazm czy obwinianie, które są szczególnie nieprzydatne, gdy wyraża się je w pogardliwym tonie i towarzyszą im agresywne gesty i mimika.

4.7 Wnioski

Lider o stylu 7.1– wnosi do grupy determinację, koncentrację na celu i możliwości. Można na nim polegać w kwestii osiągania wyników, szczególnie w sytuacji wyższej konieczności lub pod presją czasu. Jednak jego sposób traktowania ludzi ograniczony niejako do środka osiągania celów negatywnie wpływa na skuteczność interakcji. Niskie zorientowanie na ludzi obraca się przeciwko niemu i jego potencjałowi organizacyjnemu. Jest odważny, nie boi się wyrażać opinii czy podejmować trudnych decyzji; jest dobrze zorganizowany, zazwyczaj solidny w działaniu, broni swojego zdania z wielką pasją.

Jednak poglądy i przekonania o tym, że ludzie są leniwi i bierni oraz wyolbrzymianie własnej roli w organizacji mogą zniweczyć jego głęboką troskę o wyniki z dwóch powodów. Po pierwsze, nie rozumie wagi zaangażowania innych osób w interakcję, którą nazywamy „zespołem". Jego głównym celem jest przekształcanie zasobów (resources) w wyniki (outputs). Nie rozumie, że nie tylko on, ale również inni mogą być źródłem twórczych pomysłów, wzajemnego zaufania, szacunku i wsparcia w I-ZONE. Oznacza to, że jego determinacja i oddanie często opierają się na ograniczonym spojrzeniu na misję i wartości organizacji i uproszczonym, jednostronnym poglądzie na sposób osiągania wyników (outputs). Po drugie, niskie zorientowanie na ludzi i ograniczone zrozumienie (czasem lekceważenie) wartości kultury organizacyjnej mogą osłabiać wydajność, ponieważ pracownicy nie są skłonni ślepo wdrażać czyichś indywidualnych decyzji. I dlatego zamiast zaangażowania, zainteresowania wynikami i dążenia do skuteczniejszej współpracy, pracownicy tracą motywację i czują wewnętrzny opór wobec instrukcji swojego lidera. A to wszystko bez wątpienia znajduje odbicie w końcowym wyniku.

Styl 7.1+: Promotor-opiekun (prowadzić i wychowywać)

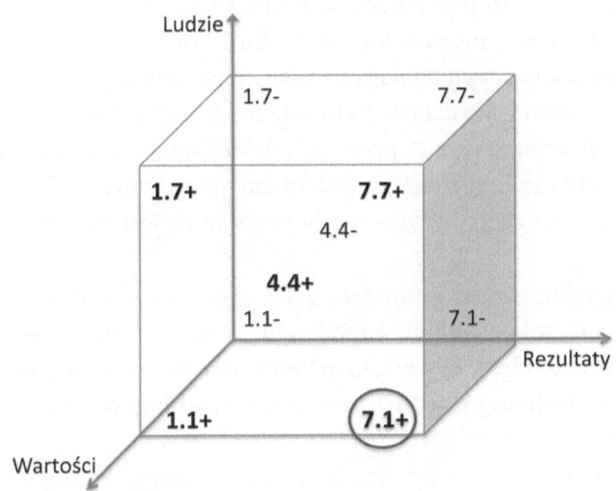

Wysokie zorientowanie na zadania, niskie zorientowanie na ludzi, pozytywny stosunek do pracy i organizacji, protekcjonalizm w stosunku do podwładnych, którzy postrzegani są jako niedojrzali i wymagający troski. Nie znosi sprzeciwu, przyjmuje postawę mentora i protektora. Przywódca reprezentujący styl 7.1+ jasno wyznacza granice zachowania i przejmuje inicjatywę. Docenia i okazuje wdzięczność za wsparcie jakie otrzymuje od pracowników, lecz nie akceptuje sprzeciwu.

5.1 Podstawowe cechy stylu 7.1+

Przywódca w stylu 7.1+ postrzega świat jako uporządkowany, stabilny i stworzony według dobrze znanych modeli, w tym modelu rodziny, w którym rodzic ma pewne ustalone zadania – troszczyć się, nauczać oraz, kiedy to konieczne, karać. Przyjmowanie roli rodzica

© Springer-Verlag GmbH Germany, part of Springer Nature 2019
A. Zankovsky and C. Heiden, *Przywództwo z Synercube*,
https://doi.org/10.1007/978-3-662-58235-0_5

w relacjach z podwładnymi powoduje, że styl 7.1+ nazywany jest paternalistycznym (od łacińskiego słowa pater oznaczającego „ojca"). Przywódca o tym stylu jest przekonany, że jego podwładni, niezależnie od wieku i kompetencji, są niedojrzali i niesamodzielni. Są jak dzieci, które wymagają łagodnego i wyrozumiałego nadzoru ze strony rodzica. Sami mogą decydować o pewnych mało istotnych sprawach, ale w kluczowych decyzjach potrzebują pomocy doświadczonego i mądrego mentora, który powie, co mają robić.

Na pierwszy rzut oka mogłoby się wydawać, że relacje między paternalistycznym przywódcą a jego współpracownikami, przypominające relacje pomiędzy ojcem a dzieckiem, lokują promotora-opiekuna wysoko na skali „zorientowania na ludzi". Tymczasem wysokie zorientowanie na ludzi oznacza, że lider bierze pod uwagę i rozumie opinie, sądy i uczucia innych osób, uważnie słucha o ich problemach zawodowych i osobistych, troszczy się o ich rozwój i dobrostan. Wysokie zorientowanie na ludzi, wyrażone we właściwy sposób, daje pewność siebie, buduje wzajemne zaufanie oraz otwartą i szczerą komunikację.

Tymczasem lider 7.1+ rozumie pojęcie zorientowania na ludzi zgoła inaczej. Jest protekcjonalny wobec każdego, niezależnie od wieku i kompetencji, traktuje podwładnych jak niedojrzałe dzieci, które wymagają rodzicielskiego nadzoru. Nie uważa, aby liczenie się z ich opiniami, sądami i uczuciami było ważne. Bo niby dlaczego miałoby być? Oni potrzebują jedynie ukierunkowania i pomocy, jako że sami nie są zdolni, aby samodzielnie określać priorytety i mierzyć się z problemami zawodowymi czy osobistymi. To on, jako lider, wie najlepiej, czego potrzeba podwładnym, co jest słuszne, które problemy są ważne, a które nie.

Rzeczywisty charakter troski w modelu 7.1+ ujawnia się w momencie, gdy ktoś nie zgadza się z narzuconą rolą osoby niesamodzielnej i niedojrzałej. Kiedy chce być traktowany poważnie i z szacunkiem, być wysłuchanym i docenianym, pragnie zaufania zamiast kontroli. W takiej sytuacji przywódca 7.1+ często zmienia się w surowego ojca, który daje dziecku klapsa za karę.

Jest szczerze i głęboko oburzony, ponieważ nie rozumie, dlaczego ktoś odrzuca jego ojcowską troskę. Jego motto brzmi: „To dla twojego dobra!", „Najlepiej zrobisz, jeśli mnie posłuchasz!". I tak jak wielu rodziców czuje się dotkniętych, kiedy ich dorastające dzieci próbują się usamodzielnić, tak lider 7.1+ reaguje negatywnie na podejmowane przez podwładnych próby zmiany wzajemnych stosunków na bardziej partnerskie.

Styl 7.1+ jest najczęstszym i najbardziej wyrazistym stylem przywódczym w dobrze prosperujących przedsiębiorstwach. Jest to w pewnym sensie nowsza i poprawiona wersja stylu autorytarnego. Liderzy w modelu 7.1+ pokazują siłę, pewność siebie i odwagę, które pozwalają firmie osiągać zamierzone wyniki, a jednocześnie dbają o ludzi, z którymi pracują (o ile ci ich słuchają). O promotorach-opiekunach często mówi się, że są dobrotliwymi autokratami – nie tylko kontrolują zachowanie pracowników, ale również sprawiają im przyjemność i wyrażają wdzięczność. Przywódcy ci zwykle mają duże doświadczenie w swojej dziedzinie i chcą dzielić się zdobytą wiedzą uczestnicząc w każdym użytecznym wydarzeniu lub projekcie. Promotor-opiekun pomaga innym również wtedy, gdy nikt go o to nie prosi, a nawet gdy jego pomoc jest ewidentnie zbyteczna. Problem jednak w tym, że takie postępowanie buduje atmosferę zależności i w końcowym rozrachunku ogranicza wkład podwładnych we wspólną sprawę.

Jednym z celów przywódcy reprezentującego styl 7.1+ jest utrzymanie wysokich standardów pracy. Każdy, kto spełnia ten wymóg otrzymuje korzyści w formie nagród, dodatków i premii. Przywódca 7.1+ jest przekonany, że akceptacja narzuconych przez niego zasad gwarantuje osiągnięcie wysokich wyników. Natomiast jego stosunek do osób, które się nie podporządkowują jest inny. Bywa, że częściej niż to ma miejsce w przypadku osób, które się nie wyłamują, dokonuje weryfikacji wyników mówiąc: „Udowodnij, że zasługujesz na moje wsparcie".

Dobre intencje nie pozwalają promotorowi-opiekunowi dostrzec, że swoim zachowaniem pacyfikuje podwładnych, którzy z czasem zaczynają mówić mu tylko to, co chce usłyszeć: „To dobry pomysł, szefie!". Często przerywa rozmówcy, aby wygłosić swoje zdanie i narzucić rozwiązania. W efekcie pracownicy przestają się wypowiadać, szczególnie jeśli promotor-opiekun zajmuje wyraźnie wyższą pozycję. Ci, którym narzuca swoją pomoc czują się zmęczeni ciągłym nadzorem i wtrącaniem w ich życie; nie chcą, aby wszystkie decyzje były podejmowane za nich, a wszystkie owoce pracy zbierane przez szefa. Czują się jak osoby, które choć dawno dorosły, ciągle są traktowane jak dzieci przez rodziców.

Zależy mu na tym, aby podwładni go poważali i obdarzali szacunkiem za bycie surowym, mądrym i opiekuńczym. Chce być postrzegany jako mentor, opiekun i „fajny facet" (np. będąc menedżerem wysokiego szczebla zwykle celowo zwraca się do pracowników o niższej randze z troską, uwagą i serdecznością). Promotor-opiekun uzależnia ludzi od siebie po to, aby mógł za nich podejmować decyzje: „Oni sami oczekują, że będę kontrolował pracę nad tym projektem", „Z moją pomocą dadzą sobie radę". Ulubionym jego powiedzeniem jest: „Chyba powinieneś ...", podczas gdy sam od innych słyszy najczęściej: „Powiedz, proszę, co sądzisz na ten temat".

Standardy doskonałości, do których dąży przywódca 7.1+ można podsumować następująco: „Każdy powinien starać się być taki, jak ja". Tworzy standardy pracy i zachowania, które odzwierciedlają jego własne wartości i wyraża niezadowolenie, kiedy pracownicy ich nie przestrzegają. I tak, jeśli preferuje konkretną formę zgłaszania sugestii, oczekuje, że pracownicy się do niej dostosują. Jeśli przeprowadza prezentacje według ustalonego wzoru, inni również powinni go stosować. Promotor-opiekun nierzadko oczekuje od podwładnych, że będą podzielali jego zainteresowania, gust lub manierę, z jaką przemawia. Niezależność i indywidualizm traktuje jako kwestionowanie jego profesjonalizmu, co wywołuje u niego sprzeciw: „To dobry pomysł, ale lepiej by było, gdybyś zrobił tak, jak cię prosiłem". Tę uwagę może wypowiadać zarówno uprzejmie, jak i surowo, jeśli towarzyszy temu dezaprobata: „Upierasz się, żeby zrobić to po swojemu, czy tak?". Mimo wszystko jego usposobienie jest pozytywne, ponieważ wartości, które wyznaje są wartościami idealnej kultury korporacyjnej.

5.2   Praca zespołowa w stylu 7.1+

Poniższe przykłady są typowe dla zachowania lidera reprezentującego styl 7.1+ w organizacji.

Gdy pracownik nie radzi sobie z pracą, wyraża rozczarowanie i dezaprobatę. Konsekwencje porażki mogą być różne – od zwrócenia uwagi po to, aby wywołać u pracownika poczucie winy: „Myślałem, że mogę na tobie polegać", aż po ostrzeżenie: „Musimy poważnie porozmawiać o twojej przyszłości w firmie". Natomiast wymiar kary zależy od charakteru relacji pomiędzy promotorem-opiekunem a pracownikiem. Każdy, kto nie jest faworyzowany, jest piętnowany i karany surowiej. W przypadku pracowników, którzy cieszą się szczególnymi względami stosuje mniej dotkliwe sankcje, a nawet zachęty czy pochwały: „Wierzę, że w przyszłości lepiej sobie poradzisz".

Choć tego nie okazuje, czuje się urażony konstruktywną krytyką ze strony pracowników. Odbiera ją jako atak personalny, przed którym próbuje się bronić. Jeśli większość pracowników staje po jego stronie, wówczas swojego oponenta może nazwać renegatem i nałożyć na niego karę. Zazwyczaj jednak ogranicza się do wyrażenia niezadowolenia, dystansuje się, przestaje być uprzejmy, albo zaczyna taką osobę ignorować. Musi mieć pewność, że jego sankcje odniosły pożądany efekt zarówno u „winowajcy", jak i u innych pracowników, na wypadek gdyby komuś kiedyś przyszło do głowy podważyć autorytet szefa. Kiedy stwierdzi, że pracownik dostał nauczkę, powraca na stare tory wzajemnych relacji. Jeśli promotor-opiekun zbagatelizuje krytykę, a doprowadzi to do poważnych konsekwencji, winą obarczy kogoś innego: „Tak się dzieje, kiedy nie otrzymuję wszystkich wymaganych informacji na czas" lub „Mam od groma pracy i sam jeden nie dam rady naprawić wszystkich waszych błędów".

Przywódca 7.1+ kieruje energię zespołu w złą stronę, tj. odwraca uwagę od tego, co w danej sytuacji jest słuszne, a koncentruje się na tym, kto ma rację. Prawdziwy standard doskonałości zostaje zastąpiony przez osobisty pogląd lidera. A zatem zespół lidera 7.1+ jest efektywny tylko wtedy, gdy sam lider jest efektywny, ponieważ to on kontroluje zasoby R (resources) i relacje w I-ZONE. Przejmuje kontrolę nad informacjami i koordynuje działania zespołu, jak również monitoruje krytyczne uwagi kolegów i ich reakcje na nie. To jest ten sam przykład sprawowania jednostronnej kontroli nad ludźmi jak w przypadku stylu 7.1−, z tą różnicą, że paternalizm w krótszej perspektywie jest bardziej atrakcyjny. W odróżnieniu od stylu 7.1−, promotor-opiekun wydaje się przyjazny i troskliwy. Powołuje się na potrzebę zapewnienia innym poczucia bezpieczeństwa, oferując troskę, zachętę i wsparcie, co sprawia, że konfrontacja z nim staje się znacznie trudniejsza. Widząc jego szczere intencje nikt nie będzie chciał zranić jego uczuć.

Marnowanie szans w ostateczności prowadzi do niechęci i złości pracowników, którzy nie mogą w pełni realizować swojego potencjału. Co więcej, jeżeli promotor-opiekun jest liderem zespołu, jego członkowie odbierają to jako dodatkowy minus, ponieważ ta rola pozwala mu na wykorzystywanie lub nawet nadużywanie posiadanej władzy. I choć jego podejście jest nieco bardziej atrakcyjne niż w stylu 7.1−, ciągle oznacza prymitywną kontrolę. Presja wywierana przez promotora-opiekuna uniemożliwia szczerość i otwartość.

Z czasem członkowie zespołu zaczynają czuć się zmęczeni ciągłym brakiem zaufania, protekcjonalnym tonem i manipulacjami, i zaczynają spoglądać na swojego przywódcę jak na nadzorcę i egoistę. To ostatecznie prowadzi do sprzeciwu.

Jeżeli przywódca 7.1+ ma swoich pupili, w zespole zaczyna narastać poczucie niesprawiedliwości, co prowadzi do napięć pomiędzy tymi, którzy są faworyzowani, a tymi którzy nie są. Osoby nie należące do „kręgu osób bliskich" są poirytowane faktem, że oczekiwania wobec nich są wyższe i muszą pracować dwa razy ciężej, aby sprostać wygórowanym wymaganiom nie otrzymując przy tym wsparcia ani dodatkowego wynagrodzenia. Natomiast „faworyci" czują się lepsi i zaczynają się wywyższać, wiedząc, że szef jest po ich stronie. Taka polaryzacja wzajemnych stosunków buduje złą atmosferę w zespole. Pracownicy zaczynają bardziej przejmować się swoją sytuacją niż samą pracą czy awansem.

W odczuciu zespołu standardy doskonałości ograniczają się do celów promotora-opiekuna. Jeżeli lider 7.1+ podejmie złą decyzję, konsekwencje poniosą pracownicy. Co więcej, to na nich spadnie cała odpowiedzialność, ponieważ taki lider nigdy nie przyzna się do błędu. Tak więc zamiast koncentrować się na obowiązkach i poprawie wydajności, zamiast angażować się we wspólną sprawę, pracownicy skupiają całą swoją uwagę na tym, jak zadowolić lidera i uniknąć kłopotów.

Jeżeli problem zostanie skutecznie rozwiązany, to liderowi 7.1+ przypadną w udziale gratulacje i pochwały. „Faworyci" również otrzymają swój kawałek tortu, paradoksalnie, nawet wtedy, gdy ich wkład nie był znaczący. Na tej samej zasadzie praca wykonywana przez „renegatów" jest bagatelizowana czy wręcz ignorowana, co rodzi jeszcze większą frustrację.

Przywódca w stylu 7.1+ traktuje pracowników jak członków rodziny, co sprawia, że relacja szef/podwładny staje się zbyt osobista. Jako rodzic, promotor-opiekun pragnie nauczać swoje „dzieci". Stosuje nagrody i kary, aby wpływać na ich zachowanie. Pracownicy są zachęcani do podejmowania inicjatywy i odpowiedzialności, lecz tylko w zakresie wyznaczonym przez lidera 7.1+. W rezultacie ludzie przestają analizować sytuację i nie potrafią jej prawidłowo ocenić, a kiedy pojawia się potrzeba, aby wyrazili swoje zdanie, czują się bezradni. Pytają wtedy niepewnie: „Co mamy teraz zrobić?" i czekają na wskazówki.

5.3   I-ZONE w stylu 7.1+

Piramida hierarchii z promotorem-opiekunem na szczycie stanowi doskonałą podstawę paternalistycznego modelu relacji Przywódca 7.1+ uważa, że to on odpowiada za wszystko i wszystkich, podczas gdy pozostali członkowie zespołu są jego podwładnymi, których praca dotyka go osobiście. Stąd też często obserwuje się u niego podejście: „Jeśli coś ma być zrobione dobrze, to muszę to zrobić sam". Silne poczucie odpowiedzialności nie pozwala mu przekazać jej w ręce innych. Jedynym wyjątkiem są osoby, którym lider ufa jak samemu sobie (patrz Rys. 5.1).

Rys. 5.1   7.1+

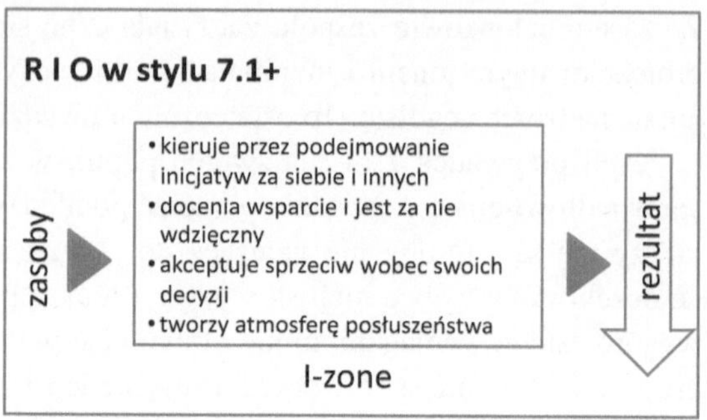

Promotor-opiekun czuje się najbardziej komfortowo, kiedy sprawuje pełną kontrolę nad relacjami. Jeżeli pracuje w policji i jego wydział ma za zadanie przeprowadzić jakąś operację, zachowuje się niezwykle agresywnie i instruuje pozostałych. W trakcie operacji uznaje, że jego obowiązkiem jest mieć wszystko pod kontrolą: „Kiedy będziecie gotowi, wszystko razem jeszcze raz sprawdzimy" lub „Informujcie mnie o każdym kroku". Będzie starał się być na miejscu, aby upewnić się, że wszystko przebiega zgodnie z jego instrukcjami i niezwłocznie zainterweniuje, kiedy ktoś zacznie działać na własną rękę. Nikomu nie pozwoli wykroczyć poza jego instrukcje.

Postawa przywódcy reprezentującego styl 7.1+ może być trudna do zaobserwowania, ponieważ zewnętrzna kontrola i dominacja raczej nie rzucają się w oczy i postronny obserwator może uznać relacje panujące pomiędzy liderem a pracownikami za całkiem normalne. Ludzie pracujący z promotorem-opiekunem na co dzień szybko zaczynają rozumieć, co muszą robić, aby uniknąć kary. Niezadowolony lider najpierw okaże swoją dezaprobatę niewerbalnie, a następnie wyartykułuje ostrzeżenie w formie krótkiej analizy tego, co zaszło, albo łagodnej uwagi, która z pozoru nie wygląda na opresyjną lub kontrolującą. Promotor-opiekun może z uśmiechem i troską oraz z nutą łagodności w głosie powiedzieć: „Zdziwiłem się, kiedy dowiedziałem się, że nie zgadzasz się z moim planem. Zastanawiam się, dlaczego nie skorzystałeś z szansy, którą ci dałem". Taki quasi dobrotliwy ton stwarza wrażenie przyjaznego i życzliwego stosunku do podwładnego.

Kolejny powód, dla którego trudno jest w przebraniu dobrotliwego szefa rozpoznać przejawy paternalizmu jest taki, że presja jaką wywiera na pracownikach jest pozytywną siłą napędową dla procesów pracy. Na pierwszy rzut oka wszystko wygląda dobrze, a ludzie wydają się zadowoleni i zainteresowani. Jednak w takiej atmosferze członkowie zespołu stają się zależni od pochwał i komplementów i czują się niekomfortowo. Kiedy te relacje utrwalą się, promotor-opiekun nie będzie już potrzebował surowych kar, aby egzekwować pożądane zachowanie. Sam brak pochwały będzie oznaczał karę.

Jeżeli pracownik nie daje sobą manipulować, wówczas promotor-opiekun z pomocą swoich lojalnych pomocników podejmuje działania mające na celu wyperswadowanie nieposłuszeństwa i nakłonienie takiej niesubordynowanej jednostki do podporządkowania się. W zależności od bieżących relacji, takie działania mogą być miękkie lub bardzo ostre. W niektórych przypadkach wystarczy, że lider odmówi buntownikowi swojego przyjaznego wsparcia. W innych wystarczy krytyczna uwaga. Czasami objęcie takiej osoby pełną kontrolą lub wykluczenie z projektu również zadziałają jak kara. Jeżeli promotor-opiekun nie ma pewności, czy może polegać na lojalności danego pracownika, może przesunąć go do innego działu lub nawet zwolnić z pracy. Takie twarde środki są uważane za użyteczne, ponieważ onieśmielają pozostałych na wypadek, gdyby i oni spróbowali zakwestionować hegemonię lidera.

Ostatecznie zachowanie lidera w modelu 7.1+ jest destrukcyjne, ponieważ prowadzi do uzależnienia od przywódcy. Z czasem pracownicy przestają dążyć do tego, co jest niezbędne, koncentrując się na tym, czego chce szef. Czują się przytłoczeni, a ich postawę można by opisać w następujący sposób: „Wiem, co muszę zrobić, żeby przetrwać" lub „Nie ważne, czy mam rację, gdyż moja racja rodzi same konflikty".

5.4 Kultura i wartości w stylu 7.1+

Kultura paternalistyczna Praca ma służyć interesowi organizacji. Lider o stylu 7.1+ daje przykład tego, jak należy pracować wydajnie, a od pracowników oczekuje wysokiej motywacji i wzmożonych wysiłków. Przeciętność nie jest mile widziana. Przywódca o stylu 7.1+ deleguje zadania, ale nie pozostawia miejsca na ich samodzielną realizację. Nadzoruje, ostrzega przed ewentualnymi błędami, co wyklucza jakąkolwiek spontaniczność w działaniu. Jest przekonany o własnej nieomylności i polega wyłącznie na sobie. Oczekuje i pochwala efektywną pracę, zachęca członków zespołu, aby spełniali jego oczekiwania, oczekując w zamian wdzięczności. Osoby, które mu się sprzeciwiają, kwestionują jego zalecenia lub krytyczne uwagi są informowane, że takie zachowanie jest niedopuszczalne. Lider 7.1+ potrafi wybaczać błędy, lecz nie sprzeciw. Ten styl przywódczy jest zorientowany na sukces firmy i wszystkie wysiłki lidera koncentrują się na tym, aby ten sukces osiągnąć. Wysokie zorientowanie na zadania i wartości przy jednoczesnym skupieniu się na osobach słabych przejawia się w codziennym działaniu w selektywnym stosunku do ludzi. Przywódca o stylu 7.1+ korzysta ze swojego autorytetu, lubi odgrywać rolę lidera, oczekuje pochwał i zaszczytów oraz wierzy, że tylko w taki sposób osiąga się wysokie wyniki. Jest przekonujący, dzieli się informacjami, jest pewny siebie, hojny, wymagający i surowy.

Zaufanie Cechą charakterystyczną lidera o stylu 7.1+ jest utożsamianie się z rolą rodzica i postrzeganie pracowników jako niedojrzałych i niesamodzielnych. Niezależnie od wieku i kompetencji, dla lidera pracownicy pozostają w dużej mierze dziećmi, które wymagają łagodnego i wyrozumiałego rodzicielskiego nadzoru. Dlatego muszą w pełni zaufać liderowi, choć sami nie mogą liczyć na wzajemność z racji rzekomej niedojrzałości. Jedynie gdy trzeba rozwiązać lub zdefiniować mało istotne problemy, lider 7.1+ może zdobyć się na odrobinę zaufania, ale poważne kwestie wymagają doświadczonego i mądrego mentora, który powie, co zrobić. Tylko ci pracownicy, którzy przychodzą do lidera po poradę i wsparcie zasługują na jego pełne zaufanie. A zatem zaufanie zostaje zastąpione przez niedojrzałą zależność od wpływowej osoby opartą o strach przed jej rozczarowaniem. Niesymetryczna relacja rodzic-dziecko uniemożliwia budowanie prawdziwego zaufania, za to tworzy atmosferę niepewności, lęku i strachu, co częściowo jest neutralizowane szczerą chęcią osiągnięcia celów organizacji i dawania wsparcia personelowi.

Sprawiedliwość Przywódca reprezentujący styl 7.1+ ma poczucie sprawiedliwego traktowania podwładnych. Jego rozwiązania i postawa muszą być sprawiedliwe skoro on sam o wiele lepiej niż pracownicy wie, czego im potrzeba i na co zasługują. Lider o stylu 7.1+ szczerze życzy wszystkiego, co dobre swoim podwładnym. Przez wzgląd na wyższe poczucie sprawiedliwości członkowie zespołu nie tylko muszą przyjmować jego rady, ale również czuć wdzięczność. Pracownicy, którzy sumiennie wykonują swoje zadania, mogą spodziewać się szczególnej rodzicielskiej wdzięczności i mają szansę, aby zostać pupilkami szefa. Ale nawet wtedy muszą przestrzegać zasad dobrego zachowania ustalonych przez promotora-opiekuna. Ci zaś, którzy nie chcą wcielić się w rolę dziecka zasługują na „sprawiedliwą" karę.

Zaangażowanie i utożsamianie się Przywódca reprezentujący styl 7.1+ rozumie oddanie sprawom organizacji jako bezwzględne posłuszeństwo oraz bezwzględne przestrzeganie instrukcji i rad wpływowej osoby. Jego zdaniem pracownicy powinni postrzegać organizację (dział, grupę) jako rodzinę i utożsamiać się z rolami narzuconymi im przez głowę tejże rodziny, tj. jego samego. Jeżeli pomysły, interesy i indywidualne cele pracowników odzwierciedlają poglądy i opinie lidera 7.1+, są brane pod uwagę i akceptowane. W przeciwnym razie lider dokładnie wyjaśni pracownikowi, jakie są minusy jego pomysłu i zasugeruje jedyne słuszne rozwiązanie. A zatem tożsamość jednostki w organizacji sprowadza się wyłącznie do roli niedojrzałego, niepewnego dziecka, które wymaga ciągłej troski. Nie mniej jednak pracownicy, którzy zaakceptują taką rolę, są szczerze oddani swojemu przywódcy i działowi.

Odpowiedzialność i niezawodność Styl 7.1+ charakteryzuje się zorientowaniem na stabilne i trwałe cele oraz wartości organizacji. Dotyczy to w szczególności sytuacji i działów, w których pracownicy są gotowi zaakceptować rolę narzuconą im przez lidera 7.1+. Z zasady taka rola nie jest akceptowana przez pracowników o wysokich kompetencjach, dużym doświadczeniu oraz potrzebie niezależności i autonomii w działaniu. W takim przypadku w sposób nieunikniony dochodzi do poważnych konfliktów, a ich rozwiązanie wymaga dużego wysiłku obu stron. Styl 7.1+ odczuwa silną odpowiedzialność społeczną, która opiera się na jego potrzebie pomagania i wspierania innych (pojmowanej na swój sposób). Lider 7.1+ jest święcie przekonany, że organizacja jest zobligowana do współpracy z instytucjami publicznymi i powinna uczestniczyć w rozwiązywaniu problemów społecznych.

Przejrzystość i prawdomówność W rozumieniu przywódcy o stylu 7.1+ oznacza to szczere wspieranie pracowników i pomaganie im w poprawie wydajności. Jeżeli pracownik przyjmuje rolę narzuconą mu przez lidera, jego postawa jest silnie ukierunkowana na otwartość i szczerość. Po co cokolwiek ukrywać lub wstydzić się, skoro wszyscy jesteśmy zgraną rodziną? Przecież brak prawdziwego zaufania i cenzurowanie ważnych informacji negatywnie wpływa na przejrzystość i otwartość we wzajemnych relacjach. Jednak w momencie konfliktu, który powstaje, gdy pracownik odrzuca rolę dziecka, sytuacja zmienia się radykalnie – znikają otwartość i przejrzystość, a skonfliktowane strony zaczynają działać w konspiracji. Dlatego ogólny obraz organizacji jest niejednoznaczny, co rodzi frustrację i stres.

5.5   Kultura i władza w stylu 7.1+

Władza oparta na pozycji i wiedzy

Kara   Przywódca reprezentujący styl 7.1+ rzadko używa kar i traktuje je jako zło konieczne. Toleruje kary i stosuje je tylko w słusznym celu, tj. edukacyjnym. Zakres kar jest dość wąski i zwykle ogranicza się do względnie miękkich środków: dezaprobata, uwagi i ojcowska reprymenda. Kara może być wyrażona w formie odmowy okazywania troski i uwagi. Lider 7.1+ często wyjaśnia, co jest dobre, a co złe, dając winowajcy drugą szansę na poprawę zachowania i uzyskanie przebaczenia. Taka postawa sprawia, że członkowie zespołu unikają jasnego wyrażania opinii w obawie przed utratą względów szefa. Władza wynikająca z możliwości użycia kary jest bardziej potencjalna niż praktycznie stosowana: „Cóż, jeśli nie rozumiesz, kiedy mówi się do ciebie łagodnie, możemy przejść na ton bardziej surowy". Wymiar kary zależy nie tyle od rzeczywistego wykroczenia, ile od woli winowajcy, lub jej braku, do przyjęcia roli dziecka i powrotu do typowego dla tego stylu układu sił.

Nagroda   Przywódca reprezentujący styl 7.1+ uważa nagrodę za skuteczny środek edukowania podwładnych. Opierając się na przekonaniu, że wszyscy pracownicy są niedojrzali i niegotowi, aby pracować samodzielnie, uczynił z nagradzania pracowników przywilej przysługujący wyłącznie jemu: określa, kto i na jaką nagrodę zasługuje. Dlatego kryteria ich przyznawania są często słabo powiązane z rzeczywistymi osiągnięciami pracowników. Nagrodom towarzyszy pewien podtekst – nie są przyznawane tylko za wyniki, ale również za dobre sprawowanie i szacunek. Tylko osoby, które bezwarunkowo akceptują rolę dziecka i ściśle stosują się do poleceń szefa są nagradzane i stawiane za wzór.

Pozycja   Status w organizacji odzwierciedla rodzicielską pozycję lidera w życiu w ogóle. Nie próbuje eksponować swojego statusu, ponieważ uważa go za coś naturalnego. Nie stara się zachować dystansu pomiędzy sobą a podwładnymi. Wręcz odwrotnie – nawiązuje bliskie, niemal rodzinne stosunki. Swój autorytet musi podkreślać tylko wtedy, gdy układ sił „rodzic-dziecko" przestaje być akceptowany przez członka zespołu. Siła przekonywania lidera o stylu 7.1+ wynika z dużej wiedzy, doświadczenia i szczerej chęci niesienia pomocy i poszukiwania najlepszych rozwiązań.

Informacja Z pozoru wymiana informacji z przywódcą reprezentującym styl 7.1+ wygląda na dialog, lecz w rzeczywistości jest to komunikacja od góry do dołu stosowana głównie w celu przekazywania instrukcji, rad i wytycznych. Ilość informacji nie ogranicza się do meritum, ale obejmuje często pozamerytoryczne tematy i pytania, w tym dotyczące życia osobistego. Niektórzy pracownicy, którzy uważają, że informacje prywatne nie odgrywają istotnej roli w środowisku zawodowym, jawnie bądź niejawnie sprzeciwiają się takiej interwencji w życie prywatne. Lider 7.1+ woli zostawiać niektóre ważne informacje dotyczące organizacji dla siebie, zakładając, że pracownicy nie są w pełni gotowi, aby je odpowiednio wykorzystać. Inne informacje może nawet celowo przeinaczać, aby wzmocnić swoją ojcowską pozycję. Informacje, które nie odpowiadają jego poglądom i intencjom są ignorowane lub odrzucane. Kontrargumenty podlegają zwykle przeformułowaniu, tak aby zgadzały się z pierwotnym pomysłem lidera.

Wiedza Z zasady przywódca reprezentujący styl 7.1+ ma wysokie kompetencje i duże doświadczenie, jest dobrze zorganizowany i zorientowany na osiąganie ambitnych celów. Szczerze identyfikuje się z celami i wartościami organizacji. Nie stara się dowieść swojej dominacji w zakresie wiedzy. Przeświadczenie o wysokim statusie, dużym doświadczeniu i profesjonalizmie ogranicza wewnętrzną motywację lidera do zdobywania nowych kompetencji. Lider 7.1+ nie uważa swoich podwładnych za źródło nowej wiedzy i umiejętności. Przywiązuje jednak dużą wagę do ich szkoleń i osobistego rozwoju, kierując się przy tym swoją własną ideą tego rozwoju.

Autorytet Przywódca reprezentujący styl 7.1+ stara się być wzorem doświadczonego, mądrego i skutecznego lidera, który troszczy się o wspólne dobro i którego wkład w rozwój organizacji jest nieporównywalnie większy w porównaniu do innych osób w dziale czy zespole. Z racji swojego doświadczenia oraz cech osobowościowych i zawodowych może uchodzić za mądrego mentora, który służy każdemu radą nie tylko w kwestiach zawodowych, ale i prywatnych. To może być postrzegane przez pracowników zarówno pozytywnie, jak i negatywnie. Szczera chęć niesienia pomocy i wsparcia, oraz duże doświadczenie i profesjonalizm pozwalają liderowi o stylu 7.1+ działać jako autorytet dla tych pracowników, którzy zgadzają się z narzuconą im rolą. Niechęć do jej przyjęcia rodzi konflikt i wyjście spod wpływu autorytetu.

5.6   Umiejętność współpracy w stylu 7.1+

Rozwiązywanie konfliktów

Dla przywódcy reprezentującego styl 7.1+ świat jest jak rodzina z tradycjami – szczęśliwa i nie ogarnięta konfliktami czy wewnętrznymi sprzecznościami. Konflikt zagraża autorytetowi lidera 7.1+ i jego zdolnościom do osiągania wysokich wyników. Dlatego przedstawiciel tego stylu ma w zwyczaju rozwiązywać konflikty siłowo, podejmując jednostronną decyzję i wyjaśniając destrukcyjny wpływ konfliktu na cały zespół. Postrzega konflikt jako nieporozumienie: najwyraźniej pracownicy nie w pełni rozumieją, co jest słuszne i jak powinni się zachowywać.

Uważa, że konflikt jest objawem słabości organizacji, jego samego i innych. Zdaniem promotora-opiekuna skuteczny pracownik szybko uświadamia sobie, że wybór najbardziej optymalnej strategii zakłada wykonywanie jego poleceń, naśladowanie go i okazywanie mu wdzięczności. Tylko w ten sposób odniesienie sukcesu jest możliwe. Sprzeciw, wyrażanie krytyki czy wątpliwości uważa się za zachowanie dziecinne i niedojrzałe, które może tylko zaszkodzić. Lider o stylu 7.1+ uznaje konflikt za niedopuszczalny, ponieważ burzy harmonię kultury organizacji. Dlatego stara się przywrócić kontrolę i rozwiązać konflikt zgodnie ze swoją wizją, wykorzystując do tego celu swoją pozycję.

Lider 7.1+ uważa, że spoczywa na nim odpowiedzialność za eliminowanie sprzeczności występujących w zespole. Zachęca pracowników do bycia lojalnymi i ucieka się do kar bądź nagród w celu skłonienia ich do współpracy i udzielania sobie nawzajem wsparcia. Sprawnie blokuje sprzeciw i wątpliwości dotyczące jego poleceń.

Lider o stylu 7.1+ rozwiązuje konflikty powołując się na swój autorytet oraz system nagród i kar, które pomagają mu w kontrolowaniu zachowania pracowników. Promotor-opiekun stawia siebie za wzór i czuje się upoważniony do kierowania ludzi tam, dokąd, jego zdaniem, powinni zmierzać. Stosuje pochwały, przywileje i nagrody do zaprowadzenia porządku, a członkowie zespołu szybko zdają sobie sprawę, że nie mają innego wyjścia jak tylko go wspierać. To często prowadzi do sytuacji, w której zespół przestaje być szczery wobec lidera. Pracownicy udają, że go wspierają i popierają jego działania, podczas gdy w rzeczywistości nie zgadzają się z nim. To daje mu fałszywe przekonanie o słuszności wszystkiego, co robi. Ponieważ nikt nie chce sprzeciwić się liderowi, aby nie prowokować konfliktu, bez odpowiedniej informacji zwrotnej jego ego rośnie jeszcze bardziej.

Kiedy pojawia się konflikt, promotor-opiekun bardzo stara się nie stracić swojego autorytetu i wizerunku „szanowanego lidera". Ponieważ nie lubi być stroną konfliktu, gdyż mogłoby to zaszkodzić jego autorytetowi, na początku wdraża łagodne środki – uprzejme komentarze i dezaprobatę. Ta strategia często się sprawdza, ponieważ pracownicy rozpoznają nastrój szefa i wiedzą, co może nastąpić później. Dlatego często komentują jego nastroje i plany za jego plecami: „Dzisiaj lepiej schodzić mu z drogi, jest w kiepskim humorze" lub „Dzisiaj ma dobry humor, więc spróbuj mu powiedzieć o swoim pomyśle – pewnie się zgodzi".

Jeżeli jednak łagodna dezaprobata nie zadziała, lider 7.1+ zaczyna działać w sposób bardziej zdecydowany. Może otwarcie komentować lub w sposób zawoalowany wyrażać dezaprobatę podczas spotkań ogólnych. Nie lubi otwarcie wyrażać dezaprobaty, gdyż narusza to jego model organizacji jako zżytej tradycyjnej rodziny. Dlatego szczerze wyraża swoją troskę i żal z powodu powstania konfliktu i „potwornych problemów" z tym związanych, mając nadzieję, że i pracownicy żałują tego, co się stało, oraz że są świadomi swoich wykroczeń i błędów.

Jeżeli to nie pomoże w ugaszeniu konfliktu, podejmuje bardziej surowe kroki, aby ukarać winowajcę. Kara oznacza zwykle stygmatyzowanie osób, które nie mogą ochłonąć i wycofać się. I tak winowajca zostaje pozbawiony względów promotora-opiekuna. Jeżeli konflikt rozwija się, wówczas lider 7.1+ czuje się zmuszony wykorzystać ostatni argument i publicznie wymierza karę sprawcy. Nie jest łatwo potem uzyskać jego przebaczenie, gdyż promotor-opiekun chowa urazę przez długi czas. Osoba odpowiedzialna za wybuch konfliktu będzie musiała ciężko pracować, aby powrócić do łask szefa.

Jeżeli lider o stylu 7.1+ zauważy konflikt pomiędzy swoimi podwładnymi, chętnie służy pomocą jako arbiter, próbując zrozumieć stanowiska spierających się stron i zachęcić je do rozejmu opartego na kompromisie. Korzysta z każdej okazji, aby wyjaśnić i przekonać pracowników, że konflikty są czymś niedopuszczalnym oraz że mogą poważnie zaszkodzić zarówno całej organizacji, jak i każdej ze skonfliktowanych stron.

Komunikowanie się

Wysokie zorientowanie na zadania i niskie zorientowanie na ludzi powoduje, że w stylu 7.1+ używa się jednokierunkowej komunikacji z góry do dołu, która zakłada brak dialogu i informacji zwrotnej. Z drugiej strony, silne przywiązanie do wspólnej sprawy, ideałów i wartości kultury korporacyjnej sprawia, że komunikacja przywódcy reprezentującego styl 7.1+ z pracownikami jest bardziej efektywna niż w przypadku stylu 7.1–. W odróżnieniu od modelu autorytarnego, paternalistyczny model organizacji (wzorzec rodzinny) w większym stopniu wyraża interesy i wartości większości pracowników. Wspólne wartości i troska o wspólną sprawę częściowo rekompensują jednostronną komunikację. Jednak brak informacji zwrotnej „w górę" uniemożliwia korektę zachowania lidera. Informacje od pracowników, wymagane do osiągnięcia wysokich wyników, są spychane na peryferie zainteresowania lidera.

Według lidera o stylu 7.1+, komunikacja pełni dwie istotne funkcje:

1. Określanie i realizacja celów.
2. Wzmacnianie paternalistycznej struktury (rodzic/dziecko), która, wedle przekonań lidera 7.1+, jest jedyną słuszną.

Funkcja pierwsza zapewnia jasne określenie celów i zamierzeń oraz koordynację interakcji, zarządzania i kontroli, zaś druga funkcja ma za zadanie przekonanie pracowników, że tylko gotowość do wykonywania poleceń, głęboki szacunek i wiara w słuszność słów i czynów szefa może zapewnić sukces całej organizacji oraz każdego pracownika z osobna.

Przywódca reprezentujący styl 7.1+ zwykle z powodzeniem wprowadza te funkcje w życie, dlatego szczerze wierzy, że jego kompetencje komunikacyjne są nad wyraz wysokie: zawsze właściwie i jasno formułuje cel i przekonuje innych o jego słuszności. Uważając pracowników za niedojrzałych i niesamodzielnych, lider 7.1+ pośrednio lekceważy ich opinie i uczucia; jest przekonany, że ich kompetencje i profesjonalizm mogą zaistnieć tylko dzięki jego wsparciu.

Lider 7.1+ potrzebuje informacji od innych, aby osiągać wysokie wyniki i jednocześnie wzmocnić i skonsolidować swoją pozycję. Zachęca do ich poszukiwania i unika dyskusji na tematy, które nie są związane z wynikami, lub które mogą zagrozić jego autorytetowi. Promotor-opiekun próbuje wpływać na osoby, których opinia różni się od jego i dokłada wszelkich starań, aby przekonać je do zmiany poglądów.

Rzadko zabiega o intensywną wymianę informacji i nie uważa, aby wyjaśnianie wszelkich wątpliwości do końca było konieczne. Wykazuje żywe zainteresowanie wynikami pracy i ludźmi, ale jego pytania nie są obiektywne ani szczegółowe, dlatego nie przyczyniają się do rozwoju (osiągania synergii). Lider o stylu 7.1+ jest pewny swojego doświadczenia i wiedzy do tego stopnia, że nie przywiązuje wielkiej wagi do opinii innych osób. Od ludzi zwykle słyszy to, co sam chce usłyszeć, a nie to, co rzeczywiście ma dla danej sprawy znaczenie. W efekcie przyjęty przez niego styl interakcji i komunikacji jest skuteczny jedynie w kontekście zasobów (R). Co więcej, są to zasoby osobiście wybrane przez lidera bez uwzględniania opinii innych osób.

Wzorzec komunikacji przyjęty przez przywódcę reprezentującego ten styl ignoruje niezależność i kreatywność pracowników. Celem komunikacji jest zapewnienie, że osoby, które „pomagają" dokładnie rozumieją, co mają robić. Promotor-opiekun zadaje szczegółowe pytania, często protekcjonalnym tonem, aby upewnić się, że wszyscy rozumieją, czego się od nich oczekuje: „Powtórz, co powiedziałem – chcę mieć pewność, że dobrze się zrozumieliśmy" lub „Przedyskutujmy to jeszcze raz".

Kiedy usłyszy interesujący pomysł, zwykle nie zwróci na niego szczególnej uwagi, choć zanotuje go w swoim notatniku lub zapamięta. Po jakimś czasie może powrócić do tej sugestii, kiedy uświadomi sobie, że pokrywa się ona z jego własnymi przemyśleniami. Wówczas zupełnie szczerze uzna, że był to jego pomysł – wszak nikt nie może być mądrzejszy, bardziej kreatywny lub lepiej poinformowany od niego. Wysnucie cennej obserwacji przez „dziecko", jakim jest pracownik, nie może być niczym więcej jak zwykłym przypadkiem.

Lider 7.1+ zadaje pytania przede wszystkim po to, aby upewnić się, że wszystko jest jasne. Dopuszcza inne propozycje i opinie, lecz twierdzi, że prowadzą do tych samych wniosków i pomysłów co jego. Dlatego ostatecznie sam podejmuje wszystkie decyzje. Pracownicy i współpracownicy są wprawdzie dopuszczani do dyskusji na temat rozwiązań, lecz tylko po to, aby lepiej zrozumieli ważne aspekty decyzji swojego szefa.

Lider 7.1+ omawia rozwiązanie tak, aby każda osoba zaangażowana w zadanie zaakceptowała je bez wdawania się w dalsze dyskusje, po czym spieszy się z jego wdrożeniem.

Promotor-opiekun jednostronnie poszukuje informacji. Nie lubi, kiedy ktoś zadaje mu pytania lub wyraża wątpliwość na temat jego pomysłów i inicjatyw. Często zadaje zbyt dużo pytań na temat pracy zespołu. Jednak te pytania brzmią bardziej jak wskazówki i instrukcje. Dlatego zwykłą reakcją pracowników jest: „Powiedz mi, jak według ciebie mam to zrobić?" lub „Czy mógłbyś to wytłumaczyć jeszcze raz?"

Takie podejście do komunikacji obniża poziom wzajemnego zaufania i szacunku w zespole. Ludzie stają się ostrożni i niezdecydowani lub skrycie przechodzą do opozycji wobec swojego lidera.

Proaktywność

Przywódca reprezentujący styl 7.1+ przedstawia swoje pomysły z dużą pewnością siebie, asertywnością i przekonaniem. Oczekuje, że inni podzielą jego zdanie. Mocno obstaje przy swoim, a w razie wątpliwości podkreśla, że jego stanowisko reprezentuje w dużej mierze wspólny interes, a jego celem jest wyłącznie dobro pracowników.

Słucha opinii innych osób, lecz pozwala na dyskusję tylko wtedy, gdy są one chociaż częściowo zbieżne z tym, co sam już zaproponował. Przypadki odstąpienia od pierwotnego pomysłu są rzadkie. Jeżeli ktoś wpadnie na lepszy pomysł, jest on dokładnie prześwietlany i tylko w wyjątkowych przypadkach niechętnie akceptowany przez lidera.

Lider 7.1+ od razu przystępuje do obrony własnego zdania i robi to z przekonaniem. Ponieważ czuje się lepszy od pozostałych członków zespołu, broni swoich opinii i działań z pełną mocą i pewnością siebie. Nawet jeśli ktoś wyrazi odmienny pogląd, nie widzi potrzeby, aby poważnie go rozpatrzyć. Wprost przeciwnie – jest przekonany, że tylko jego pomysł może przynieść oczekiwane rezultaty. Potrzeba bycia na świeczniku sprawia, że promotor-opiekun nieustannie oczekuje pochwał i uznania ze strony innych.

O inicjatywach lider 7.1+ opowiada tonem dydaktycznym, typowym dla relacji rodzic-dziecko: „Powinieneś . . . ", „Oni muszą . . . ", „My musimy . . . ". Oczekuje, że pracownicy bez zastrzeżeń, a najlepiej z uznaniem, przyjmą każde jego słowo. Co więcej, upewnia się, że rozumieją co do nich mówi, podkreślając najważniejsze punkty: „To jest niezmiernie istotne" lub „To, co za chwilę powiem jest bardzo ważne". Nieustannie powtarza się, chcąc mieć pewność, że został dobrze zrozumiany: „Czy rozumiecie, o co mi chodzi?" lub „Czy wszystko jasne?".

Narzuca swoje pomysły, jednocześnie blokując inicjatywy innych osób. Robi to jednak w sposób ostrożny, aby nie obrazić ani nie zrazić do siebie nikogo, jak to ma miejsce w przypadku lidera 7.1–. Promotor-opiekun opiera się na swoim autorytecie i entuzjazmie: „Przemyślałem już sprawę i mam plan", a po rozpoczęciu prac nieustannie monitoruje proces wdrażania swoich pomysłów, oferując przywództwo i wsparcie.

Istotnym mankamentem tego stylu przywódczego jest zależność, którą dodatkowo podsyca mentoring i aktywna rola lidera-rodzica. Członkowie zespołu mogą omawiać sugestie i proponować rozwiązania alternatywne, lecz promotor-opiekun ma zwykle własną, jasną wizję i rzadko zgadza się na wprowadzenie zmian. Jest tak szczery, przekonujący i uprzejmy, że inni ulegają jego urokowi. Musi upłynąć kilka miesięcy zanim osoba, która miała dobry pomysł, uświadomi sobie, że zbyt łatwo dała się przekonać, myśląc: „Dlaczego nie broniłem swojego zdania? Przecież mogliśmy osiągnąć o wiele lepsze wyniki!".

Pracownicy czasami znajdują sposoby na obejście nadaktywności lidera 7.1+ w podejmowaniu inicjatyw uciekając się do podstępu. Polega on na tym, że pozwalają mu, aby przywłaszczył sobie cudzy pomysł – jest to jedyna szansa na zrealizowanie dobrych pomysłów. Jest to jednak czasochłonne i wymaga wiele energii, a poza tym musi znaleźć się ktoś, kto dobrowolnie zrzeknie się zasług.

Bierność oraz zależność to cechy, które przywódca reprezentujący styl 7.1+ wydobywa ze swoich podwładnych, i które okazują się problematyczne w kryzysowych sytuacjach. Będąc przekonanym, że członkowie zespołu nie są w stanie podejmować dobrych decyzji w trudnych sytuacjach, lider 7.1+ zawsze domaga się, aby niezwłocznie informować go o wszystkim, tak aby mógł udzielić odpowiednich wskazówek. Jednocześnie pracownicy bezczynnie czekają, aż szef poda im gotowe rozwiązanie. Jeżeli jednak promotora-opiekuna nie ma na miejscu i jest nieosiągalny, dochodzi do zastoju, ponieważ nikt nie chce wziąć na siebie odpowiedzialności z obawy przed popadnięciem w niełaskę.

Nawet jeżeli lider 7.1+ podejmuje cenne inicjatywy bazując na swoim bogatym doświadczeniu i wiedzy, finalnie jego postawa wywiera negatywny wpływ na pracowników. Ludzie nie czują potrzeby, aby działać czy bronić swoich przekonań, gdyż czują, że manipuluje się nimi. Dla tych, którzy zgadzają się być pod ścisłą kontrolą i przyjmują rolę niedojrzałych, niesamodzielnych pracowników, zamyka się szansa na rzeczywisty rozwój zawodowy polegający na rozwoju samodzielności. Zaś ci, którzy pragną większej swobody i odpowiedzialności nieuchronnie stają w opozycji do paternalistycznego lidera, tym samym ograniczając szanse własnego rozwoju.

Podejmowanie decyzji

Podejmowanie decyzji jest jednostronne i jednoosobowe.   Przywódca 7.1+ szczerze wierzy, że opcja zaproponowana przez niego jest najlepsza. Jednak, w odróżnieniu od stylu 7.1−, nie jest prostolinijny, kategoryczny i jednoznaczny. Pyta inne osoby o ich zdanie, omawia alternatywy, uważnie słucha, choć w rzeczywistości decyzja już zapadła.

Omawia inne sugestie tylko po to, aby wykazać słuszność własnych, poczuć podziw i wdzięczność ze strony pracowników i obiektywnie ocenić mocne i słabe strony zaproponowanych przez siebie rozwiązań. Dlatego, w ramach podsumowania dyskusji, często mówi: „Dziękuję za propozycję, ale uważam, że powinniśmy postąpić w sposób następujący (i tu wyjaśnia swoją decyzję). Mam nadzieję, że wszyscy się ze mną zgodzicie".

W trakcie dyskusji promotor-opiekun pyta o zdanie w pierwszej kolejności tych, którzy, jak podejrzewa, uważają podobnie do niego. Osoby, które się z nim nie zgadzają czy nawet całkowicie odrzucają jego pomysły, są postrzegane negatywnie, a ich słowa są ignorowane lub dyskredytowane. To daje liderowi satysfakcję, ponieważ stwarza wrażenie zespołowego podejmowania decyzji. W rzeczywistości jednak promotor-opiekun pyta innych o zdanie po to tylko, aby uzyskać wsparcie.

Lider o stylu 7.1+ podchodzi do procesu decyzyjnego z wielką odpowiedzialnością – uważnie analizuje problem i wykonuje szczegółową pracę analityczną wymaganą do zidentyfikowania wszystkich możliwych alternatyw. Jednak nieadekwatna i lekceważąca postawa względem podwładnych nie pozwala mu wziąć pod uwagę wszystkich ważnych faktów i czynników, co obniża jakość decyzji. To w konsekwencji negatywnie wpływa na skuteczność działań.

Pomimo wielu rozmów, pracownicy odpowiedzialni za realizację pomysłu w rzeczywistości nie biorą udziału w jego dopracowaniu i nie angażują się w pracę. Ich motywacja spada, a pomocne informacje zostają utracone.

Promotor-opiekuna czuje się dumny z podjęcia twardej, ostatecznej decyzji; uważa taką determinację za właściwą i pomocną: „Mam olbrzymie doświadczenie, mam wiele do zaoferowania i chcę wszystkiego, co najlepsze dla moich podwładnych". Podejmowanie decyzji za innych sprawia, że czuje się komfortowo i pewnie: „Nasza rodzina ma się świetnie!"

Konstruktywna krytyka

Krytyka lidera reprezentującego styl 7.1+ jest zawsze jednostronna i wyrażana protekcjonalnym tonem, choć w sposób miękki i uprzejmy. Lider ten wierzy, że wykonuje dobrą robotę wydając polecenia, doradzając i udzielając wskazówek, a w zamian oczekuje wdzięczności. Wierzy, że krytykując innych wyświadcza im przysługę, nawet jeśli jego uwagi są nieprzyjemne. Jednak krytyka adresowana w drugą stronę, do lidera, jest niedozwolona. Pracownicy znajdujący się niżej w hierarchii organizacji nie mogą go oceniać, a ich spostrzeżenia są odrzucane lub ignorowane. Sprowadza się to do tego, że praktycznie możliwe są tylko dwa „krytyczne" komentarze podwładnych: mogą oni powiedzieć, że „wszystko jest w porządku" lub „wszystko jest świetnie".

Promotor-opiekun jest niezwykle wrażliwy na każdą krytykę i reaguje defensywnie nawet na łagodną uwagę czy sugestię. Nawet jeśli krytyka jest uzasadniona, lider 7.1+ ją odrzuca. Następnie naskakuje na „oskarżyciela", aby go ukarać lub zdyskredytować. To wszystko powoduje, że promotor-opiekun jest niebezpieczną i destrukcyjną siłą w zespole, szczególnie kiedy jest jego liderem, ponieważ ludzie boją się wejść z nim w konflikt.

Forma krytyki w stylu 7.1+, która w dużej mierze wynika z utożsamiania się promotora-opiekuna z wartościami i celami organizacji, ma na celu wywołanie poczucia winy: „Ostrzegałem cię". Ponieważ sukces organizacji leży mu na sercu i ponieważ wierzy, że znacząco przyczynia się do jej wysokich wyników, lider ten jest przekonany, że osoby, które się z nim nie zgadzają ponoszą winę za porażki lub małą skuteczność.

Ten rodzaj krytyki jest drugą stroną medalu, na którego awersie znajduje się kategoryczne stwierdzenie: „Masz to zrobić". Lider o stylu 7.1+ radykalnie tłumi opinie innych osób, ponieważ wierzy, że tylko jego osobiste zaangażowanie może zapewnić pozytywny rezultat. Nie ma oporów przed wytykaniem innym ich błędów. Co więcej, twierdzi, że błąd jest wynikiem nieprzestrzegania jego instrukcji. Kiedy tak się dzieje, wykorzystuje okazję do tego, aby przekonać pracowników, aby nauczyli się jego poleceń na pamięć: „Może następnym razem posłuchasz mnie i po raz drugi nie popełnisz tego samego błędu". Zdania, takie jak „Mówiłem ci" oznaczają, że promotor-opiekun nie podziela z pracownikami odpowiedzialności za popełnione błędy.

Podobnie jak w przypadku innych przejawów stylu paternalistycznego, krytyka opiera się na potrzebie bycia docenionym i podziwianym przez innych. Lider o tym stylu chce być podziwiany i postrzegany jako silny i sprawny przywódca, zaś wsparcie i podziw dają mu siłę do bezkompromisowego pokonywania wszelkich przeciwności. Czuje się odpowiedzialny za swoich wiernych zwolenników i robi, co może, aby im pomóc – weźmie dodatkową pracę, będzie pracował do utraty tchu, poświęci życie osobiste.

Natomiast jeśli promotor-opiekun zamiast wsparcia i podziwu otrzymuje najmniejszą choćby krytykę, jego wiara w siebie szybko znika. Bez uznania i wsparcia staje się kruchy i bezradny. Za maską pewności siebie kryje się osoba bezbronna, która oczekuje zbyt wiele od siebie i innych. Potrzebuje stwarzać pozory wyższości, lecz czyniąc to stawia wysokie, a czasami nierealne, wymagania. Zawsze decyduje samodzielnie, aby wykraczać poza oczekiwania i osiągać wysokie wyniki.

Promotorowi-opiekunowi brakuje jednej z najważniejszych cech, bez której krytyka nigdy nie będzie skuteczna ani konstruktywna, tj. partnerstwa. Jeżeli dopuści możliwość dwustronnej krytyki, będzie musiał współpracować z innymi członkami zespołu na równych warunkach, co samo w sobie jest fundamentalnie sprzeczne ze światopoglądem paternalistycznym.

5.7 Wnioski

Z reguły lider 7.1+ jest uzdolnioną, a nawet utalentowaną osobą. Jednak wymaga od siebie zbyt dużo i ma problem z przyjęciem pomocy od innych, ponieważ boi się okazać słabość. Od współpracowników wymaga oddania i lojalności: „Albo jesteś ze mną, albo przeciwko mnie". W efekcie albo całkowicie kontroluje innych, albo całkowicie się im podporządkowuje. Promotor-opiekun wydaje się być osobą dumną lub mającą poczucie wyższości. W rzeczywistości bywa bezbronny i zależny, co nie pozwala mu ufać ludziom, szanować ich i czerpać satysfakcję ze wspólnych dokonań.

Chce być jak najlepszy zarówno dla siebie samego, jak i innych. Oczywiście spełnienie tak wysokich oczekiwań nie jest realne, dlatego nieustannie balansuje pomiędzy sukcesem a kompletną porażką. We współczesnych organizacjach, w których wynik całego zespołu powinien przewyższać sumę wysiłków poszczególnych jego członków, promotor-opiekun jest zgubiony. Nie stać go mentalnie, aby zniżyć się do poziomu pozostałych członków zespołu i zbudować z nimi partnerstwo. Dlatego dystansuje się zamiast łączyć wysiłki, ażeby w pełni doświadczać wszystkich korzyści płynących z pracy zespołowej, w szczególności efektu synergii.

Styl 1.7–: Pochlebca (uległy i miły)

6

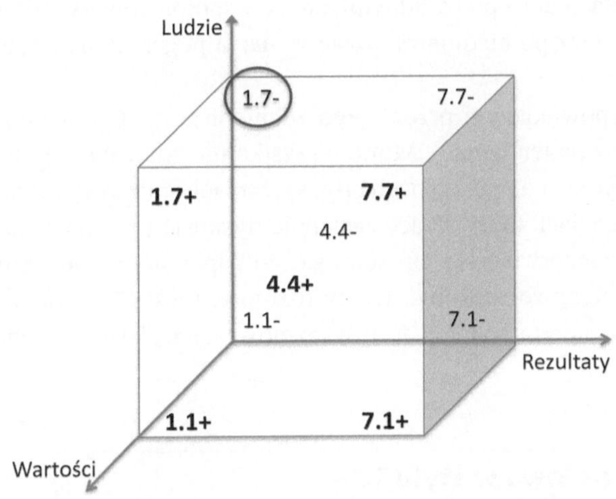

Niskie zorientowanie na zadania, wysokie zorientowanie na ludzi, obojętność wobec pracy i organizacji; skłonny do zadowalania wszystkich wokół, cieszy się pozytywnym nastawieniem. Pragnie nawiązywać dobre stosunki z ludźmi za wszelką cenę, stosownie do okoliczności. Ucieka od konfliktów i kłótni, jest nieszczery, schlebia i ulega innym dla własnych celów, które nie zawsze udaje mu się zrealizować.

6.1 Podstawowe cechy stylu 1.7–

Osoba o stylu 1.7– jest przekonana, że cały świat jest sceną, a wszyscy wokół tylko odgrywają swoje role. Dlatego nikomu nie ufa. Woli nałożyć maskę pochlebcy, nie uzewnętrzniać się i nikogo do siebie nie dopuszczać. W opinii przywódcy o stylu 1.7– wszyscy ludzie są z natury próżni i dlatego dzięki pochlebstwom udaje się uniknąć kłopo-

© Springer-Verlag GmbH Germany, part of Springer Nature 2019
A. Zankovsky and C. Heiden, *Przywództwo z Synercube*,
https://doi.org/10.1007/978-3-662-58235-0_6

tów. Zdobywanie czyichś względów nie jest jednoznaczne z gotowością do współpracy czy niesienia pomocy. Takie zachowanie ma na celu manipulowanie otoczeniem. Obawa przed zaangażowaniem jest powodem nerwowości, napięcia i niepokoju, które maskuje uśmiechem. Styl 1.7– w dużym stopniu koncentruje się na ludziach, nie na rezultatach. Osoba o tym stylu bardzo dobrze wyczuwa emocje, cele i aspiracje innych ludzi, i wie, jaki wpływ będzie na nich miała taka czy inna decyzja. Mentalnie 1.7– jest dość daleko od prawdziwych problemów i spraw organizacji, dlatego pole do manipulacji jest ogromne. Jest dobry w opowiadaniu dowcipów, uprzejmy, zawsze gotowy, aby wysłuchać pracownika okazując przy tym troskę i zrozumienie, które uznawane są za szczere. Niski priorytet zadań pokazuje obojętność lidera 1.7– względem celów organizacji i pracy w ogóle. W konsekwencji relacje, jakie nawiązuje z ludźmi, są nieszczere i powierzchowne i trudno jest mu realizować istotne cele. Taki przywódca nie potrafi poprawić wydajności działu w warunkach twardej konkurencji.

Z tych samych powodów lider reprezentujący styl 1.7– nie nawiązuje wiarygodnych, produktywnych relacji ani z podwładnymi, ani ze współpracownikami. Może na początku są one efektywne, lecz po niedługim czasie sytuacja pogarsza się i jakość relacji się obniża.

Najczęściej wypowiadanym przez niego zdaniem jest: „Co mogę dla ciebie zrobić? Powiedz, co sądzisz na ten temat". Mimo wszystko nie udaje mu się uniknąć problemów. Lecz zamiast skupić się na przyczynach i rozwiązaniach, całą swoją uwagę koncentruje na emocjach i preferencjach ludzi. Pracę zastępuje dyskusja i nieważne dokąd zmierzająca. Jeżeli rozmówca zdenerwuje się, on stara się go uspokoić, wyraża zrozumienie i aprobatę na wszelkie możliwe sposoby. Kiedy rozmówca jest zadowolony, on również jest zadowolony. Szybko potrafi ocenić nastrój rozmówcy, a na każdą zmianę reaguje zachętą, wsparciem i pochwałą.

6.2   Praca zespołowa w stylu 1.7–

Oto kilka przykładów typowego zachowania przywódcy reprezentującego styl 1.7– w organizacji w sytuacji, w której współpracownik nie radzi sobie z zadaniem.

Po pierwsze przywódca o tym stylu robi, co może, aby unikać konfliktów, a jeśli to się nie uda, przenosi konflikt na grunt międzyludzki. W rozmowie skupia się na obniżeniu napięcia, a nie na znalezieniu rozwiązań dla najbardziej palących kwestii. Sądzi, że aby zmotywować ludzi do rozwiązania problemu wystarczy osobiście porozmawiać z każdym z nich. Jeśli ktoś nie wykazuje takiej woli, nie znajdzie w sobie odwagi, aby go upomnieć. Ma nadzieję, że wystarczy drobna sugestia. Nawet kiedy te same problemy na okrągło się powtarzają, nie zareaguje, aby nie wywołać konfliktu. Jeśli zespół nie jest zadowolony, bierze część obowiązków na siebie, aby zmniejszyć napięcie. Gdy konflikt jest nieunikniony, on abdykuje i przekazuje władzę komuś innemu, albo ogranicza środki zaradcze do najbardziej powierzchownych, które i tak nie ratują sytuacji.

Reakcja na konstruktywną krytykę ze strony współpracownika:

Lider o stylu 1.7– od razu zaczyna się kajać i przepraszać za swój błąd: „Bardzo żałuję, że cię zawiodłem. Jak mogłem dopuścić do takiej głupiej wpadki?". Poza takim stwierdzeniem nie należy spodziewać się głębszych przemyśleń czy sprzeciwu z jego strony. Następnie, prosi o radę, jest wdzięczny, jeśli ją otrzyma, i zaczyna zachęcać pracowników, aby poszukali najlepszego sposobu na pokonanie trudności.

Zespół złożony z samych osób reprezentujących styl 1.7– to idealne miejsce do zabawy, w którym cały potencjał jest marnowany. Jego członkowie nie wierzą, że współpraca może być dobrym środkiem do uspokojenia konfliktu, starają się jedynie budować komfortową i przyjemną atmosferę. Ważne, aby wszyscy byli zadowoleni, dlatego każda dyskusja koncentruje się na nastrojach. Różnice zdań są zwyczajnie ignorowane. Nieporozumienia rozwiązuje się poprzez składanie pozytywnych deklaracji, a każde porozumienie jest powodem do świętowania. Mottem stylu kierowniczego 1.7– jest „Jeżeli nie możesz powiedzieć nic miłego, lepiej nie mów nic". Takie podejście może wydawać się produktywne na krótką metę, ale okazuje się kompletnie bezużyteczne w dłuższej perspektywie. Prawdziwą i głęboką motywacją osobistą powinno być radzenie sobie z konfliktem i pokonywanie problemów, bo tylko taka motywacja jednoczy ludzi i sprawia, że zaczynają sobie ufać; w przypadku dążenia do poprawy relacji szczerość i otwartość są bardziej skuteczne niż pochlebstwa.

W grupie osób reprezentujących styl 1.7– uwaga koncentruje się w dużej mierze na relacjach pomiędzy współpracownikami. Nie ma tutaj miejsca na merytoryczność, rzeczowość, zdrowy rozsądek i profesjonalizm. Taki zespół nie jest w stanie podejmować odpowiednich działań w niepewnych okolicznościach ani identyfikować i rozwiązywać problemów, ponieważ jego członkowie obawiają się ewentualnych sprzeczek, wymiany argumentów itp. Ciągłe pochwały sprawiają, że ludzie czują się zbyt pewni siebie, choć skuteczność ich działań wcale nie jest taka wysoka. Ponieważ bezproduktywne działania nie są prawidłowo oceniane lub są ignorowane, zespół może jedynie powtarzać błędne wzorce zachowań i popełniać ciągle te same błędy. Trwa to do momentu, aż sytuacja zrobi się naprawdę zła.

Kolejną istotną cechą stylu 1.7– jest nadmierna uprzejmość. Zespół czuje się silny tylko w atmosferze ogólnego uznania. Rzeczywisty rezultat nie jest już tak ważny. Nikogo nie interesuje rzeczowa ocena jakości pracy, ani wysnuwanie istotnych wniosków. Zamiast tego zespół całkowicie poświęca się udzielaniu sobie nawzajem wsparcia i wyrażaniu aprobaty nawet w sytuacji, gdy podjęte działania były nieprawidłowe, a rezultat nie spełnił oczekiwań. Jak tylko ktoś zaczyna zwracać uwagę na niską produktywność, zostaje oskarżony o próbę rozbicia zespołu. Takie próby są zwykle ignorowane, lecz czasami „obwiniający" zostaje odizolowany od reszty grupy. Pomimo przekonania o nieomylności i nadmiernej uprzejmości, wcześniej czy później w zespole zaczynają pojawiać się oznaki przygnębienia, ponieważ nikt nie zajmuje niczym istotnym i nikt nie jest wystarczająco zmotywowany do działania.

6.3 I-ZONE w stylu 1.7–

Przywódca reprezentujący styl 1.7– buduje ciepłe i przyjazne, acz powierzchowne relacje. Znacząco różnią się one od relacji, jakie dają się zaobserwować w grupie, którą charakteryzuje silna współpraca oparta na wzajemnym zaufaniu, szacunku i szczerości. Ludzie mogą ze sobą pracować całymi latami, codziennie się ze sobą komunikując, a mimo to nie zaprzyjaźniają się z uwagi na niski poziom wzajemnego zaufania i szacunku.

Osoba reprezentująca styl kierowniczy 1.7– używa pochwał niemal bez przerwy. Nawet kiedy pomysł wydaje się nierealny lub całkowicie błędny, lider nie odrzuci go. Jego motto brzmi „Tak czy inaczej, zawsze trzeba powiedzieć coś miłego". Relacje zawsze okazują się dla niego ważniejsze – muszą być przyjacielskie i budować atmosferę zadowolenia. W takich warunkach konflikt jest czymś niepożądanym, staje się przeszkodą nie do pokonania, bo nikt nie chce zburzyć atmosfery życzliwości. Zespół próbuje tuszować wszelkie kontrowersje, ucisza tych, którzy mają odmienne zdanie, przekonując, że to nie służy wspólnemu dobru. Im silniejsze są relacje personalne, tym ludzie są mniej skłonni, aby stawiać czoła wyzwaniom (Rys. 6.1).

Myślą: „Nie chcę niszczyć naszej wspaniałej przyjaźni; Nie chcę nikogo obrazić".

Brak umiejętności lidera 1.7– w zakresie oceny bezproduktywnego zachowania i analizy nowych problemów prowadzi do spadku wydajności (O). Najważniejsze zasoby pozostają niewykorzystane, ponieważ zespół nie bierze pod uwagę wszystkich opinii i nie analizuje wszystkich możliwych scenariuszy. Brakuje mu doświadczenia w mierzeniu się z wyzwaniami, co jest najlepszą motywacją podczas realizowania poważnych zadań. Taki zespół nigdy nie podejmie właściwych decyzji ani nie osiągnie synergii. Zamiast tego będzie działał jakby znajdował się w domku z kart, który zawali się gdy tylko ktoś zrobi jeden fałszywy ruch.

Rys. 6.1 1.7–

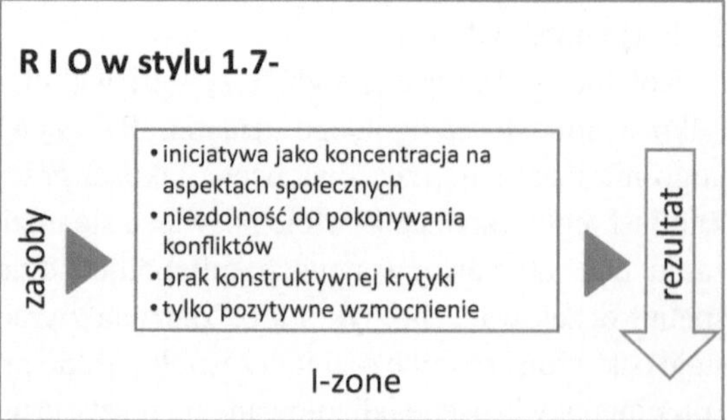

6.4   Kultura i wartości w stylu 1.7–

Podstawowe cechy: usłużność i obojętność

Zaufanie Lider o stylu 1.7– często powtarza, że w pełni ufa współpracownikom, oraz że zaufanie odgrywa najważniejszą rolę w relacjach międzyludzkich.

Jednak są to puste słowa. W rzeczywistości ten styl odrzuca zaufanie jako wartość i zasadę. Lider o tym stylu uważa, że ludzie są z natury próżni i jeśli ktoś szuka świętego spokoju, wystarczy, że będzie usłużny i przesadnie uprzejmy. Ludziom nie powinno się ufać, dlatego najbezpieczniej jest zakładać maskę osoby niekategorycznej i przyjaznej, i nie wychylać się. Skłonność do zadowalania innych nie idzie w parze ze szczerą chęcią współpracy i niesienia pomocy. Jego celem jest głównie manipulacja. Obawa przed angażowaniem się prowadzi do napięć, nerwowości i niepokoju, które taka osoba skrywa pod uśmiechem. Lider o stylu 1.7– żywi nadzieję, że praca wykona się sama, albo że ktoś inny ją wykona, albo że tak naprawdę nikomu nie zależy na jej wykonaniu.

Sprawiedliwość Przywódca o stylu 1.7– jest przekonany, że sprawiedliwość i uczciwość to wartości spotykane wyłącznie w relacjach osobistych i nie dotyczą obowiązków współpracowników. Za sprawiedliwe uważa więc stymulowanie aktywności i zachowań, które pomagają w wykonaniu zadania, oraz zapewnienie spokojnej i komfortowej atmosfery w pracy. Wyniki zdecydowanie nie należą do jego priorytetów. Obowiązki są spychane na drugi plan, a ich znaczenie wzrasta dopiero pod wpływem nacisków ze strony kierownictwa. Lider 1.7– taką presję i kontrolę uważa za niesprawiedliwą i bezpodstawną. Tym bardziej, że wszelkie jego działania, które budują komfortową atmosferę oraz brak zaangażowania w przestrzeganie harmonogramów zadań są świadomie bądź nieświadomie uważane przez niego za zgodne z zasadami i uzasadnione.

Zaangażowanie i utożsamianie się Ludzie o stylu 1.7– są oddani swojemu zespołowi, choć w rzeczywistości pozostają całkowicie obojętni na jego problemy oraz problemy organizacji w ogóle. Nie odchodzą z pracy tylko dlatego, że obawiają się bezrobocia. Osoba o stylu 1.7– uważa, że oddanie sprawom organizacji i identyfikowanie się z nią jest tylko maską, którą każdy nakłada po to, aby móc robić swoje. W rzeczy samej osoba o tym stylu identyfikuje się nie z działaniami organizacji, lecz z atmosferą komfortu, którą tak bardzo sobie ceni. Dlatego w ostatecznym rozrachunku wartości te okazują się wyimaginowane i w najmniejszym nawet stopniu nie motywują ani nie zachęcają lidera 1.7– do działania.

Odpowiedzialność i niezawodność Na ludziach reprezentujących styl 1.7– nie można polegać w żadnej sytuacji, gdyż swoje obowiązki wykonują z czystej konieczności i nie są zorientowani na jakość. Ich niezawodność lekko wzrasta w sytuacji realnie zagrażającej istnieniu organizacji. Odpowiedzialność społeczna w stylu 1.7– jest czysto deklaratywna – uwaga koncentruje się głównie na budowaniu pozytywnego wizerunku po to tylko, żeby zrobić dobre wrażenie na kierownictwie wysokiego szczebla. Osoba reprezentująca styl 1.7– jest wewnętrznie obojętna na filozofię odpowiedzialności społecznej, która wymaga od zespołu współpracy w mierzeniu się z wyzwaniami społecznymi. Z jej punktu widzenia te wyzwania jej nie dotyczą. Kwestie odpowiedzialności społecznej brane są pod uwagę dopiero wtedy, gdy taka jest wola kierownictwa wyższego szczebla.

Przejrzystość i prawdomówność Postępowanie w sposób otwarty i transparentny jest postrzegane przez osobę o stylu 1.7– jako element maskarady. Maskę uprzejmości powinien nosić każdy w każdej sytuacji, traktować jak prawdziwe oblicze i nigdy nie zdejmować, gdyż to ułatwia współpracę. Wszelkie inne informacje, w tym informacje na temat realizowanych zadań, uważa się za niebezpieczne, a nawet szkodliwe. Dlatego lider 1.7– uważa za bezzasadne rozmawianie o problemach, dzielenie się prawdziwymi informacjami, odbywanie szczerych rozmów na temat błędów itp. Taka postawa powoduje, że obraz działań realizowanych przez organizację i ich sens, kierunek rozwoju i rezultaty pozostają całkowicie niejasne dla współpracowników, co prowadzi do braku entuzjazmu, niepewności i nieufności.

6.5   Kultura i władza w stylu 1.7–

Władza oparta na zachętach i informacji

Kara Przywódca reprezentujący styl 1.7– rzadko stosuje karę jako środek do wywierania wpływu na zachowanie pracowników. Ponieważ nie dba o wyniki, karanie wydaje się bezzasadne. Natomiast jeśli już kara ma zostać wymierzona, zwykle przybiera najłagodniejszą z możliwych form i pełni funkcję defensywną – ma chronić lidera przed ewentualnym zaangażowaniem i dalszymi problemami. Karanie jest ostatnią rzeczą, której po swoim szefie mogliby się spodziewać pracownicy, do tego stopnia, że opowiadają sobie na ten temat żarty.

Nagradzanie Przywódca 1.7– traktuje nagrody jako podstawowy środek wywierania wpływu, choć nagroda nie ma związku z wynikami. Lider 1.7– wychodzi z założenia, że ludzie są z natury nieszczerzy, próżni i ukrywają swoje prawdziwe intencje. Dlatego jego zdaniem wszelkie zachęty mają w zamyśle budować ciepłe i spokojne relacje oraz warunki sprzyjające bezwysiłkowej, standardowej pracy. Motywacyjny system zachęt stosuje się więc jako w pełni zasłużoną i naturalną formę interakcji w organizacji, choć nie związaną z wynikami.

Pozycja Status i pozycja w organizacji nie mają dużego znaczenia dla przywódcy o stylu 1.7– i wynikają z formalnego przydziału obowiązków. Przydział ten jest często niejasny i źle uzasadniony. Chcąc zmierzyć się z niechęcią pracownika, wyegzekwować realizację zadania lub wdrożyć instrukcje, lider o stylu 1.7– rzadko powołuje się na swoją pozycję, gdyż rzadko wydaje jakiekolwiek polecenia. Jego ambicje zawodowe są dość umiarkowane, za to wszelkimi dostępnymi sposobami podkreśla, że relacje w zespole powinny opierać się na równości i bliskości. Poza tym lider 1.7– często mówi o demokracji w organizacji, chcąc podkreślić, że każdy wykonuje swoje zadania samodzielnie bez drobiazgowej kontroli. W efekcie wszyscy są zadowoleni niezależnie od osiągnięć. W dość wyjątkowych przypadkach lider 1.7– styka się z kategorycznymi żądaniami ze strony kierownictwa wysokiego szczebla, które musi spełnić w określonym czasie. Ale nawet w takiej sytuacji jedyne, co mówi to: „Jestem twoim szefem i to ja za wszystko odpowiadam. Zróbmy coś, żeby przestali nas ciągle krytykować".

Informacja Wymiana informacji ma na celu przede wszystkim budowanie komfortowego i spokojnego środowiska. Niepokojące informacje są pomijane. Zawartość komunikatów oraz ich zakres nie mają zbyt wiele wspólnego z wagą działań ani celami organizacji. Wystarczy, że spełnione jest minimum wymagań. Koncentrując się na budowaniu pozytywnego środowiska, lider 1.7– negatywnie reaguje na pytania, na które odpowiedź może być niepokojąca i burzyć harmonię. Dlatego informacje są zbierane w sposób powierzchowny i tylko wtedy, gdy jest to konieczne. Ponadto lider o stylu 1.7– woli ukrywać przed innymi informacje o istotnym znaczeniu dla organizacji, nie przekazywać ich nikomu lub ignorować, kiedy nikt z wyższego szczebla tego nie kontroluje i nie ma ryzyka poniesienia z tego tytułu odpowiedzialności.

Wiedza Kompetencje zawodowe przywódcy reprezentującego styl 1.7– są zwykle albo dość wysokie (czasami nawet zbyt wysokie), albo dość niskie. W pierwszym przypadku, z powodu niskiej motywacji i obojętności wobec celów zespołowych, lider nie może wykorzystać nawet ułamka swojej wiedzy. Zaś w drugim przypadku, obojętność na jakiekolwiek rezultaty staje się formą psychologicznej obrony i służy do ukrywania przed innymi niekompetencji, dezorientacji i obaw. W obu powyższych przypadkach wiedza nie służy do wykonania zadania, ale do budowania spokojnego i pozytywnego środowiska. Lider o tym stylu z pewnością nie jest skłonny do uczenia innych lub dzielenia się swoją wiedzą i doświadczeniem.

Autorytet Przywódca o stylu 1.7– rzadko posiada charyzmę. W skomplikowanej lub trudnej sytuacji, kiedy trzeba wziąć odpowiedzialność, pokierować ludźmi oraz zachęcić ich do działania, nie wyrasta na autentycznego przywódcę i nie wyróżnia się niczym pośród reszty pracowników. Niechęć do podejmowania wyzwań nie pozwala mu być prawdziwym liderem i mierzyć się z trudnościami. Podczas spotkań towarzyskich, np. firmowych imprez, zachowuje się zgoła inaczej: kipi od pozytywnych emocji i stara się zainspirować wszystkich dokoła do rozwiązywania problemów organizacyjnych, finansowych itp. Wewnętrzna obojętność na cele organizacyjne i niechęć do rozwiązywania problemów finalnie nie pozwalają liderowi o stylu 1.7– stać się wzorem do naśladowania dla innych pracowników.

6.6   Umiejętność współpracy w stylu 1.7–

Rozwiązywanie konfliktów

Przywódca o stylu 1.7– stara się jak może, aby unikać sytuacji rodzących nieporozumienia i konflikty, ponieważ konflikt zagraża spokojnej i miłej atmosferze w zespole i organizacji. W przypadku wystąpienia konfliktu próbuje odwrócić od niego uwagę. Stara się uspokoić zwaśnione strony i je udobruchać lub bierze całą odpowiedzialność na siebie. Zamiata sprawę pod dywan, aby każdy pracownik czuł się bezpieczny i uniknął odpowiedzialności za własne błędy. Jednocześnie stara się wyglądać na pewnego siebie i udaje, że nic się nie stało.

Lider 1.7– będzie dążył raczej do uspokojenia konfliktu niż jego rozwiązania. Unika sporów, wzywając do zawarcia porozumienia i bardzo rzadko wyraża odmienne zdanie. Troszczy się o dobry nastrój innych osób i w razie potrzeby udziela emocjonalnego wsparcia. Chcąc za wszelką cenę zachować dobre relacje, przychyla się do opinii innych osób, nawet jeśli się z nimi nie zgadza. Rzadko docieka przyczyn konfliktu i niemal nigdy nie ocenia ich na podstawie faktów czy analiz. Zamiast tego uspokaja zwaśnione strony, uznając to za wystarczające działanie.

Jeśli nie uda się uniknąć konfliktu, po pierwsze stara się uspokoić strony konfliktu i robi to w sposób kreatywny i przekonujący – przedstawia dobre strony sytuacji, wzywając do zaprzestania sporu. Winę zrzuca na okoliczności i próbuje umniejszać skalę problemu: „Ta sytuacja jest dla niego naprawdę trudna", „Wiem, że nie miał tego na myśli". Próbuje przekierować uwagę na mniej kontrowersyjne pytania, obierając żartobliwy ton: „Hej, ktoś tu się chyba powinien rozchmurzyć". Kolejna strategia polega na wezwaniu do większej tolerancji: „Nikomu nie jest łatwo w tej sytuacji, więc powinniśmy wszyscy sobie pomagać" lub „Możemy na sobie polegać w tej sytuacji, czyż nie?". Lider 1.7– czasami próbuje zawstydzić swoich skonfliktowanych współpracowników, a następnie proponuje zawarcie pokoju, chcąc przywrócić przyjazną atmosferę.

Jeżeli próby załagodzenia sytuacji nie powiodą się, lider 1.7– stara się trzymać z daleka od konfliktu, uchylając się od odpowiedzialności: „Nie mam z tym nic wspólnego" lub „Ta decyzja nie należy do mnie". Konflikt jest dla niego jednoznacznym zagrożeniem dla dobrych stosunków.

Według przywódcy reprezentującego ten styl, nie da się poprawić jakości interakcji poprzez rozwiązywanie konfliktów. Nawet kiedy wie, że konflikt istnieje, woli zachować tymczasowy chwiejny pokój niż otwarcie przyznać, jak wygląda sytuacja i podjąć działania naprawcze. Jego dominującą strategią jest: „Później się tym zajmiemy" lub „Wszystko się ułoży, wystarczy, że wszyscy spuścimy z tonu".

Inne typowe zachowanie obserwowane w tym stylu przywódczym dobrze opisuje słynne powiedzenie: „Nic nie widzę, nic nie słyszę, nic nie mówię". Dzięki takiej postawie nieefektywne zachowanie i problemy są ukrywane i ignorowane, nigdy nie stając się tematem rozmów. Niestety niechęć lidera do dokonywania jakiejkolwiek analizy problemu z czasem prowadzi do jeszcze poważniejszych konsekwencji.

Rozwiązywanie konfliktów jest trudne dla lidera 1.7– z jeszcze jednego powodu – brakuje mu z góry ustalonych kryteriów oceny działań zespołu. Rozpoczyna projekt kierując się samym tylko entuzjazmem. Planowanie i ustalanie jasnych kryteriów uznaje za działanie, które osłabia motywację. „Jeżeli ludzie są utalentowani i pełni entuzjazmu, reszta przychodzi sama". Kiedy brakuje kryteriów, krytyka wydaje się niczym więcej jak tylko arbitralną opinią, podczas gdy w rzeczywistości powinna doskonalić działania poprzez porównanie ich z pożądanymi wzorcami. Dlatego trudno jest ocenić produktywność zespołu – brakuje standardów, których należy przestrzegać, nie wiadomo, z jakiego punktu startować, kiedy zachodzi konieczność zmiany wzorców zachowania i ich poprawy. W odpowiedzi na krytykę lub uwagę, pracownik, który naruszył reguły zachowania może powiedzieć: „Czy możesz mi pokazać jakąś procedurę, w której jasno opisano, jak powinienem był się zachować?".

Komunikowanie się

Kompetencje komunikacyjne lidera o stylu przywódczym 1.7– są dość dobre, co pozwala mu nawiązywać i utrzymywać relacje, które z zewnątrz wyglądają dobrze. Zwykle jest życzliwy, zadaje wiele pytań, ma przyjazne usposobienie i jest gościnny. Troszczy się o każdego pracownika i dąży do tworzenia harmonijnych relacji osobistych. Taka osoba demonstruje subtelne zrozumienie ludzi i ich potrzeb. To pozwala liderowi 1.7– dokładnie przyjrzeć się zachowaniu innych ludzi i przewidzieć ich reakcję na różne sytuacje. Jednak prawdziwe motywy, dla których lider 1.7– wykorzystuje umiejętności komunikacyjne i wymienia się informacjami, nie mają wiele wspólnego z chęcią poprawy wydajności organizacji i osiągania dobrych wyników. Głównym celem poszukiwania informacji nie jest ocena jakości pracy, tylko chęć upewnienia się, że nastrój w zespole jest dobry i panuje w nim zgoda. Lider 1.7– używa informacji, aby znaleźć odpowiedź na najbardziej nurtujące go pytanie: „Jaki jest twój stosunek do mnie?". Natomiast odpowiedź na pytanie: „Co należałoby zrobić, aby wykonać to zadanie w najlepszy z możliwych sposobów" zbytnio go nie interesuje. Dlatego pytania zadawane przez osobę reprezentującą styl 1.7–, choć wyraża w nich swoją akceptację, zrozumienie i wsparcie, nie mają wiele wspólnego z faktycznymi działaniami zespołu. Spędza wiele czasu na rozmowach o pragnieniach, sądach i uczuciach, nie przyczyniając się do poprawy kompetencji zawodowych swoich podwładnych. Co więcej, utrudnia pracownikom działanie, ponieważ odciąga ich uwagę od celu.

Przywódca o stylu 1.7– wykorzystuje swoje umiejętności komunikacyjne, aby dowiedzieć się, które rozwiązania są akceptowane przez zespół, a które nie, i wszelkie dalsze inicjatywy uzależnia od wyników tej sondy. Woli pozyskiwać informacje w sposób pośredni. Nie lubi być ani zbyt natarczywy, ani robić nikomu wyrzutów. Kiedy w trakcie realizacji projektu ktoś popełni błąd, nie rozpoczyna formalnego śledztwa. Na początku próbuje się zorientować, jak winowajca się czuje, ponieważ uważa, że jego pierwszą reakcją powinno być wsparcie i zachęta: „Słyszałem, że pojawił się dzisiaj jakiś problem?".

Takie podejście pozwala mu przeprowadzić dalszą dyskusję bez angażowania innych osób. W najlepszym wypadku osoba winna przyzna się do winy i zwolni go z obowiązku powiedzenia kilku gorzkich słów, a sytuacja wróci do normy: „Jestem przekonany, że sytuacja nie jest tak zła, na jaką wygląda. Tylko osoby, które nic nie robią nie popełniają błędów. Wszyscy mamy dużo na głowie, a to była tylko drobna wpadka".

Pośrednia metoda zbierania informacji jest dość czasochłonna – trzeba poczekać aż inni będą chcieli się nimi podzielić. Ponadto pozyskiwane w ten sposób informacje mogą być niepełne lub zniekształcone, ponieważ pracownicy mogą nie wiedzieć, czego ich lider chce się od nich dowiedzieć. Poza tym metoda ta bazuje na myślach i emocjach, a nie na faktach i argumentach. Dopóki sytuacja nie jest paląca, lider 1.7– pozostaje spokojny i zadowolony. Mówi: „Trochę niepokoją nas rezultaty naszych działań, ale mimo to jesteśmy pełni optymizmu i widzimy przyszłość w jasnych barwach" lub „Nie sądzę, abyśmy mieli powód do zmartwień. Ten temat nie budzi większych kontrowersji".

Proaktywność

Przywódca reprezentujący styl 1.7– aktywnie broni opinii, z którymi raczej nikt nie może się nie zgodzić. Jeżeli jego opinia nie burzy przyjacielskich relacji i pozytywnie wpływa na zespół, potrafi bronić jej dość otwarcie i szczerze. Jednak kiedy tylko zauważy jakiekolwiek rozbieżności, rezygnuje ze swojego zdania i stara się uciąć wszelkie kontrowersje, zmieniając temat rozmowy. Jeżeli dyskusja i zderzenie odmiennych opinii jest czymś nieuniknionym i trzeba opowiedzieć się po jednej ze stron, wówczas nie czuje się wystarczająco zmotywowany ani zainteresowany tym, aby aktywnie artykułować i bronić własnych poglądów. Ogólnie rzecz biorąc, nie ma swoich poglądów. Nie wyraża opinii, które mogłyby stanowić zaczątek do jakiejś dyskusji, i zamiast tego pozostaje kompletnie neutralny.

Lider 1.7– potrafi aktywnie i z entuzjazmem bronić własnego zdania, kiedy czuje, że może mu to pomóc w budowaniu przyjaznej atmosfery w zespole lub obniżyć napięcia we wzajemnych relacjach. Wyraża zrozumienie i współczucie, uważnie śledzi pozytywne komentarze na swój temat. Jest gotowy nieść pomoc, choć w większości przypadków ogranicza się do deklaracji.

Jeżeli sytuacja jest kontrowersyjna lub niesie ryzyko konfliktu, wówczas nie ma ochoty aktywnie bronić swojego zdania. Jego entuzjazm rośnie tylko wtedy, gdy czuje wsparcie, uznanie i zachętę. Taki wzorzec zachowania spowalnia postęp, ponieważ lider 1.7– jest zajęty ciągłym badaniem stanu emocjonalnego swoich podwładnych. Niska wydajność tego stylu związana jest również z nieprzywiązywaniem wagi do kryteriów i standardów niezbędnych do osiągania dobrych wyników. Zamiast ustalać pewne procedury, on koncentruje się na indywidualnych preferencjach i emocjach. Skoro każdy uczestnik ma własne kryteria, zorganizowanie wspólnego wysiłku, którego celem jest osiągnięcie określonego rezultatu staje się niemożliwe. Lider 1.7– nie dostrzega wartości dodanej jaką niesie opisanie uniwersalnych kryteriów efektywności.

Aby zachować pozytywny ton relacji, zanim lider 1.7− zdradzi swój pogląd, najpierw pyta innych o zdanie: „Co uważasz, że powinienem zrobić?", „Chciałbym poznać twoją opinię zanim coś powiem" lub „Cenię sobie twoje zdanie i nie chciałbym, aby nasza przyjaźń na tym ucierpiała". Takie deklaracje jasno dają do zrozumienia, że priorytetem są dla niego pokój i harmonia.

Nawet kiedy czuje, że ma wsparcie, swoje opinie wyraża bardzo ostrożnie, ponieważ nie chce uchodzić za natrętnego. W efekcie wydaje się, że brakuje mu pewności siebie i jest mało konkretny: „To jest tylko propozycja ... " lub „Może to się wydawać dziwne, ale sądzę, że ... " Często używa słów: być może, prawdopodobnie, czasami itp. Taka strategia daje możliwość odwrotu na wypadek konfliktu, czy istotnej różnicy zdań.

Przywódca 1.7− jest mistrzem jeśli chodzi o rzeczy przyjemne, np. ogłoszenie przełomu, dawanie nagród i premii, omawianie nowych projektów lub zwiększenie dostaw. Takie zadania mu odpowiadają i wykonuje je z dumą i entuzjazmem.

Nigdy nie wychodzi z inicjatywami jeśli dotyczą spraw, wokół których narosły pewne kontrowersje związane z konfliktem interesów. W takim przypadku pozwala działać innym, samemu obserwując konflikt z bezpiecznej odległości. Unika w ten sposób działań, które mogłyby być powodem do niezadowolenia. Głównym celem podejmowanych inicjatyw jest wybadanie oczekiwań pracowników i zaproponowanie dalszych kroków spełniających zgłoszone potrzeby. Dla lidera 1.7− pytanie „Czego oczekują ludzie?" jest zawsze ważniejsze od pytania „Co jest lepsze dla biznesu", niezależnie od tego, jaki to ma wpływ na końcowy wynik O (outcome). Gotowy jest nawet poświęcić wyniki na rzecz wspierania pozytywnych relacji.

Stanowisko przywódcy o stylu 1.7− jest pozytywne choć w dużej mierze pasywne. Jeżeli kierownictwo wyznaczy wysokie standardy, będzie starał się je spełnić, zachęcając do tego samego swoich współpracowników. Jednak zasadniczo ignoruje żądania i standardy, które uważa za wygórowane i nie chce nikogo przytłaczać niepotrzebnymi szczegółami. Na przykład, nie powie, że coś wymaga korekty: „A co jeśli nikomu nasze poprawki nie są potrzebne? Po co w takim razie w ogóle o nich mówić?" Brak jasnych kryteriów i standardów jakości sprawia, że nie dostrzega niewłaściwego zachowania czy niepotrzebnych inicjatyw. Dlatego lider o stylu 1.7− niemal wcale nie potrzebuje konstruktywnej krytyki. W ten sposób z przyjemnością tworzy iluzję wykonania dobrej roboty, którą może pochwalić.

Podejmowanie decyzji

Przywódca o stylu 1.7− stara się nie podejmować decyzji, mając nadzieję, że ktoś inny weźmie na siebie tę odpowiedzialność, albo że w ogóle nie będzie to konieczne. Rzadko podejmuje decyzje bez uprzednich konsultacji ze współpracownikami, chcąc dowiedzieć się, co sądzą na dany temat.

Przy podejmowaniu decyzji kieruje się argumentami osób, które brały udział w jej podjęciu. Opóźnia moment podjęcia niepopularnych decyzji lub ceduje prawo do ich podjęcia na kogoś innego, samemu nie chcąc zepsuć dobrych relacji.

Lider 1.7– nie spieszy się z podejmowaniem decyzji tylko czeka, aż wszyscy się z nim zgodzą lub okoliczności będą sprzyjające. Jeżeli warunki są odpowiednio dobre, wdaje się w długie dyskusje, w których uczestniczy zwykle zbyt wiele osób. Nie ma w głowie jasnych kryteriów ani ustalonej logicznej kolejności rozstrzygnięć. W efekcie cały proces jest dość chaotyczny, a plan wdrożenia raczej niestabilny. Na przykład, spotkanie poświęcone nowemu oprogramowaniu może łatwo przemienić się w dwugodzinną pogawędkę na każdy temat bez struktury czy kryteriów. Lider 1.7– włącza do rozmowy możliwie największą liczbę pracowników, aby móc w końcu podjąć decyzję większością głosów. Jednak, aby móc uzyskać zgodę większości, spędza olbrzymią ilość czasu na zadawaniu pytań. Zbiera odpowiedzi i zalecenia, które uważa za przydatne, aż stwierdzi, że uzyskał maksimum wsparcia i decyzja, która ma zapaść, nie zburzy cennej pozytywnej i przyjaznej atmosfery w zespole.

Przy podejmowaniu decyzji polega w dużej mierze na innych osobach. Woli, kiedy kryteria podejmowania decyzji są ustalane odgórnie. Nie chce być odpowiedzialny za decyzję i ponosić konsekwencji, gdy okaże się niewłaściwa.

Lider 1.7– jest zwykle rozdarty pomiędzy chęcią zademonstrowania władzy a zależnością od innych. Chciałby podejmować decyzje, które z jednej strony zadowolą zespół, a z drugiej spełnią oczekiwania kierownictwa. Ale z uwagi na dużą troskę o dobre relacje, decyzje zwykle zapadają z myślą o zespole, ponieważ to z zespołem lider ma bliższe relacje.

Jeżeli proces podejmowania decyzji napotka na jakieś kontrowersje, zostaje spowolniony lub całkowicie wstrzymany. Kiedy tylko pojawiają się nowe problemy, lider 1.7– poszukuje alternatywnych rozwiązań akceptowalnych dla współpracowników. To prowadzi do dalszych dyskusji, zwykle twarzą w twarz, w celu osiągnięcia porozumienia. Cały proces jest dość wyczerpujący, więc decyzja zapada ze znacznym opóźnieniem lub wcale. Jeżeli istnieje szansa na znalezienie alternatywy, lider 1.7– może:

- Wybrać wariant akceptowalny dla zespołu, lecz bezużyteczny jeżeli chodzi o wynik końcowy.
- Odroczyć proces podejmowania decyzji i poczekać aż wszyscy zapomną o sprawie.
- Scedować odpowiedzialność za decyzję i jej konsekwencje na kogoś innego, samemu umywając ręce.

Konstruktywna krytyka

Przywódca o stylu 1.7– unika konstruktywnej krytyki i komunikacji adekwatnej do sytuacji. Stosuje zachęty i pochwały, kiedy wydarzy się coś pozytywnego, ale nigdy nie mówi o rzeczach negatywnych. Pozytywna „krytyka" zawsze jest przez niego mile widziana, ale czuje się niekomfortowo, kiedy musi powiedzieć parę przykrych słów.

Lider o tym stylu stosuje niemal wyłącznie pozytywną krytykę. Ponieważ w dużej mierze koncentruje się na ludziach, nie na rezultatach, prawdziwą krytykę stosuje tylko podczas prywatnych rozmów. W takich sytuacjach łatwiej jest mu wyczuć emocje rozmówcy, więc woli rozmawiać na osobności. Jako lider deklaruje politykę otwartych drzwi i okazuje gotowość do rozmowy zawsze i wszędzie. Problemy osobiste pracowników również są dla niego istotne i warte kilku słów komentarza. Zwykle okazuje zrozumienie i oferuje pomoc, lecz w rzeczywistości ogranicza się do deklaracji. Zwraca szczególną uwagę na emocje i uczucia, i wierzy, że jego wsparcie również się liczy. A skoro on troszczy się o innych to i jemu należy się pomoc w załatwieniu prywatnych spraw.

Jakość i głębia krytyki lidera reprezentującego styl 1.7— jest ograniczona przez skalę osobistych emocji, nastrojów i preferencji. W zespole raczej nie istnieją żadne konkretne kryteria dotyczące wykonywania zadań ani standardy jakości. Uwagi mogą być wyłącznie pozytywne. Jeżeli współpracownik zgłasza wątpliwości lub wygląda na niezadowolonego, lider 1.7— przybiera postawę motywującą. Zachęca i przekonuje, aby skoncentrować się na pozytywnych aspektach bieżącej sytuacji i inspiruje do działania, wyrażając silne przekonanie, że wszystkie przeszkody zostaną pokonane. Jego ulubionym powiedzeniem jest „Uśmiechnij się i bądź cierpliwy!". Wszystkie jego wysiłki zmierzają do wyeliminowania różnic zdań, a nie ich analizy.

Natomiast jeśli okaże się, że takie motywujące zachowanie nie pomaga, wówczas lider 1.7— dystansuje się od problemu i stara się więcej nie wtrącać. Okazuje zrozumienie, ale unika wszelkich dyskusji, które mogłyby zakłócić spokój i harmonię. Odsuwa od siebie konflikt i unika odpowiedzialności za jego rozwiązanie. Choć wysłuchuje zwaśnione strony, każdej z nich radzi, aby powstrzymała się od podejmowania potencjalnie problematycznych działań. Ignoruje błędne decyzje. Unika wszelkiej krytyki.

Gotowość do wyrażania tylko pozytywnych uwag wpisuje się w powyższą strategię. Im więcej pojawia się problemów, tym bardziej lider 1.7— stara się zainspirować pozostałych swoją pewnością siebie oraz podkreślić ich przewagę na innych polach. Wady i nieefektywność są ignorowane, a współpracownicy nieustannie przekonywani o swoich talentach, umiejętnościach i zasługach. Nie ma tutaj miejsca na negatywną krytykę, nawet jeśli jest zasłużona, konstruktywna oraz podzielana przez innych pracowników. Wszystko po to, aby nie wywołać niezadowolenia. Jeśli nie da się dłużej ignorować błędów lub problemów, wówczas krytyka może posłużyć do wzmocnienia pewności siebie osoby, która zawiniła, pomimo ewidentnych błędów: „Tym razem miałeś pecha, ale pamiętaj, że masz wielki talent! Na twoim miejscu, nie przejmowałbym się tak bardzo". Takie powierzchowne podejście do problemów pozbawia ludzi szansy na uświadomienie sobie słabych stron i samodoskonalenie.

Przywódca o stylu 1.7— nie jest pomocny, kiedy inni potrzebują wsparcia w pokonywaniu problemów i przeciwności. W trudnych sytuacjach nie potrafi obudzić w zespole ducha walki i umocnić wiary we własne siły. Nie szczędzi pochwał i zawsze znajduje pozytywne strony każdej porażki. Nie potrafi jednak zainspirować podwładnych do tego, aby ponosili się po porażce i uczyli na błędach.

6.7　Wnioski

Podczas gdy przywódca reprezentujący styl 7.1– stara się przekształcać zasoby (R) na rezultaty (O), ignorując relacje międzyludzkie, przywódca 1.7– ignoruje zarówno zasoby (R), jak i rezultaty (O), koncentrując całą swoją uwagę na sobie i swojej pozycji w I-ZONE. W wielkim skrócie, ideałem dla stylu 1.7– jest spokojne życie w zespole bez konfliktów i problemów. Ten cel kłóci się z ogólnymi celami organizacji. Lider 1.7– stara się rozwiązać tę sprzeczność budując przyjazne i pozytywne relacje w I-ZONE, niestety – nieskutecznie. Im więcej wysiłku wkłada w budowanie takich relacji po to, aby uchronić siebie i swoich współpracowników przed konfliktami i kontrowersjami, tym większe na końcu jest jego rozczarowanie. Ta sytuacja przypomina tę z rozpuszczonymi dzieci, które, karmione ciągłymi pochwałami, oczekują coraz więcej i więcej komplementów, nie ponosząc za nic odpowiedzialności. Z czasem zespół traci kontrolę nad swoimi działaniami. Pracownicy przyzwyczajają się do poklasku, co zwykle kończy się wielkim rozczarowaniem w momencie, kiedy trzeba zmierzyć się z trudną rzeczywistością.

Styl 1.7+: Entuzjasta o miękkim sercu (nie martw się, wszystko będzie dobrze)

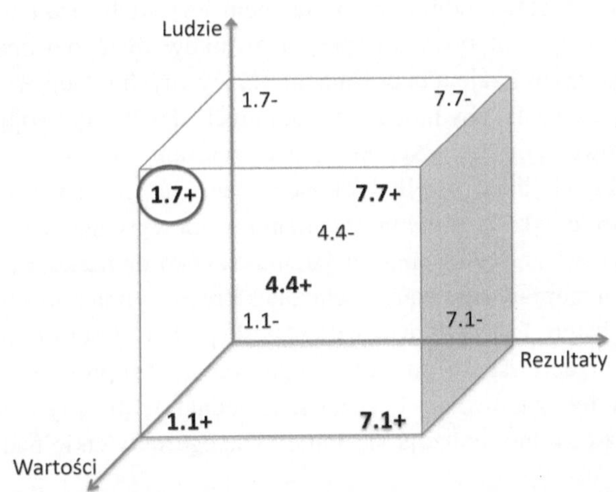

Niskie zorientowanie na zadania, wysokie zorientowanie na ludzi, zainteresowanie pracą i organizacją, zapał do tworzenia atmosfery przyjaźni, zaufania i entuzjazmu. Dominuje nieuzasadniony optymizm, marzycielstwo i fantazjowanie na temat planów i zadań. Współpracownicy są zmotywowani i kładą nacisk na pozytywne i społecznie istotne aspekty pracy.

7.1 Podstawowe cechy stylu 1.7+

Do charakterystycznych cech stylu 1.7+ należą współczucie, skrucha, przyjacielskość, staranność i ostrożność. Podobnie jak w przypadku 1.7−, osoba reprezentująca styl 1.7+ łączy niską orientację na zadania z wysoką orientacją na ludzi. Jednak na tym podobieństwa obu stylów kończą się, szczególnie jeżeli chodzi o wartości. Osoba o stylu 1.7−

© Springer-Verlag GmbH Germany, part of Springer Nature 2019
A. Zankovsky and C. Heiden, *Przywództwo z Synercube*,
https://doi.org/10.1007/978-3-662-58235-0_7

jest obojętna wobec pracy, ludzi i organizacji; nikomu nie ufa, a jej chęć do zadowalania wszystkich i sprawiania dobrego wrażenia jest w dużej mierze tylko maską i środkiem do ochrony siebie przed angażowaniem się w sprawy organizacji. Natomiast dla osoby o stylu 1.7+ praca, ludzie i organizacja mają ogromną wartość; jest oddana sprawom organizacji, ufa ludziom i szczerze wierzy w pozytywny obrót spraw oraz w to, że wyniki zawsze będą doskonałe. Ma pozytywne nastawienie, angażuje się w pracę zespołu, choć nie zawsze rozumie, jakie praktyczne środki należałoby w danej sytuacji podjąć. Najwyższymi priorytetami są przyjaźń, inspirowanie innych i optymizm i są one tak silne, że cel schodzi na dalszy plan. Osoba o stylu 1.7+ jest szczerze przekonana, że dobre relacje są gwarantem osiągania wysokich wyników. Jej pragnieniem jest, aby każdy pracownik był wesoły, zadowolony i podzielał przekonanie, że wszystkie działania przebiegają prawidłowo i przynoszą dobre wyniki. Nikomu nie wolno tracić serca do pracy, każdy musi wspierać dobre i przyjazne relacje. Uważa, że w organizacji najważniejsze są pozytywne emocje, wiara w sukces oraz tworzenie przyjaznych i pełnych zaufania relacji. W jej mniemaniu istnieje korelacja pomiędzy osiąganiem wysokich rezultatów O (outcomes) i poziomem zadowolenia i motywacji współpracowników; dlatego osoba o stylu 1.7+ jest zawsze pełna optymizmu i zajęta budowaniem pozytywnych relacji w zespole. Ponadto stara się być zawsze obecna, aby móc zachęcać innych, dzielić się swoją energią i w razie konieczności oferować pomoc i wsparcie, nawet kosztem wykonania zadania. Dlatego w krótkiej perspektywie lider o stylu 1.7+ może wydawać się charyzmatycznym wizjonerem, który inspiruje ludzi swoim optymizmem i wiarą w osiągnięcie czegoś wielkiego. Ale brak praktycznego zorientowania na zadania szybko demaskuje go jako optymistę o miękkim sercu, niepoprawnego marzyciela, dla którego wyimaginowany świat jest ważniejszy od tego realnego. Jest zawsze do usług, niesie pomoc i jest skłonny poświęcić swój osobisty interes na rzecz wspólnego dobra: organizacja musi prosperować i iść naprzód, pracownicy muszą być zadowoleni i szczęśliwi. Jednak te prawdy rzadko wdrażane są w życie, ponieważ cele nie realizują się same. Dlatego te wielkie nadzieje okazują się płonne.

Osoba reprezentująca styl 1.7+ jest zawsze pozytywna, ufna, kulturalna i staranna. Ma pozytywne usposobienie, choć jej optymizm bywa nieuzasadniony; jest gotowa działać na rzecz organizacji i współpracowników. Wszystkie te cechy powodują, że jest osobą przyjemną w kontaktach, choć z drugiej strony jest podatna na manipulacje, ponieważ nie zawsze potrafi dobrze zinterpretować prawdziwe intencje rozmówcy.

Styl 1.7+ to typ o pozytywnym usposobieniu, lecz jego piętą Achillesową jest brak zorientowania na zadania. Zdaje sobie sprawę z tego, jak ważne jest osiąganie wysokich wyników i wzywa do tego innych, nie mniej jednak jego uwaga nieustannie przenosi się na ludzi i na zachowanie przyjaznej i entuzjastycznej atmosfery. Dlatego zadania i wydajność są dla niego sprawą drugorzędną, a rzeczywiste plany i obowiązki zamiast być przedmiotem praktycznej, celowej pracy, pozostają w sferze pragnień i marzeń. Dobre i szczere intencje charakterystyczne dla stylu 1.7+ zbyt często są jak zamki na piasku, a motywowanie innych nie daje żadnych efektów. Osoba o tym stylu przywódczym jest lojalna wobec organizacji, potrafi budować dobre relacje, interpretować emocje i intencje ludzi, lecz niestety nie przynosi to tyle korzyści, ile by mogło. Przeciwwagą dla braku zorientowania na zadania jest silna orientacja na ludzi, co odwraca uwagę od zasadniczych celów. Ostatecznie okazuje się, że choć relacje są ciepłe i przyjazne, są też puste i bez treści, nie służą żadnemu celowi i nie pomagają w rozwoju organizacji. Istnieje wiele takich zespołów, w których mówi się same dobre rzeczy, a ludzie są pełni nadziei i entuzjazmu, lecz zespoły takie nie są gotowe, aby stawić czoło trudnościom i podnosić efektywność w warunkach silnej konkurencji.

7.2   Praca zespołowa w stylu 1.7+

Osoba reprezentująca styl 1.7+ odczuwa ciągły strach przed odrzuceniem. Jedna z najtrudniejszych sytuacji, z jakimi przychodzi jej się mierzyć, dotyczy konfliktów i krytyki ze strony innych osób. Choć czyjaś złość i krytyka mogą nie być wymierzone bezpośrednio w nią, odczuwa silny niepokój. Po takim zdarzeniu ze wszystkich sił stara się przywrócić spokój i harmonię.

Strach przed odrzuceniem jest zwykle najbardziej widoczny podczas komunikacji, kiedy padają krytyczne uwagi. Jeżeli lider 1.7+ musi wziąć udział w rozmowie na temat czyichś słabych stron, wypowiada się z dużym ubolewaniem, jednocześnie wyrażając nieuzasadniony optymizm. Każda forma krytyki jest niedopuszczalna, jeśli jest pozbawiona choć odrobiny skrywanego lub nieskrywanego optymizmu i wsparcia. To samo dotyczy krytyki innych osób – dla lidera 1.7+ mówienie w sposób otwarty o słabościach lub błędach swoich podwładnych jest trudne, dlatego jego komunikaty są często zawoalowane i pozbawione obiektywnych aspektów konstruktywnej krytyki.

Na przykład, kiedy rozmawia o nienajlepszych wynikach z kierownikiem projektu, mówi: „Napracowałeś się przy tym projekcie, a mimo to rezultat nie jest tak dobry, jak się spodziewaliśmy. Jestem jednak przekonany, że jeszcze nie raz pokażemy, na co nas stać!". Po takiej „krytyce" nawet najbardziej leniwy pracownik może pomyśleć: „Czyli aż tak bardzo nie zawaliłem sprawy!".

Tym, czego lider 1.7+ obawia się najbardziej jest to, że cały wysiłek włożony w budowanie ciepłych i przyjaznych relacji w zespole może okazać się próżny z powodu jego błędu. Dlatego, kiedy słyszy krytyczne uwagi, nie korzysta z nich po to, aby coś udoskonalić, lecz zaczyna potwierdzać, że kogoś zawiódł. Jednak po krótkiej chwili próbuje znaleźć powód do optymizmu, spojrzeć na sytuację z innej perspektywy, przywrócić dobry nastrój i naprawić nadszarpnięte relacje. Obwinia sam siebie, próbując jednocześnie zatroszczyć się o innych. W takich sytuacjach często powtarza: „Jak mogłem przeoczyć coś tak ważnego!", „Co o tym sądzę? Powinienem był przewidzieć wszystko zanim się za to zabrałem" lub „To w pełni moja wina". Mówi to wszystko po to, żeby zapewnić pozostałych, że wszystko jest w porządku. Zależy mu na przywróceniu dobrego nastroju i chce mieć pewność, że zespół podziela jego optymizm.

Typowe dla tego stylu jest bagatelizowanie oraz odkładane na bok problemów, słabości i błędów bez szczegółowej analizy oraz przywracanie optymistycznej atmosfery i przyjaznych relacji za wszelką cenę. Lider o tym stylu obawia się popełnić błąd do tego stopnia, że może to zagrozić przyszłości organizacji i osłabić dobre relacje z innymi ludźmi. Natomiast jak tylko podniesie się po porażce, oczekuje, że nikt więcej nie powie na ten temat ani słowa. Ponieważ otwarta krytyka jest dla niego bolesna i nie potrafi jej zaakceptować, uważa, że lepiej zapomnieć o błędach albo mówić o nich nie wprost.

Lider reprezentujący styl 1.7+ zna się na ludziach, jednak jego podejście do nich i do organizacji jest na ogół zbyt pozytywne. Dlatego często nie potrafi wybadać prawdziwych intencji, ambicji i motywów ludzkich działań. Wydaje mu się, że wszyscy podzielają jego zainteresowania i cele. Jest dość łatwowierny, co może zostać wykorzystane przez współpracowników, którzy mają tendencję do manipulowania ludźmi. Mogą oni udawać, że podzielają wartości i obawy lidera, by po cichu realizować własne interesy. Jeżeli są dość ostrożni, nie muszą się niczego obawiać.

Lider 1.7+ nie ma potrzeby odnoszenia sukcesów własnym wysiłkiem. Nie ufa sobie wystarczająco i próbuje przerzucać odpowiedzialność na innych, co stwarza korzystne warunki do pracy dla osób bardziej leniwych i niekorzystne dla tych bardziej pracowitych. W efekcie ci pierwsi pracują za mało, gdyż czują, że nie ponoszą żadnej odpowiedzialności, zaś ci drudzy – za dużo, ponieważ czują, że na ich barkach spoczywa cała odpowiedzialność.

Co się zaś tyczy jego własnej pracy, lider o stylu 1.7+ robi tylko tyle, ile trzeba. Jednak nie wynika to z troski o wyniki – po prostu nie chce zepsuć dobrych relacji z kierownictwem. Innymi słowy, nie polega na dobrych relacjach, aby móc osiągać wysokie wyniki, ale dąży do osiągania takich wyników, które pozwolą mu utrzymać dobre relacje z ludźmi.

Osoba o tym stylu rzadko przedstawia nowe kreatywne pomysły, a to z uwagi na jej strach przed popełnieniem błędu, który mógłby zniszczyć dobre relacje. Jednocześnie zachęca współpracowników do produktywnej pracy, gdyż wysokie wyniki gwarantują dobrą atmosferę. Jednak te ogólne instrukcje i wezwania rzadko przekładają się na konkretne działania. Częściej pozostają w sferze pragnień. Jeżeli działania są nieokreślone, ludzie nie są zmotywowani i nie podejmują starań. Lider 1.7+ wyznacza umiarkowane i łatwo osiągalne cele, gdyż uważa, że ich realizacja będzie przyjemna dla niego samego i jego współpracowników.

Przywódca 1.7+ zbiera informacje, aby móc wykazać, że wszystko przebiega sprawnie. Zależy mu na tym, aby zespół wspierał się nawzajem, gdyż to pomaga w zachowaniu pokojowej i pozytywnej atmosfery, nawet wtedy, gdy rozmowa schodzi na kontrowersyjne tematy. W ten sposób kontrowersje zacierają się lub mogą być ignorowane. Lider 1.7+ chętnie bierze na siebie odpowiedzialność za współpracowników. Wierzy, że aby poprawić współpracę, należy zamienić relacje czysto zawodowe na bliższe i bardziej przyjacielskie.

Kierując się swoimi wartościami, lider 1.7+ jest przekonany, że wszyscy ludzie są tak samo życzliwi i pozytywnie usposobieni. Kiedy wszystko przebiega pomyślnie, zachęca swoich współpracowników do pracy, nie szczędząc im pochwał. A gdy sprawy zaczynają się komplikować, nie traci pogody ducha i nie przestaje zachęcać do działania.

7.3   I-ZONE w stylu 1.7+

Przywódca o stylu 1.7+ tworzy atmosferę, którą można opisać jako ciepłą i przyjazną, w której jest miejsce na zaufanie, szacunek i szczerość. Z drugiej strony, zespół, którym kieruje lider 1.7+, nie jest zorientowany na wyniki, a samemu stylowi brakuje orientacji na synergię, która ujawnia się tylko w warunkach ścisłej i celowej współpracy.

Współpracownicy mogą pracować ze sobą przez wiele lat, komunikować się każdego dnia, a nawet się ze sobą przyjaźnić. A jednak często mają poczucie, że w zespole brakuje pełnego zaufania i szacunku, i pomimo dużego potencjału i wysokich oczekiwań, rzeczywista produktywność jest zaledwie umiarkowana.

Osoba o stylu 1.7+ jest niewyczerpanym źródłem entuzjazmu, nadziei i wiary. Nawet wtedy, gdy sytuacja jest niemal beznadziejna, a problemy wydają się niemożliwe do rozwiązania, nie traci pogody ducha. Zawsze szuka pozytywów i inspiracji. Jej motto brzmi: „Wszystko się ułoży, wszystko będzie dobrze, musimy się rozchmurzyć i zatroszczyć o siebie nawzajem". Harmonijne relacje, zaufanie i silna wiara w szczęśliwe zakończenie są dla lidera o tym stylu kierowniczym ważniejsze niż cele organizacji i bieżące zadania. Nie ma tutaj miejsca na przemyślaną analizę problemów, na konflikty czy wzajemną krytykę. Jest za to miejsce na nadzieję i niczym nieuzasadniony optymizm. W zespole wszelkie różnice zdań zacierają się, ci, którzy mają odmienną opinię są uciszani albo stara się ich przekonać, że spór nie ma żadnego praktycznego sensu. Im silniejsze są relacje osobiste i entuzjazm, tym mniej chętnie ludzie mierzą się z praktycznymi trudnościami. W tym miejscu lider 1.7+ zwykle serwuje jedno ze swoich ulubionych powiedzeń: „Po co psuć nasze dobre relacje – przecież wszystko dobrze się skończy".

Nadmierny i niczym nie uzasadniony optymizm zmniejszają szansę na przeanalizowanie niewydajnych wzorców zachowania i pojawiających się problemów. Dlatego rezultaty (O) pogarszają się, co z kolei psuje ogólny ton wzajemnych relacji (I). Choć zespół kieruje się odpowiednimi wartościami i pomimo wysokiego zorientowania na ludzi, najważniejsze zasoby (R) pozostają niewykorzystane, ponieważ zespół zapomina o celach organizacji, ignoruje kontrowersje i konflikty, które przecież są nieuchronne. To powoduje, że zespół nie potrafi przewidzieć alternatywnych wariantów wydarzeń (Rys. 7.1).

Rys. 7.1 1.7+

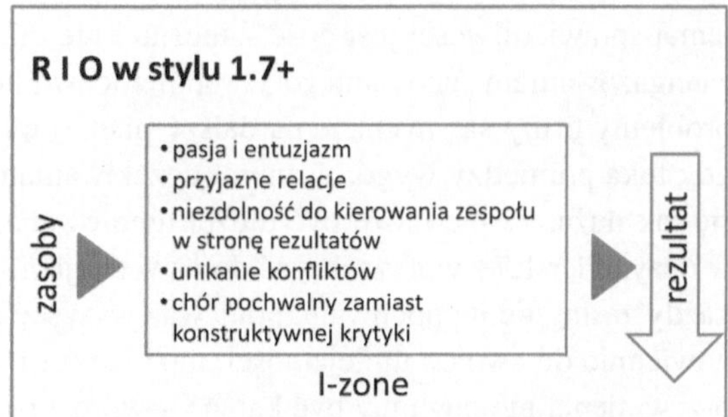

W efekcie zespół nigdy nie zdobywa wymaganego doświadczenia w osiąganiu określonych rezultatów i rozwiązywaniu problemów. A bez tego wszelkie działania tracą sens i kierunek. Poza tym, taki zespół nigdy nie nauczy się podejmowania właściwych decyzji i nie osiągnie synergii. W zespole, w którym dominuje styl 1.7+ ludzie współpracują ze sobą, jakby żyli w idealnym świecie bez problemów i różnic, gdzie osiągnięcia zależą od wiary i nadziei, a nie od ciężkiej i dobrze ukierunkowanej pracy.

7.4   Kultura i wartości w stylu 1.7+

Kultura uprzejmości, optymizmu i mrzonek

Zaufanie   Osoba reprezentująca styl 1.7+ wierzy, że ludzie są z natury przyzwoici i godni zaufania. Praca, ludzie i firma mają dla niej wielką wartość. Ten styl charakteryzuje się oddaniem sprawom organizacji, ufnością wobec ludzi i szczerą wiarą w to, że wszystko się ułoży. Lidera 1.7+ cechuje pozytywne usposobienie, a gdy zetknie się z nieszczerością i podstępem, uważa to za pech i drobnostkę. Jest wystarczająco naiwny, aby ufać ludziom, którzy wielokrotnie go zawiedli. Chętnie udziela się w zespole, choć nie do końca wie, co ma robić. Dlatego deleguje wiele kluczowych zadań, szczerze ufając, że pracownik, któremu powierzył ich wykonanie będzie wiedział, co robić. Jego najwyższym priorytetem jest przyjazna atmosfera; jest ufny i pełen optymizmu. Dominującą cechą tego stylu jest łatwowierność i podatność na manipulacje do tego stopnia, że osoba o tym stylu jest gotowa usprawiedliwiać ludzi, którzy posuwają się do manipulacji i nie potrafi obronić przed nimi ani siebie, ani swoich podwładnych.

Sprawiedliwość   Przywódca o stylu 1.7+ jest przekonany, że na sprawiedliwość należy patrzeć wyłącznie w kontekście przyjaznych, inspirujących i pełnych zaufania relacji, w których każdy wierzy, że jego osiągnięcia mogą przerastać oczekiwania. Jeżeli w zespole panuje taka atmosfera i jest ona podsycana, jeżeli panuje optymizm i wiara w sukces, wówczas urzeczywistnienie tych nadziei i planów jest najwyższą formą sprawiedliwości. Lider 1.7+ jest entuzjastą o miękkim sercu i niepoprawnym marzycielem – wyimaginowany świat jest dla niego ważniejszy od tego rzeczywistego. Podobnie, jego pojęcie na temat sprawiedliwości jest dość sztuczne i nie ma zbyt wiele wspólnego z rzeczywistym zaangażowaniem jego samego i współpracowników w sukces organizacji. Prawdziwe problemy firmy są spychane na dalszy plan, a uwaga skupia się na nich dopiero wtedy, gdy luka pomiędzy wygórowanymi oczekiwaniami a rzeczywistymi osiągnięciami staje się tak duża, że nie może być dłużej ignorowana. Dopóki jednak nie rzuca się zbytnio w oczy, lider 1.7+ woli zachęcać do nawet najbardziej przeciętnych wyników. Wierzy, że każdy zasługuje na pochwałę, ponieważ wszyscy pracują tak ciężko jak tylko mogą, odpowiednio do swoich umiejętności, możliwości i zapału. Uważa również, że nawet duże przewinienia nie powinny być karane – wprost przeciwnie – należy je rozgrzeszać, gdyż są wynikiem niekorzystnych okoliczności.

Zaangażowanie i utożsamianie się Lider o stylu 1.7+ jest szczerze oddany swojej organizacji, lecz jest to szczególny rodzaj oddania. Faktycznie martwi się o problemy całego zespołu i każdego z jego członków. Identyfikuje się jednak bardziej z osobistymi i przyjacielskimi relacjami w zespole i samą jego atmosferą wzajemnego inspirowania się i entuzjazmu niż z wynikami. To pierwsze jest głównym celem lidera 1.7+. Oddanie sprawom organizacji i utożsamianie się z nią jego zdaniem pojawia się tylko wtedy, gdy istnieje wyraźny emocjonalny związek z firmą, który opiera się na przyjaznych relacjach i radosnych oczekiwaniach. Dlatego uczucie oddania organizacji, zaangażowanie, jak również utożsamianie się z firmą przeradza się w swego rodzaju emocjonalne uzależnienie, które jest dość powierzchowne, gdyż pomija głębokie motywy i osobiste aspekty wzorców zachowań.

Odpowiedzialność i niezawodność Na przywódcy o tym stylu można polegać niemal w każdej sytuacji. Jego wiarygodność wynika z dużego zorientowania na wartości kulturowe i wysokiego oddania firmie. Co dziwne, jego zaangażowanie wzrasta w momencie, gdy pojawia się realna groźba naruszenia przyjaznych relacji i zburzenia atmosfery optymizmu i radości, którą lider o stylu 1.7+ tak bardzo sobie ceni. Innymi słowy, najwyższa wydajność i wiarygodność u lidera 1.7+ nie jest wynikiem harmonijnych relacji lecz środkiem do ich budowy! Dlatego orientacja na wartości kulturowe w tym stylu jest wiarygodna tylko w sferze stosunków międzyludzkich. Odpowiedzialność społeczna jest bardzo wysoka i jest jednym z kluczowych elementów wartości kulturowych – 1.7+ utożsamia się z filozofią odpowiedzialności społecznej, która wymaga współpracy i uczestnictwa w rozwiązywaniu problemów społecznych. Z jego punktu widzenia takie problemy są niezwykle ważne, lecz jego rzeczywisty udział w ich rozwiązywaniu ogranicza się do słów i sloganów. Kwestie związane z odpowiedzialnością społeczną stają się dla niego rzeczywiście istotne dopiero wtedy, gdy wiążą się z koniecznością spełnienia wymogów określonych przez kierownictwo wysokiego szczebla.

Przejrzystość i prawdomówność Dla przywódcy 1.7+ przejrzystość i szczerość są synonimami ciepłej i przyjaznej atmosfery, w której współpracownicy motywują i inspirują siebie nawzajem, i czerpią przyjemność z pracy, niezależnie od rezultatów. Taka forma przejrzystości jest dość specyficzna – wyrażane są tylko pozytywne emocje, a rzeczy negatywne są mniej istotne lub całkowicie pomijane. Osoby o tym stylu są pozytywnie usposobione, namawiają do kompromisów i cedują swoją odpowiedzialność na innych. W zespole złożonym z takich osobowości typową praktyką jest dziękowanie za pozytywną krytykę i przepraszanie w reakcji na krytykę negatywną. Dlatego ogólny krajobraz działalności organizacji, jej sens oraz rozwój koncentruje się nie tylko na produkcji, ale też na samym procesie pracy, a wszystko to prowadzi do nierozsądnego wykorzystania cennych zasobów osobowych i zbiorowych.

7.5   Kultura i władza w stylu 1.7+

Władza oparta na nagrodach i informacji

Kara Przywódca o stylu 1.7+ odrzuca karę jako środek wywierania wpływu na zmianę zachowania pracownika i stara się powstrzymywać od nakładania kar na kogokolwiek. Wierzy, że wszyscy pracownicy są z natury przyzwoici i dają z siebie wszystko. Nawet kiedy popełniają poważne błędy, to są to błędy niezawinione, które wynikają z niekorzystnych okoliczności. Jeżeli lider 1.7+ musi kogoś ukarać, robi to w sposób najłagodniejszy z możliwych, przepraszając i starając się uspokoić sytuację. Podkreśli przy tym, że ukaranie pracownika to nie była jego decyzja ani jego inicjatywa, lecz tych z góry. „Ja nigdy nie zwróciłbym na to uwagi, ale musisz zrozumieć, że muszę to zrobić. Nie przejmuj się, wszystko się ułoży".

Nagroda Dla przywódcy 1.7+ nagroda jest naturalnym sposobem kształtowania ciepłej i przyjaznej atmosfery w zespole. Mocno wierzy, że wszyscy ludzie są z natury przyzwoici i pracowici, dlatego zasługują na pochwałę i nagrodę niezależnie od tego, jak pracują i jakie wyniki osiągają. Dlatego ochoczo chwali swoich pracowników – często nadmiernie – i mobilizuje ich do dalszej pracy, nawet kiedy wyniki są dalekie od doskonałych. Brak celowego zorientowania na określone rezultaty, sprawia, że brakuje kryteriów, wedle których pracownicy mogliby być oceniani. Takie kryteria nie są nawet zawczasu omawiane – ich po prostu nie ma. Dlatego pracownicy przyzwyczajają się do pochwał nawet wtedy, gdy ich osiągnięcia są minimalne, i są zdumieni, gdy, z jakiegoś powodu, nie otrzymają nagrody.

Pozycja Pozycja i status lidera reprezentującego styl 1.7+ są dla niego okazją do budowy przyjaznych i harmonijnych relacji w zespole, organizowania imprez zakładowych, rozdawania prezentów oraz definiowania praw pracowników. Osoba o tym stylu rzadko akcentuje swoją władzę. Woli budować bliskie i przyjazne relacje ze współpracownikami i tworzyć atmosferę jedności. Stara się podkreślać wagę równości i zrozumienia. Wierzy, że wszyscy jego współpracownicy są przyzwoici i pracowici. Rzadko wydaje bezpośrednie polecenia. Akcentuje wagę harmonijnych relacji i często bywa tak, że nie dba o to, czy praca jest wykonywana należycie. Ambicje lidera 1.7+ nie są wygórowane, ale jednocześnie jest pełen nadziei, że kierownictwo doceni atmosferę i relacje, jakie dzięki jego wysiłkom panują w zespole. Jest to jego źródło nadziei na awans. Lider 1.7+ wykonuje swoją władzę tylko wtedy, gdy tego oczekuje od niego kierownictwo spółki zaniepokojone poziomem produktywności. Ale nawet w takiej sytuacji mówi: „Rzadko o cokolwiek was proszę, ale tym razem nie mam wyboru. Oczywiście, jeśli cenicie sobie nasz zespół i naszą przyjaźń, no i oczywiście mnie jako waszego szefa, to nie pozwolicie, aby ktokolwiek mnie na tym stanowisku zastąpił".

Informacja Wymiana informacji w przypadku przywódcy o stylu 1.7+ ma na celu przede wszystkim kształtowanie przyjaznego i entuzjastycznego środowiska pracy. Dlatego chętnie zbiera i akceptuje pozytywne informacje i cieszy się, gdy może szczegółowo informować innych o sprawach, które mogą pomóc w umacnianiu takiego środowiska. Natomiast złe informacje są przedstawiane w takiej formie, która uniemożliwia odkrycie ich prawdziwego znaczenia. Można więc powiedzieć, że informacje są zbierane w dość powierzchowny sposób i tylko wtedy, gdy jest to konieczne. Informacje, które mają bezpośredni związek z pracą, obowiązkami i produkcją zbierane są dopiero na wyraźne odgórne polecenie. Lider 1.7+ woli nie przekazywać nikomu złych informacji zanim sam ich dobrze nie oceni. Po dokonaniu takiej analizy, zła informacja zyskuje zwykle dość pozytywną i optymistyczną oprawę.

Wiedza Lider o stylu 1.7+ ma duże kompetencje w sferze kształtowania pozytywnych relacji i atmosfery sukcesu. Jednak jego kompetencje zawodowe nie są już tak wysokie. Nawet w procesie zdobywania nowej wiedzy i umiejętności jego głównym celem jest nie tyle zdobywanie wiedzy, co budowanie relacji. Dlatego w kwestii kwalifikacji zawodowych brakuje mu pewności siebie, co stara się zniwelować cedując odpowiedzialność na inne osoby i tworząc bliskie, przyjazne relacje. W efekcie nie jest on w stanie działać samodzielnie. W swoich działaniach skupia się nie tyle na procesach organizacyjnych i ich udoskonalaniu, co na uczuciach, emocjach i nastrojach współpracowników. Bazując na wyznawanych przez siebie wartościach kulturowych, podkreśla znaczenie ustawicznego kształcenia i szkolenia pracowników, i ma w tym swój udział. Lecz brak umiejętności i wiedzy nie pozwala mu dzielić się z pracownikami swoim doświadczeniem.

Autorytet W stylu 1.7+ władza oparta na autorytecie lidera jest dość mocno eksponowana, choć odbywa się to kosztem wyznawanych przez lidera wartości kulturowych, ciągłego dbania o pozytywny nastrój i urok osobisty. Z drugiej strony, tej rodzaj władzy zależy od sytuacji i ma niewiele wspólnego z kluczowymi celami i zadaniami organizacji. Charyzma lidera widoczna jest najbardziej podczas spotkań firmowych, kiedy mobilizuje zespół swoją energią, patosem i kipiącymi od emocji przemowami, starając się przekonać każdego do kreowanych przez siebie wizji. Jego siła oddziaływania jest również silna, gdy wysiłki organizacji przynoszą dobre rezultaty w sprzyjających okolicznościach, kiedy dopisuje szczęście, a sytuacja na rynku jest korzystna, gdy rywale popełniają błędy, a wskaźniki makroekonomiczne i sytuacja polityczna są dobre. W takich warunkach lider 1.7+ jest przez pewien czas postrzegany jako idealny przywódca, wręcz wizjoner, który nie tylko potrafi zbudować harmonijny zespół, ale i osiągać imponujące wyniki. Ale jak tylko konkurencja się zaostrza i konieczne jest osiąganie maksymalnych wyników przez cały czas, to brak ciągłej i wyraźnej orientacji na zadania burzy zarówno wizje sukcesu snute przez lidera 1.7+, jak i siłę jego charyzmatycznego oddziaływania. Wszyscy zaczynają dostrzegać, że jego słowa i obietnice nie pokrywają się z rzeczywistością. Choć stara się umilać swojemu zespołowi czas, choć jest uprzejmy i ujmujący, w trudnych sytuacjach jego umiejętność wzięcia na siebie odpowiedzialności i pokierowania ludźmi okazuje się być niewystarczająca.

7.6   Umiejętność współpracy w stylu 1.7+

Rozwiązywanie konfliktów

Każdy konflikt stanowi zagrożenie dla pozytywnego i optymistycznego usposobienia lidera 1.7+. Jego stosunek do konfliktu jest negatywny i traktuje go jako zło konieczne; stara się unikać lub zaprzeczać konfliktom, jeśli się pojawią. Kiedy zespół stoi u progu konfliktu, próbuje ze wszystkich sił uspokoić sytuację i utrzymać harmonię w zespole, którą z takim zapałem budował i wspierał. Jego podstawową strategią rozwiązywania problemów jest wezwanie pracowników do wyciszenia emocji i uspokojenia się, bo przecież i tak wszystko będzie dobrze.

Jeżeli konflikt zaostrza się, lider 1.7+ przystępuje do zbadania jego źródeł. Uważa, że nierozwiązane konflikty stanowią poważną przeszkodę na drodze do kształtowania harmonijnych relacji w zespole i dlatego muszą zostać rozwiązane. Nie unika rozmów o konflikcie, ale nigdy nie dokonuje dogłębnej analizy i nie poszukuje najlepszych sposobów jego rozwiązania. W jego opinii każdy konflikt stanowi zagrożenie dla harmonii i entuzjazmu w zespole. Dlatego jest gotowy do rozmów, lecz poza tym nie podejmuje żadnych innych kroków. Obraca się w sferze teoretycznych rozważań i deklaracji, ciągle podkreślając, że konflikty są szkodliwe, niedopuszczalne i bezpodstawne.

Przywódca o tym stylu mocno wierzy, że jak tylko zbuduje się harmonijne relacje i ludzie zjednoczą się pod flagą optymistycznych aspiracji, nie powinno być żadnych podstaw do kontrowersji bądź konfliktów. Dlatego, jego zdaniem, konflikt jest szkodliwym, bezzasadnym i nienaturalnym zjawiskiem. Kiedy konflikt się pojawi, stara się odwrócić od niego uwagę. Uspokaja emocje współpracowników i mobilizuje ich. Uważnie śledzi zmiany nastrojów w zespole i kiedy poczuje, że wzrasta napięcie, stara się je zneutralizować i przekonać zwaśnione strony, że nieporozumienie pomiędzy nimi to tylko mało istotna drobnostka. Nie stara się analizować sporu i nie bada dwóch przeciwnych punktów widzenia na podstawie faktów. Zamiast tego próbuje przekonać strony, że nie ma pomiędzy nimi sporu, gdyż w zespole 1.7+, w którym panuje atmosfera ogólnej szczęśliwości, nie ma miejsca na konflikty.

Jeżeli konfliktu nie da się uniknąć, lider 1.7+ stara się uspokoić emocje współpracowników. Jest bardzo przekonujący i kreatywny, kiedy mówi o negatywnych czy wręcz katastrofalnych konsekwencjach konfliktu, oraz gdy wylicza korzyści i pozytywne aspekty przyjaznej i spokojnej atmosfery. Odnosi się do niepomyślnych okoliczności, bagatelizuje skalę powstałego nieporozumienia i snuje wizję wspaniałej przyszłości, w której konflikty same się rozwiązują. Ostatecznie, jeżeli czuje, że powstały konflikt może realnie zagrozić jego systemowi przyjaznych relacji, nie pozostaje mu nic innego jak perswazja: „Czy wasze obelgi i wzajemna niechęć są dla was ważniejsze od przyjaźni, jaką jesteście obdarzani?". W tym momencie skonfliktowane strony uświadamiają sobie, że uprzejme i przyjazne relacje są dla ich szefa na tyle ważne, że, aby je ocalić, może uciec się do najostrzejszych środków.

Lider 1.7+ nie dostrzega w konflikcie żadnego pozytywnego potencjału. Nie rozumie, że konflikt może być szansą na poprawę skuteczności interakcji. Dlatego źródłowe przyczyny konfliktu są przez niego ignorowane. W późniejszym czasie ta niechęć do analizowania przyczyn często prowadzi do jeszcze poważniejszych negatywnych konsekwencji. Z zasady, lider 1.7+ nie ustala jasnych kryteriów oceny wydajności. Stosunek każdej osoby do pracy opiera się na entuzjazmie. Lider uważa, że planowanie i jasne kryteria osłabiają zapał pracowników do ciężkiej pracy. Zasada jest następująca: „Kiedy ludzie są utalentowani i pełni entuzjazmu, reszta przychodzi bez większego wysiłku". Dopóki nie ma jasno określonych kryteriów, każda uwaga wydaje się ni mniej ni więcej tylko subiektywną opinią. Tymczasem powinna odnosić rzeczywiste zachowanie do wzorca i umożliwiać porównanie. Dlatego ocena wydajności jest dość trudna, ponieważ nie istnieją standardy porównawcze ani standardy doskonalenia.

Komunikowanie się

Kompetencje komunikacyjne przywódcy o stylu 1.7+ są dość wysokie i pozwalają mu budować i podtrzymywać ciepłe i przyjazne relacje z innymi ludźmi. Tym, co go charakteryzuje jest zaraźliwy optymizm i dobre maniery, empatia, uprzejmość, uważne słuchanie rozmówcy oraz łatwość w nawiązywaniu ciepłych i przyjaznych stosunków ze współpracownikami. Ponadto potrafi wyczuwać nastroje, potrzeby i interesy ludzi, co umożliwia mu dokładne zrozumienie ich motywów i przewidywanie zachowania.

Przywódca reprezentujący ten styl prowadzi intensywną wymianę informacji w dziale. Informacje szybko się rozchodzą, często w nieformalnych rozmowach w przyjaznej i miłej atmosferze. Cele związane ze zbieraniem informacji i ich analizą przez lidera 1.7+ z zasady mają niewiele wspólnego z osiąganiem wybitnych rezultatów i nie są związane z oceną jakości produkcji. Ich celem jest za to kształtowanie i podtrzymywanie harmonijnych relacji oraz atmosfery ogólnego entuzjazmu i inspiracji.

Lider 1.7+ aktywnie poszukuje i zbiera informacje, aby wykluczyć czynniki, które mogłyby być zarzewiem konfliktu w zespole i zagrozić spokojnemu i optymistycznemu środowisku. Komunikacja raczej nie schodzi na tematy, takie jak zwiększanie efektywności, lecz koncentruje się na jakości wzajemnych stosunków, pozytywnym nastroju i radosnym oczekiwaniu. Dlatego pytania takie jak „Jakie wyniki musimy osiągnąć i w jaki sposób?" są zastępowane pytaniem „Co powinniśmy zrobić, aby poprawić relacje?". Innymi słowy, uwaga lidera 1.7+ w dużej mierze koncentruje się na pytaniach i rzeczach, które nie mają bezpośredniego związku z celami organizacji. W konsekwencji spędza on wiele czasu rozmawiając z ludźmi o ich pragnieniach, uczuciach i sądach, nie przyczyniając się do poprawy ich umiejętności zawodowych, a wręcz powodując ich pogorszenie, gdyż odwraca uwagę ludzi od określonych zadań.

Przywódca 1.7+ wykorzystuje swój urok i imponującą elokwencję do kontrolowania kierunku dyskusji, tak aby uniknąć przykrych tematów, które mogłyby sprowokować konflikt i spowodować niepotrzebne napięcie.

Jeżeli ktoś popełni błąd lub niedokładnie wykona swoją prace, lider 1.7+ nie próbuje dokonać analizy, aby odkryć przyczyny takiego błędu. Pierwszą rzeczą, jaką robi to ocenia, w jaki sposób błąd ten może wpłynąć na atmosferę w zespole. Jeżeli nie przewiduje żadnych negatywnych konsekwencji, trochę ponarzeka lub całkowicie zignoruje błąd. Jeżeli pomyłka może sprowadzić krytykę lub wywołać konflikt, lider 1.7+ stara się przywrócić miłą i przyjazną atmosferę, mówiąc: „Jestem pewien, że winę za ten błąd ponoszą okoliczności, a poza tym, wszystko jest w najlepszym porządku. Nie panikujmy, nie kłóćmy się z powodu takiej drobnostki. Wszystko wróci do normy, bo przed nami świetlana przyszłość!".

Komunikacja w stylu 1.7+ ma na celu wymianę informacji na temat emocji i uczuć. Fakty i organizacyjne procesy mają znaczenie drugorzędne. Tylko w krytycznej sytuacji, która może zagrozić harmonijnym relacjom, które z punktu widzenia lidera 1.7+ są tak istotne, następuje chwilowe przełączenie orientacji na zadania i rozwiązywanie problemów.

Proaktywność

Przywódca o stylu 1.7+ broni tylko tych opinii, które wzmacniają ciepłe i przyjazne relacje oraz budzą optymistyczne nadzieje, a do tego nie wywołują poważnych obiekcji ani konfliktów. Swoich opinii broni dość otwarcie i z przekonaniem, o ile nie zagraża to przyjacielskim relacjom i ma pozytywny wpływ na pozostałych członków zespołu. Jeżeli przewiduje sprzeciw, stara się załagodzić sytuację i przekonać podwładnych, że jego stanowisko ma na celu obronę interesów całego zespołu i jest korzystne dla wszystkich. Jeżeli dyskusja lub różnica zdań jest nieunikniona i trzeba opowiedzieć się po jednej ze stron, wówczas zbiera w sobie wystarczająco dużo motywacji i siły, aby wyartykułować i podtrzymać swoją opinię. Zorientowanie na wartości, które są zbieżne z interesem zespołu, jest czynnikiem sprzyjającym obronie własnego zdania. Wewnętrzne przekonanie, że jego stanowisko pokrywa się ze stanowiskiem zespołu, a nawet całej społeczności, pozwala mu wywierać istotny wpływ na opinie i zachowanie pozostałych członków zespołu.

Przywódca 1.7+ aktywnie i z entuzjazmem broni swoich przekonań dopóki ma pewność, że odbywa się to z korzyścią dla wszystkich. Jeżeli sytuacja staje się napięta i może przerodzić się w konflikt, który z kolei może zagrozić wzajemnym stosunkom w zespole, lub jeżeli lider zostaje oskarżony o kierowanie się osobistymi lub dyskryminującymi motywami, wówczas jest gotów zrezygnować ze swojego zdania. Później może znowu próbować go obronić, ale tylko pod warunkiem, że poczuje wsparcie większej części zespołu.

Aby nie narazić na szwank dobrych relacji, lider 1.7+ pragnie poznać opinie innych osób zanim powie, co sam sądzi. „Nie chciałbym, aby moja opinia miała wpływ na to, co sądzicie. To jest dla mnie bardzo ważne, aby poznać wasze zdanie. Jestem członkiem tego zespołu, jak każdy z was". Takie deklaracje sugerują, że głównymi priorytetami są spokój i harmonia. Kiedy wsparcie jest wyraźne, a on czuje się pewny siebie, otwarcie wyraża swoje zdanie, przemawia w sposób zdecydowany, a nawet natrętny. W efekcie współpracownicy, którzy chcieliby wyrazić inne zdanie, wolą zachować je dla siebie.

Jeśli chodzi o imprezy firmowe, dawanie prezentów i nagród, ogłaszanie sukcesów i wzrostu wskaźników, komunikowanie nowych projektów itp. lider 1.7+ staje się bardzo aktywny. Taka rola bardzo mu odpowiada – jest inspirująca, a on odczuwa dumę. Natomiast w codziennych sytuacjach jego inicjatywy są jak pogoń za marzeniem. Obiecuje zwiększenie planowanego poziomu wydajności, choć trudno jest mu wywiązać się z bieżących zobowiązań; obiecuje wdrożenie nowego projektu, choć obiektywnie jest on nierealny. Te przebłyski inicjatywy nie mają nic wspólnego ze zorientowaniem na zadania, a jedynie odzwierciedlają bezzasadny optymizm i skłonność do fantazjowania. W takich sytuacjach współpracownicy wymieniają spojrzenia, które mówią: „Niech ktoś mu powie żeby już skończył!".

Brak określonych celów i jasnych kryteriów jakości uniemożliwia liderowi 1.7+ obiektywną ocenę własnych poglądów i działań, jak również poglądów i działań innych osób. Nie potrafi obiektywnie ocenić pracy zespołu jako całości. Dlatego ciągle buduje zamki na piasku i snuje wizje rozwoju i świetlanej przyszłości.

Podejmowanie decyzji

Przywódca o stylu 1.7+ podejmuje decyzje niezwykle ostrożnie. Stara się unikać niezadowolenia lub zagrożeń dla pozytywnego klimatu w zespole. Decyzje nie powinny prowokować konfliktów czy sporów, lecz każdego zadowalać. Dlatego unika podejmowania decyzji zanim z każdym nie porozmawia i nie oceni sądów współpracowników. Zwykle końcowa decyzja nie jest tą najlepszą, lecz lider 1.7+ woli wybrać wariant, z którym zgadzają się wszyscy. Takie decyzje pomagają w tworzeniu pozytywnego klimatu i unikaniu konfliktów i sprzeczności.

Lider 1.7+ podejmuje decyzje, które gwarantują akceptowalne rezultaty i budują atmosferę przyjaźni i optymizmu. Woli odroczyć podjęcie niepopularnej decyzji lub przerzucić na kogoś innego odpowiedzialność za kroki, które mogłyby zaszkodzić harmonijnym relacjom i pozytywnemu klimatowi.

Trudne decyzje zapadają nieśpiesznie, z różnym skutkiem. Woli poczekać aż wszystkie szczegóły zostaną wyjaśnione lub okoliczności będą bardziej sprzyjające. W przeciwnym razie proces podejmowania decyzji ulega spowolnieniu na skutek długich dyskusji, w których uczestniczy zbyt wiele osób. Lider 1.7+ nie posiada żadnych określonych kryteriów czy harmonogramów. Dlatego brakuje odpowiedniego nadzoru nad dyskusją, a pierwotnie dyskutowana kwestia zostaje wkrótce zapomniana.

W procesie decyzyjnym lider 1.7+ nie jest wystarczająco samodzielny. Pragnie, aby jego decyzje pokrywały się z opiniami kierownictwa i zapisami w dokumentach, bo dzięki temu zyskają większą wagę, a on nie będzie musiał martwić się o konsekwencje na wypadek porażki.

Dla lidera o tym stylu przywódczym ważniejsze jest, aby decyzja była wynikiem konsensusu. Ten warunek oraz cały proces decyzyjny są dla niego ważniejsze niż skutki podejmowanych decyzji. Stara się podejmować takie decyzje, które z jednej strony wzmacniają system harmonijnych relacji w organizacji, a z drugiej spełniają wymagania kierownictwa. Oczywiście osiągnięcie takiej zgodności jest niezwykle trudnym zadaniem, a sam proces jest raczej stresujący i niekomfortowy.

Konstruktywna krytyka

Krytyka i informacje zwrotne udzielane przez lidera 1.7+ są zwykle zwięzłe i mało konstruktywne. W swojej ocenie przeciętnych wyników zbytnio skupia się na pozytywnych aspektach, zachęca i chwali nawet tych, którzy na to nie zasłużyli. Pozytywne nastawienie do ludzi sprawia, że lider 1.7+ doszukuje się pozytywów w każdym działaniu czy osiągnięciu, i czuje się niekomfortowo, gdy musi powiedzieć coś negatywnego. Dlatego jego krytyka jest zawsze pozytywna.

Wysokie zorientowanie na ludzi i ogólna troska o wartości organizacji powodują, że lider 1.7+ unika dawania otwartej i obiektywnej informacji zwrotnej nawet najbardziej beztroskim pracownikom. Obawia się, że mógłby naruszyć porządek moralny i dobrą atmosferę w zespole. Dlatego na krytykę negatywną pozwala sobie tylko w prywatnych rozmowach. Ale nawet w takiej sytuacji wyraża zrozumienie i ubolewanie. Stara się obchodzić ostrożnie z emocjami i uczuciami innych osób, jego oceny i uwagi są łagodne, a swoją krytykę zawsze podsumowuje słowami sympatii i wsparcia, nawet w przypadku najbardziej niefrasobliwych pracowników, tracąc przez to szansę, aby spróbować wpłynąć na zmianę ich zachowania i stosunku do pracy. W konsekwencji bardziej pracowici i wydajni pracownicy muszą brać na siebie więcej obowiązków.

Lider 1.7+ zwykle wyraża krytykę w formie pochwały. Różnice zdań są zwykle niwelowane, aby nie narażać na szwank dobrych relacji. Natomiast przyczyny tych różnic z tych samych powodów nie są poddawane dogłębnej analizie. Lider stara się koncentrować na rzeczach, które są łatwe do realizacji i mogą pomóc w podtrzymaniu optymistycznego nastroju. Nieprzyjemne i trudne zadania są omawiane niechętnie i powierzchownie.

Krytyka i informacje zwrotne, których udziela lider 1.7+, nie mają związku z jakością wykonanej pracy. Innymi słowy, zasadniczy przedmiot krytyki, a więc jakość pracy pracownika, jest pomijany i schodzi na drugi plan.

Co się zaś tyczy jego własnej pracy, lider 1.7+ chętnie przyjmuje pozytywną krytykę i pozytywne informacje zwrotne. Akceptuje obiektywne i negatywne uwagi lub sugestie ze zrozumieniem, wyrażając przy tym w razie konieczności skruchę.

Jakość krytyki udzielanej przez lidera 1.7+ i jej głębia są odzwierciedleniem jego pozytywnego nastawienia i uczuć. Przy braku określonych kryteriów krytyka często przeradza się w dyskusję na tematy nie związane z organizacją i samą pracą. Jeżeli ktoś zgłasza jakieś zastrzeżenia dotyczące jakości pracy, lider 1.7+ stara się wywołać pozytywne emocje i przekonuje innych, aby i oni skoncentrowali się na pozytywnych aspektach bieżącej sytuacji i myśleli o przyszłych udoskonaleniach.

Im więcej pojawia się problemów, tym więcej wysiłku wkłada w to, aby zwiększyć pewność siebie pracowników i rozbudzić w nich nadzieję. Mottem lidera 1.7+ jest zachować optymizm i nadzieję niezależnie od okoliczności. Jego typową ofertą dla osób potrzebujących pomocy w radzeniu sobie z porażkami i przeciwnościami jest bierna wiara w to, że wszystko wkrótce powróci do normy. Nie potrafi zorganizować ludzi i pokierować nimi tak, aby mogli pokonywać problemy w trudnych okolicznościach. Dla swoich pracowników ma wiele słów pochwały i zachęty, w każdej porażce dostrzega coś pozytywnego, lecz nie potrafi zaproponować żadnej strategii rozwiązywania problemów.

7.7 Wnioski

Podczas gdy lider o stylu 1.7− stara się niezwłocznie przekształcać zasoby (R) w wyniki (O), ignorując relacje międzyludzkie, lider o stylu 1.7+ ignoruje wyniki (O) i wykorzystuje wszystkie dostępne zasoby (R) do tworzenia harmonijnych i przyjaznych relacji w I-ZONE. Zasadniczym celem przywódcy reprezentującego styl 1.7+ jest życie w harmonii i bez konfliktów, za to wypełnione entuzjazmem i pozytywnymi oczekiwaniami. Ten cel jest z całą pewnością utopijny i ogranicza zdolność do realizacji realnych celów i zadań. Przywódca w stylu 1.7+ stara się pokonywać kontrowersje poprzez budowanie przyjaznych i pozytywnych relacji, miłego klimatu i entuzjazmu w I-ZONE, niestety – nieskutecznie. Im więcej wysiłku wkłada w tworzenie pozytywnych relacji i eliminowanie kłopotów i różnic, im bardziej próbuje inspirować podwładnych snując wizje przyszłych osiągnięć, tym bardziej rozczarowujący jest finalny efekt. Osoba o tym stylu, będąc niepoprawnym marzycielem, zadowala się nieosiągalnymi nadziejami i ciągłymi pochwałami. Nie robi nic, aby wdrażać swoje plany i urzeczywistniać marzenia. Rzeczywistość okazuje się rozczarowująca, gdyż priorytetem są tutaj wyniki. To skłania do skorygowania dotychczasowego zachowania. Jeżeli taka korekta nie nastąpi, zespół będzie musiał zmierzyć się z olbrzymim rozczarowaniem i brutalną rzeczywistością. Nie mniej jednak przywódca o stylu 1.7+ w czarujący sposób wywiera wpływ na swoich współpracowników i kieruje ich w stronę harmonijnych relacji i przyszłych możliwości (które, choć częściej zawodzą niż są realizowane, mimo wszystko mają silny motywacyjny potencjał). Celowy rozwój orientacji na wyniki może zbliżyć lidera 1.7+ do idealnego modelu przywództwa.

Styl 4.4–: Konserwatysta-formalista (balansowanie i kompromisy)

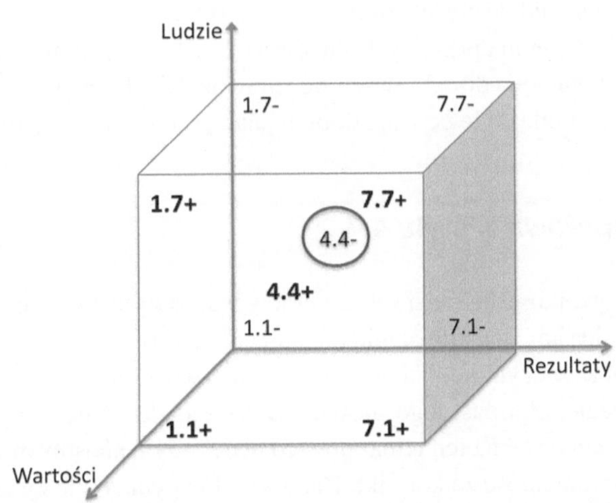

Styl 4.4– charakteryzuje się umiarkowanym zorientowaniem na zadania i ludzi oraz formalnym i obojętnym stosunkiem wobec pracy i organizacji. Osoba o tym stylu unika wszystkiego, co nowe. Stara się unikać ryzyka i konfliktów. Swoją pracę wykonuje zgodnie z regułami i instrukcjami. Jej zachowanie i sposób myślenia jest zdecydowanie konserwatywny. Lubi ściśle trzymać się instrukcji, boi się wszystkiego, co nowe i nietypowe.

8.1 Podstawowe cechy stylu 4.4–

Zarówno styl 4.4+, jak i 4.4– charakteryzują się umiarkowanym zorientowaniem na zadania organizacji i jej ludzi. Są do siebie podobne, lecz pod względem zorientowania na wartości, istotnie się od siebie różnią. Styl 4.4– charakteryzuje się obojętnością wobec organizacji i unikaniem nowości i najmniejszego nawet ryzyka oraz konfliktów. Aby

© Springer-Verlag GmbH Germany, part of Springer Nature 2019
A. Zankovsky and C. Heiden, *Przywództwo z Synercube*,
https://doi.org/10.1007/978-3-662-58235-0_8

wdrożyć i bronić takiego zorientowania na wartości, osoba o stylu 4.4– robi wszystko ściśle według zasad i instrukcji i czuje się komfortowo podążając za nakazami i regulacjami. W przypadku konfliktu poszukuje kompromisu, starając się wziąć pod uwagę opinię większości, swoje doświadczenie i *staus quo*. Patrzy w przeszłość i wzywając do zachowania porządku w organizacji zwykle mówi: „Jeszcze nigdy tego próbowaliśmy!", „Zwykle działamy w taki sposób", „Ta innowacja nie wniesie niczego dobrego".

Największą obawą i największym wrogiem stylu 4.4– jest perspektywa zmian i reform. Osoba o tym stylu wierzy, że jedynym odpowiednim wzorcem działania jest ten, który już wielokrotnie wcześniej się sprawdził, nawet jeśli ma ewidentne luki i wady.

Wszystkie działania lidera 4.4– są na umiarkowanym poziomie, co z jakiegoś powodu jest akceptowane przez kierownictwo wysokiego szczebla i co dla niego samego nie stanowi żadnego problemu. Osoba o tym stylu unika podejmowania decyzji, które mogłyby być ryzykowne i przynieść niewiadome konsekwencje. Woli takie decyzje, które są korzystne dla wszystkich i oparte na dobrze wypróbowanych metodach. W takich przypadkach, nawet kiedy coś pójdzie nie tak, odpowiedzialność nie spoczywa tylko na liderze, ale na systemie organizacyjnym i przyjętych standardach. „To nie jest moja wina! Ten błąd to pomyłka. Przecież ta metoda dotąd zawsze się sprawdzała". Takie podejście jest rodzajem strategii i pozwala na podążanie pewną i dobrze znaną ścieżką oraz na unikanie ryzyka.

8.2   Praca zespołowa w stylu 4.4–

Kiedy jeden z pracowników nie radzi sobie z pracą, lider o stylu 4.4– bezczynnie czeka, aż problem rozwiąże się sam. Jego działania nie mają określonego celu i dla współpracowników również nie są zbyt czytelne. Na przykład, może zwołać zebranie i nie poinformować nikogo o jego temacie. Zamiast tego mówi: „Oczekuje się od nas, abyśmy bardziej się postarali. Czy ktoś chce coś na ten temat powiedzieć?". Tym sposobem zdejmuje z siebie ewentualną odpowiedzialność za konflikt. Zadając takie pytanie nie zwraca się do nikogo konkretnego. Ma nadzieję, że znajdzie się ktoś, kto udzieli odpowiedzi na to i kolejne jego pytania. Jeżeli okoliczności zmuszają go do mówienia, wówczas unika niezależnych konkluzji i, jak zwykle, odwołuje się do odgórnych uregulowań. Bywa, że pyta pracowników, co powinien zrobić, lecz gdy ktoś zaproponuje interesujący i ambitny pomysł, zignoruje go lub odrzuci podpierając się doświadczeniem lub tradycjami organizacji.

W zespole, w którym dominuje styl 4.4–, sprawą nadrzędną są zasady i formalne kryteria. „Poprawni" pracownicy dostają podwyżki i awanse, jeśli spełniają formalne kryteria lub potrafią „grać wedle ustalonych reguł". Pozostali muszą czekać na swoją szansę.

Działania ludzi determinuje ostrożność i zasady. Zaufanie i szacunek, choć obecne, są raczej ograniczone i formalne. Dlatego pracownikom brakuje pewności siebie i wszelkie działania podejmują z dużą ostrożnością. Wszystkie czynności, aby mogły być skuteczne, zabierają dużo czasu i osobistego zaangażowania. Ludzie czują, że są odsuwani od swoich zadań, a wszelkie kreatywne pomysły zostają zaprzepaszczone lub zmienione po ich mechanicznym zestawianiu z zasadami i formalnymi kryteriami.

8.3   I-ZONE w stylu 4.4—

W zespole, którym kieruje przywódca o stylu 4.4—, dużo się plotkuje, gdyż sam przywódca unika dyskusji na forum. Woli rozmawiać z ludźmi na osobności, a potem ewentualnie poddawać daną kwestię pod dyskusję.

Zamiast prowadzić otwarte rozmowy, analizuje wątpliwości bez włączania osób, które są w daną sprawę najbardziej zaangażowane, w oparciu o komentarze z drugiej ręki i prywatne rozmowy. Dla większej części zespołu oznacza to, że nie należy pochopnie wypowiadać swojego zdania, tylko zachować je dla siebie. Taka ostrożność prowadzi do wypaczania informacji, ponieważ grupa zmuszona jest poruszać się w sferze domysłów lub wniosków opartych na plotkach lub niepełnych danych. Wszyscy stają się podejrzliwi do tego stopnia, że proste pytanie wywołuje dyskomfort i niechęć do udzielania merytorycznych odpowiedzi. To wszystko obniża skuteczność procesów organizacyjnych, a przywrócenie prawidłowych relacji, tak aby wydajność zbliżyła się przynajmniej do przeciętnego i satysfakcjonującego poziomu, wymaga olbrzymiego wysiłku.

Mając za wzór przywódcę reprezentującego ten styl, pracownicy zaczynają grać wedle narzuconych reguł i zamiast w sposób szczery i otwarty dzielić się odmiennymi poglądami i wspólnie je omawiać, bazują na plotkach. W zespole kierowanym przez lidera 4.4— jedyną akceptowalną formą rozmowy jest kompromis, ustępstwo i zgoda na to, co proponuje większość. Niestety kompromis nie jest tutaj rozumiany jako narzędzie do rozwiązywania konfliktu, lecz do eliminowania go za wszelką cenę.

Wewnętrzne wyalienowanie i brak lojalności często powodują, że strony zamiast otwarcie i szczerze omawiać problemy tylko udają, że ze sobą rozmawiają. Osoby, które poddają pod dyskusję odmienne punkty widzenia są krytykowane za powodowanie problemów, spowalnianie procesu i samolubstwo. Negocjowanie kompromisu odbywa się jednak w miłej atmosferze, choć bardzo formalnej i pozbawionej szczerości, gdzie nikt nie ma prawa naruszyć obowiązujących reguł.

Przestrzeganie formalnych reguł zwiększa pewność siebie lidera 4.4— i pozwala mu czuć się pełnoprawnym członkiem zespołu. Lecz inni postrzegają to jako wykorzystywanie przez szefa zasad jako tarczy do ochrony przed sporami. Istnieje przekonanie, że wyrażanie własnych opinii mija się z celem, gdyż rozsądne pomysły i twórcze propozycje i tak zostaną odrzucone na rzecz obowiązujących zasad. Nawet jeśli ktoś zaproponuje jakiś świeży pomysł, nie uda mu się wpłynąć na decyzję większości. Szczere oddanie pracy i poszukiwanie dobrych decyzji zawsze ustępują miejsca formalnym zasadom i odniesieniom do przeszłych doświadczeń: „W takiej sytuacji musimy ściśle przestrzegać regulacji!” lub „Zawsze robiliśmy to tak.”

Osoba reprezentująca styl 4.4— wierzy, że równowaga i kompromis są lepszą strategią współpracy niż ryzyko związane z kreatywnością i wysokim zaangażowaniem. Nie jest ważne, że rezultaty (O) nie są tak dobre, jak mogłyby być. W razie konfliktu lider 4.4— zamiast dokonać analizy oczywistych faktów zajmuje się zacieraniem różnic zdań, dążeniem do kompromisu i zrównoważeniem różnych potrzeb osób zaangażowanych w spór (Rys. 8.1).

Rys. 8.1 4.4–

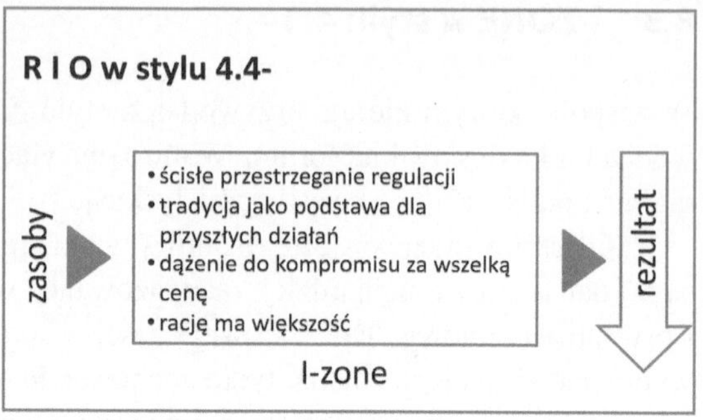

Przywódca o stylu 4.4– uważa, że nawet naprędce wynegocjowany kompromis jest zwycięstwem obu zwaśnionych stron, gdyż każda z nich otrzymuje część tego, do czego dążyła. Jednak takie podejście prowadzi do niejasnych i kruchych decyzji, a na końcu ludzie i tak czują, że zostali oszukani. Dla tego stylu ważniejsze jest to, że każda ze stron coś zyskuje, bo przecież nikt na dłuższą metę nie powinien pozostawać w sporze ani być otwarcie niezadowolonym. Pomimo słuszności podjętej decyzji, lider 4.4– unika skrajnego podziału na zwycięzców i przegranych. I choć zwaśnione strony mogą na jakiś czas się pogodzić, konflikt wybucha na nowo przy kolejnej okazji lub nieustannie się tli, co ma negatywny wpływ na nastroje w zespole.

Z powodu swojego nieszczerego, zbyt ostrożnego i obojętnego stosunku, lider 4.4– nie potrafi wykorzystać korzyści płynących z obliczonej na osiągnięcie synergii prawdziwej pracy zespołowej.

8.4   Kultura i wartości stylu 4.4–

Podstawowa cecha: formalne zasady i kryteria. Strach przed nowościami i zmianami

Zaufanie W kulturze lidera 4.4– tylko formalne zasady i wypróbowane metody zasługują na zaufanie. Nadmierną wagę przykłada się do instrukcji kierownictwa, które przyjmowane są w sposób bezkrytyczny i bez uprzedniej analizy. Jeśli chodzi o ludzi, osoby godne zaufania to zwykle te, które ściśle przestrzegają tradycyjnych zasad i wzorców lub te o wysokim statusie. „Po co wdawać się w dyskusje skoro dostaliśmy już instrukcje?". Zmiany oraz wszystko, co nowe spotykają się z ostrym sprzeciwem i podejrzliwością, nawet jeśli stare metody mają oczywiste wady: „Zobaczycie, dokąd was to zabierze! Wszyscy tego pożałujecie." Osoby, które mają nowe i nietypowe pomysły wzbudzają nieufność i wrogość.

Sprawiedliwość W stylu 4.4– uważa się, że sprawiedliwe jest wspieranie i nagradzanie tych, którzy zachowują się i działają ściśle według formalnych zasad i regulacji. Jeżeli ktoś nie spełnia zasad, wówczas rzeczą uczciwą jest zapobiegać takiemu zachowaniu i je karać. Najbardziej uczciwym sposobem rozwiązywania konfliktów jest kompromis, z którego każda ze stron wyciąga przynajmniej minimalną korzyść. Jeżeli trzeba podjąć decyzję, która nie odpowiada tradycyjnym standardom, to w gruncie rzeczy taka decyzja może być niesprawiedliwa lub nieuczciwa. Lecz nawet niezdrowe kompromisy i niesprawiedliwe decyzje w opinii lidera 4.4— są uczciwe, ponieważ są podejmowane z myślą o tym, co dobre dla większości pracowników i mają pomóc w zachowaniu status quo, a to jest dla lidera 4.4— sprawą priorytetową.

Zaangażowanie i utożsamianie się Przywódca o stylu 4.4— identyfikuje się nie tyle z samą organizacją, pracownikami, misją i celami, co z jej formalnymi regulacjami i zasadami, których nauczył się w trakcie procesu socjalizacji. Osoby o tym stylu przywódczym są na swój sposób oddane sprawom organizacji. Utożsamiają ją z zestawem niezmiennych reguł i kategorycznie odmawiają wszelkich zmian. Uznają tylko taką formę oddania i utożsamiania się oraz wierzą, że tak samo uważa większość zespołu.

Odpowiedzialność i niezawodność Według osoby reprezentującej ten styl, poleganie na drugiej osobie oznacza zrozumienie i przewidywanie jej zachowania. W opinii lidera 4.4— jest to możliwe tylko wtedy, gdy wszyscy ściśle przestrzegają ustalonych zasad i regulacji. Dopiero wtedy można powiedzieć, że zachowanie jest czytelne i przewidywalne, bo ludzie zachowują się według reguł i sprawdzonych, sformalizowanych schematów. Lider 4.4— wychodzi z założenia, że skoro wcześniej firma działała w określony sposób i odniosła sukces, to należy robić tak dalej. Sprawdzone metody postępowania w jego opinii gwarantują, że działania są bardziej zrozumiałe i niezawodne, w odróżnieniu od zmian i rzeczy nowych, które sprawiają, że rzeczywistość staje się nieprzewidywalna i niepewna. Potrzeba wprowadzania zmian w ogóle nie jest brana pod uwagę. Co więcej, lider 4.4— kwestionuje fakt, że nowe czasy wymagają zmian. Jego główna strategia polega na przestrzeganiu zasad, zapewnieniu stabilnego działania wszystkich systemów, dzięki którym organizacja może podążać w wyznaczonym kierunku bez podejmowania zbędnego ryzyka. Odpowiedzialność społeczna lidera 4.4— ogranicza się do ścisłego przestrzegania standardów życia społecznego, które uznaje za niepodważalne prawdy. Ci, którzy od tej prawdy odchodzą lub zaprzeczają stabilnym zasadom uważani są za nieodpowiedzialnych i niewiarygodnych.

Przejrzystość i prawdomówność Dla lidera o stylu 4.4— wartości te oznaczają ciągłe i ścisłe przestrzeganie sprawdzonych, standardowych metod. Jeżeli coś wykracza poza zasady, jest ignorowane lub negatywnie oceniane. Każda innowacja postrzegana jest jako próba zbaczania z obranego kursu i w związku z tym jest odrzucana. Zbieranie i analizowanie informacji jest ograniczone przez parametry określone w stosownych regulacjach oraz przez wyższe kierownictwo. Również informacje zwrotne, jakich udziela lider 4.4—, są ograniczone lub przybierają formę skarg. Porażki i błędy innych osób są określane jako odbieganie od instrukcji. Jeśli zaś sam lider 4.4— musi postąpić wbrew regułom, to takie odstępstwo tłumaczy zaistniałymi zewnętrznymi okolicznościami, przy czym próbuje się w ten sposób usprawiedliwić zamiast znaleźć rzeczywiste powody lub argumenty.

8.5   Kultura i władza w stylu 4.4–

Nacisk na formalne aspekty pozycji oraz władza oparta na wiedzy

Kara Najwyższym priorytetem dla osoby o stylu 4.4– jest dokładne i konsekwentne przestrzeganie istniejących zasad i standardów. Osoby, które łamią zasady powinny zostać ukarane, niezależnie od powodów i okoliczności. Kara powinna być pozbawiona subiektywizmu, dokładnie uregulowana w przepisach i powinna gwarantować stabilne i standardowe funkcjonowanie systemu. Kara jest związana z nieprzestrzeganiem zasad, nie z wynikami.

Nagroda W stylu 4.4– dominuje raczej chłodny stosunek do nagród. Osoba o tym stylu wierzy, że każdy musi ściśle przestrzegać określonych zasad i regulacji. Dlatego nie można powiedzieć, że ci, którzy to robią zasługują na nagrodę, gdyż oni robią tylko to, co do nich należy. Nie trzeba dodawać, że ci, którzy łamią zasady lub postępują wbrew nim nie zasługują na żadną nagrodę i są automatycznie uznawani za złych pracowników. Jeżeli już jakaś nagroda jest przewidziana to nie ma ona bezpośredniego związku z wynikami, bowiem lider 4.4– zadowala się umiarkowanymi osiągnięciami. Osoby, które dążą do wybitnych osiągnięć wzbudzają w nim nieufność i ostrożność. Zaczyna ich podejrzewać o chęć zdobycia czegoś wyjątkowego, jakichś przywilejów.

Pozycja Dla stylu 4.4– władza oparta na pozycji jest niezwykle ważna i uznawana za kluczowy element systemu organizacyjnego, który opiera się na zasadach i regulacjach. Każdy poziom hierarchii organizacyjnej posiada określony zakres oficjalnych praw, w ramach których menedżer powinien działać. Lider o stylu 4.4– jest bardzo dobrze poinformowany o przysługujących mu prawach i jest gotowy z nich korzystać w pełnym zakresie, tak aby pracownicy nie zapominali o konieczności przestrzegania zasad organizacyjnych. Zachowuje się wyraźnie inaczej względem podwładnych i szefów. Ci pierwsi, jego zdaniem, powinni dokładnie i uważnie przestrzegać określonych zasad. Szefowie zaś personifikują system i dlatego ich instrukcje i decyzje stają się niepodważalnymi wytycznymi dla podwładnych.

Informacje Do najważniejszych zasobów informacyjnych stylu 4.4– należą dokumenty, które regulują działania całej organizacji, a w szczególności każdego pracownika. Lider 4.4– lepiej niż ktokolwiek inny wie, co każdy pracownik ma do zrobienia, jakie prawa i obowiązki przysługują jego współpracownikom, oraz gdzie kończy się jego odpowiedzialność. Te informacje pomagają mu nie tylko chronić siebie przed bieżącymi problemami i zadaniami, ale również wzmocnić swoją pozycję. Wymiana informacji ma na celu zachowanie status quo, natomiast celem komunikacji z podwładnymi jest przypominać im o obowiązkach, tj. przestrzeganiu zasad i standardów. Lider 4.4– przyjmuje instrukcje od kierownictwa bez zastrzeżeń, ale i bez entuzjazmu. Stara się wypełniać swoje zadania zgodnie z formalnymi wymogami na akceptowalnym poziomie. Najbardziej intensywna komunikacja odbywa się pomiędzy liderem 4.4— a jego współpracownikami zajmującymi to samo miejsce w hierarchii, a jej celem jest przygotowanie się do obrony przed innowacjami i zmianami.

Wiedza   Lider o stylu 4.4— ma największe kompetencje w sferze różnego rodzaju regulacji – dobrze zna się na instrukcjach organizacyjnych, zasadach i wytycznych, jest ekspertem od sprawdzonych postaw i metod.   Ma dużą wiedzę i umiejętności, jednak nie uznaje za stosowne, aby je doskonalić.   Wynika to z przekonania, że od czasu kiedy zdobył swoje umiejętności nic się nie zmieniło i nie trzeba wymyślać na nowo koła.   Dostępną wiedzę i umiejętności uznaje za wystarczające i doskonałe.   Wychodzi z założenia, że w jego branży nie pojawia się nic nowego, a innowacyjne metody są zbyt ryzykowne i z zasady nigdy nie okazują się użyteczne, częściej za to powodują niepotrzebne problemy i błędy.

Autorytet   Z zasady siła oddziaływania lidera reprezentującego styl 4.4— jest ograniczona, gdyż w każdej sytuacji działa według ustalonych zasad i regulacji.   Taka strategia wynika z przekonania, że postępowanie według zasad oznacza postępowanie w najlepszy z możliwych sposobów.   W efekcie podwładni postrzegają lidera 4.4— jako osobę pewną siebie i nudną, która wykonuje swoją pracę bez przekonania.   W sytuacji, gdy musi poprosić współpracowników, aby wykonali pilne i trudne zadanie, jego prośba nie powoduje wzrostu motywacji.   Zdaniem wielu osób lider 4.4— jest personifikacją formalnych i bezosobowych zasad, którymi wiele organizacji, szczególnie dużych, musi się kierować.

Lider reprezentujący styl 4.4— nie chce różnić się od innych, dlatego, pomimo obojętności na sprawy organizacji, nie chce być złym pracownikiem. Bycie złym pracownikiem oznacza zwracanie na siebie zbyt dużej uwagi, narażanie się na komentarze, wchodzenie w konflikty z innymi pracownikami, a w końcu również aktywne angażowanie się w sprawy organizacji.   Osoba o stylu 4.4— woli umiarkowaną wydajność, prawidłowe relacje ze współpracownikami, oraz ścisłe przestrzeganie ustalonych reguł.   W skrócie – wszystko, co zapewnia mu spokojne, bezkonfliktowe życie. Brak wzajemnego zaufania, szacunku i szczerości uniemożliwia mu budowanie wiarygodnych i harmonijnych relacji. Zamiast tego jego relacje opierają się na przestrzeganiu instrukcji zgodnie z motto, które brzmi: „zły pokój jest lepszy od dobrej wojny".

Potrzeba dystansowania się od innych i ukrywania obojętności nie pozwala liderowi 4.4— otwarcie artykułować własnych poglądów.   Dlatego zastępuje on je znanymi faktami i ustalonymi regułami.   Wyrażenie własnego zdania w danej sprawie sprawia mu trudność, a dla innych jest zniechęcające.   Czuje się komfortowo tylko, gdy wzajemne relacje opierają się na formalnych zasadach.

8.6   Umiejętność współpracy w stylu 4.4–

Rozwiązywanie konfliktów

Stosunek lidera o stylu 4.4– do konfliktu jest bardzo negatywny – uważa go za jedno z największych zagrożeń dla stabilnego i spokojnego życia. W głębi serca wierzy, że gdyby ludzie ściśle przestrzegali ustalonych zasad i norm, wszelkie sprzeczności i konflikty byłby zbędne. Ponadto konflikt niesie ze sobą konieczność zaangażowania się w problemy organizacji, wymaga kreatywności i oddania, a są to elementy, których lider 4.4– unika za wszelką cenę. Dlatego woli trzymać się z dala od konfliktów, zachowywać neutralność i czekać, aż problem sam się rozwiąże. Osoba o tym stylu podejmuje decyzje, które nie zaostrzają różnic. Zawsze polega na zasadach od dawna stosowanych przez organizację do rozwiązywania określonych problemów. Wzywa współpracowników do zawierania kompromisów, aby przywrócić spokój i obojętność.

Jeżeli konflikt jest nieunikniony, lider 4.4– przyjmuje to do wiadomości i podejmuje wszelkie możliwe kroki, aby go zniwelować. Podstawowym sposobem rozwiązywania konfliktu jest poszukiwanie kompromisu niezależnie od okoliczności. Celem jest niedopuszczenie do konfrontacji dzięki ustępstwom każdej ze zwaśnionych stron. Kompromis powinien zostać zaakceptowany przez większość. W opinii lidera 4.4– wsparcie większości usprawiedliwia każdy kompromis: „Tak zdecydowała większość!".

W przypadku konfliktu lider 4.4– nie analizuje faktów ani ukrytych przyczyn sporu. Od razu stara się zatrzeć sprzeczne opinie, próbując zrównoważyć interesy i potrzeby obu stron. Następnie przechodzi do budowania kompromisu i przedstawia tymczasowe rozwiązanie, które w jego mniemaniu oznacza zwycięstwo obu stron – nikt nie traci wszystkiego, każdy zyskuje coś.

Kompromis bez dokładnej analizy wewnętrznych przyczyn konfliktu prowadzi do niejednoznacznych rozwiązań: wydaje się, że konflikt został wyeliminowany lecz, choć ulga jest odczuwalna, uczucie nieusatysfakcjonowania i niezadowolenia pozostaje. W końcu obie strony czują, jakby zostały oszukane. I choć lider 4.4– ma tego świadomość, nie czuje się odpowiedzialny za poszukiwanie lepszych i bardziej produktywnych sposobów rozwiązania problemu.

Najważniejsze są dla niego formalne regulacje oraz poczucie stabilności, nawet jeśli oparte na fikcyjnych przesłankach. Woli taki wariant niż trudne dochodzenie przyczyn konfliktu. Jeżeli każda ze zwaśnionych stron coś zyska, powstrzyma się od okazywania niezadowolenia przynajmniej na jakiś czas. I choć skonfliktowane strony tymczasowo zawieszają broń, to taka taktyka uniemożliwia liderowi wykorzystanie konfliktu jako narzędzia do rozwoju organizacji – konflikt wybuchnie na nowo przy innej okazji, niszcząc wzajemne relacje w I-ZONE.

Osoba o stylu 4.4– dokłada wszelkich starań, aby unikać konfliktów i ostrożnie planuje każdy krok. Polega na zasadach, regulacjach i doświadczeniu firmy, jak również na opinii większości, której nigdy się nie sprzeciwia. Jego mottem jest: „Bezpieczniej jest unikać konfliktu, niż go później żałować" oraz „Nawet jeżeli nie udało mi się w pełni wyeliminować konfliktu, starałem się jak mogłem".

Choć konflikt nie jest niczym przyjemnym, może być istotny i pomóc skoncentrować się na rozwoju i zwiększeniu zorientowania na zadania. Konflikt daje okazję do tego, aby porównać opinie i przekonania różnych osób i sprawdzić ich przydatność w kontekście produktywności. Ktoś, nie ważne kto, może wpaść na cenny pomysł, który okaże się korzystny niezależnie od tego, ilu osobom się nie spodoba. Dokonanie analizy i rozwiązanie konfliktu na samym początku oznacza szybką eliminację problemów i jest posunięciem znacznie lepszym niż marnowanie czasu na niekończące się kompromisy, które tylko odwlekają w czasie to, co nieuniknione. A jednak lider 4.4— stara się jak może, aby unikać konfliktów, przypisując im destrukcyjne działanie.

Dla lidera 4.4— konflikt oznacza zwycięstwo jednej osoby i przegraną drugiej i z tego powodu zagraża stabilizacji – przegrany może sprzeciwić się aktualnemu stanowi rzeczy i zażądać zmian. Co gorsze, jeżeli dojdzie do eskalacji konfliktu, obie strony mogą zakwestionować bieżący porządek. Stąd też lider staje między młotem a kowadłem, próbując za wszelką cenę uniknąć konfrontacji. Poszukuje więc kompromisów zamiast rzeczywistych konstruktywnych rozwiązań. Myśli przy tym: „Jeżeli każdy uzyska część tego, do czego dąży, to tak będzie lepiej niż gdyby miał nie uzyskać nic". Niezależnie od sytuacji lider 4.4— woli ustalić „co jest akceptowalne dla wszystkich" niż „co jest słuszne".

Jeżeli konflikt przeciąga się w czasie, postanawia trzymać się z daleka. Jest szczerze przekonany, że jest to jedyna rozsądna postawa, choć w rzeczywistości robi to, co zawsze. Myśli: „Dlaczego nie możemy przestać się kłócić i dojść do porozumienia?" lub „Powinniśmy się zwrócić do arbitra". Inna strategia polega na odseparowaniu od siebie zwaśnionych stron, dzięki czemu wydaje się, że konflikt na dobre się zakończył i w zespole na nowo zapanował spokój. W rzeczywistości spór został co najwyżej uśpiony i tli się, by wybuchnąć na nowo z większą siłą, ponieważ stronom uniemożliwiono wyrażenie swoich opinii i znalezienie dobrego rozwiązania.

Komunikowanie się

Styl 4.4— charakteryzuje się umiarkowanym poziomem kompetencji komunikacyjnych. Potrzeba przestrzegania ustalonych zasad i norm istotnie wpływa na kompetencje komunikacyjne lidera 4.4—, krępując je formalnymi i proceduralnymi obostrzeniami. Informacje są aktywnie zbierane, aby zapoznać się z opiniami i emocjami innych osób w celu utrzymania prawidłowych relacji w grupie.

Wymiana informacji pozwala liderowi 4.4— oszacować, czy proces pracy przebiega gładko i stabilnie. Czuwa on również nad wykonywaniem poleceń, norm i regulacji. Może o nich albo o nowych procedurach i dokumentach rozmawiać godzinami w miłej atmosferze. Jest to zdecydowanie jego konik i chętnie dzieli się swoją wiedzą i doświadczeniem z każdym, starając się inspirować ludzi do dyskusji i zadawania pytań. W tych sprawach nikt nie może się z nim równać.

Inne tematy nie są dla niego tak ważne, choć i tutaj jego wiedza bywa równie bogata. Jednak w wielu innych sprawach jego opinie opierają się na poglądach współpracowników i zestawach reguł – przyjmuje je jako informacje i nie poddaje pod dyskusję.

W razie różnicy zdań, lider 4.4– szybko przystępuje do zbierania informacji, lecz z nikim nie dzieli się swoimi spostrzeżeniami. Przyjmuje do wiadomości inne poglądy, które nie zostały jeszcze wyartykułowane. Podobnie jak w stylu 1.7–, lider 4.4– aktywnie poszukuje informacji, choć robi to powierzchownie. Jego celem jest wysondowanie, jakie zdanie ma większa część zespołu, nie zaś znalezienie najlepszego rozwiązania. Zwykle poszukuje informacji na dwa sposoby. Pierwszy z nich polega na prowadzeniu rozmów i dyskusji na osobności, aby omówić daną kwestię z każdym członkiem zespołu indywidualnie. W trakcie takich rozmów zadaje pytania:

- „Jak się czujesz w tej sytuacji?" (aby zrozumieć nastrój rozmówcy).
- „Dokąd, twoim zdaniem, nas to zaprowadzi?" (aby poznać możliwe warianty).
- „Co, twoim zdaniem, dzieje się w zespole?" (aby poznać stosunki panujące w zespole).
- „Wydaje mi się, że większości spodoba się ta decyzja. Jakie jest twoje zdanie?" (aby ocenić popularność propozycji).

W każdej z tych sytuacji lider 4.4– ukrywa swoje zdanie do momentu, aż nie dowie się, który wariant jest najbardziej popularny lub nie otrzyma instrukcji z góry.

Zdarza się, że zbiera informacje pośrednio, aby uzyskać niezbędne dane bez włączania się w problem czy wyrażania własnej opinii. Stara się przeanalizować wcześniejsze doświadczenia i to, jakie wtedy znaleziono rozwiązanie. W tym celu konsultuje się ze współpracownikami, którzy stają się jego ekspertami. Jednak takie konsultacje są niewystarczające. Nie formułuje on swoich pytań w sposób bezpośredni, chcąc zachować neutralność i bezstronność: „Wiem, że masz już doświadczenie we wdrażaniu towarów na nowe rynki" lub „Nie wiemy, w którym kierunku powinniśmy teraz pójść". Takie pytania nie wskazują na prawdziwy cel rozmowy.

Pytania zadawane przez lidera 4.4– mają dwie bardzo charakterystyczne cechy. Po pierwsze, zwykle są otwarte (tj. dopuszczają różne odpowiedzi) i niejasne, co ma go obronić przed wejściem w konflikt. Na przykład, pracownik w zaufaniu zdradził mu, że inny pracownik krytykuje jeden z punktów bieżącej polityki. W takiej sytuacji, lider 4.4– zbiera informacje, zadając mętne pytania: „Wiele słyszałem o tej nowej polityce. Jakie jest twoje zdanie na ten temat?" lub „Słyszałem, że ta nowa polityka cię martwi". Bardziej bezpośrednie pytanie brzmiałoby: „Słyszałem, że nie zgadzasz się z nową zasadą odpowiedzialności przewidzianą w nowej polityce. Co dokładnie budzi twoje wątpliwości?". Lider 4.4– zakłada, że to pracownicy sami powinni udzielać mu niezbędnych informacji, dlatego, aby je otrzymać, wystarczy zadać im nieprecyzyjne pytania i skierować rozmowę na odpowiednie tory.

Po drugie, lider 4.4– nikomu nie mówi, co sądzi do momentu, aż decyzja staje się oczywista. Dlatego bierze na siebie rolę mediatora. Nie omawia opinii współpracowników na temat nowej polityki. Zachowuje ostrożność, dzięki czemu chroni siebie przed trudnymi sytuacjami i zbiera wszystkie informacje dotyczące problemu. Zapytany wprost o zdanie, odpowiada: „Ok, powiem czego się dowiedziałem" lub odwołuje się do zasad panujących w organizacji: „W naszej firmie w takich przypadkach zawsze robiliśmy to tak. Ja tego nie wymyśliłem. Dotychczas to rozwiązanie się sprawdzało". Tą odpowiedzią przychyla się do opinii większości.

Proaktywność

Lider 4.4— porównuje swoje opinie z oczekiwaniami kierownictwa i opiniami większości zespołu. Woli nie ujawniać swojego zdania zanim nie zapozna się z konsekwencjami albo nie otrzyma od współpracowników pełnego wsparcia. Dlatego zwleka z ujawnieniem opinii, upewniwszy się najpierw, że jest ona popierana przez kierownictwo i pracowników. Mówi wówczas: „Biorąc pod uwagę nowo zaistniałe okoliczności, zgadzam się z tobą".

Lider 4.4— zwykle przychyla się do sprawdzonych lub szeroko akceptowanych opinii. Ustępuje pod wpływem presji. Nie broni swojego punktu widzenia dopóki nie nabierze przekonania, że jest on popularny wśród pracowników i szeroko akceptowany. Jego przekonanie o słuszności proponowanych rozwiązań nie liczy się – polityczne inklinacje są o wiele ważniejsze. Zgodnie ze swoją ostrożną strategią, nieustannie sonduje opinie pod kątem ich popularności, i w razie potrzeby popiera tę podzielaną przez większość.

Lider o stylu 4.4— potrafi przekonująco bronić swojego zdania, pod warunkiem, że większość uważa podobnie. Lecz jeśli jego opinia jest dyskusyjna, natychmiast zmienia zdanie lub przerzuca odpowiedzialność na kogoś innego, aby uniknąć konfliktu. Zwykle w takich sytuacjach mawia: „Przecież nie karze się posłańca za to, że przyniósł złą wiadomość. Ja tylko mówię, co sądzą inni" lub „Niektórym może się to nie spodobać, lecz dotychczas w takiej sytuacji postępowaliśmy w taki sposób, dlatego teraz nie mamy wyboru". Takie wypowiedzi automatycznie zdejmują z niego odpowiedzialność za słowa. Jeżeli spotka się to z krytyką, usuwa się w cień, unikając dalszej konfrontacji, gdzie pozostaje do momentu, aż nastaną dla niego lepsze czasy. Mówi wówczas: „Nasze wysiłki spełzną na niczym, jeśli nie przestaniemy się spierać. Uważam, że należy to zostawić i uspokoić emocje". Innymi słowy, woli rolę mediatora i rozjemcy zwaśnionych stron. Stara się zacierać różnice zdań i nawołuje do kompromisu. Mówi: „Musimy wspólnie zastanowić się, jak osiągnąć porozumienie. Uważam, że każdy powinien trochę ustąpić, abyśmy mogli pójść dalej". Jednak jego rzeczywistym celem wcale nie jest pójście naprzód tylko zakończenie sporu.

Proaktywność stylu 4.4— opiera się na wcześniej wypróbowanych metodach i doświadczeniu. Lider o tym stylu nie lubi niespodzianek, dlatego omawia ze współpracownikami wszystkie możliwe scenariusze. Chce wiedzieć, jak zareagują na zaproponowane przez niego możliwości. Jeżeli jest zmuszony podjąć niepopularne kroki, usprawiedliwia je obowiązującymi regulacjami i procedurami.

Działa szybko i sprawnie tylko na podstawie jasnych i precyzyjnych instrukcji lub gdy zna dany problem z przeszłości i istnieje precedens, na który może się powołać. Potrafi wspierać relacje pracownicze, kiedy kierunek polityki określił ktoś inny – charyzmatyczny szef lub członek zespołu. W ten sposób niczym nie ryzykuje, bo to nie on wytyczył cele. Zdejmuje więc z siebie odpowiedzialność za ewentualną porażkę. Dopóki wszystko przebiega według przewidzianego schematu, jego wydajność jest względnie wysoka. Ale kiedy tylko pojawi się jakiś problem, wstrzymuje pracę i czeka na dalsze instrukcje.

Lider 4.4– bardzo ostrożnie dzieli się swoją opinią z innymi. Boi się wyjść z inicjatywą jeśli nie posiada pełnych informacji o sprawie: co sądzi większość, co w takiej sytuacji podpowiada tradycja, co w podobnej sytuacji wydarzyło się w przeszłości itp. Jeżeli pomysł może wywołać konflikt, odracza moment podjęcia decyzji, aż nie dowie się, co uważa większość zespołu. Zachęca współpracowników do kompromisu, aby praca mogła posuwać się naprzód, podczas gdy jego prawdziwym zmartwieniem jest eliminowanie różnic zdań i zapobieganie konfliktom. Dlatego nie przychyla się do zdania żadnej z grup, dopóki nie pozna strategii politycznie najbardziej poprawnej.

Gdy wystąpi konflikt, stara się zapobiec jego destrukcyjnym konsekwencjom i od razu apeluje do zwaśnionych stron o jego zakończenie. Ustalenie przyczyn nieporozumienia nie liczy się. Aby uniknąć ryzyka, wciela się w rolę neutralnego sędziego liniowego lub mediatora i zaczyna szukać kompromisu. Chce przywrócić porządek, ale bez popierania kogokolwiek. Kiedy konflikt zaostrza się i sytuacja zaczyna zagrażać jego neutralności, wówczas niezwłocznie wycofuje się. W odróżnieniu od lidera 1.7–, lider 4.4– jest bardziej skłonny wyjść z inicjatywą, ale tylko gdy wie, że jego opinia ma szerokie poparcie w zespole. Niezależnie od popularności inicjatywy, w sytuacji konfliktu robi, co może, aby nie zostać skrytykowanym. Mówi: „Nie podoba mi się to, ale mam związane ręce” oraz „Zgadzam się z tym, co mówisz, ale decyzja nie należy do mnie”. Ta taktyka pozwala mu zachować dobre relacje z każdą ze skonfliktowanych stron. To jednak osłabia jego autorytet, jak również autorytet innych osób. Bowiem ukryte znaczenie tych słów jest takie: „Nie interesuje mnie, co zaproponowano i zastanawiam się, dlaczego ciebie to interesuje”.

Podejmowanie decyzji

Dla lidera 4.4– najistotniejszym czynnikiem w procesie podejmowania decyzji jest opinia większości i zgoda debatujących stron. Przez wzgląd na postępy prac, jest gotowy iść na kompromis, nawet jeśli decyzja jest tylko częściowo słuszna. Woli unikać niepopularnych i ryzykownych decyzji, zwłaszcza, niezatwierdzonych przez kierownictwo wysokiego szczebla lub zespół. Skupia się też na przeszłości. Podejmuje decyzje w oparciu o przeszłe doświadczenia, precedensy i tradycje. Nie zastanawia się jednak, czy takie doświadczenie jest wciąż aktualne, czy nie ma prostszych sposobów, albo czy coś od tamtego czasu się nie zmieniło.

Decyzje przez niego podejmowane są proste i przystępne, ponieważ opierają się na doświadczeniach, ogólnie obowiązujących zasadach i odgórnych instrukcjach. Jeżeli decyzja mająca wkrótce zapaść nie jest kontrowersyjna i bezprecedensowa, podejmuje ją szybko i równie szybko wdraża. Jeśli zaś jest skomplikowana, uruchamia on szereg narzędzi, aby zapewnić, że w dalszej kolejności podjęte zostaną odpowiednie kroki.

Jednym z takich narzędzi jest udzielanie poparcia większości. Lider 4.4— omawia każdy szczegół decyzji wraz z możliwymi opcjami z każdym członkiem zespołu na osobności, aby znaleźć wariant akceptowalny dla wszystkich. Następnie organizuje publiczną debatę, aby upewnić się, że większość popiera wybrany wariant. W międzyczasie dowiaduje się, jakie są oczekiwania kierownictwa. W trakcie rozmów i dyskusji ukrywa swoje zdanie do momentu, aż pozna opinię większości. Dopiero wtedy ogłasza: „I ja tak uważam!", wierząc, że siła jego pozycji jest ważniejsza od słuszności decyzji. Choć opinie mniejszości, wyrażane w trakcie rozmów, mogą być bardzo innowacyjne i twórcze, są odrzucane: „Nie mamy możliwości przetestowania tego pomysłu" lub „To interesujące, ale w tej sytuacji nie sprawdzi się".

Innym taktycznym narzędziem do podejmowania decyzji jest odwoływanie się do historii. Lider 4.4— nie chce nadstawiać karku, dlatego trzyma się wypróbowanych procedur. Poznaje opinie osób, które w przeszłości musiały podjąć podobną decyzję. A jeśli podobne wydarzenie nigdy wcześniej nie miało miejsca, szuka innych użytecznych precedensów. Najlepszym sposobem na osiągnięcie dobrych rezultatów jest poznanie i dokładnie zbadanie opinii innych przed podjęciem decyzji. Prawdziwym motywem takiego dochodzenia nie jest jednak chęć dokonania dobrego i rozsądnego wyboru, lecz niechęć do ryzyka, sporów i nowości.

Trzecią typową cechą stylu 4.4— w kontekście podejmowania decyzji jest przekonanie, że ludzie powinni być traktowani sprawiedliwie. Jednak lider 4.4— rozumie sprawiedliwość na swój, raczej specyficzny, sposób. Wierzy, że nagrody, premie i inne dobra powinny być rozdawane po równo, bez związku z rzeczywistym wkładem w pracę. Może się tak zdarzyć, że jeden z pracowników bardziej nadaje się do danego projektu, ale on wyznaczy kogoś innego, mniej wykwalifikowanego, kierując się kluczem równego podziału zadań. Naturalnie takie działanie obniża wydajność, gdyż zadania powinny być przydzielane odpowiednio do umiejętności pracowników, ich mocnych i słabych stron. W efekcie motywacja w zespole również zaczyna spadać. Jednak lider 4.4— woli stawiać wszystkich na równi, choć w rzeczywistości maskuje w ten sposób swoją obojętność i obawy.

Konstruktywna krytyka

Przywódca o stylu 4.4— nie wykorzystuje potencjału, jaki daje udzielanie i przyjmowanie obiektywnych informacji zwrotnych w formie konstruktywnej krytyki. Jeżeli musi powiedzieć coś niemiłego, stara się to zrobić nie wprost, uciekając się do sugestii, nie chcąc nikogo urazić ani zburzyć umiarkowanie dobrych relacji.

Udziela krytyki w mało konkretny sposób. Wyraźnie słabe strony i błędy wytyka w formie aluzji, stosując niejasne sformułowania. Generalizuje swoje krytyczne uwagi, które są z reguły nieprecyzyjne. Stopień jego otwartości jest niski.

Krytyka w stylu 4.4– pojawia się w ostateczności. Lider 4.4– może skrytykować pracownika, jeśli ten całkowicie zaniedbuje pracę lub w odpowiedzi na uwagi z góry. Zwykle robi to w sposób nieformalny w poufnej rozmowie. Powołuje się wtedy na precedensy i historię organizacji, albo na normy określające przeciętną wydajność. W trakcie tej rozmowy akcentuje tylko te kwestie, które uważa za szkodliwe dla całego zespołu. Nowe, kreatywne pomysły, które mogą prowadzić do lepszych rezultatów i efektu synergii nie są przez niego mile widziane lub całkowicie pomijane. Wszelkie alternatywne pomysły, które wykraczają poza harmonogramy i regulacje, są jego zdaniem zagrożeniem dla standardowych operacji. W takim przypadku uprzejmie, acz stanowczo mówi: „Tak, to bardzo interesujące, ale ten pomysł jest przedwczesny. Wrócimy do niego przy następnej okazji".

Krytyka przez niego stosowana jest mało skuteczna, ponieważ nie udziela on szczegółowych informacji ani ich nie oczekuje. Jego nieprecyzyjne, otwarte pytania mają pomóc mu skłonić rozmówcę do udzielenia wszystkich wymaganych informacji. Taką zwodniczą strategię stosuje zwłaszcza w sytuacji, gdy temat rozmowy jest kontrowersyjny i może wywołać konflikt. Na przykład, kiedy jeden z pracowników ciągle spóźnia się na zebrania, on zwołuje wszystkich uczestników i rzuca aluzję: „Czy mamy jakiś problem z obecnością na zebraniach?" lub „Czy mam przesunąć nasze zebranie na popołudnie, aby wszyscy mogli dotrzeć na czas?". Inny przykład – przypuśćmy, że jeden z pracowników często bierze zwolnienie lekarskie lub urlop na życzenie, nie mając ku temu realnych powodów. Lider 4.4– mógłby powiedzieć wprost, co myśli o takim zachowaniu. On jednak zaczyna długą przemowę na temat zalet zasad organizacyjnych dotyczących zwolnień lekarskich i urlopów. I choć pracownicy dobrze te zasady znają, bo słyszeli o nich wiele razy od swojego szefa, muszą wysłuchać pogadanki raz jeszcze. Te przykłady pokazują, jak cały zespół wpada w tarapaty z powodu niechęci szefa do otwartego skomentowania zachowania jednego pracownika. Pokazują również, jak mało konkretna i monotonna jest krytyka lidera 4.4–.

Stosunek lidera 4.4– do krytyki charakteryzuje się trzema rzeczami. Po pierwsze, lider ukrywa swoją opinię lub przedstawia ją zdawkowo do momentu, aż nie zostanie osiągnięty kompromis. To podejście pozwala mu brać aktywny udział w dyskusji i prowadzić ją bez konieczności wypowiadania własnego zdania. Dopiero kiedy grupa osiągnie porozumienie, on oświadcza, że zgadza się ze zdaniem kolektywu: „Całkowicie popieram wasze zdanie".

Po drugie, minimalizuje ryzyko wybuchu konfliktu, sondując opinię jednej zainteresowanej strony, aby potem przekazać ją drugiej zainteresowanej stronie. Tym sposobem może przedstawić informacje w sposób pozytywny. Na przykład, dowiedział się od jednego z pracowników (Julii), że inny pracownik (Andrzej) już kilka razy wykorzystał jej pomysł i przedstawił jako swój. Przekazuje więc tę informację Andrzejowi: „Chciałem ci powiedzieć, że Julia jest trochę rozczarowana tym, jak przedstawiłeś te pomysły, ale porozmawiałem z nią i wszystko sobie wyjaśniliśmy". Tak przekazana, ta uwaga jest zbyt łagodna i nie przedstawia sedna sprawy. Jest też mało konkretna. Krytyczna uwaga, choć może być nieprzyjemna, kiedy jest szczera i konkretna jest najlepszym sposobem radzenia sobie z kontrowersjami.

W końcu członkowie zespołu przyzwyczajają się do ciągłych kompromisów i rozwiązywania problemów po to tylko, aby móc pójść naprzód; do unikania otwartej i szczerej krytyki. I choć zespół porusza się do przodu, jest to proces znacząco ograniczony i bez perspektyw. Jak na ironię, tak budowane relacje prowadzą do jeszcze gorszych konfliktów w przyszłości. Lider 4.4– dąży do kompromisu, dlatego wzywa współpracowników, aby powstrzymywali się od krytycznych uwag. Żywi nadzieję, że niezadowolenie i różnice same się wyeliminują, a jeśli nie – on się tym zajmie, gdy będzie na to odpowiedni czas. Tymczasem nierozwiązane konflikty tlą się, czekając na ostateczne rozwiązanie. A takie przychodzi tylko na drodze otwartej i szczerej krytyki.

8.7   Wnioski

W modelu 4.4– istnieje duży potencjał do poprawy wyników, lecz co najwyżej połowa tego potencjału pracuje dla dobra organizacji i zespołu. To wynika z formalnego i obojętnego stosunku lidera do pracy, jego obaw przed każdą nowością i nietypowymi rozwiązaniami, działania wyłącznie wedle ustalonych reguł i regulacji oraz unikania konfliktów za wszelką cenę. Lider 4.4– czuje się względnie komfortowo, kiedy może ściśle i dokładnie przestrzegać standardowych instrukcji.

Taka strategia pozwala mu osiągać umiarkowane wyniki i zachować prawidłowe, spokojne relacje ze współpracownikami. Ostatecznie nie potrafi osiągać wybitnych rezultatów, a efekt wspierania podwładnych też nie jest jednoznaczny.

W sytuacji konfliktowej koncentruje się na poszukiwaniu kompromisu, przychyla się do opinii większości i powołuje na doświadczenie organizacji oraz standardowe procedury. Jego największą obawą i zarazem największym wrogiem są zmiany i reformy. Sprawdzone metody, nawet jeżeli nie są pozbawione ewidentnych wad, uznaje za idealne rozwiązanie, zaś jego stosunek do zmian jest negatywny – uważa je za naruszenie porządku. „To wbrew porządkowi" – tymi słowami reaguje na wszelkie odstępstwa od przyjętych zasad.

Próbuje podejmować decyzje, gdy sprzyjają temu okoliczności. Jeżeli jest takie zapotrzebowanie, odrzuca alternatywy, które przynoszą niepewne lub ryzykowne konsekwencje, wybierając warianty akceptowane przez wszystkich i oparte na wypróbowanych metodach i doświadczeniu. To pozwala mu przerzucić odpowiedzialność na kogoś innego, gdy coś pójdzie nie tak. Taka postawa powoduje jednak, że nigdy nie osiąga wyników ponadprzeciętnych, co wcale mu nie przeszkadza, bo oznacza, że nie musi wychylać się ze swojego bezpiecznego gniazda. Z jednej strony nie musi się przepracowywać i dobrze się z tym czuje, a z drugiej, choć kierownictwo wyższego szczebla nie zawsze jest z niego zadowolone, osiągane przez niego wyniki są akceptowane: „Może nie jest najlepszym pracownikiem, ale zdecydowanie nie jest najgorszy".

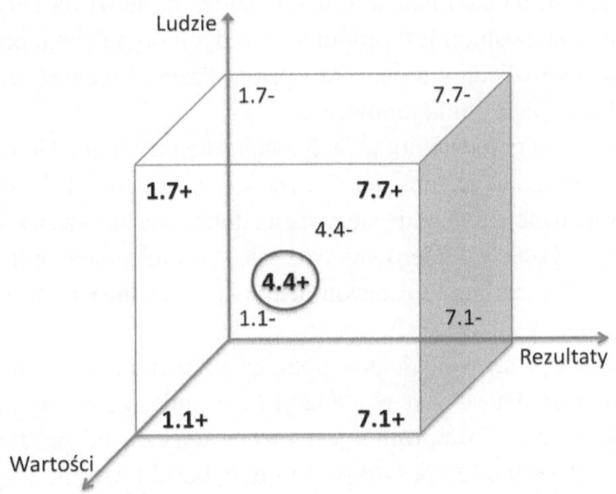

Ten styl charakteryzuje się przeciętnym zorientowaniem na wyniki i ludzi oraz wyraźną orientacją na wartości organizacji. Osoba o tym stylu dba o swoją pracę i organizację i czuje się dumna z jej sukcesu. Szczerze angażuje się w kultywowanie tradycji firmy i stara się zapewnić jej stabilne i prawidłowe funkcjonowanie. Jest prawdziwym patriotą – pracownikiem lojalnym, zaangażowanym i dumnym z udziału w historii i osiągnięciach organizacji. Jednocześnie jej sądy i zachowanie są tradycyjne. Woli sprawdzone, wypróbowane podejście i oparte na nim decyzje. Dąży do budowania atmosfery stabilności, niezawodności i zdrowego konserwatyzmu.

© Springer-Verlag GmbH Germany, part of Springer Nature 2019
A. Zankovsky and C. Heiden, *Przywództwo z Synercube*,
https://doi.org/10.1007/978-3-662-58235-0_9

9.1   Podstawowe cechy stylu 4.4+

Styl 4.4+, podobnie jak 4.4−, charakteryzuje się umiarkowanym zorientowaniem na sukces i pracowników organizacji, ale w odróżnieniu od stylu 4.4−, jest wysoko zorientowany na wartości. Lider 4.4+ wyraźnie troszczy się o wartości firmy oraz chętnie podejmuje działania gwarantujące stabilność i niezawodność operacji.

Jego motto brzmi: „nawet za dobre uczynki trzeba zapłacić jakąś cenę". Nie potrafi zrozumieć i to niezależnie od aktualnego stanu rzeczy, dlaczego temat koniecznych zmian i reform jest tak często poruszany. Jego zdaniem zmiany są konieczne dopiero wtedy, gdy coś pójdzie nie tak lub gdy rozwiązanie przestaje działać. Dopóki działa prawidłowo nie wymaga zmian, tylko ciągłego wysiłku na rzecz utrzymania operacyjności.

Jest przekonany, że nowość to rozwiązanie, które kiedyś dobrze się sprawdzało tylko odeszło w zapomnienie. Ludzie, którzy kiedyś zakładali przedsiębiorstwa lub w nich pracowali, nie byli naiwni czy prymitywni. Gdyby tak było, nie mielibyśmy dzisiaj tak wielu firm, których nieprzerwana działalność jest kluczowa dla ludzi na całym świecie. Dlatego uważa, że potrzeba ewolucji jest produktem tradycji organizacji, podczas gdy ludzie, tacy jak on, zawsze byli i będą główną siłą i ostoją każdej organizacji, zapewniającą jej niezawodne, stabilne i ciągłe funkcjonowanie.

Rzeczywiście w wielu przedsiębiorstwach znajdą się tacy menedżerowie i pracownicy, którzy od dawna piastują swoje funkcje, wiedzą wszystko, co należy wiedzieć o problemach i sprawach organizacji, związują się z nią na dobre i na złe, są zawsze lojalni i dumni z bycia jej integralną częścią. Kierownictwo wie, że taki pracownik nigdy nie zawiedzie pokładanego w nim zaufania i zapewni firmie niezawodne i stabilne funkcjonowanie w każdych warunkach.

Wyraźna koncentracja na wartościach pomaga przywódcy o stylu 4.4+ w poszukiwaniu realnego kompromisu, nawet w sytuacji najtrudniejszego konfliktu. Różni to go od lidera 4.4−, dla którego kompromis jest formą ucieczki od problemu, służy zacieraniu różnic za wszelką cenę lub poszukiwaniu rozwiązań pozornie satysfakcjonujących obie strony. Dla lidera 4.4+ kompromis oznacza coś zupełnie innego. Kompromis to poszukiwanie konstruktywnych rozwiązań. Nie tylko łagodzących spór, ale zapewniających realizowanie celów organizacji. Jednocześnie nie dąży on do maksymalnej poprawy wyników. Jego priorytetem jest niedopuszczenie do tego, aby konflikty i sprzeczności zaburzały prawidłowy proces pracy. Dlatego poszukuje równowagi pomiędzy orientacją na wyniki a orientacją na ludzi. Jego zdaniem taka równowaga gwarantuje organizacji stabilność i niezawodność.

Jego ulubioną zasadą jest zasada złotego środka. Jest przekonany, że koncentracja na samych tylko wynikach, choć może prowadzić do doskonałości, zawsze pociąga za sobą pewne koszty, między innymi pogorszenia się relacji międzyludzkich. I odwrotnie, budowanie zbyt silnych więzi ze współpracownikami i personelem obniża efektywność. Dlatego właśnie złoty środek, a więc budowanie prawidłowych relacji międzyludzkich oraz osiąganie stałych choć umiarkowanych wyników zapewniają, że organizacja porusza się naprzód bez porażek czy przełomów.

Lider 4.4+ jest demokratą w podejściu do organizacji, tj. wymaga równych warunków i praw dla wszystkich pracowników, niezależnie od sprawowanej funkcji.

Jednocześnie pozostaje zazwyczaj zdystansowany wobec wszystkich współpracowników, szczególnie podwładnych. To pozwala mu zachować tradycyjny porządek we wzajemnych relacjach. W jego opinii dobre zarządzanie wyklucza nieformalne relacje czy bratanie się z podwładnymi. Doskonale zna problemy firmy, co pozwala mu na poszukiwanie kompromisów akceptowalnych zarówno dla organizacji, jak i dla wszystkich zaangażowanych stron.

Zwykle przestrzega procedur i zasad, podczas gdy zwykła rutyna pomaga mu czuć się zrelaksowanym. Preferuje sprawdzone praktyki, zapewniające zgodność z korporacyjnymi standardami. Praca powinna być regulowana przez jasne zasady i wykonywana w odpowiednim tempie. Jednak jeżeli znane, przetestowane metody mają oczywiste wady i powodują problemy, lider 4.4+ jest gotowy je wycofać lub zmienić.

Przywódca o tym stylu chętnie czerpie z przeszłych doświadczeń. Pracuje w niezawodny, stabilny sposób, motywuje innych do osiągania wysokich wyników i kreuje środowisko pracy, które temu sprzyja. Działa w wyważony, przemyślany i konserwatywny sposób.

Podejmując decyzje, kieruje się przede wszystkim opinią większości, interesem organizacji i przeszłymi doświadczeniami. Jest przekonany, że zmiany i reformy mogą przynieść firmie realne korzyści tylko w wyjątkowych przypadkach.

9.2   Praca zespołowa w stylu 4.4+

Przywódca 4.4+ stara się działać z przekonaniem i podejmować decyzje akceptowane przez wszystkich i oparte na sprawdzonych metodach. Takie podejście pozwala organizacji unikać ryzyka, gdyż opiera się na stosowaniu sprawdzonych procedur, wpisujących się w ogólnie przyjęte standardy i opinie.

Jeżeli pracownik nie wykonuje swojej pracy prawidłowo, lider chętnie udziela pomocy, sugerując sprawdzone rozwiązania, wielokrotnie wcześniej stosowane z dużym powodzeniem. Jego działania są zawsze jasne, zorientowane na cel i zrozumiałe dla współpracowników. Pragnie, aby obrane cele czy rezultaty miały znaczenie. Uważa, że praca, relacje, osiągnięcia i życie w ogóle powinny być zwykłe i typowe, toteż dokładnie taki efekt zwykle przynoszą jego działania.

Jest przyjaźnie nastawiony do pozostałych członków zespołu i zawsze chętnie wychodzi innym naprzeciw. Jego rola często polega na usprawnianiu interakcji w zespole. W takich sytuacjach zawsze równo traktuje współpracowników, jednocześnie zachowując dystans. Często rozmawia z pracownikami, szczególnie na osobności, aby zdobyć i podzielić się informacjami o bieżącej sytuacji i przyszłych działaniach. Potrafi przerwać czyjąś pracę, jeśli widzi odstępstwo od „standardu", gdyż jego zdaniem może to zaszkodzić pracy całego zespołu. Z jednej strony, taka postawa pomaga pracownikom uczyć się i unikać błędów, ale z drugiej – odbiera im swobodę eksperymentowania i podejmowania inicjatyw prowadząc czasami do bierności i obojętności. On jednak ma w zwyczaju wymagać, aby pracownicy stosowali metody, standardy i zasady należące do głównego nurtu.

Dla zespołu praca pod jego kierownictwem jest przyjemna. Podobnie jak w przypadku lidera 1.7+, członkowie zespołu tworzą więzi i spędzają wiele czasu rozmawiając o pracy i sprawach osobistych. W takich warunkach pracownicy rozluźniają się na tyle, że sprawy organizacji i wydajność przestają być priorytetem. Jednak, podobnie jak w modelu 1.7+, te relacje nie są zbyt głębokie, a zaufanie, szacunek i szczerość ograniczają się do przestrzegania norm. Pomimo przyjaznych relacji i troski o siebie nawzajem, współpracownicy niechętnie angażują się w otwartą i szczerą dyskusję o sprawach organizacji. Nie wykazują inicjatywy, nie wytyczają ambitniejszych celów ani nie poszukują konstruktywnych sposobów rozwiązywania konfliktów.

Zdaniem lidera 4.4+ wymogi personalne powinny być szyte na miarę przeciętnego pracownika, który jest przedstawicielem korporacyjnej większości. Idealny pracownik nie powinien się niczym wyróżniać ani w sensie pozytywnym, ani negatywnym; powinien mieć poprawne, dobrze ułożone stosunki z zespołem, przestrzegać zasad i tradycji, być lojalny i oddany organizacji.

W zespole 4.4+ panują zaufanie i szacunek, choć są wyrażane w dyskretny i nieco sformalizowany sposób. Dlatego zachowanie pracowników jest rozważne i roztropne, co wpływa na wydłużenie czasu interakcji społecznych i obniżenie osobistego zaangażowania. Z jednej strony, ludzie mają większy potencjał i są gotowi pracować ciężej na rzecz firmy i jej rozwoju, ale z drugiej strony, przestrzeganie zasad i tradycji powoduje, że czują się zbyt pewni siebie i usatysfakcjonowani stabilną rutyną. A bez wsparcia i perspektyw kreatywne pomysły czy inicjatywy raczej nie mają szansy zaistnieć.

9.3   I-ZONE w stylu 4.4+

Relacje członków zespołu dowodzonego przez lidera 4.4+ są stabilne i trwałe, ponieważ cementuje je koncentracja na wartościach organizacji. Pracownikom zależy na pracy i organizacji, są lojalni i oddani. Jednak próby podjęcia otwartej i bezpośredniej rozmowy często potykają się o regulacje i formalności, których naruszenia lider 4.4+ obawia się najbardziej. Stąd też większość pracowników ma świadomość tego, że ich inicjatywy i działania są ograniczone przez obowiązujące regulacje, mające na celu przede wszystkim zachowanie typowej rutyny pracowniczej. Przez to ukrywa się i deprecjonuje ważne nowe informacje a pracownicy przyzwyczajają się do schematycznego myślenia opartego na precedensach i tradycji. Stają się bardzo ostrożni, a kiedy mają udzielić odpowiedzi na bezpośrednie pytanie, czują obawę i dyskomfort, próbując sobie przypomnieć podobną sytuację z przeszłości. Skutkiem takiego postępowania jest spadek wydajności operacyjnej i konieczność włożenia dodatkowego wysiłku w utrzymanie wydajności przynajmniej na przeciętnym poziomie w zmieniających się warunkach (Rys. 9.1).

Rys. 9.1 4.4+

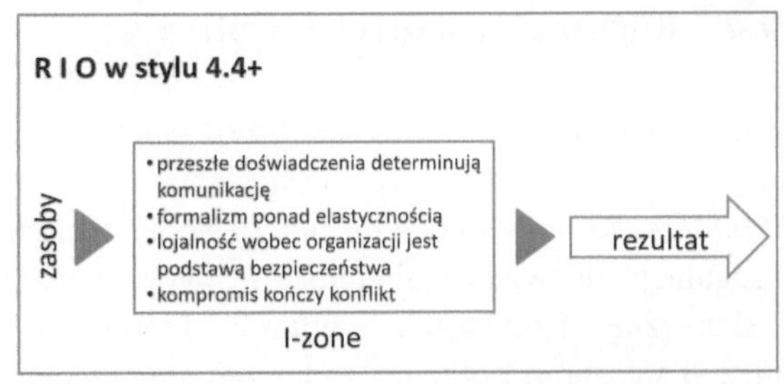

W zespole kierowanym przez lidera 4.4+ jednomyślność i spójność są mile widziane. Z tego powodu kompromis jest najbardziej popularną i akceptowalną formą radzenia sobie ze sporem. W odróżnieniu jednak od stylu 4.4–, w którym poszukuje się kompromisu za wszelką cenę, a nierzadko nawet kosztem celów organizacji, lider 4.4+ skupia się raczej na poszukiwaniu konstruktywnego rozwiązania. Kompromis dla niego nie jest środkiem do obniżenia napięć lecz sposobem na zapewnienie stabilnego, niezawodnego funkcjonowania i zgodności z korporacyjnymi i instytucjonalnymi zasadami i tradycjami.

Osoby, które dokonują krytycznej analizy lub podnoszą kwestię innowacji podczas grupowych dyskusji są krytykowane za to, że nie rozwinęły wystarczająco swojej propozycji i nie czerpią z bogactwa pozytywnych doświadczeń firmy oraz za zakłócanie normalnego przebiegu pracy. W rzeczywistości kwestionują one przekonanie lidera 4.4+, że wszystko jest dobrze tak jak jest. Przestrzeganie zasad i tradycji daje liderowi 4.4+ uczucie spełnienia. Dla pozostałych staje się jednak oczywiste, że wykorzystuje on zasady do obrony przed niepewnością i ryzykiem innowacji i reform, które powodują u niego dyskomfort i niepokój.

Potrzeba działania w sprawdzony i poprawny sposób stoi w sprzeczności z ciągle zmieniającym się środowiskiem korporacyjnym. Próby odwoływania się do ustalonych norm i przeszłych doświadczeń w nowym środowisku często stawiają lidera 4.4+ w trudnej sytuacji, lecz nawet wtedy nie zmienia on swojego zdania. Czasami narzeka, mówiąc: „Spójrz tylko na ten bałagan! Te zasady zmieniają się z dnia na dzień! Jak mam w takich warunkach pracować?". Jednak szczere uczucie oddania organizacji zmusza go do kompromisów i rozwiązań, które gwarantują firmie niezawodne i ciągłe funkcjonowanie w każdych warunkach.

Lider o tym stylu przywódczym wierzy, że jednomyślny i skuteczny kompromis, uwzględniający interesy firmy i jej pracowników, jest najlepszą formą interakcji społecznej, dla której nie ma realnej alternatywy. Ze względu na przywiązanie do tradycji i strach przed poddaniem swoich doświadczeń i ustalonych standardów krytycznej analizie, nie jest mu dane doświadczyć korzyści płynących z synergii w zespole.

9.4　Kultura i wartości w stylu 4.4+

Podstawowa cecha: stabilność, tradycja i zaufanie organizacji; strach przed zmianą

Zaufanie　Kultura stylu 4.4+ opiera się na zaufaniu organizacji oraz wierze w jej zasady i regulacje, doświadczenia i historię, decyzje oraz praktyki, które okazały się niezawodne i skuteczne. I odwrotnie – tylko ci, którzy ściśle przestrzegają zasad i regulacji organizacji są lojalni i oddani, godni zaufania. Nowe podejścia i rozwiązania budzą obawy i niepokój, a pracownicy, którzy zachowują się w niestandardowy sposób lub podsuwają oryginalne pomysły, spotykają się z nieufnością i podejrzliwością. To, co nowe zyskuje wiarygodność dopiero wtedy, gdy nowa wiedza zostanie przyswojona i odpowiednio przetestowana.

Sprawiedliwość　W modelu 4.4+ sprawiedliwość oznacza egalitaryzm. O sukcesie mówi się rzadko. Złoty środek jest główną zasadą gwarantującą trwałe, przeciętne wyniki. Jest też standardem nagradzania dla wszystkich pracowników. Ta kultura reprezentuje nie tyle prawdziwą sprawiedliwość i obiektywną ocenę wkładu każdej osoby w finalny rezultat, co sprawiedliwość większości. Za sprawiedliwe uważa się decyzje oparte na tradycyjnych zasadach i przeszłych doświadczeniach. Najbardziej sprawiedliwym sposobem rozwiązania konfliktu jest poszukiwanie kompromisu, który, ponad wszystko, uwzględni interesy firmy i stworzy warunki do dalszej pracy na dotychczasowym, przeciętnym poziomie.

Zaangażowanie i utożsamianie się　Lider o stylu 4.4+ silnie identyfikuje się z firmą, jej pracownikami, misją i celami. Normy, tradycje i sprawdzone praktyki organizacji mają dla niego szczególne znaczenie. Siła jego oddania i utożsamiania się zwiększa się jeszcze bardziej, kiedy większość zespołu podziela, a kierownictwo wspiera ustalone normy, tradycje i sprawdzone podejścia, w których on sam jest mistrzem. Jest lojalny i oddany firmie, a siebie postrzega jako jej ostoję. Ceni sobie swój wkład w sukces organizacji i długotrwałe zatrudnienie.

Odpowiedzialność i niezawodność　Dla lidera 4.4+ odpowiedzialność oznacza przestrzeganie sprawdzonych praktyk i zgodność z ustalonymi standardami firmy. Wierzy, że dzięki temu każdy pracownik będzie pracował w sposób niezawodny, stabilny i prawidłowy. Tradycje i wartości, lojalność i oddanie firmie są jego zdaniem fundamentem systemu socjalnego.

Koncentrując się na większości, czuje się odpowiedzialny zarówno za personel, jak i całą organizację. Ponadto czuje odpowiedzialność za społeczną rolę i wizerunek organizacji. Wiarygodność i odpowiedzialność społeczna oznaczają dla niego przestrzeganie dobrych tradycji oraz norm organizacyjnych i społecznych, zapewniających stabilność i ciągłość. Potrzebę zmian utożsamia z brakiem niezawodności i społeczną niestabilnością.

Przejrzystość i prawdomówność W kulturze 4.4+ szczerość i przejrzystość są rozumiane jako przestrzeganie tradycyjnych metod i właściwych norm społecznych. Informacje na temat obowiązujących standardów są dokładne i obiektywne. Zmieniające się standardy budzą nieufność i sprzeciw, co może prowadzić do wypaczania informacji lub zaniechania ich wymiany. Relacje charakteryzują się dość wysokim stopniem autentyczności i spójności. Lojalność i oddanie sprawom organizacji, duma z jej historii i sukcesów powodują, że pewne sytuacje są prezentowane w sposób przesadnie optymistyczny. Stosunek do innowacji jest dość ostrożny. Ich wdrożenie zależy od skutecznego przekonania odpowiednich osób, że są niezbędne i skuteczne oraz wymaga długiego okresu adaptacji. Informacje zwrotne są przekazywane w dostępnej, choć nieco wypolerowanej formie, tzn. uwagi negatywne dostają pozytywną oprawę i nie są zbyt konkretne. To nieco obniża poziom przejrzystości i prawdomówności i powoduje, że te wartości tracą wiarygodność.

9.5 Kultura i władza w stylu 4.4+

Władza oparta na pozycji i charyzmie

Kara Przywódca o tym stylu wierzy, że kara jest koniecznym instrumentem wywierania wpływu na osoby, które nie rozumieją, pomimo tłumaczeń, że pewne zachowania są niedopuszczalne, bo przynoszą szkodę organizacji, jej tradycji i pracy w ogóle. Uważa, że nieefektywne lub niekonstruktywne zachowanie wynika raczej z błędnego osądu niż złych intencji i może być łatwo naprawione – wystarczy poinstruować taką osobę, jak powinna się zachowywać. Jeżeli kara mimo wszystko jest nieunikniona, powinna być pozbawiona subiektywizmu, dobrze opisana w przepisach i gwarantować zachowanie tradycji i prawidłowego funkcjonowania systemów organizacyjnych. Kara ma raczej związek z nieprzestrzeganiem tradycji oraz z zagrożeniem dla ciągłości operacji firmy niż z rezultatami.

Nagroda Lider 4.4+ wierzy, że na nagrodę zasługuje każdy, kto przestrzega tradycji, ustalonych norm i zasad, wykonuje swoją pracę w sposób prawidłowy i jest lojalny wobec organizacji. Jego celem jest osiąganie przeciętnych rezultatów, które umożliwiają sprawne funkcjonowanie organizacji. Dlatego wybitne sukcesy nagradza w taki sam sposób jak przeciętne. Nie uważa za istotne, aby nagradzać i motywować w szczególności te osoby, które stawiają przed sobą ambitne cele. Nagrody rozdaje więc po równoi tylko w niewielkim stopniu w związku z rzeczywistymi osiągnięciami.

Pozycja W modelu 4.4+ władza jest niezwykle ważna, gdyż stanowi fundament dla tradycji, zasad i regulacji. Lider o tym stylu przywódczym jest przekonany, że organizacja może działać efektywnie i niezawodnie tylko wtedy, gdy każdy pracownik na każdym szczeblu hierarchii wykonuje swoją pracę poprawnie. On sam doskonale wie, ile pracy ma do wykonania i często przypomina o konieczności pełnego wywiązywania się z obowiązków. Niechętnie deleguje własne zadania podwładnym i traci pewność siebie oraz zdolność do podejmowania decyzji w sytuacji, gdy konieczne są innowacyjne rozwiązania wykraczające poza jego uprawnienia i rutynowe procedury.

Informacja Do podstawowych źródeł informacji lidera 4.4+ należą tradycje, obowiązujące zasady i regulacje opisane w dokumentach korporacyjnych lub przekazywane nieformalnie w ramach istniejącej kultury korporacyjnej. Ma doskonałe rozeznanie w prawach, obowiązkach i zakresie odpowiedzialności pracowników i swoich własnych. Wymiana informacji ma zagwarantować niezawodne funkcjonowanie organizacji oraz wzmocnienie własnej pozycji.

W relacjach z podwładnymi zwykle podkreśla potrzebę lojalności oraz przestrzegania zasad i standardów. Z entuzjazmem przyjmuje polecenia kierownictwa i stara się je wykonać na czas i dostatecznie dobrze. Najbardziej intensywne debaty z jego udziałem dotyczą poszukiwania nowych rozwiązań w sytuacji, która wymaga wdrożenia innowacji i zmian.

Wiedza Obszar, w którym kompetencje lidera 4.4+ są największe to sprawdzone i przetestowane procedury. Dysponuje wieloma narzędziami, których używa w sytuacjach, które wymagają zastosowania wypracowanych standardowych rozwiązań i decyzji. Ma wysokie kompetencje wywodzące się z tradycji firmy, zna się na metodach prowadzenia biznesu, rozpoznaje nastroje panujące „na górze". Często jednak nie zdaje sobie sprawy, że coś można by zrobić lepiej, bo nie kwestionuje aktualnie obowiązujących standardów. Specjaliści, tacy jak on, często mają solidne kompetencje zawodowe, ale uważają, że ich wiedza i umiejętności są wystarczające i nie wymagają ciągłego doskonalenia. Lider 4.4+ uważa, że lepsze jest wrogiem dobrego oraz że ścisłe przestrzeganie sprawdzonych procedur i technologii zapewni firmie stabilne i niezawodne funkcjonowanie.

Autorytet Lider 4.4+ posiada dość dużą władzę opartą na autorytecie, ponieważ nigdy nie traci przytomności umysłu Zna i silnie wyczuwa potrzeby i interesy zespołu oraz zawsze stara się działać w interesie firmy. Tę postawę uzupełnia głębokim przekonaniem, że nawet najpoważniejsze problemy nie są niczym nowym i pojawiały się już w przeszłości. Dlatego, kierując się tradycjami organizacji i głosem większości oraz stosując sprawdzone metody można poradzić sobie z każdym kryzysem i trudnościami. W efekcie inni postrzegają go jako wiarygodną i silną osobowość, ucieleśnienie organizacji i jej tradycji. Z tego powodu, kiedy jest zmuszony wezwać współpracowników do wykonania pilnego i trudnego zadania, takie wezwanie może być odebrane przez nich jako motywujące. Jednocześnie obawa przed nowością i zmianami, jak również niewystarczające zorientowanie na wyniki nie pozwalają liderowi 4.4+ w pełni rozwinąć silnych, harmonijnych relacji opartych na zaufaniu, wzajemnym szacunku i szczerości.

9.6   Umiejętność współpracy w stylu 4.4+

Rozwiązywanie konfliktów

Lider 4.4+ ma negatywny stosunek do konfliktów i uważa je za istotne zagrożenia dla niezawodności i stabilności organizacji. Jest przekonany, że gdyby wszyscy pracownicy przestrzegali tradycji i norm, byli lojalni i wykonywali swoją pracę na dostatecznym poziomie, nie byłoby podstaw do konfliktów ani konfrontacji. Ponadto konflikt zagraża tradycji i obowiązującym normom, o których przestrzeganie tak bardzo zabiega.

Gdy pojawia się konflikt, wzywa strony do poszukiwania realnego kompromisu, który przede wszystkim pozwoli kontynuować pracę w sposób stabilny. Nawet w najtrudniejszym momencie konfliktu potrafi znaleźć kompromis dzięki zorientowaniu na wartości organizacji. Kompromis dla lidera 4.4+ oznacza coś zupełnie innego niż dla lidera 4.4−. Temu drugiemu zależy przede wszystkim na uniknięciu problemu i pozbyciu się konfliktu za wszelką cenę; zadowala się połowicznymi rozwiązaniami, które zaspokajają część oczekiwań każdej ze stron. Lider 4.4+ poszukuje rozwiązań konstruktywnych, które nie tylko obniżają napięcie, ale dają szansę na realizację celów organizacji i wzmacniają lojalność pracowników.

W sytuacji konfliktowej raczej stara się uniknąć spadku wydajności niż ją zwiększać. Jego priorytetem jest nie dopuszczenie do tego, aby konflikty i sprzeczności zaburzyły prawidłowy przebieg działań oraz odnalezienie trwałej równowagi pomiędzy orientacją na wyniki a orientacją na ludzi. To właśnie taka równowaga, jego zdaniem, gwarantuje organizacji stabilność i pomaga pokonać każdy problem i trudności.

Ponieważ rozumie, że ignorowanie konfliktu stanowi poważne zagrożenie dla prawidłowego funkcjonowania organizacji, nigdy nie wycofuje się z sytuacji konfliktowej. Nie staje się neutralny ani nie czeka aż problem rozwiąże się sam. Z drugiej jednak strony, koncentruje się na rozwiązaniach opartych na tradycjach i precedensach, co często nie pozwala mu dotrzeć do źródeł konfliktu i wykorzystać jego pozytywnego potencjału do poprawy wydajności.

Bardzo ważne jest dla niego, aby zapewnić poparcie kompromis przez większość członków zespołu. Dlatego jest gotowy poświęcić wiele czasu i dołożyć wszelkich starań, aby przekonać skonfliktowane strony do poszukiwania kompromisowego rozwiązania, które zapewni organizacji stabilne i niezawodne działanie.

Jednak kompromis zawarty dla dobra organizacji bez głębokiej analizy przyczyn konfliktu przynosi rozwiązania, które wzmacniają tradycyjne praktyki a pomijają nowe możliwości i perspektywy. Choć większość członków zespołu może odetchnąć z ulgą, osoby bardziej kreatywne, poszukujące nowych rozwiązań, czują się sfrustrowane i rozczarowane. Lider jednak nie zwraca na to uwagi, wierząc, że małe rozczarowanie kilku osób nie jest wygórowaną ceną za zachowanie stabilnego status quo popieranego przez większość. Taka taktyka nie pozwala wykorzystać konfliktu jako najważniejszego źródła rozwoju organizacji i spowalnia postęp poprzez kultywowanie bierności u osób najbardziej kreatywnych.

Choć konflikt kojarzony jest z konfrontacją i wzrostem napięcia relacji w I-ZONE, odgrywa istotną rolę w rozwoju; tworzy okazję do dogłębnej refleksji nad problemem, pomaga oceniać i zbierać różne opinie i sądy. W ten sposób można wpaść na użyteczny pomysł, niezależnie od tego, czy spełnia on ustalone zasady, czy im zaprzecza. Celem analizy i poszukiwania źródeł konfliktu jest nie tyle poszukiwanie rozsądnego i konstruktywnego kompromisu, który pomija świeże spojrzenie na sprawę, co rozwiązywanie problemów w sposób systematyczny.

Dla lidera 4.4+ konflikt jest jednak odstępstwem, a nawet zagrożeniem dla ustalonego, funkcjonalnego porządku. Dlatego, jeśli konflikt trwa zbyt długo, może posunąć się do jego stłumienia. Jednak nie zrobi tego w stylu 7.1−, wykorzystując władzę, lecz odwoła się do powszechnie obowiązujących poglądów i opinii większości. Presja większości i jego autorytet zwykle kierują konflikt w stronę bardziej energicznego poszukiwania kompromisu, i to z dobrym skutkiem, gdy zwaśnione strony uzmysłowią sobie, że uparte dążenie do konfrontacji było błędem. Podejmując szczere wysiłki na rzecz rozwiązania konfliktu z korzyścią dla organizacji, jest przekonany, że jego strategia jest najbardziej optymalna.

Komunikowanie się

Przywódca o stylu 4.4+ ma wysokie kompetencje komunikacyjne. Aktywnie komunikuje się ze wszystkimi członkami zespołu, omawia pomysły i sugestie. Z dużym zainteresowaniem podchodzi do informacji udzielanych mu przez kierownictwo i najbardziej obeznanych współpracowników. Jeżeli proces decyzyjny wymaga szczegółowych informacji, lider 4.4+ zbiera je z odpowiednim wyprzedzeniem, dopytując kogo trzeba w razie konieczności. Chętnie odpowiada na bezpośrednie pytania i jest gotowy zaakceptować inny punkt widzenia.

A jednak potrzeba przestrzegania tradycji i nakazów ogranicza jego kompetencje komunikacyjne. Aktywnie zbiera informacje, aby zapoznać się z opinią i nastawieniem większości pracowników. Nieustannie monitoruje nastroje większej części zespołu i czuje ulgę oraz pewność siebie, gdy pracownicy działają wedle standardów organizacyjnych, w stylu i tempie takim jak dotychczas.

Dzięki wymianie informacji dowiaduje się, czy firma działa w sposób płynny i miarowy, czy jej tradycje i standardy są szanowane oraz czy motywacja i lojalność pracowników utrzymują się na wysokim poziomie. Podobnie do stylu 4.4−, lider 4.4+ potrafi być dość wylewny, szczególnie w temacie związanym z zasadami, procedurami i regulacjami. Jest to jego ulubiony obszar do dyskusji i jest gotowy dzielić się swoją wiedzą i doświadczeniem z lojalnymi pracownikami, którzy szanują wartości firmy. W tej sferze nikt nie może się z nim równać. Jednak, podczas gdy lider 4.4− wykorzystuje zasady, procedury i regulacje do umocnienia swojej pozycji i zamaskowania obojętności na sprawy organizacji, dla lidera 4.4+ nie jest to tylko czysta formalność.

Dla niego przestrzeganie tradycji i zasad ma głębokie osobiste znaczenie. Wierzy, że w tradycji i zasadach kryją się sprawdzone w czasie wzorce zachowań, których on sam przestrzega, i których zarówno cała organizacja, jak i zdecydowana większość jej pracowników potrzebuje. Bazując na swojej orientacji na wartości, stosuje się do obowiązujących zasad i zachęca innych do tego samego. Ale nie robi tego, bo ktoś tego wymaga, ale dlatego, że tak należy. Pracownicy rozumieją ten punkt widzenia, co pomaga mu zapewnić zgodność z formalnymi regulacjami bez wewnętrznego sprzeciwu współpracowników.

Ten styl przywództwa charakteryzuje się również dużą wiedzą z innych dziedzin. Jednak lider 4.4+ nigdy nadmiernie nie podkreśla swojej roli ani opinii, tylko dopasowuje się do tradycji i opinii większej części zespołu. Z zainteresowaniem i wdzięcznością słucha, co współpracownicy i podwładni mają do powiedzenia, szczególnie gdy jest to zgodne z przyjętymi praktykami i rozwiązaniami. Jeżeli zaś pogląd jest nowy lub nietypowy, nie odrzuca go od razu. Sugeruje najpierw, aby pomysłodawca uzasadnił swoją propozycję i udowodnił, że taka nowa praktyka jest lepsza od już przetestowanej. Ku jego wielkiemu zadowoleniu takie dyskusje zwykle kończą się pozostaniem przy starych, sprawdzonych rozwiązaniach.

Jeżeli jednak dyskusja przeciąga się, a opinie są podzielone, wówczas powołuje się na precedensy, które okazały się skuteczne i próbuje zdobyć poparcie większości. Przyznaje, że zdania są podzielone, ale tylko wtedy, gdy nie zagraża to organizacji ani jej systemom. Gorliwie zbiera informacje, przepuszczając je przez filtr tradycji, ignorując nowe i obiecujące dane. Wykorzystuje informacje, aby umocnić tradycyjne praktyki i opinię większości, nie zaś aby znaleźć najlepsze rozwiązanie.

Często sięga bezpośrednio do ulubionego źródła informacji: dokumentów oraz konkretnych osób. Nie ukrywa stronniczego stosunku do problemu oraz istotnej roli, jaką odgrywa informacja w organizacji. Jest zwykle dobrze poinformowany w temacie przeszłych rozwiązań, ale jest też gotowy do konsultacji z pracownikami, którzy są w danym temacie ekspertami. Zwykle przynosi to dobry skutek, ponieważ nie ukrywa swoich celów i zadaje bezpośrednie, konkretne i obiektywne pytania: „Wiem, że masz doświadczenie we wdrażaniu produktów na nowe rynki. Mamy teraz podobne zadanie do wykonania. Z jakimi trudnościami spotkałeś się w pierwszej fazie projektu?"

Nie ukrywa szczerego oddania sprawom organizacji i jest z tego dumny. Stąd też osoba, która dobrze zna tradycje i reguły panujące w firmie może z łatwością przewidzieć, jaki przebieg będzie miała rozmowa z liderem 4.4+. Z drugiej strony osoba wyrażająca szczere przywiązanie i lojalność względem organizacji z pewnością zdobędzie jego zaufanie, dając sobie tym samym szansę, aby na niego wpływać a nawet nim manipulować.

Proaktywność

Przywódca reprezentujący styl 4.4+ aktywnie wyraża swoje poglądy na tematy społeczne, samemu będąc szczerze przekonanym, że organizacja ma w tym temacie bardzo ważne zadanie do wykonania. Zależy mu na pracy i odczuwa dumę, że należy do organizacji, szczyci się jej osiągnięciami. Zabiega o kultywowanie tradycji organizacji oraz dba o zapewnienie jej prawidłowego i stabilnego funkcjonowania. Aktywnie broni swoich poglądów, dając przykład innym, a jego argumenty są zwykle przekonujące.

Choć z troską podchodzi do oczekiwań kierownictwa, tradycji firmy i opinii większości, otwarcie mówi o tym, co sądzi, będąc szczerze przekonanym, że jego sądy odzwierciedlają interesy całej organizacji. To sprawia, że jest przekonujący i otrzymuje wsparcie od podwładnych, nawet jeśli ci ostatni nie do końca zgadzają się ze swoim liderem.

Woli trzymać się sprawdzonych metod, obstaje przy swoim w obliczu presji, próbując przekonać oponenta do swoich racji. Typowy dla tego stylu tradycyjny sposób myślenia i zachowania sprawia, że jest szczególnie przekonujący, kiedy broni sprawdzonych procedur. W obliczu nietypowej, nowej sytuacji, która wymaga niestandardowych, kreatywnych rozwiązań, lider 4.4+ albo trzyma się standardowych rozwiązań, albo przystaje na nowe, czując na sobie presję kierownictwa i większości pracowników. Ta druga opcja wywołuje poczucie olbrzymiego dyskomfortu, gdyż oznacza pójście na kompromis z własnymi wartościami, z których najważniejsze są odpowiedzialność i niezawodność.

Aby lider 4.4+ przyjął nowe podejście, trzeba go przekonać, pokazując mu korzyści płynące dla organizacji. Musi uzyskać pewność, że nowa praktyka, choć osobliwa, nie zaszkodzi firmie. Takie nastawienie zmusza go do nieustannej i krytycznej oceny nowej procedury pod kątem jej przydatności i popularności.

Przekonująco broni swoich opinii, jeżeli są one zgodne z opiniami kierownictwa lub większości pracowników. Jeżeli zaś jego zdanie zostanie zakwestionowane, wówczas niechętnie wycofuje się w cień. Może temu towarzyszyć typowe dla tego stylu zawołanie: „Cóż, skoro nasze chlubne tradycje nic dla was nie znaczą, skoro nikt nie potrzebuje mojej wiedzy i doświadczenia, umywam ręce! Zobaczymy, jakie korzyści przyniesie to nowe rozwiązanie".

Jednak nawet taka postawa nie zwalnia go od odpowiedzialności za organizację i jej przyszłość. Nigdy nie będzie się bezczynnie przyglądał tylko dalej wykonywał swoje obowiązki, nawet w najbardziej niekorzystnych okolicznościach. Życie toczy się dalej, niezależnie od wszystkiego. Jego motto brzmi: „Przedstawienie musi trwać!" i będzie bronił go do końca. Aktywnie zajmuje stanowisko pozostając wiernym organizacji, przeszłym doświadczeniom i sprawdzonym metodom. Jeśli trzeba podjąć niepopularną decyzję, podkreśla, że jest to konieczne do zachowania standardowej działalności firmy. Dąży do tworzenia atmosfery stabilności, niezawodności i konserwatyzmu. Dopóki działania nie odbiegają od rutyny, dopóty jego praca przynosi efekty.

Gdy pojawiają się problemy, które wymagają niestandardowych rozwiązań, czuje się niekomfortowo. Ale nawet wtedy jego orientacja na wartości i oddanie sprawom organizacji dają mu wystarczająco solidną podstawę do poszukiwania konstruktywnych rozwiązań i kompromisów.

Podejmowanie decyzji

Najważniejszym elementem stylu 4.4+ w procesie podejmowania decyzji jest zapewnienie korzystnego wpływu na organizację oraz uzyskanie poparcia kierownictwa i większości zespołu. Aby podjąć decyzję, lider 4.4+ jest gotowy pójść na kompromis, a nawet poświęcić swój własny interes. Typowe dla tego stylu jest koncentrowanie się na przeszłości i wybór sprawdzonych rozwiązań. Innowacje i reformy budzą duży sceptycyzm, a podejmowanie decyzji stanowi element rutynowych działań, tradycji i precedensów. Panuje przekonanie, że przeszłe doświadczenia są wciąż aktualne i pozostaną takie w przyszłości.

Rozwiązania proponowane przez lidera 4.4+ są zwykle pozytywnie przyjmowane przez kierownictwo i większość członków zespołu ze względu na ich prostotę i klarowność, a to głównie dlatego, że opierają się na przeszłych doświadczeniach i powszechnie obowiązujących zasadach znanych każdemu pracownikowi firmy. Jeżeli podobna decyzja już kiedyś została podjęta i jego zdaniem zapewni organizacji stabilne funkcjonowanie, zostaje przyjęta i wdrożona szybko i skutecznie. Jeśli zaś musi podjąć trudną decyzję, wówczas sonduje oczekiwania kierownictwa wysokiego szczebla i większości pracowników i prowadzi szczegółowe dyskusje ze wszystkimi zainteresowanymi stronami na temat wszystkich aspektów decyzji i możliwych alternatyw.

Ma niechętny stosunek do decyzji, których konsekwencje mogą zagrażać organizacji, a nawet poważnie jej zaszkodzić. W takim przypadku przekonanie go o słuszności i zasadności takiej ryzykownej decyzji jest niezmiernie trudne, jeśli nie niemożliwe.

Jeżeli sprawa nie ma precedensu, stara się znaleźć rozwiązanie z przeszłości, które choć częściowo przystaje do obecnej sytuacji, aby ponownie je wykorzystać. Nawet w przypadku trywialnej decyzji chce poznać opinię współpracowników, gdyż uważa, że tak będzie korzystniej dla firmy.

Kolejną cechą charakterystyczną procesu decyzyjnego w stylu 4.4+ jest przekonanie, że każdy lojalny i oddany pracownik jest zawsze cennym i wydajnym specjalistą. Dlatego czasami docenia pozorną lojalność i oddanie bardziej niż faktyczne wyniki, co obniża motywację do pracy wśród pracowników i rodzi wewnętrzne konflikty.

Rozpatrując różne możliwości rozwiązań, bierze pod uwagę wyłącznie te, które już raz się sprawdziły, niemal zawsze ignorując nietypowe, innowacyjne alternatywy. Jeżeli ktoś nalega na wypróbowanie nowego podejścia lub rozwiązania, zawsze znajdzie przekonujące argumenty przeciw, z których najpoważniejszy to ten o ryzyku poniesienia nieodwracalnych strat, które to ryzyko, jego zdaniem, jest nieodłączne takim rozwiązaniom. Aby zminimalizować ryzyko, sugeruje sprawdzone, konwencjonalne podejście.

Tym nie mniej, w kryzysowej sytuacji, kiedy nie ma innej możliwości jak tylko zastosować nową procedurę, przy całym swoim konserwatyzmie, jest gotowy wprowadzić zmiany, które, w jego opinii, przysłużą się organizacji. Kiedy już decyzja zapadnie, wprowadza rygorystyczną kontrolę procesu wdrożenia do momentu zakończenia realizacji zadania.

Konstruktywna krytyka

Dla lidera 4.4+ konstruktywna krytyka jest okazją do udzielenia informacji zwrotnej na temat stopnia, w jakim zachowanie i działania drugiej osoby odpowiadają tradycji i standardom obowiązującym w organizacji. Ponieważ jedynym prawdziwym punktem odniesienia jest ustalony i sprawdzony system, lider 4.4+ uważa, że każde odstępstwo stanowi naruszenie i wymaga naprawy. W takim przypadku otwarcie i obiektywnie formułuje krytykę, wierząc, że postępuje słusznie i z korzyścią dla wszystkich.

Jeżeli musi powiedzieć coś niemiłego, stara się to zrobić w taktowny i przyjazny sposób, wyjaśniając, że celem reprymendy jest poprawa zachowania i uzmysłowienie, jaką szkodę może wyrządzić organizacji niewłaściwe zachowanie. Na tym etapie krytyka jest wycelowana w konkretne osoby, a sam lider jest przekonany, że reprezentuje organizację i działa w jej imieniu. Doskonale wie, jak powinno wyglądać właściwe zachowanie i nie ma zamiaru dyskutować o powodach czy motywach zachowania, które uznaje za złe. Z drugiej jednak strony, nie uważa, aby niewłaściwe postępowanie było wynikiem złych intencji. Jest raczej przekonany, że złe zachowanie wynika z niewiedzy lub braku zrozumienia zasad. Jest absolutnie przekonany, że wszyscy pracownicy powinni być tak samo lojalni i oddani, jak on sam. Dlatego jego konstruktywna krytyka jest formą szkolenia i edukacji.

Jeżeli akcje firmy rosną, a jej pozycja na rynku jest bezpieczna, lider 4.4+ stosuje konstruktywną krytykę, aby zachować status quo, co wydaje się uzasadnione i skuteczne. Jeżeli jednak sytuacja firmy jest daleka od idealnej, wówczas używanie krytyki do tego celu może tylko pogorszyć sprawę i przeszkodzić w poprawie sytuacji. Podobny rezultat można zaobserwować w przypadku, gdy krytyka dotyczy osób najmniej i najbardziej wydajnych w zespole. Jeżeli lider 4.4+ krytykuje obiboka, to może to przynieść względnie pozytywne wyniki. Jeżeli zaś najbardziej wydajny pracownik jest krytykowany za zbytnią gorliwość, brak rozsądku w innowacyjności czy brak szacunku dla tradycji firmy, wówczas jego motywacja i oddanie z pewnością poniosą szkodę.

W swojej krytyce lider 4.4+ kieruje się przeciętnymi wymaganiami. Z jednej strony, ten rodzaj krytyki jest dobrze odbierany przez większość członków zespołu, gdyż jest ona jasna, konkretna, i zapewnia normalną rutynową pracę. Z drugiej jednak strony, często blokuje wszelkie próby zastosowania niestandardowego myślenia oraz poszukiwanie nowych rozwiązań.

Dopóki wszystko odbywa się w sposób rutynowy, lider 4.4+ nie stosuje krytyki zbyt często. Z drugiej strony, zbyt chętnie chwali pracowników i nie potrafi ukryć swojej satysfakcji, kiedy wszystko idzie jak należy. W trakcie rozmowy nie wypowiada się na temat długoterminowych perspektyw lub ewentualnych zagrożeń, podkreślając, że: „Nie ma potrzeby robić problemu z czegoś, co nim nie jest". O sprawie rozmawia tylko wtedy, gdy może ona zagrozić standardowemu tokowi działań. Nowe, kreatywne pomysły, które mogłyby prowadzić do synergii nie są mile widziane i spotykają się z dość silnym sceptycyzmem. Alternatywne rozwiązania, które osłabiają istniejący paradygmat stanowią w opinii lidera 4.4+ nieprzemyślane ryzyko i mogą zagrozić prawidłowemu funkcjonowaniu organizacji. W takim przypadku grzecznie lecz stanowczo i z dużą pewnością siebie mówi: „Tak, to mógłby być interesujący pomysł, ale pamiętajmy, że to tylko pomysł, a one, jak wiadomo, pojawiają się i znikają, podczas gdy organizacja trwała i będzie trwać, zachowując swoje sprawdzone reguły, zasady i tradycje. Zamiast fantazjować musimy działać tak, aby nie zaprzepaścić dotychczasowych osiągnięć".

Jego krytyka nigdy nie powoduje, że wymagany poziom wydajności zostaje osiągnięty, ponieważ blokuje rozwój nowych pomysłów i podejść, próbując co najwyżej dopasować

je do tradycyjnych rozwiązań i standardów. W efekcie najbardziej wydajni i kreatywni
członkowie zespołu przyzwyczają się do przeciętności i kompromisów, czując rozczarowanie, że ich lider nie stosuje otwartej i szczerej krytyki do identyfikowania nowych
możliwości i perspektyw. Takie podejście do krytyki tworzy ograniczenia i nie generuje
dobrych perspektyw, a przy tym krępuje najzdolniejszych pracowników. Pracownicy, którzy nie mogą realizować swojego potencjału zaczynają szukać zatrudnienia gdzie indziej,
gdzie szanse na otwartą i szczerą konstruktywną krytykę są większe.

9.7 Wnioski

Przywódca o stylu 4.4+ ma wielki potencjał, aby zwiększać wydajność zespołu poprzez
odwoływanie się głównie do lojalności, oddania i szczerej orientacji na wartości organizacji. Ponadto potrafi zapewnić prawidłowe funkcjonowanie firmy na dobrym, umiarkowanym poziomie w każdych okolicznościach. To sprawia, że jest „osobowością korporacyjną" i ostoją organizacji. Nie zawodzi nawet w trudnych sytuacjach tylko troszczy się
o niezawodne i stabilne działanie. Jest szczerym korporacyjnym patriotą i odczuwa dumę
z bycia częścią jej historii i osiągnięć.

A jednak lider 4.4+ nie wykorzystuje w pełni swojego potencjału na rzecz organizacji
i jej pracowników. Dzieje się tak głównie dlatego, że jest tradycjonalistą w myśleniu i zachowaniu, woli sprawdzone i przetestowane metody i rozwiązania, oraz wyraża nieufność,
sceptycyzm i strach przed wszystkim, co nowe i niestandardowe. Dąży do budowania atmosfery stabilności, niezawodności i dobrego konserwatyzmu, starając się działać zgodnie
z ustalonymi zasadami i tradycjami oraz przestrzegając obowiązujących procedur i reguł.

To pomaga mu w uzyskiwaniu stabilnych, acz przeciętnych wyników przy jednoczesnym zachowaniu serdecznych stosunków ze współpracownikami. Jednak finalnie jego
podejście zawodzi, gdyż nie udaje mu się osiągnąć wysokich wyników ani synergii w zespole.

W sytuacji konfliktowej zawsze koncentruje się na poszukiwaniu kompromisowych
rozwiązań, które uwzględniają interesy organizacji oraz większości personelu, oraz wywodzą się z przeszłych doświadczeń i zwykłego toku działania. Na każdą okazję do
zmiany i reformy odpowiada nieufnością i lękiem, zaś znajome, przetestowane metody
działania uważa za idealny wzorzec, który należy zachować i pielęgnować.

Styl podejmowania decyzji lidera 4.4+ nie przewiduje realizacji ryzykownych czy niepewnych opcji, zaś zdecydowanie skłania się ku decyzjom, które są dla wszystkich akceptowalne i opierają się na przeszłych doświadczeniach i sprawdzonych metodach. Jeżeli
sytuacja organizacji jest stabilna i bezpieczna, wówczas jego decyzje również są akceptowalne i gwarantują prawidłowe funkcjonowanie na przeciętnym poziomie. Jednak
w warunkach ciągłych zmian tradycyjne myślenie i działanie może tylko pogorszyć sytuację, blokując poszukiwanie optymalnych zmian i reform.

Konstruktywna krytyka typowa dla tego stylu ma swoje zalety, ale i ograniczenia.
Z jednej strony, zachęca mniej wydajnych pracowników do podciągnięcia się do przecięt-

nego poziomu, a z drugiej strony, krępuje te najbardziej skuteczne i kreatywne jednostki osłabiając ich motywację do uzyskiwania wybitnych wyników. Od pracowników wymaga zaledwie przeciętnych rezultatów, co również utrudnia wdrażanie innowacji. W efekcie najbardziej wartościowi pracownicy o wysokim potencjale i motywacji zaczynają równać do dołu i przystają na kompromisy, ograniczając swój wkład w rozwój organizacji.

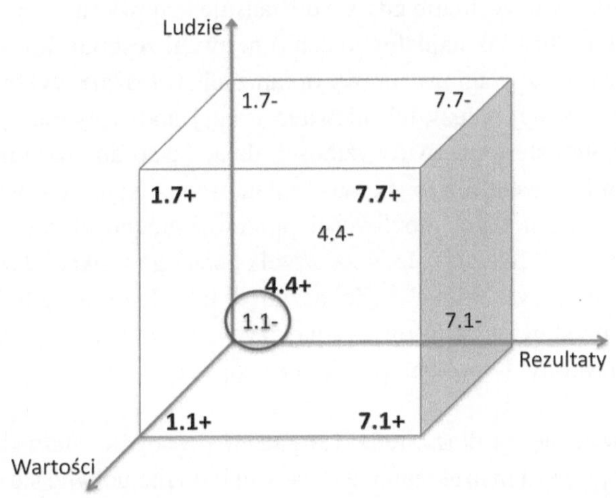

Niskie zorientowanie na zadania, niskie zorientowanie na ludzi, obojętny stosunek do pracy i organizacji. Silne przekonanie, że życie człowieka nie ma większego znaczenia oraz że losów ludzkości nie da się odmienić. Potrzeba oddzielenia się od reszty społeczeństwa, ukrycia się przed światem, unikania ludzi i bycia niemal niewidzialnym. Osoba o tym stylu ma w zwyczaju mawiać: „Dajcie mi wszyscy święty spokój!". Unika artykułowania swojego zdania, stara się nie zadawać pytań; tuszuje i ukrywa błędy. Odwleka moment podjęcia decyzji, czekając aż ktoś inny ją podejmie lub problem rozwiąże się sam. Niemal w ogóle nie interesuje się pracą ani ludźmi. Jako lider unika odpowiedzialności, pozwalając, aby sprawy toczyły się własnym rytmem. Nie odczuwa potrzeby wykazania się, unika wszelkich problemów, jest zawsze przygotowany na wiadomość o zwolnieniu go z pracy. Nie lubi zebrań, dyskusji i konfliktów z członkami zespołu, którzy odnoszą wrażenie, że ich liderowi nie zależy ani na pracy, ani na życiu w ogóle. Główną motywacją jest dla niego unikanie każdej formy angażowania się. Rzeczywisty obszar zainteresowań

© Springer-Verlag GmbH Germany, part of Springer Nature 2019
A. Zankovsky and C. Heiden, *Przywództwo z Synercube*,
https://doi.org/10.1007/978-3-662-58235-0_10

wykracza poza życie korporacyjne. Zawsze dystansuje się od odpowiedzialności za wyniki, stara się unikać osobistych problemów. Pod wpływem presji staje się bierny lub wspierający.

10.1   Podstawowe cechy stylu 1.1–

Styl 1.1– charakteryzuje się najniższym poziomem zorientowania na wszystkie trzy wymiary: zadania, ludzi i organizacyjne wartości. Słowa kluczowe, którymi można by opisać ten styl to obojętność i cynizm. Osoba o tym stylu jest wyjątkowo obojętna na rezultaty, nie dba o ludzi, z którymi pracuje i nie interesuje się organizacją. Ma cyniczny stosunek do wszystkiego, co go otacza. Uważa, że ludzie tylko udają entuzjazm czy gotowość do poświęcenia się pracy, a każde zachowanie jest manipulacyjne i fałszywe. Zawsze podejrzewa innych o nieszczerość i chęć zaszkodzenia mu. Sądzi, że w pracy nikt nikomu nie ufa, czuje się komfortowo tylko w ukryciu lub gdy się dystansuje i chowa za swoją obojętnością.

Osoba o stylu 1.1– jest jak najdalej od centrum uwagi zespołu. Za wszelką cenę chce uniknąć realnego zaangażowania w sprawy organizacji, ostrożnie wykonując swoją pracę robiąc tylko to, co do niej należy lub niewiele więcej pod wpływem presji. Jako lider stara się budować atmosferę przewidywalności, dając jasno do zrozumienia, że nikt nie może liczyć, że zrobi więcej niż to zostało zaplanowane. Nigdy nie wychodzi ze strefy komfortu i nie dostrzega nowych możliwości, ponieważ mocno wierzy, że zaangażowanie przynosi same kłopoty i dlatego należy za wszelką cenę go unikać. Jeżeli ktoś spróbuje go zaktywizować, usłyszy: „Może", „Zobaczymy" lub „Przemyślę to". Z góry jednak wiadomo, że za tymi słowami nie pójdą żadne czyny, a wymówki są tylko kolejną formą wycofania. Pozostawiony w spokoju, przyjmuje taką samą postawę – nieangażującego się w nic samotnika.

Aby zdystansować się od pracy, ludzi i organizacji w ogóle, stara się robić wszystko formalnie, chowając się za instrukcjami, aby łatwiej było mu uchylić się od odpowiedzialności: „Ale instrukcja nie mówi, że to ja jestem za to odpowiedzialny". Gdy pojawiają się problemy, kompletnie je ignoruje, bo uważa, że z formalnego punktu widzenia to nie on za nie odpowiada. Wyznacza natomiast kogoś innego do ich rozwiązania, samemu nie podejmując żadnej decyzji. Gdy brak wyraźnych wytycznych lub instrukcji, myśli: „To nie jest mój problem". Nigdy jednak nie przyzna się do tego otwarcie z obawy przed wdaniem się w dyskusję, która mogłaby okazać się bezużyteczna i niebezpieczna. Kiedy podejmuje decyzję, obawia się, że będzie musiał ją potem wdrożyć. Dlatego uważa, że bezpieczniej i lepiej będzie, jeśli poczeka aż ktoś inny dostrzeże problem i się nim zajmie.

10.2   Praca zespołowa w stylu 1.1–

Przebywając z wyboru w izolacji, lider 1.1– niemal nie angażuje się w pracę zespołową i stąd też nie czuje się członkiem zespołu – nie wykonuje swoich zadań i obniża całkowitą wydajność grupy. Jeśli ktoś inny ją obniża, on nawet nie próbuje zmienić zachowania takiej osoby. Mówi wtedy: „To nie moja wina, więc nie ponoszę odpowiedzialności".

Przywódca 1.1– nigdy nie wychodzi z inicjatywą poprawy wydajności, chyba, że pod wpływem uporczywych nalegań. Jeżeli ktoś nie zgodzi się z zaproponowanym przez niego rozwiązaniem, niezwłocznie wycofuje się, czuje ulgę, że to nie on będzie odpowiedzialny za rezultat. Ponieważ nie uznaje wartości organizacji, nie czuje potrzeby uzyskiwania wysokich wyników ani nie dba o relacje w grupie, stanowi najsłabsze ogniwo zespołu. Jego postawę dobrze opisuje to zdanie: „Cokolwiek powiesz lub pomyślisz na mój temat – nie dbam o to". Pozostali członkowie zespołu, widząc, że ich lider nie przykłada się do pracy, rozumieją, że nie mogą na nim polegać. Zostawiają dla niego tylko jasne i proste zadania, które nie wymagają inicjatywy.

Przywódca o tym stylu zwykle mówi podwładnym, jakie zadania mają do wykonania i oczekuje, że wezmą odpowiedzialność za realizację. Jego rola jako lidera kończy się z chwilą osiągnięcia minimum wymagań, potem może robić, co pozostali uznają za stosowne. To zniechęca i irytuje nawet najbardziej zaangażowanych pracowników. Ich entuzjazm znacząco się obniża, ponieważ przywódca zadowala się minimalnymi rezultatami. Wysoko zmotywowani i ambitni pracownicy, świadomi tego, że lider nie jest tak jak oni oddany sprawom organizacji, tracą motywację i satysfakcję z wykonywanej pracy.

Przywódca 1.1– nie widzi związku pomiędzy zorientowaniem na wartości organizacji a zorientowaniem na ludzi i zadania. W minimalnym stopniu interesują go korzyści płynące z harmonijnych relacji i pracy zespołowej. Zaś tym, co motywuje go najbardziej jest brak chęci angażowania się w relacje i pracę, co wynika z jego obaw przed trudnymi sytuacjami oraz z braku poszanowania wartości organizacyjnych. Dlatego stara się stworzyć wokół siebie przewidywalne środowisko, rzadko komunikuje się z pozostałymi członkami zespołu i unika wszelkich zmian. Obudowuje się formalnymi procedurami i regułami, konsekwentnie ignorując wyzwania i nowe możliwości. Ustalone zasady i regulacje traktuje jako usprawiedliwienie dla swojej obojętności oraz ochronę przed zaangażowaniem i komplikacjami: „Nie zrzucaj tego na mnie. Mój dział za to nie odpowiada". Zaprzecza potrzebie wprowadzania zmian i ma raczej pesymistyczne usposobienie: „Jeśli zaczniemy coś zmieniać, to wyrządzimy więcej szkód niż korzyści".

10.3   I-ZONE w stylu 1.1–

Relacje między osobami o wysokiej orientacji na wartości organizacji a obojętnym liderem 1.1– są zazwyczaj spolaryzowane. Członkowie zespołu są sfrustrowani, bo muszą ponosić odpowiedzialność nie tylko za własną pracę, ale również za pracę szefa, który nigdy nie czuje się częścią zespołu, dystansuje się od ludzi i unika inicjatywy. Im dłużej ta sytuacja trwa, tym bardziej spolaryzowane stają się relacje, gdyż zespół robi coraz więcej, a jego lider coraz mniej. Reakcje na takie zachowanie mogą być różne, od łagodnego rozczarowania: „Miałem nadzieję, że przynajmniej zmartwi się tym, co się tutaj dzieje", po zdecydowane potępienie: „On ciągnie na dno cały zespół".

Rys. 10.1 1.1–

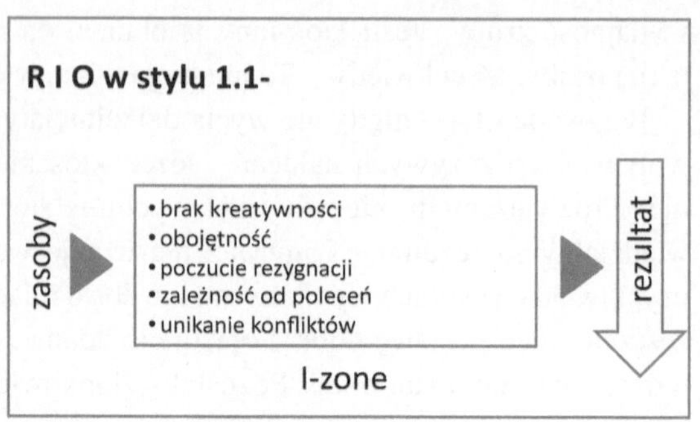

Z czasem przywódca 1.1– staje się obiektem nieustannego gniewu. W zależności od kultury korporacyjnej organizacji krytyka jego działań może być łagodna, pośrednia lub też zawierać bezpośrednie oskarżenia. On jednak pozostaje obojętny, gdyż uważa, że nie ma nic wspólnego z nierozwiązanymi problemami. W odpowiedzi na szczególnie ostrą krytykę, powtarza tę samą formułkę: „Zakres moich obowiązków tego nie przewiduje" lub „Nikt mi nie powiedział, że należało to zrobić".

Wyraża pesymistyczny stosunek do relacji w zespole i tego jaki mogą mieć potencjał. Uważa, że są obciążające, co z kolei obniża poziom zaufania i szacunku ze strony współpracowników i podwładnych. Tworzy w ten sposób atmosferę niepewności i lęku przed trudnościami. Widząc, jak bardzo zaangażowani w pracę są inni pracownicy, zaczyna podejrzewać, że został poddany próbie i zakłada najgorsze: „Szukają pretekstu, żeby mnie zwolnić. Tylko czekają na mój błąd". Zwykle stara się robić tylko tyle, aby zachować stanowisko, często z podtekstem, że pozostali powinni być mu za to wdzięczni. Obawia się jednak, że takie minimalne zaangażowanie może być wystarczającym argumentem do zwolnienia. Dlatego jego relacje z pracownikami są zawsze ostrożne i powściągliwe. Nigdy otwarcie nie wyraża swojego zdania, chyba że ktoś tego od niego wymaga. W takiej sytuacji wypowiada się w sposób neutralny nie chcąc prowokować dyskusji ani zwracać na siebie niczyjej uwagi (Rys. 10.1).

Z reguły lider 1.1– trzyma się swoich zasad, nawet jeśli warunki, w których się ukształtowały, uległy zmianie. Woli skryć się pod płaszczem wyalienowania, przedkładając spokój i obojętność ponad radość i satysfakcję płynące ze wspólnej pracy opartej na zaufaniu, szczerości i pełnym zaangażowaniu.

10.4   Kultura i wartości w stylu 1.1–

Kultura nieufności, obojętności i wyalienowania

Zaufanie Lider 1.1– nikomu nie ufa. Uważa, że ludzie udają entuzjazm, przywiązanie do wartości, gotowość do ciężkiej pracy, troskę o innych czy poświęcenie. Dlatego każdy przejaw oddania czy zainteresowania uważa za pozorny i fałszywy. Wszystkich podejrzewa o nieszczerość i obawia się, że zachowanie innych osób może mu zaszkodzić. Nie ufa nawet sobie, dlatego komfortowo czuje się tylko kiedy chowa się pod maską obojętności.

Sprawiedliwość Jak w przypadku wielu innych wartości, lider 1.1– rozumie sprawiedliwość w dość osobliwy sposób. Najwyższym wyrazem sprawiedliwości jest dla niego zasada: „Ja nie wchodzę nikomu w drogę, dlatego nikt nie powinien wchodzić w drogę mnie". Przy tak pojmowanej sprawiedliwości nie ma miejsca na promowanie rzeczywistych wysiłków i zasług. Po spełnieniu wymaganego minimum, nakładanie dodatkowych wymogów lub wymaganie dodatkowego wysiłku jest w jego opinii równoznaczne z naruszeniem zasady sprawiedliwości. Za niesprawiedliwy uznaje również brak możliwości załatwienia własnych interesów w kontekście poważnego problemu. „Nie proszę o wiele, a i tak nikt nie chce mi pomóc", myśli z oburzeniem, nie łącząc odmowy z faktem braku jakiegokolwiek zaangażowania w codzienne sprawy zespołu. Kiedy styka się z prawdziwą niesprawiedliwością, np. ewidentnym niedocenieniem wkładu członka zespołu, woli udawać, że sprawa go nie dotyczy: „Co za naiwniacy! Jakby ich entuzjazm był komukolwiek potrzebny. Lepiej pracować tak, żeby nikt nie miał pretensji i mieć święty spokój, jak ja".

Zaangażowanie i utożsamianie Lider 1.1– jest z natury obojętny i cyniczny. Dlatego nawet nie próbuje demonstrować oddania organizacji i nie identyfikuje się z nią. Jednak dość szybko zmienia podejście, kiedy musi publicznie wytłumaczyć się ze swojej obojętnej postawy. Aby zbytnio się nie angażować ani nie ponieść odpowiedzialności, jest gotowy zadeklarować swoje zaangażowanie i utożsamianie się z organizacją. Jednak na deklaracjach się kończy, kiedy uświadamia sobie, że żadna kara go nie spotka. Nie decyduje się, aby odejść z firmy nie z uwagi na wyznawane wartości, ale dlatego, że tak jest bezpieczniej. Zmiana pracy oznacza niepewność i obawy, a przy tym nigdy nie wiadomo, dokąd może go zaprowadzić.

Odpowiedzialność i niezawodność Brak zaangażowania w sprawy organizacji i utożsamiania się z nią jest bezpośrednio związany z brakiem poczucia odpowiedzialności. Nie można na nim polegać w trudnych sytuacjach, ponieważ pomoc wymagałaby współpracy z zespołem i wyrzeczenia się własnych interesów. Nawet w takich sytuacjach nie jest skłonny zapomnieć o swojej obojętności i cynizmie: „Po co rzucać perły przed wieprze?" Kiedy dostrzeże czyjś błąd lub pomyłkę, która nie ma bezpośredniego negatywnego wpływu na pracę, udaje, że nic o tym nie wie, aby uniknąć większego zaangażowania w sprawy organizacji.

Przejrzystość i prawdomówność Lider 1.1– do wartości takich jak transparentność i szczerość odnosi się z obojętnością lub wręcz z pogardą. Zwyczajnie nie wierzy, że ludzie i organizacje mogą być tym wartościom autentycznie wierni. Jest przekonany, że menedżerowie, którzy zachęcają podwładnych do większej przejrzystości i szczerości sami nigdy do końca nie są szczerzy. Jeśli lider 1.1– w ramach swoich obowiązków ma dostęp do cennych informacji, wykorzystuje do manipulowania zespołem. Osoby, które wchodzą z nim w bliską relację dość szybko zaczynają dostrzegać prawdziwe motywy jego zachowania i odpowiadają jawnym bądź ukrytym niedowierzaniem, próbując od tej pory unikać jego sztuczek.

10.5　Kultura i władza w stylu 1.1–

Władza oparta na nagrodach i pozycji dla uniknięcia zaangażowania

Kara Dla lidera 1.1– kara jest mało atrakcyjnym instrumentem, ponieważ uważa on, że powinna być werbalnie uzasadniona, a to może wywołać niezadowolenie. Jeżeli jest nieunikniona, wówczas musi być merytorycznie uzasadniona. Kara ma raczej związek z zagrożeniem w postaci niechcianego zaangażowania w problemy organizacji niż z obiektywnymi rezultatami działań zespołu.

Nagroda Lider 1.1– korzysta z nagród jako formy ochrony przed zaangażowaniem i odpowiedzialnością. Stosuje zachęty tylko w stosunku do tych pracowników, którzy wykonują pracę na akceptowalnym poziomie, ignoruje zaś tych, którzy posuwają się do „niedopuszczalnych" uwag czy żądań, wymagających aby zacząć działać, bardziej się starać, czy okazać dobrą wolę. Przywódcy o tym stylu nie są zainteresowani osiąganiem wysokich wyników, a więc nie dostrzegają związku pomiędzy działaniem a nagrodą. Z tego też powodu wybitne rezultaty są nagradzane w taki sam sposób, jak przeciętne, umiarkowane, a nawet niedostateczne. Nagroda ma zagwarantować dalszą dobrowolną izolację i nie ma związku z wynikami.

Pozycja Władza oparta na pozycji jest dla lidera 1.1– ważna, ponieważ uważa ją za skuteczny środek ochrony przed pracownikami, ich inicjatywą i krytyką. Odwołuje się do swojej pozycji w organizacji po to, aby usprawiedliwić zasadność własnej obojętności. Odpowiadając na rozsądne argumenty czy wezwania do bycia bardziej użytecznym, odwołuje się do swojej władzy. Dobrze zna swoje uprawnienia i korzysta z nich, aby nic nie robić. Chętnie deleguje swoich podwładnych do wykonania jego zadań, jeżeli nie wymagają one jego osobistego zaangażowania czy odpowiedzialności. Całkowicie traci kontrolę, gdy okoliczności wymagają innowacyjnych rozwiązań, które wykraczają poza codzienną praktykę.

Informacja Kluczowe źródła informacji dla przywódcy o stylu 1.1– obejmują formalne organizacyjne instrukcje zebrane w firmowej dokumentacji. Dzięki nim może wykonywać minimum pracy, chroniąc się przed oskarżeniami o nieefektywność i niską motywację. Dobrze zna swoje prawa i zakres obowiązków; ma świadomość tego, gdzie zaczyna się, a gdzie kończy jego odpowiedzialność. Natomiast ma dość blade pojęcie na temat obowiązków swoich podwładnych. W rzeczywistości, w ogóle go to nie interesuje. Wymiana informacji ma na celu ochronę jego pozycji w razie krytyki. Wytyczne kierownictwa wysokiego szczebla traktuje jako zło konieczne, uważa jednak, że lepiej się do nich stosować, aby uniknąć ewentualnych problemów.

Wiedza Lider 1.1− może mieć wysokie kompetencje w sferze zawodowej. Jednak nie wykorzystuje swojej wiedzy ani umiejętności do osiągania wysokich wyników, tworzenia skutecznego i osiągającego synergię zespołu. Robi to tylko do wzmacniania własnej pozycji i unikania kluczowych dla organizacji wyzwań. Takie wyalienowanie i obojętny stosunek pozbawiają go władzy opartej na wiedzy. Jeżeli w wyjątkowych sytuacjach próbuje wykorzystać swoją wiedzę z korzyścią dla zespołu, jego chęci nie są odbierane jako szczere i spotykają się z uzasadnionymi wątpliwościami. W tym modelu panuje przekonanie, że lepiej nie robić nic, ponieważ wszystkie wysiłki i plany i tak okażą się daremne i skazane na porażkę. Jego motto brzmi: „Jeżeli będziesz siedzieć nad rzeką wystarczająco długo, ujrzysz ciało swego wroga niesione prądem rzeki”.

Autorytet Dla lidera 1.1− autorytet jest pojęciem całkowicie abstrakcyjnym – w trudnych sytuacjach stara się być niewidzialny i zrzuca z siebie całą odpowiedzialność. Takiej postawie towarzyszy przekonanie, że nawet najbardziej utalentowani i zmotywowani ludzie są skazani na porażkę, a najbardziej ambitne projekty, pomimo szczytnych idei, służą ludzkiej chciwości. W takich okolicznościach najlepiej jest zachować obojętność. Ta postawa powoduje, że inni zaczynają go postrzegać jako jednostkę niewiarygodną, nie podejmującą żadnych inicjatyw, która nie dba o wyniki, ludzi ani organizację w ogóle. Dlatego, kiedy jest zmuszony wezwać pracowników do wykonania pilnego lub trudnego zadania, jego apele są kłopotliwe i traktowane niepoważnie. To wszystko sprawia, że budowanie solidnych i harmonijnych relacji opartych na wzajemnym zaufaniu, szacunku i szczerości jest dla lidera 1.1− niemożliwe.

10.6 Umiejętność współpracy w stylu 1.1−

Rozwiązywanie konfliktów

Typową strategią rozwiązywania konfliktów w stylu 1.1− jest unikanie konfrontacji. „Konflikt? Jaki konflikt?” ma w zwyczaju mówić i odwraca głowę w drugą stronę, mając nadzieję, że sytuacja sama się rozwiąże. Chcąc pozostać neutralnym, zajmuje pozycję zewnętrznego obserwatora: „To jest wasz spór. Nie chcę się w niego mieszać” lub „Róbcie, co uważacie za stosowne, ale mnie w to nie mieszajcie”. Unika bezpośrednich konfliktów, dając sygnały nie wprost, takie jak narzekanie czy milczenie. Nigdy z własnej inicjatywy nie porusza kontrowersyjnych tematów, za to szybko przystaje na propozycje innych, kiedy atmosfera staje się napięta.

Dla zespołu niedostrzeganie przez lidera 1.1− konfliktów bywa oburzające. Jego członkowie szybko uczą się, że gdy pojawiają się problemy, nie mogą polegać na swoim przywódcy. Jego to jednak nie martwi – wprost przeciwnie – wszak jego celem jest nie angażować się. Na tym jednak cierpią stosunki w zespole, narasta wrogość pomiędzy nim a resztą grupy. Im bardziej odrzuca zasady pracy zespołowej, tym większą wyrządza szkodę w zespole, któremu zaczyna brakować zaufania i szacunku. Coraz częściej daje się słyszeć głosy: „Nawet nie próbuj go pytać, bo z góry wiadomo, jaka będzie odpowiedź".

Lider 1.1– wykorzystuje różne techniki chroniące go przed uwikłaniem w konflikt. Należą do nich: udawanie troski o zasady organizacji, wymawianie się zbyt dużą ilością pracy, lub wskazywanie na niedogodności. To wszystko jest dla niego szansą na trzymanie się z dala od konfliktu. Zwykle przychodzi punktualnie na zebrania, przygotowuje raporty, które spełniają wymagane kryteria, uczestniczy w imprezach firmowych itp. Jednak kiedy pojawiają się problemy, wycofuje się i niejasno tłumaczy: „Tak, rozważę to" lub „Pewnie trzeba będzie się tym zająć".

Inna strategia polega na udawaniu, że całkowicie nie nadaje się do rozwiązania konfliktu. Na przykład, udaje bardzo zajętego. W takim wypadku ludzie wolą zwrócić się o pomoc do kogoś innego, skoro ich szef wygląda na całkowicie pochłoniętego własnymi problemami. Jeszcze inna strategia, bardziej wyrafinowana, polega na udzielaniu odpowiedzi w mailu lub telefonicznie, chociaż bezpośrednia komunikacja byłaby bardziej na miejscu. Od razu odpisuje albo oddzwania, choć doskonale wie, że tej osoby, z którą próbuje się skontaktować, nie ma na miejscu. Na przykład, dzwoni w trakcie przerwy na lunch, po czym zostawia wiadomość: „Próbowałem się do ciebie dodzwonić, ale cię nie zastałem" lub „Próbowałem się do ciebie dodzwonić, ale nie było cię w pracy". Jeszcze inny wybieg polega na dobrowolnym przyjmowaniu zadań, w trakcie których nie musi aktywnie współdziałać z pozostałymi członkami grupy. Czasami ratuje go fizyczna nieobecność – wyjazd na urlop, delegacja itp.

Jeszcze inna taktyka rozwiązywania konfliktów polega na przekazywaniu informacji osobom, które będą chciały podjąć jakieś działanie. Lider 1.1– polega na pracownikach, którzy są zainteresowani osiąganiem wysokich wyników. Wie, że jeśli dowiedzą się o problemie, wezmą na siebie odpowiedzialność za konstruktywne rozwiązanie konfliktu. Przekazując informacje, nie przejmuje się za bardzo tym, jak je zinterpretować czy streścić. Woli dosłownie powtórzyć, co usłyszał. Zapytany o szczegóły, odpowiada: „Wiem tylko tyle, co ty. Mogę powiedzieć, co sam usłyszałem".

Rozpowszechnia informacje w taki sposób, aby w razie problemów być krytym, co jest szczególnie użyteczne, gdy pojawia się ryzyko konfliktu. I tym razem podkreśla swoją neutralność i przenosi odpowiedzialność na kogoś innego: „Ja tylko przekazuję dalej, co usłyszałem. Jeśli masz wątpliwości, sam dopytaj u źródła".

Jeśli konflikt przeciąga się, próbuje za wszelką cenę wyplątać z dyskusji: „Rób, co chcesz" albo powiedzieć coś dla odwrócenia uwagi: „Po co tracić czas na dyskusje? Rób, co uważasz za stosowne i idźmy dalej!"

W tych rzadkich przypadkach, kiedy lider 1.1– włącza się w konflikt, zwykle przynosi to więcej szkody niż pożytku. Ponieważ jest źle poinformowany, podejmuje złe działania, a jego krótkowzroczna strategia służy tylko temu, aby jak najszybciej zakończyć bieżący konflikt. Rzadko podejmuje autentyczny wysiłek, aby zrozumieć faktyczne przyczyny konfliktu i rozwiązać go w sposób konstruktywny.

Komunikowanie się

Kompetencje komunikacyjne lidera 1.1— są raczej niskie, dlatego za wszelką cenę stara się ograniczyć komunikację ze współpracownikami i podwładnymi do minimum. Uważa otwartą komunikację za zagrożenie dla narzuconego sobie dystansu i braku zaangażowania w sprawy organizacji. Ta postawa wywodzi się z głębokiego przekonania, że praca w organizacji jest służbą, którą ludzie są zmuszeni świadczyć, aby przetrwać w okrutnym i nikczemnym świecie. Tylko osoby naiwne lub manipulanci podchodzą z entuzjazmem do organizacyjnego życia. Ci pierwsi robią to, ponieważ zostali wprowadzeni w błąd, a ci drudzy ze względu na chęć czerpania osobistych korzyści. On sam nie chce brać udziału w, jego zdaniem, nieciekawej i bezsensownej grze, w której ostatecznie każdy jest skazany na porażkę. Dlatego kieruje się zasadą: „Mniej komunikacji równa się mniej problemów".

Kiedy potrzebuje informacji, korzysta z pomocy osób trzecich, uciekając od bezpośredniego kontaktu ze źródłem. Nie lubi zadawać pytań ani na nie odpowiadać bezpośrednio, szczególnie w przypadku kontrowersyjnych tematów, ponieważ nie chce brać na siebie dodatkowej odpowiedzialności ani wpakować się w kłopoty. Dopóki może stać z boku i nikomu nie zawadzać, jest gotowy poprzeć każdy pogląd, nawet taki, z którym wewnętrznie się nie zgadza. Podczas rozmowy zwykle koncentruje się na kwestiach, które nie dotykają sedna sprawy. Ponieważ wiedza pociąga za sobą odpowiedzialność, wybiera zasadę: „Im mniej wiesz, tym lepiej śpisz". Dlatego komunikuje się tak, aby dowiedzieć się jak najmniej. Na przykład, omawiając nowy projekt, interesuje się tylko tymi aspektami, które dotyczą bezpośrednio jego zakresu obowiązków. Nawet jeśli nie do końca rozumie, czego dotyczy dyskusja podczas zebrania, nie odzywa się nie dając wciągnąć się w debatę.

Jeśli nie chce włączyć się w dodatkowe zadania, wówczas zbiera informacje z nieoficjalnych źródeł i rozmów. Dają mu one podstawę do przyjęcia linii obrony przed nowym zadaniem bez włączania się w dyskusję. Unika zadawania pytań, gdyż boi się, że usłyszy: „Podniosłeś bardzo istotną kwestię! Podejmij decyzję, co dalej należy z tym zrobić i działaj!" Kiedy zaczyna się nowy projekt, wyraża chęć uczestnictwa pod warunkiem, że ktoś inny przejmie inicjatywę, opracuje plan i zainicjuje działania. Jeżeli projekt się nie powiedzie, łatwo znajdzie coś na swoją obronę. Powie wtedy: „To nie jest mój projekt i nie ponoszę za niego żadnej odpowiedzialność. Ja tylko robię, co mi kazano".

W rozmowie lider 1.1— zwykle zachowuje ostrożność, wypowiada się niejasno i wymijająco, unika składania obietnic i zobowiązań, aby nie ponosić osobistej odpowiedzialności. Często mawia: „Trudno jest cokolwiek powiedzieć. W tej dziedzinie mamy o wiele bardziej doświadczonych ekspertów" oraz „Być może, ale nie mam pewności. Lepiej zapytaj kogoś innego". Taka pasywna postawa zniechęca pozostałych członków zespołu, gdyż muszą podejmować dodatkowe starania, aby uzyskać jakiekolwiek informacje. Efekt finalny jest dokładnie taki, jak tego chciał lider 1.1–: ludzie wolą o nic go nie pytać ani na nim nie polegać!

Proaktywność

Broniąc swoich poglądów, lider 1.1– jest mało konkretny i powściągliwy. Rzadko wyraża swój stosunek do pracy, a jeśli to robi to zwykle w sposób neutralny, co utrudnia zrozumienie, co naprawdę myśli: „To jest raczej słuszne podejście" lub „Mógłbym się zgodzić z tą opinią". Wierzy, że najlepszym podejściem jest powstrzymywanie się od zabierania głosu do momentu, aż ktoś go do tego nie zmusi. Ale nawet wtedy ujawnia tylko te informacje, które nie wzbudzają niczyjego zainteresowania ani nie dają podstaw do pociągnięcia go do odpowiedzialności. To powoduje, że choć ma swoje zdanie, jest ono zwykle dość niejasne, co w naturalny sposób rodzi krytykę. Często mawia: „Wolałbym nie mówić, jakie mam zdanie na ten temat" lub „W tym momencie trudno jest mi cokolwiek powiedzieć".

Kiedy broni swojego stanowiska, zwykle skłania się ku najbardziej powszechnej opinii: „Cokolwiek zdecydujemy, pamiętajmy, że rezultaty są najważniejsze!" lub „Jeżeli uważacie, że tak należy zrobić, to ja się z wami zgadzam". Ostrożność pozwala mu krytykować działania innych, kiedy pojawiają się problemy: „Od samego początku miałem wątpliwości".

Osoba o tym stylu broni swoich poglądów tylko wtedy, gdy bezpośrednio ktoś ją o to poprosi i kiedy czuje wsparcie. W przeciwnym razie nie wypowiada się, a zanim się z kimś zgodzi woli poczekać tak długo, jak to jest konieczne. Kiedy lider 1.1– widzi, że jego opinia jest niepopularna, jest gotowy natychmiast zmienić zdanie. Inną charakterystyczną cechą tego stylu podczas obrony własnego zdania jest używanie niedopowiedzeń, które często brzmią jak ponure proroctwo. Kiedy rezultat jest trudny do przewidzenia, wyraża swoje obawy i wątpliwości. Jest to mechanizm obronny na wypadek komplikacji. A jeśli się one pojawią, mówi: „Wiedziałem, że tak będzie". Tym samym zmniejsza się ryzyko, że zostanie obarczony winą.

Lider 1.1– nie lubi jasno określać swojego stanowiska, szczególnie w kontrowersyjnych sprawach, i niechętnie podejmuje inicjatywę. Ze swoich obowiązków wywiązuje się tylko w takim stopniu, w jakim jest to konieczne. Rzadko sięga po więcej i raczej woli patrzeć, jak sprawy toczą się własnym rytmem niż na nie wpływać. Taki niski poziom inicjatywy bardziej sprawdza się kiedy wymaga się działania zgodnie z instrukcjami i wytycznymi. Kiedy ktoś zwraca się do niego bezpośrednio, odpowiada enigmatycznie: „To nie jest zły pomysł" lub „To mogłoby zadziałać". Charakterystyczne dla tego stylu jest używanie zwrotów, takich jak „być może", „prawdopodobnie" lub „nie wiem", gdyż chronią go przed ewentualnymi konsekwencjami. Mówi wtedy: „Nigdy nie mówiłem, że to był dobry pomysł" lub „Nigdy nie mówiłem, że to jest słuszna decyzja".

Lider 1.1– wykazuje minimalny akceptowalny poziom inicjatywy, koncentrując się na oczekiwanych rezultatach. Rzadko podejmuje inicjatywę wykraczającą poza standardowe ramy, a jeśli już to tylko w obliczu presji okoliczności lub kierownictwa. Unika wszelkich inicjatyw, które mogłyby rodzić konflikt.

Osoba o tym stylu przywódczym zwykle deleguje swoje uprawnienia bez wyraźnego powodu. Kiedy wyczuje problem, podchodzi do niego w dość specyficzny sposób, tj. powierza jego rozwiązanie komuś innemu: „Anna ma problem z przygotowaniem nowego harmonogramu prac. Pomożesz jej?" Jako kierownik wysokiego szczebla deleguje zbyt wiele swoich zadań, sobie nie pozostawiając prawie żadnego.

Z reguły jego reakcja na problemy jest spóźniona, choć dla wszystkich wokół sprawa jest oczywista. Bez pośpiechu szuka kogoś, kto mógłby go wyręczyć. Nawet jeśli sam wie, co należy zrobić, czeka na instrukcje z góry. Kiedy dostrzega, że pracownik nie radzi sobie z zadaniem, woli nic nie mówić, uznając, że to nie jego sprawa. Jeżeli pracownik ma trudności z wdrożeniem projektu, udaje, że tego nie dostrzega. Myśli wtedy: „Jeśli wkroczę, to sam będę miał urwanie głowy, a cała odpowiedzialność spadnie na mnie". Jeżeli zaś pracownik musi przedwcześnie zakończyć pracę, nie czuje się zobowiązany, aby mu pomóc i przejąć część jego obowiązków. Dopiero poproszony wprost lub jeśli tego wymagają procedury, zgadza się wziąć na siebie dodatkowe obowiązki, lecz nigdy nie jest to decyzja dobrowolna.

Kolejną formą unikania inicjatywy jest: „Jestem zbyt zajęty, niech nikt mi nie przeszkadza". Jest to jednak tylko przykrywka, mająca uchronić go przed angażowaniem się w problemy innych osób. Tworzy wrażenie menedżera pogrążonego w pracy do tego stopnia, że inni zaczynają mieć opory przed zawracaniem mu głowy. Może na przykład zamknąć drzwi do swojego gabinetu, spędzać więcej czasu niż to jest konieczne poza biurem lub po prostu zanurzyć się w pracy papierkowej. Wszystkie te sposoby mówią: „Nie przeszkadzać!"

Podejmowanie decyzji

Lider o stylu 1.1– dokłada wszelkich starań, aby uniknąć lub przynajmniej odroczyć moment pojęcia decyzji, szczególnie kiedy może ona wzbudzić kontrowersje lub niezadowolenie. Przyparty do muru znajduje kompromis, powołując się na precedens, który sprawdził się w podobnej sytuacji. Koncentruje się zwykle na krótkoterminowych rezultatach i woli poczekać aż sytuacja sama się rozwiąże. Czeka, aż okoliczności do podjęcia decyzji będą bardziej sprzyjające. Nie należy jednak dać się zwieść temu biernemu oczekiwaniu i pomylić go z wytrwałością. Podobnie jak lider 4.4–, korzysta z precedensów i tradycji, aby zaplanować działania, lecz w odróżnieniu od lidera 4.4–, który podejmuje decyzję posiłkując się precedensem, on woli, aby to ktoś inny podjął decyzję za niego.

Wiodącą motywacją przy podejmowaniu decyzji przez lidera 1.1– jest strach przed osobistą odpowiedzialnością i zaangażowaniem. Ten strach całkowicie odcina go od celów organizacji i ludzi, z którymi współpracuje. Myśli tylko o tym, jak nie wpaść w tarapaty w razie pojawienia się problemów. W głębi serca czuje: „Nie jestem na tyle naiwny, aby nadstawiać karku!" lub „Próbują mnie przekonać, obiecują złote góry, ale jeśli zgodzę się z tą decyzją, wówczas to ja będę miał kłopoty!"

Lider 1.1– stara się przekonać wszystkich, że delegowanie zadań jest modelem przywództwa, który sprawdza się w każdej sytuacji: „Trzeba ufać swoim podwładnym i delegować nawet najważniejsze zadania. Musimy polegać na tych, od których zależy sukces organizacji i stwarzać im szanse na zdobycie cennego doświadczenia w zarządzaniu i podejmowaniu decyzji". Te słowa są prawdziwe, ale problem w tym, że deleguje swoje uprawnienia nawet tym pracownikom, którzy kompletnie nie są na to gotowi. Ponieważ zwykle ogranicza swoje kontakty ze współpracownikami i podwładnymi, nie posiada niezbędnych informacji na temat tego, który z nich posiada kwalifikacje do podejmowania decyzji. A jak wiadomo, same dobre chęci nie wystarczą. Poza tym oddelegowany pracownik może być przeciążony pracą i nie mieć czasu na to, aby w pełni zaangażować się w inne zadania. Lider 1.1– jednak takich szczegółów nie dostrzega i tylko mówi: „Cóż, jeśli chcesz mieć większą odpowiedzialność, działaj śmiało! To twoja szansa i chcę, abyś ją wykorzystał!"

Jeszcze inna strategia polega na opóźnianiu lub odraczaniu decyzji w nadziei, że wkrótce potrzeba jej podjęcia zniknie sama z siebie lub że ktoś inny weźmie na siebie odpowiedzialność: „Pomyślimy o tym później" lub „Ten problem wymaga większego zastanowienia i rozmów", lub „Poczekamy, zobaczymy". Woli, gdy odpowiedzialność za decyzję spoczywa na kimś innym i nie dba o to, jaka decyzja zostanie podjęta ani jakie będę jej konsekwencje. Zwykle zgadza się ze wszystkimi sugestiami i stara się nie uczestniczyć w podejmowaniu kontrowersyjnych decyzji, jeżeli nie jest to konieczne.

Stąd też podejmowanie decyzji jest kolejną słabą stroną lidera 1.1–. Nie lubi podejmować decyzji, które mogą ściągnąć na niego uwagę lub pociągać za sobą dodatkowe zobowiązania. Ponadto zwykle posiada dość skąpe informacje na temat problemów oraz ludzi i unika większego zaangażowania w procesy organizacyjne. Bez tego wszystkiego krytyczna ocena problemu, dostrzeżenie alternatyw i ocena ryzyka nie są możliwe. To powoduje, że lider 1.1– jest słabo przygotowany do podejmowania skutecznych decyzji. Bez dogłębnej analizy pozostaje mu jedna tylko możliwość: odroczyć decyzję, oddelegować pracownika lub poprzeć decyzję podjętą przez kogoś innego.

Konstruktywna krytyka

Lider 1.1– podchodzi do konstruktywnej krytyki z dużą nieufnością i obawą, gdyż uważa, że może poważnie zagrozić jego obojętnemu stosunkowi do organizacji. Unika dawania informacji zwrotnych, rzadko krytykuje pracę innych osób i sam nie jest gotowy, aby przyjąć krytykę od innych. Jego krytyka, jeśli już jest zmuszony ją wyrazić, przypomina bardziej apel do arbitra pozbawiony chęci znalezienia konkretnego rozwiązania.

Idea dawania konstruktywnej krytyki jako instrumentu poprawy wydajności indywidualnej i zespołowej jest w świadomości tego stylu czymś niespotykanym. Poziom jego zainteresowania pracą jest tak niski, że nie dostrzega sensu w dążeniu do poprawy wydajności. Jeżeli okoliczności zmuszają go do używania krytyki, brzmi ona jak nieprzygotowana improwizacja na temat bliżej nieokreślonych wymogów i okoliczności. Poproszony o podzielenie się krytycznymi uwagami na jakiś temat, zwykle udziela niejasnych odpowiedzi: „Jasne, porozmawiamy o tym innym razem", „Sądzę, że wszystko poszło świetnie", „Nie przejmowałbym się tym zbytnio. Następnym razem będzie lepiej". Widać z tego, że jego celem jest uciąć rozmowę najszybciej jak to możliwe.

Jednym z powodów, dla których krytyka lidera 1.1— nie jest skuteczna, a on sam czuje się niekomfortowo udzielając jej, jest brak wystarczających informacji do analizy. Efektywna krytyka opiera się na obserwacji i komunikowaniu się z ludźmi, na porównywaniu zachowania z określonymi celami i standardami wydajności. Przywódca, który stosuje efektywną krytykę daje przykład i wyraża swoje obserwacje w obiektywny i konstruktywny sposób. Natomiast lider 1.1— wyraża krytykę w sposób asekuracyjny – stosuje krytyczne uwagi w zupełnie innym kontekście sytuacyjnym oraz zachowuje się jak bierny obserwator.

Słabą stroną krytyki, charakterystycznej dla tego stylu, jest kreowanie środowiska, w którym proces zmiany zachowania na lepsze jest chaotyczny. Brak jest jakichkolwiek krytycznych komentarzy przed, w trakcie oraz po wykonaniu zadania, zaś o konsekwencjach mówi się jak o faktach dokonanych: „Stało się. Możesz posypać głowę popiołem, ale to i tak niczego nie zmieni". Lider 1.1— najlepiej czuje się jako podwładny, który robi tylko to, czego się od niego wymaga. Unika ryzyka, ponieważ nie chce się wychylać ani żałować, kiedy pojawią się problemy. W przypadku porażki, aby uniknąć krytyki, usuwa się w cień.

Koncentrując całą swoją energię na unikaniu kłopotów, lider 1.1— nie jest w stanie uświadomić sobie przyczyn porażki. Ponadto nie wykorzystuje potencjału, jaki dają efektywne relacje, więc nie może polegać na zaufaniu, szacunku ani wsparciu współpracowników. Często myśli: „Pewnie uważają, że nie mam nad niczym kontroli" lub „Pewnie oskarżają mnie o wszystko, co najgorsze". Ale to, czy jego przypuszczenia są prawdziwe czy nie, pozostaje w sferze domysłów, gdyż on sam nawet nie stara się wyjaśnić sytuacji ani odeprzeć zarzutów.

Jego trudności z wyrażaniem konstruktywnej krytyki wynikają również z faktu, że nie lubi rozmawiać z ludźmi, a we współpracy z nimi dostrzega głównie wady. Jest to szczególnie widoczne, gdy udziela informacji zwrotnych lub mówi o rzeczach, które wywołują emocje. Jest tak odizolowany od ludzi, że każda próba dokonania głębszej analizy problemu wywołuje zamęt w jego głowie. Próbuje wtedy żartować, często niestosownie lub komentuje sytuację w sposób niezrozumiały, a nawet obraźliwy. Nawet nie próbuje znaleźć prawdziwych powodów swoich porażek, tylko koncentruje uwagę na własnych wadach, przez co izoluje się jeszcze bardziej. Niskie zorientowanie na zadania powoduje, że jest kompletnie nieprzygotowany do rozwiązywania skomplikowanych problemów. Zaś brak zorientowania na ludzi uniemożliwia mu otwarcie się i dzielenie swoimi odczuciami ze współpracownikami oraz budowanie z nimi relacji, które dodają siły w trudnych momentach. To, że odrzuca wartości organizacyjne utrudnia mu dostrzeżenie głębokiego społecznego i osobistego sensu działalności zawodowej.

10.7 Wnioski

Styl 1.1– charakteryzuje się całkowitym brakiem chęci angażowania się we wspólne działania i relacje w I-ZONE. Lider o tym stylu przywódczym nie wierzy w misję organizacji, sens swoich starań, ani potencjał efektywnych relacji. Nie dostrzega korzyści płynących z działań generujących pozytywne zmiany czy usprawniających standardowe działania. Ten styl doskonale obrazuje, co może się wydarzyć, gdy pracownicy nie angażują się w sprawy organizacji. Lider 1.1– nie poświęca się pracy i niewiele zyskuje w kwestii rozwoju osobistego. Jego głównym celem jest przetrwać do końca dnia, tygodnia, miesiąca lub do końca kariery bez większego wysiłku ani komplikacji.

Wnosi minimalny wkład w budowanie efektywnych relacji. Pomimo chęci nawiązywania konstruktywnych stosunków, zachowuje się jak ktoś z zewnątrz, ktoś obcy. Aby przetrwać, stara się tworzyć wrażenie osoby zaangażowanej w sprawy firmy, lecz w rzeczywistości nigdy nie czuje się jej częścią. Jest zdyscyplinowany, każdego dnia punktualnie przychodzi do pracy, jednak dystansuje się od działań i zadań. Regularnie przychodzi na zebrania, ale rzadko zabiera głos i stara się zachować neutralność. Swoje sprawozdania składa na czas, ale nigdy nie proponuje niczego nowego ani nie krytykuje niedociągnięć. Choć jest pracowity, brakuje mu rzeczywistego zaangażowania w realizację celów organizacji i chęci podejmowania ryzyka.

Nie zachęca do nawiązywania relacji opartych na wzajemnym zaufaniu i szacunku. Warunki w jego zespole nie sprzyjają powstawaniu synergii. Jeżeli w zespole tylko jeden członek reprezentuje styl 1.1–, często pojawiają się w nim konflikty związane z nierównym angażowaniem się w działania i w efekcie izolacja osoby o tym stylu pogłębia się. Jeśli zaś wszyscy członkowie zespołu reprezentują ten styl, ich relacje ograniczają się do przebywania w jednym pomieszczeniu. Każdy działa na własną rękę bez poczucia, że realizuje jakąś wspólną misję. Ich celem jest doczekać do końca dnia, a w dłuższej perspektywie – do emerytury.

Styl 1.1+: Pełen zahamowań, niespełniony (czekać i mieć nadzieję)

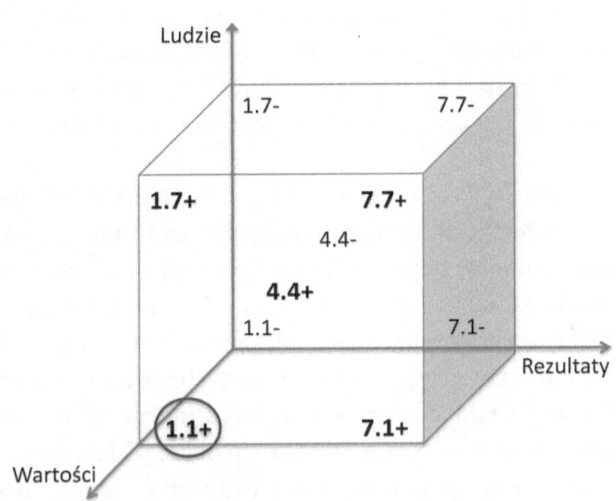

Niskie zorientowanie na zadania, niskie zorientowanie na ludzi, wysokie, choć często skrywane i niezrealizowane oddanie organizacji. Nie tyle obojętny, co pasywny stosunek do pracy. Chęć angażowania się i wychodzenia z inicjatywą pozostaje w sferze fantazji. Fraza, która oddaje sedno tego stylu brzmi: „W innych okolicznościach, gdybym został lepiej zrozumiany, byłbym zdolny przenosić góry". Zainteresowanie pracą manifestuje się poprzez próby włączenia się w realne problemy i zadania zespołu, jednak bez zwracania na siebie niczyjej uwagi. Okazują się one jednak zupełnie nieczytelne dla współpracowników. Niechęć do wyrażania własnych opinii i zadawania pytań. Wykazuje minimum inicjatywy. Decyzje są odraczane do momentu, aż ktoś inny je podejmie lub problem rozwiąże się sam. Lider o tym stylu odsuwa się od grupy, pozwalając, aby sprawy obrały własny kurs. Tę rozbieżność pomiędzy wewnętrznymi potrzebami a realnym działaniem można wytłumaczyć cechami osobowościowymi oraz negatywnymi doświadczeniami związanymi ze współpracą z liderem o stylu 7.1−, tj. surowym forma-

© Springer-Verlag GmbH Germany, part of Springer Nature 2019

A. Zankovsky and C. Heiden, *Przywództwo z Synercube*,

https://doi.org/10.1007/978-3-662-58235-0_11

listą preferującym minimum dialogu. Współpracownicy często okazują mu współczucie, widząc dualizm jego aspiracji. Przy wsparciu kierownictwa i zespołu, osoba o tym stylu jest zdolna osiągnąć więcej, zrealizować swój potencjał i istotnie przyczynić się do sukcesu organizacji.

11.1   Podstawowe cechy stylu 1.1+

Styl 1.1+ charakteryzuje niski poziom troski o zadania i ludzi, który paradoksalnie łączy się z wysokim zorientowaniem na wartości organizacji. Słowem kluczowym, którym można by opisać zachowanie osób o tym stylu jest powściągliwość, zamrożone aspiracje i potencjał. W rzeczywistości, osoby te nie są obojętne na rezultaty i zależy im na relacjach ze współpracownikami. Jednak obiektywne okoliczności i subiektywne doświadczenia powodują, że stają się pasywne i nie pracują tak, jakby chciały. Stają się ostrożne i sceptyczne, mając jednocześnie nadzieję na cud: „Gdyby świat nie był okrutny i niesprawiedliwy dla ludzi takich jak ja, byłbym inaczej traktowany". I choć ludzie czasami rzeczywiście bywają okrutni i niesprawiedliwi, w głębi serca osoba o tym stylu pozostaje optymistą i nie traci nadziei, że pewnego dnia zostanie zrozumiana i obiektywnie oceniona.

Osoby posiadające ten styl nie wykształcają go z dnia na dzień, lecz krok po kroku jako reakcję na wpływ nieefektywnego i dominującego szefa, takiego jak lider 7.1−, który swoim zachowaniem stopniowo doprowadza osoby o stylu 1.1+ do zamknięcia się w sobie. Brak zorientowania na ludzi, typowy dla stylu 7.1−, może mieć destrukcyjny wpływ na pracowników, którzy stają się apatyczni i niesamodzielni. Lider 7.1−, który regularnie strofuje personel lub ignoruje jego twórcze pomysły, ostatecznie zniechęca do pracy cały zespół. W efekcie kształtuje się postawa, którą można opisać w następujący sposób: „Jestem już tym zmęczony. Niech on robi, co chce! Odtąd będę robił, co do mnie należy i siedział cicho". I tak początkowa postawa walki i obrony przed liderem 7.1− ulega transformacji do stylu 1.1+, który charakteryzuje się wycofaniem i zwykłą chęcią przetrwania.

Styl 1.1+ kształtuje się również w kontekście niedoboru zasobów R. Dzieje się tak, kiedy menedżer otrzymuje awans i obejmuje stanowisko, na które nie jest gotowy. Być może w przeszłości jego działania znajdowały się pod ścisłą kontrolą kierownictwa, a teraz oczekuje się od niego większej odpowiedzialności i postawy godnej prawdziwego lidera. Jednak bez niezbędnych zasobów w postaci szkoleń, doświadczenia lub kwalifikacji, taka osoba może utracić pod wpływem presji pewność siebie, a bez wsparcia ze strony kierownictwa jej zachowanie stopniowo ulega transformacji do stylu 1.1+. Ten typ przywódczy formuje się również pod wpływem liderów, takich jak 1.7− lub 4.4−, którzy zniechęcają pracowników do rozwiązywania trudnych problemów i podejmowania ryzyka. Z upływem czasu i bez odpowiedniej zachęty do zwiększania uczestnictwa ludzie stają się bierni: „Najwyraźniej tej organizacji bardziej zależy na zgodności z zasadami niż na wynikach".

Formowanie się stylu 1.1+ można również wytłumaczyć sztywną organizacją pracy ze sformalizowanym zakresem obowiązków i komunikacją ograniczoną do minimum. Z czasem cała kultura organizacji może przesiąknąć stylem 1.1+ z powodu nadmiernych regulacji, które blokują niezależność i kreatywność. Typowym przykładem takiej transformacji są instytucje publiczne, w których każdego pracownika traktuje się jak trybik w maszynie.

Ważną rolę w kształtowaniu się stylu 1.1+ odgrywają cechy osobowościowe. Nawet najprostsze sytuacje i konflikty mogą być postrzegane przez osoby bardziej zatroskane, wrażliwe i wątpiące w swoje umiejętności jako traumatyczne i bolesne. Takie osoby postrzegają rozbieżności pomiędzy pragnieniami a możliwościami w sposób szczególnie wyostrzony, co rodzi frustrację, będącą stanem mentalnym towarzyszącym realnej lub wyobrażonej niezdolności do spełnienia wymagań. Aby odseparować się od uczucia frustracji, osoba o stylu 1.1+ wykonuje swoją pracę zgodnie z formalnymi wymogami na minimalnym wymaganym poziomie, aby móc w każdej chwili zrzucić z siebie odpowiedzialność, ukrywając się za formalnymi regułami i regulacjami. Deleguje rozwiązywanie problemów na inne osoby, niczego nie sugerując ani nie udzielając wsparcia w procesie decyzyjnym. Jednocześnie sam wykonuje świetną robotę, starając się znaleźć optymalne rozwiązanie. Jednak nikomu nie mówi o swoich staraniach, ponieważ boi się zaangażować w realne działania, które niosą ze sobą potencjalne ryzyko i mogą być źródłem jeszcze większego rozczarowania. Tak jest zawsze, kiedy lider 1.1+ musi podjąć jakieś działanie – w obawie przed ryzykiem woli się wycofać i poczekać, aż ktoś inny dostrzeże problem i zaproponuje rozwiązanie.

11.2   Praca zespołowa w stylu 1.1+

Zachowanie osoby o stylu 1.1+ z powodu jej strachu i niepewności wydaje się wyjątkowo bierne, zaś jej zaangażowanie we wspólną sprawę jest tylko teoretyczne. Nadmiernie skupia się na uczuciach i fantazjach, przez co praca zespołowa, realne problemy z nią związane i trudności schodzą na drugi plan. Stąd też często nie dostrzega faktu, że pewne decydujące rozstrzygnięcia zapadają dzięki wspólnym staraniom całego zespołu. W żaden sposób nie próbuje oddziaływać na pracę w grupie, która, jeśli jest nieefektywna, nie przynosi oczekiwanych rezultatów, obniżając tym samym wiarygodność samego lidera 1.1+.

Przywódca 1.1+ nigdy nie wypowiada się na temat tego, jak należałoby poprawić wydajność. I choć zależy mu na efektywności zespołu i sam mógłby wymyślić kilka bardzo skutecznych sposobów na osiągnięcie synergii, woli je zachować dla siebie. Swoje zdanie wypowiada tylko wtedy, gdy klimat organizacyjny jest sprzyjający oraz gdy zostanie o to poproszony w sposób taktowny i z szacunkiem. Wówczas zaskakuje wszystkich swoją kompetencją, analitycznym spojrzeniem i entuzjazmem. Ale kiedy pozostali nie wsłuchują się z uwagą w to, co ma do powiedzenia lub wyrażają odmienne zdanie, momentalnie zamyka się w sobie. Taka reakcja obronna może być sprowokowana nawet przez tak trywialną rzecz jak kiepski żart czy nieporozumienie. Choć podziela wartości korporacyjne, nie wykorzystuje obiektywnych ani subiektywnych możliwości, aby wnieść swój wkład w działania zespołu, co sprawia, że jest cennym, acz często niedocenianym zasobem. Często towarzyszy mu myśl: „Gdyby organizacja rzeczywiście ceniła i wykorzystywała zasoby każdego pracownika, korzyści płynące z mojego zaangażowania byłyby znacznie bardziej realne, a ja byłbym z siebie dużo bardziej zadowolony".

Członkowie zespołu o wystarczająco dużej empatii wykazują wobec niego zrozumienie, starając się go wspierać i dodawać pewności siebie. Jednak dynamika życia organizacyjnego nie pozostawia na to zbyt wiele wolnego czasu i na ogół ludzie postrzegają takiego pracownika jako obojętnego na wyniki, unikającego, leniwego i generalnie biernego. Przyzwyczajają się do tego, że nie mogą na nim polegać i pozostawiają mu do wykonania najprostsze zadania, które nie wymagają podejmowania inicjatywy. Wiedzą bowiem, że w przypadku wystąpienia realnych problemów, nie będą mogli na niego liczyć. W odpowiedzi na takie traktowanie lider 1.1+ staje się jeszcze bardziej wycofany i nieufny względem współpracowników i podwładnych.

Boi się popełniać błędy. Rzadko jest gotowy do tego, aby przyznać się do popełnionego błędu i go naprawić, ponieważ ma złe doświadczenia z przeszłości. Nie ma odwagi ani wystarczającej pewności siebie, aby zgłaszać żądania oraz bronić swojego zdania. Dlatego ukrywa się pod maską obserwatora-outsidera. Pomimo tego osoba reprezentująca ten styl zawsze rozprawia się z wszystkimi trudnymi sytuacjami personalnymi, starając się działać konstruktywnie w sytuacjach konfliktowych, w których jest stroną. Unika konfliktów politycznych, stara się nie przykuwać do siebie uwagi innych osób i z zasady, nigdy nie wygłasza swojej opinii lub krytycznego punktu widzenia, chyba że w sytuacji silnej presji. Jednocześnie przekazuje informacje pracownikom i udziela odpowiedzi na pytania. Jego wkład jest jednak niewystarczający, choć wie dobrze, że stać go na więcej. Jest niezadowolony z roli, jaką przyszło mu pełnić w organizacji i wewnętrznie jest gotowy na zmianę.

11.3 I-ZONE w stylu 1.1+

Relacje lidera o stylu 1.1+ z pracownikami skoncentrowanymi na rezultatach i budowaniu efektywnych relacji nie są, w odróżnieniu od stylu 1.1−, spolaryzowane. Pracownicy okazują mu zrozumienie i współczucie, ponieważ dostrzegają rozterki swojego lidera, który nie potrafi samodzielnie pokonać wewnętrznych i zewnętrznych barier stojących na przeszkodzie do pełnej realizacji potencjału. Biorą więc odpowiedzialność nie tylko za własną pracę, ale również jego. Próbują mu od czasu do czasu pomagać i wspierać, tak aby mógł się wykazać. On jednak nie zawsze poprawnie odczytuje takie inicjatywy. Czasem jego lęki i obawy są tak duże, że zwyczajnie nie dostrzega tych przejawów dobrej woli. Poza tym ze względu na silną presję czasu i wymogów, członkowie zespołu nie zawsze mają możliwość i motywację, aby udzielać mu emocjonalnego wsparcia.

W efekcie nie czuje się częścią zespołu – zachowuje dystans i stroni od podejmowania wyzwań, bojąc się kolejnych rozczarowań. Im dłużej taka sytuacja trwa, tym bardziej jest przekonany, że bezpieczniej dla niego będzie, jeśli pozostanie zdystansowany i bierny. Z czasem lider o tym stylu oraz jego zespół przyzwyczajają się do takiej formy interakcji i nie znajdują dla niej żadnej alternatywy. W zależności od kultury obowiązującej w organizacji, zachowanie osób o tym stylu może być poddawane łagodnej, pośredniej lub bezpośredniej krytyce, w tym nawet oskarżeniom o stwarzanie problemów czy popełnianie błędów. W obliczu takiej krytyki, lider 1.1+ wydaje się spokojny, a nawet obojętny, ale wewnętrznie bardzo się przejmuje. W odpowiedzi na szczególnie ostrą krytykę, mówi: „Jak mam to zrobić w tych warunkach!"

Często bywa tak, że zupełnie nieświadomie członkowie zespołu przyczyniają się do nasilenia się zachowań charakterystycznych dla stylu 1.1+, oskarżając go i potępiając za brak zaangażowania. Rosnąca nietolerancja powoduje, że lider 1.1+ dystansuje się jeszcze bardziej i stopniowo zaczyna tracić kontrolę nad sytuacją, tracąc poczucie, że jest członkiem zespołu. Wszystkie wysiłki zmierzające do zachęcenia go do przejęcia inicjatywy odbiera jako silną presję, a więc coś, co miało największy wpływ na ukształtowanie się jego zachowania i co sprawia, że jeszcze głębiej chowa się w swojej skorupie. Bez zachęcającego wsparcia, którego mogą mu udzielić tylko członkowie zespołu, lider 1.1+ jest pozostawiony sam sobie i aby przetrwać stosuje jedyną strategię, jaką zna – wycofać się i nie wychylać się (Rys. 11.1).

Postawa wyobcowania jest efektem prób, jakie lider 1.1+ dawniej podejmował, aby udowodnić swoją wartość, i za które był w sposób destrukcyjny krytykowany. Dlatego na próby włączenia go do życia organizacyjnego reaguje zwykle: „Być może", „Zobaczymy", „Przemyślę to". Jeśli jednak współpracownicy postępują taktownie i okazują mu szacunek i cierpliwość, lider 1.1+ potrafi radykalnie zmienić swoje zachowanie. Jednak z reguły osoby o tym stylu pozostają wierne wartościom charakterystycznym dla tego stylu, nawet jeśli warunki uległy zmianie. Jak już wspomnieliśmy, zachowanie towarzyskiej i kreatywnej osoby pozostającej przez dłuższy czas pod demotywującym wpływem menedżera 7.1− może ulec transformacji do stylu 1.1+. I nawet po upływie kilku lat od odejścia takiego menedżera, lider 1.1+ pozostaje zdystansowany i obojętny. Snuje w odosobnieniu swoje fantazje, w których jego rola i zaangażowanie cieszą się uznaniem wśród wszystkich członków organizacji.

Rys. 11.1   1.1+

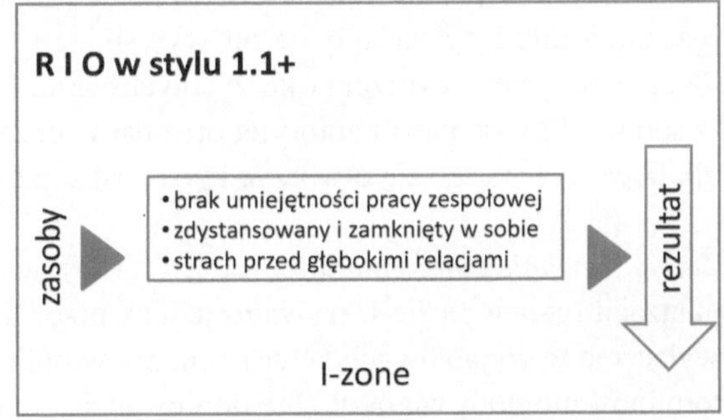

11.4   Kultura i wartości w stylu 1.1+

Podstawowe cechy: wewnętrzny dualizm, wielkie nadzieje i wymuszona bierność

Zaufanie W głębi duszy lider o tym stylu docenia wartość zaufania jako warunku do nawiązywania harmonijnych relacji międzyludzkich. Szczerze chciałby móc ufać ludziom, ale boi się, że to będzie rodziło nowe problemy i frustracje. Wierzy, że ludzie są z natury życzliwi, szczerzy i godni zaufania, a okoliczności czasami zmuszają ich do zachowywania się w sposób, który zaprzecza tym wartościom. Dlatego w kontaktach z ludźmi jest ostrożny i sceptyczny. Jednocześnie ciągle ma nadzieję na nawiązanie harmonijnych relacji opartych na zaufaniu i szczerości. Są to wartości, którym hołduje, a ich brak mu doskwiera. Ciągle wierzy, że pewnego dnia okoliczności zmienią się, a jego relacje staną się bardziej harmonijne i efektywne. Pomimo przeżywania ciągłych rozczarowań, w głębi duszy pozostaje pełnym nadziei optymistą i wierzy, że pewnego dnia organizacja doceni jego potencjał. Lider 1.1+ nie ufa sobie i jest przekonany, że pod wieloma względami to on ponosi winę za tę sytuację. Nie pozostaje mu więc nic innego jak schować się do swojej skorupy i pozostać zdystansowanym i biernym.

Sprawiedliwość Dwoistość zachowania lidera 1.1+ ma bezpośredni związek z tym, jak pojmuje on sprawiedliwość i jak się ona przejawia w jego zachowaniu. Otóż sprawiedliwość, według niego, oznacza równowagę pomiędzy wkładem pracownika w dobrostan organizacji a korzyściami, jakie z tego tytułu otrzymuje. Innymi słowy, to, jak pojmuje sprawiedliwość odzwierciedla jego interpretację tego, czym jest organizacja. Tę wiedzę pozostawia jednak dla siebie i na co dzień, sądząc po jego zachowaniu, sprawiedliwość przybiera zupełnie inny kształt: „Ponieważ warunki w organizacji są dla mnie niekorzystne i nikt mnie nie rozumie ani mnie nie docenia, mam wszelkie prawo, aby wyrazić swój sprzeciw, a najlepszym do tego środkiem jest dystans". Nie wiąże sprawiedliwości z zasługami i wkładem własnym. Stąd też uważa, że spełnianie minimum wymagań nie narusza zasad sprawiedliwości, tym bardziej, że to współpracownicy zmusili go do przyjęcia takiej postawy. W obliczu ewidentnej niesprawiedliwości, np. oczywistego niedocenienia wkładu członka zespołu w realizację wspólnego celu, woli nie zabierać głosu publicznie, myśląc: „Potraktowali go dokładnie tak samo, jak mnie! Obiektywna i sprawiedliwa ocena pracownika to dzisiaj rzadkość. Mam rację, że nie chcę narażać się na rozczarowanie i dystansuję się od wszystkiego i wszystkich". Jednocześnie w reakcji na szczere próby stworzenia korzystnych warunków do pracy, tak aby wzmocnił wiarę w sprawiedliwość i swój autorytet oraz bardziej zaangażował się w działalność organizacji, lider 1.1+ potrafi się otworzyć i pokazać zupełnie inną twarz.

Zaangażowanie i utożsamianie Lider 1.1+ jest wewnętrznie w pełni oddany sprawom organizacji i pełen pasji. Ukrywa to jednak przed światem, a wyraz tym wartościom daje wyłącznie w wyjątkowych sytuacjach, np. w obliczu siły wyższej, kiedy niedotrzymanie terminów mogłoby zagrozić (lub doprowadzić do bankructwa) całej organizacji. W takich okolicznościach potrafi odrzucić swoje osobiste lęki i ku zaskoczeniu całego otoczenia wykazać się niezwykłą kreatywnością i całkowitym oddaniem. Okazuje się bowiem, że zagrożenie będące źródłem jego nieustającego lęku i które na co dzień może być realne albo tylko wyobrażone, nagle przestaje być wyłącznie jego sprawą i zaczyna dotykać wszystkich. Uwolniony od swoich wewnętrznych ograniczeń i lęków, okazuje się być pełen pasji i oddania sprawom organizacji, pokazuje, że jest chętny i gotowy wnieść istotny wkład w pracę zespołu. W rzeczywistości głównym powodem, dla którego nie rezygnuje ze swojej funkcji, choć nie jest z niej w pełni zadowolony, jest jego głęboko skrywane i szczere oddanie organizacji i jej ludziom.

Odpowiedzialność i niezawodność   Lider 1.1+, podobnie jak lider 1.1−, nie koncentruje się na zadaniach ani na ludziach. Jednak w odróżnieniu od stylu 1.1−, jest o wiele bardziej zorientowany na wartości organizacji, co czyni z niego osobę bardziej wiarygodną i społecznie odpowiedzialną. Jak już wcześniej wspomnieliśmy, pomimo wyraźnego braku zaangażowania i bierności na co dzień, można na nim polegać w trudnych sytuacjach. W obliczu zarówno powszechnych zagrożeń, jak i powszechnego entuzjazmu, odkrywa swoją prawdziwą twarz. Kiedy od zespołu wymaga się, aby zaczął ze sobą współpracować, odkładając na bok osobiste lęki, interesy i żale, potrafi on porzucić bierność i uczucie wyobcowania i wnieść istotny wkład w działania organizacji. Zauważywszy błąd, który mógłby obniżyć jakość pracy zespołu, nie pozostaje obojętny – porozmawia na osobności z osobą odpowiedzialną, powie, co należałoby zrobić i kto mógłby pomóc w zapobieżeniu poważnym konsekwencjom.

Przejrzystość i prawdomówność   Lider o stylu 1.1+ docenia transparentność procesów organizacyjnych oraz szczerość w relacjach. Wierzy, że ludzie i organizacje są w większości szczerze oddane własnym wartościom, sam jednak rzadko zachowuje się w sposób, który byłby ich odzwierciedleniem. Obawia się, że jego szczerość może zostać wykorzystana przeciwko niemu. Jest to negatywna spuścizna po jego doświadczeniach z przeszłości. W tym obszarze najbardziej wyraźnie manifestuje się dualizm jego zachowania. Z jednej strony docenia szczerość, będąc przekonanym o tym, jak ważna jest to wartość w środowisku organizacji, z drugiej jednak obawia się szczerości, jak i wyzwań i rozczarowań, które ze sobą niesie. Pracownicy, którzy wchodzą z nim w bliską relację, dość szybko zaczynają rozumieć prawdziwe motywy jego wycofania i bierności i z czasem zmieniają swoje nastawienie do niego.

11.5   Kultura i władza w stylu 1.1+

Władza oparta na nagrodach i wiedzy dla zmniejszania obaw i ochrony przed realnymi i wyobrażonymi zagrożeniami i niesprawiedliwością

Kara Lider 1.1+ uważa karę za instrument, którego skutki są negatywne, gdyż sam ma negatywne doświadczenia związane z karami stosowanymi przez lidera 7.1–, który używa kar jako głównego instrumentu wywierania wpływu. Ponadto kara stoi w sprzeczności z tym, jak pojmuje on harmonijne interakcje z podwładnymi. Jeżeli kara jest nieunikniona, musi być usprawiedliwiona obowiązującymi instrukcjami i być zasadna w kontekście wartości organizacyjnych. Kara jest związana bardziej z naruszeniem zasad i wartości organizacyjnych niż z obiektywnymi wynikami.

Nagroda Liderzy o tym stylu przywódczym używają nagród jako podstawowej formy wywierania wpływu na podwładnych. On sam, z powodów zewnętrznych bądź wewnętrznych, nie koncentruje się na rezultatach, a więc nie uzależnia nagród od wydajności. Z tego powodu nagrody często nie trafiają do osób, którym się należą za pracę na wysokim poziomie lecz do osób, które wykonują pracę na dostatecznym poziomie i które jednocześnie koncentrują się na kulturze i wartościach organizacyjnych. Dlatego wybitne osiągnięcia są nagradzane w taki sam sposób, jak wysiłki przeciętne, umiarkowane, a nawet niedostateczne. Nagroda służy zachowaniu norm i wartości organizacyjnych i ma niewiele wspólnego z wydajnością.

Pozycja Dla lidera 1.1+ władza oparta na pozycji nie odgrywa istotnej roli, ponieważ jest przeciwny kładzeniu nacisku na status czy autorytet. Poszukując zwolenników dla własnych decyzji i planów, nigdy nie podpiera się swoim statusem w organizacji. Zwykle jest dość słabo zorientowany w kwestii zakresu posiadanych uprawnień, ponieważ ciągle deleguje swoje funkcje na aktywnych i profesjonalnych podwładnych. Chętnie udziela odpowiedzi na ich pytania i dzieli się swoją wiedzą, kompetencjami i umiejętnościami, mając nadzieję, że ci będą potrafili poradzić sobie z trudnym zadaniem. W obliczu siły wyższej przechodzi całkowitą transformację – przejmuje kontrolę i poszukuje innowacyjnych rozwiązań, które wykraczają poza jego uprawnienia i rutynowe działania.

Informacja Komunikacja nieformalna z pracownikami jest kluczowym źródłem zbierania informacji dla lidera o tym stylu przywódczym. Umożliwia mu nie wywieranie bezpośredniej presji i nie angażowanie się w aktywną współpracę. Jednocześnie ten rodzaj komunikowania się sprzyja rozwojowi motywacji wewnętrznej pracowników i zwiększa ich orientację na normy organizacyjne i wartości. To pozwala mu wykonywać swoją pracę na dostatecznym poziomie i oczekiwać dość wysokiej wydajności i motywacji od swoich podwładnych. Nie posiada wystarczającej wiedzy, nie zna swoich praw ani obowiązków, nie orientuje się, gdzie zaczyna się, a gdzie kończy zakres jego odpowiedzialności. Z drugiej strony doskonale wie, co należy do obowiązków jego podwładnych. Bardzo zależy mu na utrzymaniu ducha współpracy w zespole. Wymiana informacji ma zachęcać do realizacji jego inicjatyw i zwiększać koncentrację na wartościach organizacyjnych. Lider 1.1+ z uwagą podchodzi do instrukcji kierownictwa wysokiego szczebla, starając się mieć nad nimi kontrolę, aby uniknąć ewentualnych problemów.

Wiedza Lider o tym stylu przywódczym ma zwykle wysokie zawodowe kompetencje. A jednak rzadko wykorzystuje swoją wiedzę i umiejętności do rozwiązywania bieżących problemów. Rzadko też wykorzystuje zawodowe umiejętności do generowania wysokich rezultatów z uwagi na fakt, że nie dąży do tworzenia wydajnego, zorientowanego na synergię zespołu. Tym nie mniej zespół wie, że w trudnych sytuacjach zawsze udzieli on swojego profesjonalnego wsparcia. I kiedy w takich wyjątkowych okolicznościach lider 1.1+ zaczyna aktywnie wykorzystywać swoje doświadczenie, zespół traktuje to bardzo poważnie, zdając sobie sprawę, że sytuacja musi być krytyczna. Widać więc, że zazwyczaj wstrzemięźliwy i bierny, lider 1.1+ nie jest pozbawiony władzy opartej na wiedzy.

Autorytet Lider o stylu 1.1+ posiada niewielką władzę opartą na autorytecie, który zwykle ujawnia się w trudnych sytuacjach, kiedy odrzuca on swoje lęki i obawy i realizuje pozytywny i zorientowany na organizację potencjał. Dlatego, pomimo wyizolowania i bierności, które są dla tego stylu typowe w zwykłych okolicznościach, jest traktowany ze zrozumieniem przez podwładnych, którzy potrafią poznać się na jego niezrealizowanym potencjale. Z tego też powodu, kiedy lider 1.1+ zmuszony jest wezwać pracowników do wykonania pilnego i trudnego zadania, udaje mu się skutecznie odwołać do ich poczucia obowiązku, a jego słowa brane są na poważnie. To na co dzień umożliwia mu utrzymywanie prawidłowych relacji, dając jednocześnie nadzieję na to, że z czasem będą się one stawały jeszcze bardziej harmonijne i wydajne.

11.6 Umiejętność współpracy w stylu 1.1+

Rozwiązywanie konfliktów

Osoba o tym stylu przywódczym nie lubi, obawia się i unika konfliktów. Jego historia w organizacji obfituje w bolesne wydarzenia, kiedy to nawet niewielki konflikt spotykał się z niespotykaną wręcz agresją i negatywnymi konsekwencjami (zwykle ze strony lidera 7.1−). Stąd też w liderze 1.1+ zrodziło się przekonanie, że konflikt jest złem, którego należy unikać za wszelką cenę, co też robi każdego dnia.

Główna strategia rozwiązywania konfliktów polega na zaprzeczaniu. „To niemożliwe, aby mogło tutaj dojść do jakiegoś konfliktu" – przekonuje sam siebie, kiedy pojawiają się kontrowersje lub dochodzi do konfrontacji. Mogłoby się wydawać, że nie zauważa lub pozostaje całkowicie obojętny na narastające napięcia. Nic bardziej mylnego. Z zasady osoba o tym stylu przywódczym, choć pozornie nie podejmuje żadnych działań, ma pełną świadomość natury i przyczyn konfliktu. Stara się znaleźć najlepszy sposób na jego rozwiązanie, zgodny z interesem organizacji. Z nikim jednak nie dzieli się swoimi pomysłami. Na co dzień stara się prowadzić życie bez konfliktów i działać tak, aby te istniejące rozwiązać do rozwiązania. Niechęć do poświęcania uwagi sporom często generuje negatywne reakcje ze strony współpracowników lub podwładnych. Pracownicy widzą, że kiedy pojawiają się problemy, nie mogą polegać na swoim liderze, co staje się dla niego powodem do zmartwień, ponieważ zaczyna wywierać zły wpływ na relacje i prowadzi do wrogości pomiędzy nim a resztą grupy.

Lider 1.1+ ignoruje konflikt tak długo jak to jest możliwe, a kiedy przestaje być możliwe, stara się znaleźć kompromis, aby uniknąć otwartej konfrontacji. W tym celu najczęściej odwołuje się do zewnętrznych zasad i instrukcji. Takie kompromisy nie rozwiązują jednak realnych przyczyn konfliktu, tylko umożliwiają kontynuowanie pracy na dostatecznym poziomie bez otwartego sprzeciwu. Lider 1.1+ w pełni rozumie konsekwencje tłumienia konfliktu, a mimo to pozostaje bierny. Sytuacja pozostaje nierozwiązana, a on szuka sposobów na kontynuowanie pracy mimo wszystko. To negatywnie wpływa na jakość pracy zespołowej i utrudnia budowanie relacji opartych na zaufaniu i szacunku.

Jeśli konflikt jest wciąż żywy i może poważnie zaszkodzić przyszłym działaniom, lider 1.1+ może niespodziewanie wezwać zaślepione konfliktem strony do podjęcia konstruktywnej współpracy. Może to mieć formę emocjonalnego apelu i brzmieć całkiem przekonująco: „Skoro zwycięstwo nad wrogiem jest dla ciebie aż tak ważne, rób tak dalej. Ale twoim przeciwnikiem nie jest cały zespół! Wszyscy płyniemy jedną łódką i jeśli nie przestaniesz nią kołysać, pójdziemy na dno! Dlatego proponuję: cała na przód!" W takich rzadkich przypadkach, kiedy lider 1.1+ włącza się w konflikt, pokazuje, że może być bardzo pomocny dzięki zorientowaniu na wartości organizacji: „Skoro nasz na co dzień milczący szef postanowił przemówić, to chyba rzeczywiście musimy coś w tym niekończącym się sporze zmienić". Działania, jakie w takich sytuacjach podejmuje, zwykle wskazują, że właściwie i konstruktywnie podchodzi do problemu. Widać wyraźnie, że w unikanie konfliktów w modelu 1.1+ różni się od obojętności na konflikt charakterystycznej dla modelu 1.1—. W tym pierwszym przypadku potrzeba ta wynika nie tyle ze strachu przed zaangażowaniem się i wewnętrznym wypaleniem, lecz z niepewności i nadmiernych obaw.

Komunikowanie się

Kompetencje komunikacyjne w modelu 1.1+ są dość wysokie, głównie z uwagi na fakt, że lider o tym stylu prowadzi bardzo bogaty wewnętrzny dialog z samym sobą (ograniczając przy tym komunikację ze współpracownikami i podwładnymi). Otwarta i pełna komunikacja jest utrudniona z powodu braku pewności siebie oraz obawy, że zaangażowanie się w życie organizacji może być źródłem frustracji. U podstaw takiego myślenia są złe doświadczenia związane z aktywnym włączaniem się w sprawy organizacji.

Kiedy lider 1.1+ potrzebuje informacji, wybiera okrężną drogę, np. pyta osobę trzecią i nigdy nie zwraca się bezpośrednio do źródła. Nie ma w zwyczaju zadawać bezpośrednich pytań ani komentować kontrowersyjnych tematów z obawy przed niezrozumieniem i niechcianą agresją. Jeśli zaś czuje, że ma wsparcie ze stronny innych pracowników, potrafi prowadzić konstruktywną rozmowę i otwarcie wyrażać własną opinię. Jednak przykłady takiego zachowania należą do rzadkości, ponieważ dopatruje się zagrożenia w nawet najbardziej nieszkodliwych pytaniach i komentarzach. Podczas zwykłej rozmowy nie dotyka tematów, które dotyczą osobistych interesów, gdyż woli unikać napięć i eskalowania konfliktów.

Starannie buduje komunikację celem pozyskiwania informacji i robi to tak, aby nie szkodzić interesom i nie ranić uczuć innych osób. W przypadku, gdy jest to niemożliwe, woli unikać rozmów na forum, nawet jeśli problem jest palący. Na przykład, przy omawianiu nowego projektu będzie wykazywał zainteresowanie tylko ogólnymi, formalnymi aspektami związanymi z jego zakresem obowiązków. I kiedy zauważy, że jego współpracownikom spieszy się i nie chcą przeciągać dyskusji, to choć nie do końca będzie rozumiał sens swojego uczestnictwa w projekcie, nie zdecyduje się dopytać o szczegóły.

Kiedy obawia się, że jego pytania mogą zostać źle zrozumiane lub uznane za nieprzyjazne, zbiera niezbędne informacje w sposób nieformalny, korzystając z nieoficjalnych źródeł i rozmów. Na tej podstawie będzie mógł zrobić rozeznanie w kwestii własnego udziału w projekcie i uniknie ewentualnych różnic zdań i konfliktów.

W komunikacji z innymi lider 1.1+ zwykle zachowuje ostrożność, stara się mówić zwięźle, unika swobodnego stylu, żartów lub skojarzeń, które mogłyby zranić lub rozzłościć rozmówcę. Kiedy projekt dobiega końca, rzadko w sposób krytyczny komentuje postępy prac, planowanie działań czy jakość wykonanej pracy. Czasami tylko sugeruje, aby dokonać rewizji kierunku działania. Przy dużym zorientowaniu na wartości organizacji taka forma komunikowania się pozwala mu wspierać dość konstruktywną wymianę informacji pomiędzy dużą liczbą współpracowników i podwładnych. Jednak niewybredny żart czy najmniejsza uwaga o możliwych kłopotach może mieć nagły i silny wpływ na jego chęć kontynuowania dialogu, co istotnie zmniejsza wydajność komunikacji.

Kiedy czuje, że jego pozycja w organizacji jest realnie lub tylko wirtualnie zagrożona, zaczyna polegać wyłącznie na opiniach innych osób i stara się nie wyrażać własnej, nawet pod presją. Rzadko zadaje pytania i powstrzymuje się przed zabieraniem głosu w nawet najbardziej istotnych sprawach. Swoim pracownikom zapewnia absolutne minimum informacji, które są niesprecyzowane i z góry ustalone. Nie koncentruje się na wynikach ani celach, kompletnie ignoruje konflikty.

Proaktywność

Aktywne prezentowanie własnego punktu widzenia nie jest typowe dla lidera 1.1+. Przejmuje inicjatywę tylko wtedy, gdy posiada jasne wytyczne oraz pod wpływem oczekiwań ze strony kierownictwa. Na co dzień charakteryzuje go „uważne oczekiwanie”. Swoją opinię wyraża tylko na wyraźną prośbę. Gdy wie, że ma wsparcie ze strony pozostałych członków grupy, wypowiada się otwarcie.

Broniąc swoich poglądów jest powściągliwy i nie zawsze konsekwentny. Rzadko bezpośrednio wyraża swój stosunek do cudzych decyzji, albo robi to nie wprost, co uniemożliwia zrozumienie, co tak naprawdę myśli. Nawet kiedy jest zdeterminowany, aby obronić swoje zdanie, wypowiada się niejasno, mętnie i ostatecznie zgadza się z opinią większości. Natomiast jeśli dyskusja zaczyna przybierać mało konstruktywny obrót i zagrożone są wartości organizacji, wówczas pokonuje swoje lęki i niepewność i wyraźnie definiuje swoje stanowisko.

Na co dzień niechętnie wyraża swój punkt widzenia, szczególnie w kwestiach kontrowersyjnych. Z dużą rezerwą i biernością przejmuje inicjatywę. Broni swoich opinii tylko, gdy ktoś bezpośrednio go o to poprosi oraz gdy czuje duże wsparcie. W przeciwnym razie stara się tego nie robić. Zanim zgodzi się z czyimś zdaniem woli poczekać tak długo jak to możliwe. Zwykle wykonuje swoją pracę na poziomie nie wyższym niż wymagany. Kiedy czuje, że jego opinia mogłaby wywołać opór lub krytykę, bez żalu z niej rezygnuje.

Lider o tym stylu lubi, kiedy sprawy toczą się swoim rytmem i daleko mu od podejmowania jakichkolwiek kroków, aby na niego wpływać. Rzadko wychodzi z inicjatywą, która wykracza poza ramy oczekiwań, a jeśli już to robi to tylko pod wpływem presji okoliczności lub ze strony kierownictwa. Nigdy zaś nie podejmuje inicjatyw, które mogłyby wywołać konflikt.

Często deleguje swoje uprawnienia. Ponieważ zna swoich ludzi dość dobrze, łatwo znajduje kompetentnych i aktywnych pracowników, którzy są entuzjastyczni i gotowi przyjąć nowe obowiązki. Jednocześnie, kiedy zapomni o swoich obawach i niepewności, aktywnie udziela im niezbędnego wsparcia. Nawet jeśli wie, co należy zrobić, czeka na instrukcje z góry. Kiedy dostrzega problem u pracownika, łagodnie komentuje go i udziela rad w dość zawoalowany sposób, tak że pracownik nie do końca rozumie, czy został pochwalony czy skrytykowany.

Rozwija i określa cele, lecz bez szczególnego zaangażowania, nie próbując niczego udoskonalać czy zmieniać. Pracuje tylko w wyznaczonych godzinach, zgodnie z instrukcjami i bez okazywania szczególnej chęci, aby brać na siebie odpowiedzialność. Z powodu złych doświadczeń boi się popełniać i naprawiać swoje błędy. Brakuje mu odwagi i pewności siebie, aby wychodzić z żądaniami. Jednak w głębi duszy nieustannie analizuje sytuację i stara się działać konstruktywnie i profesjonalnie. Osiąga wyniki, które są niewystarczające, choć doskonale wie, że stać go na więcej. Nie jest zadowolony z pełnionej przez siebie roli i posiada wewnętrzną gotowość na zmianę.

Podejmowanie decyzji

Lider 1.1+ na wszelkie sposoby stara się unikać lub opóźniać moment podjęcia decyzji, gdyż to właśnie w takich momentach dopadają go niepewność i wątpliwości dotyczące ryzyka, jakie zawsze towarzyszy procesowi decyzyjnemu. Dlatego, jeśli jest zmuszony podjąć decyzję, wybiera taką, która jest kompromisowa i precedensowa. Koncentruje się na krótkoterminowych wynikach i, jak już wcześniej wspomniano, woli poczekać, aż życie samo podpowie rozwiązanie. Wydaje się, że analizuje możliwe alternatywy, jednak to, co wygląda na sumienność i wytrwałość w rzeczywistości jest zwykłym strachem.

Prawdopodobnie podejmowanie decyzji jest dla lidera 1.1+ najtrudniejszą umiejętnością. Stara się opóźniać ten moment tak długo jak to tylko możliwe, aż nie będzie miał wyjścia. Proponowane przez niego rozwiązania bywają dość skomplikowane i często wymagają różnych opcji, co sprawia, że trudno jest ocenić ich jakość. Cele są uzgadniane w taki sposób, że ich osiągnięcie nie wymaga wielkiego wysiłku ze strony kierownictwa i pracowników. Określane są jakby mimochodem i często różnie rozumiane przez samego lidera i pracowników. Podejście lidera 1.1+ w tym kontekście opiera się na przekonaniu, że pracownicy „jakoś sami sobie poradzą".

Motywy podejmowanych przez niego decyzji wydają się sprzeczne – z jednej strony lęk przez osobistą odpowiedzialnością wymaga przyjęcia znanego i sprawdzonego rozwiązania, a z drugiej – zorientowanie na wartości organizacyjne wymaga znalezienia takiego, które będzie skuteczne i społecznie odpowiedzialne.

Lider 1.1+ często wysuwa argumenty przemawiające za tym, że delegowanie jest optymalnym modelem szkolenia nowych liderów. Znajduje kompetentnych i aktywnych pracowników, którzy są entuzjastycznie nastawieni i gotowi objąć nowe obowiązki. Delegowanie pozwala mu wyzbyć się swoich typowych lęków i niepewności oraz udzielać aktywnego i efektywnego wsparcia.

Podejmowanie decyzji jest słabą stroną lidera 1.1+. Unika podejmowania decyzji, które mogą w przyszłości rodzić problemy. Boi się, że popełni błąd. Brakuje mu odwagi, wsparcia i wiary w siebie. Tymczasem w głowie nieustannie rozpracowuje różne sytuacje i modeluje rozwiązania przynoszące optymalne rezultaty. Potrafi dzięki temu krytycznie spojrzeć na problem, dostrzec alternatywy i ocenić ryzyko. Ta wewnętrzna praca przy wsparciu kierownictwa i członków zespołu czyni z lidera 1.1+ potencjalnie cennego, choć niekoniecznie gorliwie poszukiwanego źródła efektywnego podejmowania decyzji.

Konstruktywna krytyka

Lider 1.1+ odnosi się do konstruktywnej krytyki z obawą i lękiem, gdyż w jego opinii rodzi ona problemy i frustrację. Unika dawania informacji zwrotnych, rzadko krytykuje inne osoby obawiając się negatywnej reakcji i agresji. Z drugiej strony dość chętnie słucha i przyjmuje konstruktywną krytykę od innych. Mimo to nie potrafi wykorzystać konstruktywnej krytyki jako narzędzia do poprawy efektywności własnej i grupy.

Choć rzadko wychodzi z propozycjami wprowadzania udoskonaleń, problem wydajności leży mu na sercu i znajduje bardzo skuteczne sposoby na optymalizację lub wykorzystanie efektu synergii. Niestety pomysły te pozostają wyłącznie w jego głowie. Jest gotowy podzielić się opinią, ale tylko w sprzyjających warunkach. Bywa, że nieoczekiwanie zaskakuje otoczenie swoją kompetencją, analitycznym myśleniem i entuzjazmem. Niestety lekceważenie lub brak zainteresowania otoczenia mogą zablokować jego dalsze wysiłki, zmuszając do wycofania się i schowania w skorupie. Jeżeli okoliczności zmuszą go do zastosowania krytyki, brzmi ona jak nieprzygotowana improwizacja sprowokowana niespełnieniem cudzych wymogów lub okolicznościami organizacyjnymi. Gdy ktoś prosi go o krytyczny komentarz w dowolnej sprawie, wypowiada się zwykle bardzo niepewnie. Konstruktywnej krytyki używa w sposób bardzo zachowawczy – swoje krytyczne uwagi wypowiada w rozmowach na zupełnie inne tematy lub zachowuje się jak bierny obserwator.

Słabą stroną jego krytyki jest to, że jest ona jednostronna i nieregularna. Nie podejmuje żadnych konkretnych kroków, aby znaleźć obiektywne kryteria stosowania krytyki. W obliczu porażki stara się unikać krytyki i odsuwa się na bok. Chcąc uniknąć problemów, nie dostrzega przyczyn niepowodzenia. Ponadto nie korzysta z zasobów jakim są konstruktywne relacje, dlatego nie może polegać na zaufaniu, szacunku i wsparciu zespołu.

Trudności w stosowaniu konstruktywnej krytyki wywodzą się z faktu, że lider o tym stylu ma przykrą świadomość swoich wad, stąd też biorą się jego emocjonalne reakcje w relacjach z innymi. Nadmiernie skupia się na własnych wadach, podczas gdy wyobcowanie uniemożliwia mu dzielenie się uczuciami i obawami ze współpracownikami. Nie mniej jednak wysokie zorientowanie na wartości organizacji pozwala mu dostrzegać i odczuwać głęboki społeczny i osobisty sens jego własnych działań, co otwiera przed nim wielkie możliwości rozwoju zawodowego i osobistego.

11.7 Wnioski

Styl 1.1+ w paradoksalny sposób łączy wysokie przywiązanie do wartości organizacji z niskim zorientowaniem na zadania i ludzi. Jednocześnie liderowi 1.1+ zależy na osiąganiu dobrych rezultatów oraz na ludziach, z którymi pracuje. Obiektywne fakty i subiektywne doświadczenia spowodowały, że stał się bierny, a jego zachowanie nie jest takie, jakiego sam by od siebie oczekiwał. Stawia przed sobą przeszkody, które ograniczają jego potencjał. Swoje opinie kształtuje pod wpływem różnych czynników personalnych i organizacyjnych, takich jak sposób, w jaki był traktowany przez osobę z kierownictwa wysokiego szczebla o stylu 7.1–. Indywidualne cechy osobowościowe, które przyczyniają się do ukształtowania się stylu 1.1+ obejmują nadmierny niepokój, wrażliwość, brak wiary we własne siły, które zmieniają nawet neutralne sytuacje w traumatyczne doświadczenia.

Z powodu dużego lęku i niepewności zachowanie lidera 1.1+ wydaje się bierne. Jedynie formalnie angażuje się we wspólną pracę, intensywnie koncentrując się na swoich uczuciach i fantazjach. Jednak w odróżnieniu od stylu 1.1–, lider 1.1+ zwykle nie tworzy spolaryzowanych stosunków z osobami skoncentrowanymi na zadaniach i efektywnych relacjach. Pracownicy okazują mu zrozumienie i współczucie, ponieważ dostrzegają rozterki swojego lidera, który nie potrafi samodzielnie pokonać wewnętrznych i zewnętrznych barier stojących na przeszkodzie do pełnej realizacji potencjału. Biorą więc odpowiedzialność nie tylko za własną pracę, ale również jego. Próbują mu od czasu do czasu pomagać i wspierać, aby mógł się wykazać, on jednak nie zawsze poprawnie odczytuje te inicjatywy. Czasem jego lęki i obawy są tak duże, że zwyczajnie nie dostrzega tych przejawów dobrej woli. Ponadto, pod wpływem silnej presji czasu i wymogów, członkowie zespołu nie zawsze mają możliwość i motywację, aby udzielić mu emocjonalnego wsparcia.

Członkowie zespołu o wystarczająco dużej empatii wykazują wobec przywódcy reprezentującego styl 1.1+ zrozumienie. Starają się go wspierać i dodawać pewności siebie. Jednak dynamika życia organizacyjnego nie pozostawia zbyt wiele czasu na dociekanie przyczyn jego specyficznego zachowania. W powszechnej ocenie lider 1.1+ nie dąży do osiągania dobrych rezultatów, nie wykazuje chęci komunikowania się, wkłada minimalny wysiłek w pracę i generalnie jest bierny. Otoczenie przyzwyczaja się więc do myśli, że nie można na nim polegać. Współpracownicy zostawiają liderowi 1.1+ do wykonania same proste zadania, które nie wymagają inicjatywy. Zakładają, że w trudnych sytuacjach nie będą mogli na niego liczyć. W odpowiedzi na taką postawę lider 1.1+ wycofuje się jeszcze bardziej, przestaje ufać współpracownikom i podwładnym. Choć podziela wartości korporacyjne, nie wykorzystuje obiektywnych ani subiektywnych możliwości, aby wnieść swój wkład w działania zespołu, co sprawia, że jest cennym, niespecjalnie poszukiwanym zasobem.

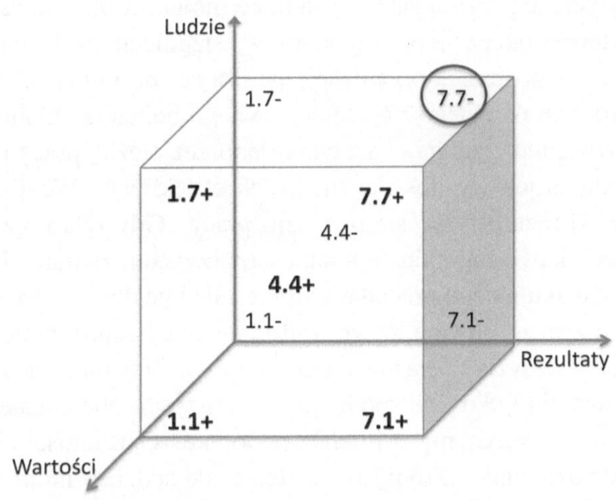

Wysoka orientacja na zadania, wysoka orientacja na ludzi, obojętny i pragmatyczny stosunek do pracy i organizacji. Wysoka koncentracja na wynikach nie służy jednak rozwojowi organizacji tylko osobistym interesom. To jawne lub skrywane dążenie do zaspokojenia własnych interesów budzi nieufność wśród współpracowników i podwładnych. W wymiarze relacji z ludźmi egoizm i chęć manipulowania manifestują się w jeszcze większym stopniu. Otoczenie dość szybko poznaje prawdziwe motywy działania osoby o stylu 7.7– i przestaje jej ufać, a wręcz zaczyna obawiać się jej uroku i umiejętności budowania relacji, nie chcąc zostać oszukanym czy wykorzystanym. W tym modelu duży nacisk kładzie się tylko na takie strategie zachowania, które pomagają w dążeniu do własnych celów.

© Springer-Verlag GmbH Germany, part of Springer Nature 2019

A. Zankovsky and C. Heiden, *Przywództwo z Synercube*,

https://doi.org/10.1007/978-3-662-58235-0_12

12.1   Podstawowe cechy stylu 7.7–

Życiową filozofię stylu 7.7– trafnie ilustruje powiedzenie: „Ryba szuka głębokich wód, a człowiek tego, co dla niego najlepsze". Przywódca o tym stylu jest przekonany, że nic na świecie nie dzieje się bez powodu. Mówiąc o duchowości, zaangażowaniu itp., każdy dba wyłącznie o swoją korzyść i zysk. Jeśli organizacja przynosi zyski, każdy pracownik ma prawo zatroszczyć się również o swój interes. Rzecz w tym, że nie każdemu się to udaje. Dlatego kiedy lider 7.7– rozpoczyna pracę w organizacji, towarzyszy mu taka oto refleksja: „Czy ja będę z tego coś miał?". Jeśli odpowiedź brzmi „tak", wówczas oportunista z całych sił stara się stworzyć wrażenie człowieka o biznesowej przenikliwości, szczerych intencjach i wysokim zaangażowaniu. I trzeba przyznać, że jako osoba mocno skoncentrowana na wynikach i ludziach, która głośno deklaruje swoje przywiązanie do wartości organizacji, potrafi być w tym bardzo przekonujący. Czasem obserwatorzy, ale i również pracownicy, którzy zaczynają z nim regularnie współpracować, ulegają jego wpływowi, bezkrytycznie przyjmując wszystko, co mówi i robi. Zna cały zakres technik behawioralnych, które ostatecznie pomagają mu w osiągnięciu osobistych korzyści.

Osoba o stylu 7.7– postrzega organizację jak scenę, na której, aby odnieść sukces, trzeba odgrywać rolę atrakcyjnego i bezinteresownego bohatera. Oportuniści nie są zainteresowani zdobywaniem zaufania i szacunku poprzez ciężką pracę i entuzjazm, gdyż uważają, że nagroda za ten wysiłek nie spełni ich oczekiwań. Wolą szybko zdobywać szacunek, by móc od razu cieszyć się owocami pracy. Gdy tylko oportunista osiągnie swój egoistyczny cel, łatwo zapomina o lojalności, przyjaźni, zaufaniu i innych zobowiązaniach. Jeśli praca u aktualnego pracodawcy przestaje być dla niego źródłem osobistych korzyści, zaczyna rozważać zmianę, w tym zatrudnienie u bezpośredniej konkurencji.

Każdy krok i każda decyzja są dla niego transakcją – jeśli ty pomożesz mnie, ja pomogę tobie. Podejmuje starania tylko jeśli spodziewa się korzyści. Nie uznaje bezinteresowności i jest przekonany, że każdy myśli i działa podobnie. Oportuniści zwykle dość jasno formułują impuls do działania: „Zrobię to dla ciebie, ale będziesz moim dłużnikiem". Potem przez długi czas zapominają o dłużniku do momentu aż pojawi się potrzeba zdobycia od niego pewnych informacji. Wtedy sobie przypominają: „Pamiętasz jak ci wtedy pomogłem? Teraz ty zrób coś dla mnie". Najczęściej takie przypomnienie ma nieszkodliwą formę: „Pamiętasz jak w zeszłym tygodniu uratowałem ci skórę? Teraz ja potrzebuję twojej pomocy". Kiedy ktoś prosi oportunistę o pomoc, on najpierw rozważa prośbę pod kątem tego, czy i jak ta osoba pomogła mu w przeszłości: „Ponieważ w zeszłym tygodniu mi pomogłeś, teraz ja pomogę tobie".

Ten styl zachowania nie jest łatwy do zaobserwowania, gdyż może przybierać różne formy i nie jest spójny. Na przykład, oportunista może wykazywać duże zainteresowanie projektem, w którym bierze udział, ale niewiele samymi postępami. Jego relacje ze współpracownikami są powierzchowne i utrzymuje je tylko gdy uważa, że to mu się opłaci teraz albo w przyszłości. Gdy jego współpracownicy borykają się z problemami, oferuje pomoc i wsparcie, lecz tylko gdy dostrzega w tym interes. Oportunistyczne zachowanie daje się zauważyć w braku motywacji przy nawiązywaniu relacji. Im większe znaczenie dla realizacji egoistycznych celów oportunisty ma dana osoba, tym bliższe relacje stara się z nią nawiązać. Nie chodzi tutaj jednak o relacje długoterminowe, korzystne dla obu stron i budowane na wzajemnym zaufaniu i szacunku.

12.2   Praca zespołowa w stylu 7.7—

Lider 7.7— rozpatruje każdy przykład interakcji w zespole pod kątem własnych korzyści. Jeżeli członek zespołu nie może wykonać pracy na czas, oportunista szacuje, jak on sam prezentuje się na jego tle. Jeśli w tym porównaniu wypada lepiej, stara się to podkreślić i „pocieszyć" nieskutecznego pracownika słowami: „Zdecydowanie zbyt wiele od ciebie wymagają". A kierownikowi wyższego szczebla powie: „Szkoda, że nie możemy na nim polegać. W tej sytuacji może ja mógłbym się przydać?".

Reakcja oportunisty na krytykę zależeć będzie od tego, czy chce utrzymać dobre stosunki z osobą go krytykującą. Jeśli uzna, że potrzebuje jej wsparcia, zareaguje pozytywnie. Jeśli zaś nie potrzebuje od tej osoby wsparcia, wówczas zapewni ją, że weźmie sobie jej uwagi do serca i obieca naprawę błędów, po czym faktycznie nie zrobi nic. Woli relacje indywidualne od zespołowych, gdyż te drugie od razu obnażają niekonsekwencję jego zachowania. Oto klasyczny przykład oportunistycznego zachowania: sprzedawca, który oferuje swoje towary klientom w ich domach, opowiada mnóstwo kłamstw byle tylko coś sprzedać, po czym szybko znika.

Gdy tylko egoistyczna, oportunistyczna natura osoby o stylu 7.7— zostanie zdemaskowana, jego współpracownicy i podwładni stają się bardziej czujni, oczekując z jego strony nieuczciwego traktowania. W takiej sytuacji oportunista zwykle przenosi się do innego działu, a nawet odchodzi z firmy.

Z zasady ten styl przywódczy uprawiany jest przez osoby, które często zmieniają pracę, rzadko pozostając w jednym miejscu na dłużej. Tylko najbardziej elastyczni mogą wytrwać w jednej organizacji przez długi czas i to przy założeniu, że powściągną egoizm, robiąc więcej miejsca na szczerość i serdeczność. Dlatego osoba o tym stylu zdecydowanie lepiej czuje się w firmie o dużej rotacji kadr.

Skuteczni oportuniści zachowują się bardzo przebiegle i przekonująco w interakcji z grupą. Uważają, że jedyne, co może zapewnić im sukces w organizacji to utrzymywanie dobrych i ufnych relacji ze współpracownikami. Powodują, że każda osoba czuje się przy nich wyjątkowa i uprzywilejowana: „Chcę powiedzieć ci sekret, ale, błagam, nie mów nikomu innemu" lub „Nie chcę, aby o tym wiedział. To by go mogło zdenerwować". Taka postawa pomaga oportuniście tworzyć kręgi zaufania wśród członków zespołu, minimalizując tym samym ryzyko ujawnienia jego prawdziwych aspiracji i dążeń.

Na każdą osobę w zespole znajduje sobie sposób, w zależności od tego, co na jej temat wie. Potrafi bez wyraźnej przyczyny zmienić swoje zachowanie, co wywołuje zdziwienie u pozostałych pracowników: „Czy on właśnie powiedział, co naprawdę myśli?".

W rywalizacji zawsze stara się wychodzić na prowadzenie, co może szkodzić pracy zespołowej. Niezależnie od tego, czy wewnętrzna walka pomiędzy poszczególnymi członkami grupy toczy się o niewielką premię czy o udział w kolejnym dużym projekcie, oportunista dołoży wszelkich starań, aby tę konkurencję wygrać. Może uciec się do oszustwa, zakwestionować kompetencje rywala, a nawet doprowadzić do rozłamu w zespole. Taka destrukcyjna rywalizacja kosztuje cały zespół wiele wysiłku, gdyż zmusza do znajdywania wymówek dla bezcelowych działań, podczas gdy oczekiwany rezultat, a więc określony cel projektu, przestaje mieć znaczenie.

Dla przywódcy o stylu 7.7– wzajemne relacje stają się okazją do realizacji własnych celów. Każde zebranie, rozmowa czy sugestia powinny, w jego mniemaniu, przybliżać go do sukcesu. Nie posuwa się jednak do znieważania innych czy sabotowania wspólnych celów. Wystarczy, że przez przypadek swoim działaniem stworzy okazję do odniesienia korzyści innemu pracownikowi – wówczas nikt nie będzie go podejrzewał o bycie egoistą, a on sam na tym skorzysta. Oportunista zyskuje przewagę i odnosi korzyści dzięki umiejętnie prowadzonej „grze w relacje". W sposób niezwykle przekonujący wywiera na członkach zespołu wrażenie osoby bardzo zaangażowanej na rzecz budowania przyjaznych relacji poprzez docenianie cech ich charakteru, odwoływanie się do wspólnego interesu. Może, na przykład, wyciągać pomocną dłoń w nagłej sytuacji, brać na siebie winę za cudze błędy lub ciężko pracować. Jednocześnie, w ramach wdzięczności, oczekuje od innych tego samego.

12.3   I-ZONE w stylu 7.7–

Ponieważ priorytetem dla lidera 7.7– jest realizacja własnych celów kosztem innych, nie wchodzi w relacje oparte na wzajemnym zaufaniu i szacunku. Z jego perspektywy każda relacja jest początkiem końca. Dlatego jego interakcje z ludźmi są powierzchowne i z natury dość przypadkowe. Ich znaczenie rośnie tylko wtedy i w takim zakresie, w jakim mogą być pomocne w osiągnięciu celu. Oportunista jest osobą niewiarygodną, dba o dobre relacje tylko wtedy, gdy czegoś potrzebuje, a po tym jak już osiągnie swój cel, przestaje mu na nich zależeć. Utrzymywanie stosunków z ludźmi oraz praca zespołowa są w jego odczuciu nieatrakcyjne, lecz, niestety, konieczne.

Uważa siebie za najinteligentniejszego i najlepiej wykształconego członka zespołu, co jest powodem do dumy. Jego udział w procesie jest elementem gry, w której nie dąży ani do wykorzystania swojej wiedzy i umiejętności, ani do wniesienia wkładu w sukces zespołu (Rys. 12.1). Poczucie wyższości sprawia, że jest mu jeszcze łatwiej wykorzystywać ludzi do własnych celów, a kiedy kimś pogardza czy lekceważy, nie ma żadnych skrupułów: „Skoro jest na tyle głupi, że nie rozumie, co się wkoło niego dzieje, to znaczy, że jest skazany na porażkę. Nie można być aż tak naiwnym".

Oportunista nie przynosi innym żadnej korzyści, ponieważ powstrzymuje się od brania na siebie jakiekolwiek zobowiązania. Jego zasady wyrażają się w zdaniu: „Jestem wolnym człowiekiem i nikomu nie jest nic winien". Nigdy jednak nie pali za sobą mostów, gdyż nigdy nie wie, kiedy ktoś może okazać się przydatny. Ponieważ nie lubi trudnych

Rys. 12.1   7.7—

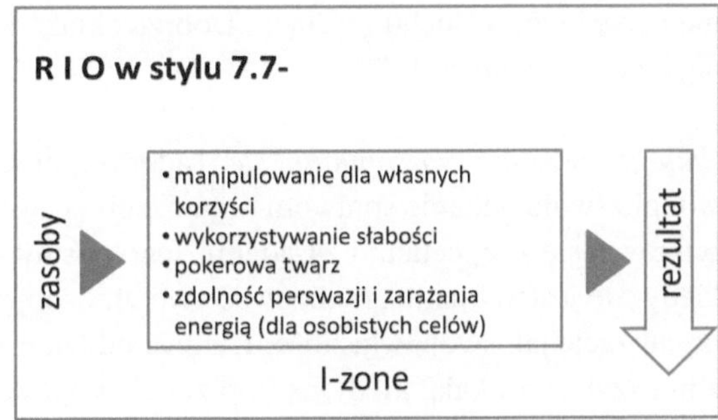

sytuacji, kiedy popiera nierozsądny lub kiepski pomysł, stara się nie okazywać swoich prawdziwych uczuć.

Dlatego nawiązanie silnych relacji ze współpracownikami jest w jego przypadku niemożliwe, gdyż ani nie posiada niezbędnej motywacji, ani wymaganego poziomu pewności siebie.

12.4   Kultura i wartości w stylu 7.7—

Kultura nieufności, manipulacji i wyobcowania

Zaufanie Lider 7.7— lubi podkreślać wagę zaufania, choć sam nikomu nie ufa, będąc przekonanym, że głównym motywem ludzkiego zachowania jest osobista korzyść. Pracuje wydajnie, lecz nie po to, aby osiągać wysokie wyniki na rzecz organizacji tylko dla realizacji własnych interesów. To ukryte lub jawne zorientowanie na własne korzyści rodzi nieufność u współpracowników i podwładnych. Jednak to w relacjach z ludźmi jego samolubność i manipulacje widoczne są najbardziej. Osoby współpracujące z liderem o tym stylu szybko przestają mu ufać, a wręcz zaczynają się obawiać tego, jak rozumie wzajemne relacje, w których często posuwa się do kłamstw i wykorzystywania ludzi do własnych celów.

Sprawiedliwość Lider 7.7— aktywnie walczy o sprawiedliwość słowami, tworząc tym samym pozytywne wrażenie. W rzeczywistości jego pojęcie na temat sprawiedliwości można by streścić słowami: „Sprawiedliwość oznacza szansę na zdobycie tego, na czym mi zależy, niezależnie od tego, ile wkładam w to wysiłku ani jakie mam zasługi. Jeśli ktoś też walczy o swoje, to ja nie mam z tym problemu, pod warunkiem, że nie wchodzi mi w drogę". Osoby, które nawiązują z nim bliższą współpracę szybko się o tym przekonują. Najważniejsze to nie wchodzić sobie w drogę. Jeśli okoliczności uniemożliwiają mu zaspokojenie własnych interesów, przynajmniej częściowo, uważa to za niesprawiedliwość. W obliczu autentycznej niesprawiedliwości, np. jawnego niedocenienia wkładu jednego z członków zespołu na rzecz wspólnego dobra, werbalnie wyraża swoje oburzenie i wsparcie, w duchu myśląc: „Dobrze ci tak! Każdy musi walczyć o swoje i nikt inny tego za ciebie nie zrobi!".

Zaangażowanie i utożsamianie się Lider o tym stylu na wszelkie sposoby stara się udowodnić swoje oddanie sprawom organizacji i często sprawia wrażenie jakby mocno identyfikował się z jej celami i zasadami. Jego postawa jednak szybko zmienia się w sytuacji, kiedy nie jest w stanie zrealizować swoich osobistych celów. W rzeczywistości traktuje organizację jak swoją własność. Celowe oddanie sprawom organizacji i utożsamianie się z nią szybko znikają, kiedy na horyzoncie pojawia się bardziej atrakcyjna oferta. Wtedy niespodziewanie oświadcza, że odchodzi, sprawiając wszystkim spory zawód.

Odpowiedzialność i niezawodność Brak oddania sprawom organizacji i utożsamiania się z nią ma bezpośredni związek z brakiem wiarygodności i odpowiedzialności. Na liderze 7.7– nie można polegać w trudnych sytuacjach, gdyż wymagają one zwykle podjęcia pracy zespołowej i porzucenia osobistych interesów czy pretensji. On natomiast nawet w takich sytuacjach nie jest skłonny wyzbyć się nawyku doszukiwania się we wszystkim własnych korzyści. Pyta: „A jaki ja mam w tym interes?". Kiedy widzi, że ktoś popełnił błąd, który nie wpływa bezpośrednio na jego pracę, udaje, że go nie dostrzega, nie chcąc ryzykować utraty dobrych relacji. Dużo mówi o odpowiedzialności społecznej, lecz w rzeczywistości jest to dla niego dość abstrakcyjne pojęcie, które nie może równać się potrzebie odniesienia osobistej korzyści i osobistego sukcesu.

Przejrzystość i prawdomówność Podobnie jak to ma miejsce w przypadku innych wartości organizacyjnych, lider 7.7– wykorzystuje transparentność i szczerość do manipulowania ludźmi – deklaruje przywiązanie do tych wartości lecz w rzeczywistości dąży do zupełnie innego celu, którym jest własna korzyść. Choć wzywa innych, aby dbali o transparentność i szczerość w zachowaniui działaniu, sam nigdy nie jest do końca szczery. Jednocześnie stwarza sobie możliwości do osiągania osobistych korzyści lub wywierania wpływu na innych poprzez manipulowanie nimi. Pracownicy, którzy wchodzą z nim w bliskie relacje szybko przekonują się ze zdumieniem, jakie są jego prawdziwe motywy. Od tego momentu zaczynają się od niego odsuwać.

12.5   Kultura i władza w stylu 7.7–

Władza oparta na nagrodach, informacji i autorytecie, którą wykorzystuje do własnych celów

Kara Lider 7.7– stosuje kary w sytuacjach awaryjnych w stosunku do osób, które nie rozumieją, że określone zachowania są niedopuszczalne, bo uniemożliwiają mu realizację jego osobistych celów. Taką postawę tłumaczy ochroną własnych interesów. Bardzo niechętnie stosuje kary z obawy przed negatywną reakcją. Jeśli kara jest nieunikniona, musi być usprawiedliwiona koniecznością przestrzegania ważnych organizacyjnych zasad, zapewnieniem zachowania tradycji, niezawodną pracą systemu itp. Jednak w rzeczywistości ma ona związek nie tyle z obiektywnymi wynikami członka zespołu ile z zagrożeniem, że osobiste cele lidera 7.7– nie zostaną zrealizowane.

Nagroda Lider 7.7– jest bardzo aktywny w przyznawaniu nagród, choć jednocześnie wierzy, że zasługują na nie tylko ci, którzy znają reguły gry i wyznają zasadę, że liczą się przede wszystkim oni. Jest przekonany, że lepiej od wszystkich innych wie, jak żyć. Oczywiście osoby, które wchodzą mu w drogę nie zasługują na nagrodę, nawet jeśli wnoszą istotny wkład w pracę zespołu. Zasługują na nią za to ci, którzy kiedyś celowo lub bezwiednie pomogli mu w osiągnięciu osobistych celów i korzyści. Nie przeszkadza mu, jeśli inny pracownik, nie wchodząc mu w drogę, również troszczy się wyłącznie o własny interes. Takie osoby są przez niego akceptowane, o ile z nim nie rywalizują. Widać stąd wyraźnie, że lider 7.7– używa nagród do własnych celów i korzyści, oraz że mają one jedynie pośredni związek z wynikami.

Pozycja Dla lidera 7.7– liczy się wyłącznie władza oparta na pozycji, ponieważ otwiera przed nim szanse na zrealizowanie osobistych celów. Jeśli wydajność organizacji nie wpływa na jego pozycję, pozostaje na nią obojętny. Dobrze zna zakres swoich oficjalnych uprawnień, ale, przede wszystkim, stara się wykonywać takie funkcje, które pozwolą mu osiągnąć osobistą korzyść. Takich funkcji nigdy nie deleguje swoim podwładnym.

Informacja Lider 7.7– posiada cenne zasoby w postaci wiedzy, umiejętności i doświadczenia. Zależy mu na tym, aby inni polegali na informacjach, które on posiada. Dlatego wystarczy, że poinformuje zespół o najnowszych osiągnięciach technologicznych, omówi kluczowe aspekty konkurencji oraz sprawy wewnętrzne, przekaże najświeższe informacje o wydarzeniach. Kluczowe źródła informacji dla przywódcy o tym stylu obejmują formalne i nieformalne kanały komunikacyjne, które w pierwszej kolejności wykorzystuje do rozpoznania obszarów, z których może czerpać korzyści. Wie, jaki jest zakres obowiązków jego podwładnych, zna ich prawa i obowiązki oraz obszar odpowiedzialności. Doskonale orientuje się, gdzie kryją się największe możliwości ugrania czegoś dla siebie. Wymianę informacji prowadzi dla osiągnięcia osobistych korzyści i wzmocnienia własnej pozycji, zaś sprawy organizacji spycha na peryferia. W kontaktach z podwładnymi zwykle posługuje się wprowadzającymi w błąd sloganami. Z entuzjazmem akceptuje instrukcje wydawane mu przez kierownictwo wysokiego szczebla i stara się je wykonać na czas i na wysokim poziomie. Najbardziej intensywną komunikację prowadzi wyłącznie z wąskim kręgiem osób, kierując się przy tym zasadą: „Ja pomogę tobie, a ty pomożesz mnie”.

Wiedza Kompetencje lidera 7.7– są dość wysokie, np. wdraża projekty, które przynoszą firmie istotne zyski. W takich sytuacjach nie tylko dba o własny interes, ale jest też użyteczny dla całej organizacji. Ale jeśli własna korzyść jest niższa od oczekiwanej, wówczas jego motywacja znacznie spada. Sprawdza się w sytuacjach, które wymagają kalkulowania oraz podejmowania niestandardowych działań i decyzji. Jego kompetencje są wysokie w obszarach, które obiecują najwyższe osobiste zyski. Jednocześnie nie wykazuje chęci, aby korzystać ze swojej wiedzy wyłącznie na rzecz organizacji. Kiedy jego wiedza i umiejętności są niewystarczające do tego, aby mógł zrealizować własne cele, wówczas podejmuje aktywne kroki dla poprawy kompetencji zawodowych.

Autorytet Przywódca o tym stylu ma zwykle dość dużą władzę opartą na autorytecie – nigdy nie traci przytomności umysłu, zna potrzeby i interesy pracowników, troszcząc się jednocześnie o własne. Z jednej strony takiej postawie towarzyszą deklaracje szczerego oddania sprawom organizacji, a z drugiej – potrzeba sterowania przekonaniami i zachowaniem ludzi z otoczenia. To sprawia, że inni zaczynają postrzegać lidera 7.7– jako osobę niewiarygodną, na której nie można polegać ani na co dzień, ani w sytuacjach awaryjnych. Dlatego, kiedy okoliczności zmuszają go do zaapelowania do pracowników o wykonanie pilnego i trudnego zadania, nie spotyka się to z entuzjazmem z ich strony. Tym, co motywuje oportunistę jest chęć zyskania przewagi nad innymi oraz realizacja własnych celów. Z drugiej strony strach przed zdemaskowaniem nie pozwala mu budować trwałych i harmonijnych relacji z zespołem, opartych na wzajemnym zaufaniu, szacunku i szczerości.

12.6   Umiejętność współpracy w stylu 7.7–

Rozwiązywanie konfliktów

Lider 7.7– ostrożnie podchodzi do konfliktów. W sytuacji konfrontacji pojawia się ryzyko, że odsłoni swoją prawdziwą twarz, a jest to coś, czego za wszelką cenę stara się uniknąć. Jeśli okaże się, że może skorzystać na konflikcie, wówczas stara się go kontrolować odpowiednio do swoich interesów i bez ujawniania prawdziwych intencji i celów. Jego taktyka rozwiązywania sporów polega na szukaniu wsparcia ze stronny innych osób i wyrażaniu zrozumienia dla postulatów zgłaszanych przez obie skonfliktowane strony. Jeśli zaś nie ma żadnego interesu w rozwiązaniu toczącego się sporu, stara się go unikać.

Konflikty tworzą sytuację, w której trudno jest w sposób elastyczny zmieniać zachowanie, co dla oportunisty jest problematyczne. W konfliktowej sytuacji trzeba opowiedzieć się po jednej ze stron, a to prowadzi do polaryzacji opinii. Jeśli szef nie jest przygotowany na konflikt, osoba o stylu 7.7– może starać się wpłynąć na jego zachowanie. Woli samodzielnie zająć się sprawą w taki sposób, aby uniknąć zbiorowej konfrontacji. Metoda rozwiązywania konfliktów w pojedynkę umożliwia liderowi 7.7– uzyskanie uniwersalnego poparcia, podczas gdy on sam popiera oba skonfliktowane stanowiska. Taka jest z resztą jego zwyczajowa taktyka w sytuacji otwartego konfliktu – nigdy nie skłaniać się ku jednej opcji.

Przywódca 7.7– unika konfliktów zachowując bezpieczny dystans. A kiedy się pojawi, zwykle nie włącza się. Stosowane przez niego uniki mają różną formę. Jeśli oportunista posiada władzę, może zakończyć dyskusję i odwrócić uwagę od problematycznego tematu: „Pomówimy o tym później!". Jeśli zaś zajmuje niższą pozycję, wówczas unika angażowania się w sprawę w sposób bardziej wymijający: „Nie wiem, o co poszło. Ale teraz ważniejsze jest, abyśmy skupili się na pracy!". Taka taktyka pozwala mu zachować dobre stosunki z każdą ze skonfliktowanych stron, samemu pozostając neutralnym.

Kolejnym sposobem uczestniczenia w konflikcie jest popieranie opinii jednej części zespołu. Jeśli pracownik jest w konflikcie z szefem, oportunista może próbować przypodobać się szefowi i wywrzeć na nim dobre wrażenie: „Słyszałem, że masz problem z Piotrem. Też słyszałem o nim nienajlepsze opinie". Jego inwencja w wynajdywaniu sposobów na uniknięcie zaangażowania się w konflikt jest imponująca. Jeśli czuje, że ryzyko włączenia się w spór jest zbyt duże, może nawet przyjąć rolę męczennika, nie pozwalając na zwycięstwo skonfliktowanych stron. W rzeczywistości pozwala, aby wygrał ktoś inny tylko wtedy, gdy stawia go to w dobrym świetle. Świadczy to o jego cynizmie, gdyż manipuluje sytuacją tak, aby inni wyszli na egoistów, a on na ofiarę: „Mogłem zrobić to, co było wygodne dla mnie, ale to zaszkodziłoby całej organizacji. To byłoby złe, a tak przynajmniej mam czyste sumienie". W rzeczywistości jednak to oportunista zachowuje się egoistycznie, a faktycznymi ofiarami są jego oponenci.

Inną, często stosowaną przez przywódcę 7.7– strategią rozwiązywania sporów jest przekonanie obu stron do współpracy. Aby nie dopuścić do eskalacji konfliktu, zmusza zwaśnione strony do podjęcia wspólnej decyzji, obojętnie jakiej. Oczywiście takie działanie przynosi oportuniście pewne korzyści, choć samo podejście raczej nie jest użyteczne. Jego motto brzmi: „Chcę, aby sprawy przybrały pozytywny obrót". Celem włączenia się w negocjacje jest obniżenie napięć i zapewnienie komfortowej atmosfery. To podejście przypomina dążenie do kompromisu w modelu 4.4–, z tą różnicą, że oportunistę interesuje zawieszenie broni z uwagi na własny interes. Efektywne rozwiązywanie konfliktów może stanowić alternatywę, ale tylko gdy zapewnia odpowiednie korzyści.

Jeszcze inną taktyką rozwiązywania konfliktów jest poszukiwanie kompromisów z przeciwnikiem. Posiadając dość wysokie kompetencje zawodowe i komunikacyjne, oportunista rozumie, czego wymaga dana sytuacja i czego obawiają się ludzie. Taka taktyka może być jawna bądź niejawna, ale z reguły oportunista używa jej, kiedy czuje, że jego osobiste interesy są zagrożone. Może dać popalić swojemu oponentowi, jeśli ten spróbuje wciągnąć go w konflikt wbrew jego interesom: „Nie mieszaj mnie do tego, jeśli nie chcesz, żeby twoja porażka sprzed 3 lat wyszła na jaw" lub subtelniej: „Pamiętasz jak pomogłem ci podczas zeszłorocznej kontroli w siedzibie? To dobrze, bo bez pomagania sobie nawzajem trudniej jest przetrwać. Dlatego z góry dziękuję ci za tę drobną przysługę, której teraz od ciebie oczekuję". Rzecz jasna, przysługa zwykle wcale nie jest taka mała.

Niezależnie od wybranej strategii, oportunista wykorzystuje konflikt do własnych egoistycznych celów, nigdy do realizacji celów organizacji.

Komunikowanie się

Przywódca 7.7– ma wysokie i złożone kompetencje komunikacyjne. Biorąc udział w dyskusji lub debacie, nieustannie ocenia poziom wsparcia, jakiego pozostałe osoby mogą mu udzielić w odniesieniu do jego decyzji i działań. To wsparcie jest mu potrzebne do realizacji własnych celów i korzyści. Przekonuje innych, aby zdali się na niego, podczas gdy swoją opinię i ocenę sytuacji zachowuje dla siebie.

Lider 7.7– aktywnie uczestniczy w wymianie informacji, które wykorzystuje dla własnej korzyści. Wszelkie problemy czy niedociągnięcia, które nie wpływają na jego osobiste interesy są przez niego ignorowane lub przedstawiane w sposób, który pozwala zwolnić go z wszelkiej odpowiedzialności. W przypadku podjęcia niewłaściwej decyzji zwraca uwagę na okoliczności będące poza jego wpływem, które uniemożliwiły mu podjęcie innej – bardziej korzystnej.

Pełna kontrola nad informacjami sprawia, że przywódca 7.7– ma poczucie wyższości nad pozostałymi członkami zespołu i dokładnie wie, kiedy i jak uderzyć. Wie również, kiedy i przy jakiej okazji oraz jaki temat poruszyć, aby móc go później wykorzystać jako bazę do dalszych działań. A do czasu kiedy komentarze obrosną w plotki, źródło informacji dawno zostanie zapomniane.

Dąży do tego, aby mieć wiedzę na temat wydarzeń, które mają miejsce w firmie z dwóch powodów: po pierwsze, chce być osobą najlepiej poinformowaną, a po drugie, chce wiedzieć, co pozostałe osoby sądzą na temat tego, co dzieje się w zespole. Profesjonalna wiedza na temat nowoczesnych technologii, metod konkurencji i technik umożliwia oportuniście bycie zawsze o krok przed innymi, lepiej przygotowanym do walki o zwycięstwo. Zdobywanie takich informacji wymaga jednak określonych umiejętności.

Dlatego w pierwszej kolejności zawiera bliskie kontakty z osobami, które mają kluczowe znaczenie dla realizacji jego osobistych celów. Aby móc zbierać wymagane informacje na temat przeszłej, obecnej i przyszłej strategii organizacji, proponuje wymianę informacji i narzuca swoje usługi. Adekwatne informacje zwykle pochodzą od zewnętrznych źródeł i są przekazywane jego własnymi kanałami. Na przykład, zawiera znajomość z pracownikiem z działu kadr po to, aby otrzymywać od niego informacje na temat planowanych awansów. Zwykle wie pierwszy, kto ma zostać zatrudniony, a kto zwolniony. Fakt, że zawsze jest dobrze poinformowany pozwala mu być zawsze o krok przed innymi.

Przywódca o tym stylu ma talent do zdobywania informacji. Wie, czego mu potrzeba i jak wpłynąć na innych, aby podzielili się informacjami, nawet jeśli sami nie są tym zainteresowani. Świadczy to o dużej sile perswazji lidera 7.7– i jego umiejętności, w pierwszej kolejności, analizowania zachowania i działań innych osób, a następnie zadawania im właściwych pytań. Właśnie poprzez zadawanie pytań w sposób, który wzmacnia jego wiarygodność i przekonuje o sile władzy, zbiera potrzebne informacje. Dzięki temu łatwiej jest mu realizować własne cele. Natomiast blokuje opinie, które z jakiegoś powodu mu nie pasują.

Każdą otrzymaną informację wielokrotnie weryfikuje, nie chcąc ryzykować utraty pozycji. Dlatego z zasady nikomu nie ufa. Najpierw zbiera wszystkie potrzebne informacje, a dopiero potem je weryfikuje. Dzięki temu może od razu zareagować na konflikt i nie dopuścić to tego, aby zaszkodził jego interesom.

Proaktywność

Przywódca o stylu 7.7– aktywnie wyraża swoje poglądy i argumenty tylko wtedy, gdy jest przekonany, że będzie mógł na tym skorzystać. Jeśli nie ma takiej pewności, przychyla się do opinii innych osób, licząc, że przynajmniej tutaj uda mu się coś ugrać do siebie. Poszukuje informacji i wykorzystuje je dla własnych korzyści. Następnie ubiera je w atrakcyjne słowa, tak aby przypadkiem nie ujawnić swoich prawdziwych intencji. Zawsze bierze pod uwagę różne okoliczności: sprawy drugoplanowe, perspektywy, jak również opinie pozostałych członków zespołu. Nieustannie kalkuluje, jak wysunąć się na prowadzenie w tej czy innej sytuacji. Choć stopień poinformowania umożliwia mu uczestniczenie w dyskusjach na tematy strategiczne, on woli jednak takich rozmów unikać.

Uważa, że jego pozycja stwarza możliwości do lobbowania na rzecz własnych interesów oraz do eliminowania oponentów. Po pierwsze, identyfikuje swoich sprzymierzeńców i wrogów, a następnie sprawia, że zaczynają działać w jego osobistym interesie. Nie demaskuje swoich wrogów otwarcie, aby nie ujawnić własnych motywów działania. Może zacząć rozpuszczać plotki i wątpliwości, aby podważyć wiarygodność popularnego członka zespołu. W takiej zakulisowej rozgrywce oportunista zawsze będzie bronił swojego stanowiska.

Poglądy i zasady artykułowane przez oportunistę zależą od tego, jakimi ludźmi się otacza oraz od jego osobistych celów. Jeśli widzi, że nie uda mu się wykorzystać danej sytuacji do własnych celów, wówczas wyraża swoje poglądy tak, aby zyskać zaufanie na przyszłość. Szczerze uważa, że takie sytuacje nie są groźne tylko korzystne. W przypadku, gdy brakuje mu wystarczających informacji, zwleka z wyrażeniem opinii tak długo jak to jest możliwe. Jeśli otaczają go ludzie lepiej od niego poinformowani, strach przed byciem zdemaskowanym powoduje, że powstrzymuje się przed wypowiadaniem własnego zdania. Wówczas woli odgrywać rolę słuchacza, czasami zadając pytania i oferując pomoc.

Dzieli się swoim punktem widzenia tylko wtedy, gdy oznacza to osobiste korzyści. Stara się wszelkimi sposobami zyskać sprzymierzeńców i udaje mu się to poprzez zastraszanie, schlebianie, negocjowanie, dawanie zachęt lub zdobywanie zaufania. Jeśli zaś czuje, że nie uda mu się osiągnąć żadnych korzyści, staje się bierny. W sytuacji konfliktowej poszukuje jeszcze innych sposobów na zrealizowanie własnych celów.

Lider 7.7– bardzo aktywnie, choć w sposób manipulacyjny, prezentuje swój punkt widzenia, kiedy widzi w tym interes. Dąży do tego, aby jego zdanie zawsze było ważniejsze od zdania innych członków zespołu, i robi to na kilka sposobów. Jeśli inne osoby są mniej aktywne, wówczas działa zdecydowanie i energicznie. Jednocześnie, jeśli pojawi się taka potrzeba, wykorzysta wsparcie współpracowników. W takiej sytuacji wykazuje zainteresowanie ludźmi w stylu 4.4+: „Ten projekt jest dokładnie tym, czego potrzebujemy, aby być dumnym z naszej organizacji. Obiecuję, że będziecie zadowoleni, a nasze tradycje znowu będą dla nas wielką inspiracją".

Jeśli zaś inni są od niego bardziej aktywni i zdecydowani, wówczas decyduje się na bardziej wyszukaną strategię. Na przykład, może zaprezentować swój pomysł tak przekonująco, że jego szef (zwłaszcza typu 7.1+) go przejmie. We współpracy z ludźmi o silnej potrzebie uznania oportunista-manipulator kładzie duży nacisk na szacunek i podziw: „Byłbym wdzięczny za twoją radę. Wiem, że pomożesz mi zrealizować moje pomysły". W tej relacji często też podkreśla swoje zainteresowanie finalnym efektem: „Dzięki wdrożeniu tego projektu będziemy mogli zwiększyć tempo pracy. W efekcie nasza produktywność wzrośnie o 15 %". Takie deklaracje są jak miód na serce szefa typu 7,1+, czyli promotora-opiekuna.

Niezależnie od wybranej strategii oportunista dołoży wszelkich starań, aby osiągnąć zamierzony cel. Jeśli wsparcie ze strony pozostałych członków zespołu słabnie, znajduje sposób, aby szybko zwiększyć entuzjazm w grupie. Podczas gdy inni bezczynnie siedzą, oportunista jest pierwszym, który ocenia sytuację i, w razie konieczności, przygotowuje przekonującą reakcję. W ramach perswazji może wygłosić subtelną uwagę oraz sugestię, budując poczucie lęku i zwątpienia bądź odwrotnie – pewności siebie. Kiedy widzi, że nie uda mu się wykorzystać sytuacji do własnych celów, jego entuzjazm słabnie. Ciągle jednak poszukuje nowych okazji do wzmocnienia swojej pozycję i osiągnięcia korzyści.

Podejmowanie decyzji

Lider 7.7– podejmuje decyzje kierując się własnym interesem. Jeżeli propozycje różnych rozwiązań padają w procesie burzy mózgów, oportunista będzie próbował znaleźć ich mocne i słabe strony, nie zapominając przy tym o własnych korzyściach. Najlepsze w tej strategii jest to, że oportunista zawsze jest na bezpiecznej pozycji. Stara się mieć wszystko pod kontrolą, a ponieważ zwykle ma gotowe rozwiązania, ostatecznie realizuje własne decyzje, tym bardziej, że przecież w rozmowie nie poruszono spornych kwestii. Tego typu manipulacje mogą przybierać różne formy, w zależności od sytuacji. Kiedy omawiane są sprawy korzystne dla oportunisty, mówi: „To dobre pytanie. Pomówmy o tym".

Kiedy widzi, że dyskusja schodzi na temat, którego woli nie poruszać, odwraca uwagę, mówiąc: „To ciekawa alternatywa, ale oddala nas od kluczowej sprawy. Pamiętam, że kiedyś ktoś zasugerował dobre rozwiązanie ..." Jeśli nie uda mu się odwrócić uwagi, wówczas stara się opóźnić moment podjęcia decyzji. Oportunista doskonale wie, że decyzje podejmowane jednoosobowo wymagają mniej wysiłku niż zespołowe, i takie decyzje preferuje, szczególnie, kiedy jego pozycja w organizacji jest wysoka i nie ma nad sobą nikogo, przed kim musiałby się tłumaczyć.

Podejmowane przez niego decyzje umożliwiają mu realizację głównie osobistych celów, choć przedstawia je jako rozwiązanie zaproponowane przez ogół pracowników. Dopóki sprawnie ukrywa swoje prawdziwe intencje i cele, ludzie tolerują decyzje podejmowane przez niego we własnym interesie. Oportunista pomaga innym tylko w zamian za przysługę. Jeśli sprawuje w firmie wysoką funkcję, nie dba o to, co inni sądzą na temat jego decyzji.

Niezależnie od ogólnych celów organizacji, lider 7.7– lobbuje na rzecz decyzji, które mogą przynieść mu korzyść. Zachęca innych, aby na nim polegali i zaufali jego rozstrzygnięciom. Widać więc wyraźnie, że w procesie decyzyjnym przywódca o tym stylu kieruje się wyłącznie własną korzyścią.

Konstruktywna krytyka

W modelu 7.7– krytyka ma za zadanie wzmocnić wsparcie ze strony innych osób lub wygenerować nowe sojusze. Ponieważ przywódca o tym stylu ma wiedzę na temat najnowszych rozwiązań w swojej dziedzinie i innowacyjnych metod rozwoju i doskonalenia procesów organizacyjnych, ma przewagę nad pozostałymi członkami zespołu.

Informacje przekazane mu podczas krytyki wykorzystuje do kamuflowania się. Wszelkie problemy i niedoskonałości przedstawia tak, aby łatwiej mu było zdjąć z siebie wszelką odpowiedzialność. Gdy podejmie złą decyzję, tłumaczy się okolicznościami będącymi poza jego wpływem. Kiedy wyniki jego zespołu są gorsze od wyników innego zespołu, przekierowuje krytykę tak, aby odpowiedzialność za słaby rezultat spadła na konkretnego pracownika. Sam wykorzystuje krytykę, aby zwrócić uwagę na słabości i braki u swoich rywali, podważając ich dobrą reputację.

Może na przykład sprowokować krytykę podczas zebrania poprzez zwrócenie uwagi na małe błędy innych osób tylko po to, aby odwrócić uwagę od całościowego obrazu sytuacji. Oportunista może skrytykować pracownika, powołując się na tendencyjne lub niepełne dane, po to, aby obarczyć go winą. Próba obrony przed taką krytyką jest nieskuteczna, gdyż spotyka się z oskarżeniem o brak obiektywizmu i szukanie wymówek. Ponieważ wszystkie karty są w ręku lidera 7.7–, oskarżona osoba raczej nie ma szans obronić swojego dobrego imienia.

Przywódca o tym stylu cały swój wysiłek wkłada w realizację własnych celów. Pomaga mu w tym pełna kontrola nad informacjami, świadomość wysokiej pozycji w hierarchii organizacji oraz to, że wie kiedy i jak uderzyć. Wie, kiedy poruszyć dany temat, i jak go wykorzystać do swoich potrzeb. A po jakimś czasie, kiedy jego opinie czy uwagi staną się przedmiotem zbiorowej dyskusji, nikt już nie będzie pamiętał, z czyjej inicjatywy temat wypłynął.

Silna pozycja oportunisty zaczyna się chwiać, kiedy krytyka odkrywa jego prawdziwe intencje i cele. W takiej sytuacji zmuszony jest odejść z organizacji. Ale ponieważ jego przygotowanie zawodowe jest bardzo dobre, potrafi przewidzieć działania kierownictwa i znaleźć sposób na uniknięcie konsekwencji. Potrafi przewidzieć kłopoty i umiejętnie skierować krytykę na kogoś innego. Jeśli nie może uniknąć konfrontacji, na wszelkie możliwe sposoby usprawiedliwia swoje działania, by zmniejszyć skalę przewinienia. Gotowy jest zrzucić winę na inne osoby, szczególnie na nieobecnych. Może nawet kogoś oczernić i nigdy nie wystarczy mu odwagi cywilnej, by wziąć za to odpowiedzialność.

12.7   Wnioski

Lider 7.7– nigdy nie polega na pracy zespołowej. Woli pracować samodzielnie i wierzy, że jedynym sposobem na zrealizowanie własnych celów jest ukrywanie prawdziwych intencji i umniejszanie zasług pozostałych członków zespołu. Praca zespołowa, która zakłada dzielenie się odpowiedzialnością i wspólnym zarządzaniem zasobami, jest dla niego tylko tymczasowym kompromisem koniecznym do osiągnięcia osobistych korzyści. Oportunista-manipulator nigdy nie zbliża się do ludzi na tyle, aby zrozumieć, że współodpowiedzialność może przynieść lepsze efekty. Jego lęki i ciągła potrzeba maskowania się, nigdy nie słabną. W jego przekonaniu mocno tkwi to, że nie może pozwolić sobie na okazywanie prawdziwych uczuć. Nie pozwala to mu, między innymi, na podzielenie się chwałą za sukces z innymi.

Ten styl charakteryzuje duża frustracja i brak zrozumienia korzyści wynikających z pracy zespołowej. Dlatego w ostatecznym rozrachunku, to lider 7.7– jest osobą najbardziej poszkodowaną, najwięcej tracącą na efektywności. Jednak odpowiednie wsparcie ze strony zespołu może sprawić, że dostrzeże on potrzebę i korzyści płynące ze współpracy. Ma solidną wiedzę i umiejętności, które w istotny sposób mogą przysłużyć się wspólnej sprawie.

Środowisko organizacji czasem jest okrutne, a nawet nikczemne. Prawo konkurencji często wcielane jest w życie w swojej najbardziej prymitywnej formie – albo ty pokonasz konkurenta, albo on pokona ciebie. Nie mniej jednak życie toczy się w pewnej harmonii i rywalizacja jest nierozerwalnie związana ze współpracą. Dlatego lider 7.7–, który jest niezdolny do współpracy, staje się samotny – nikt nie chce z nim pracować. Ludzie chcą móc ufać przynajmniej swoim współpracownikom, ponieważ na co dzień stykają się z nieufnością ze strony konkurentów, klientów itd.

Nikt nie chce zbliżyć się do osoby, która wykorzystuje innych do własnych celów. Zaufanie jest kluczową cechą pracy zespołowej, zaś oportunizm i manipulacja osłabiają zaufanie. Oportuniści rzadko się zmieniają, a też inni niechętnie podejmują starania, aby pomóc im się zmienić, ponieważ doskonale pamiętają, jak zostali przez nich wykorzystani. Dlatego lider o tym stylu będzie się musiał ciężko napracować, aby udowodnić, że jego intencje i motywy są szczere, a i tak odzyskanie utraconego zaufania będzie bardzo trudne.

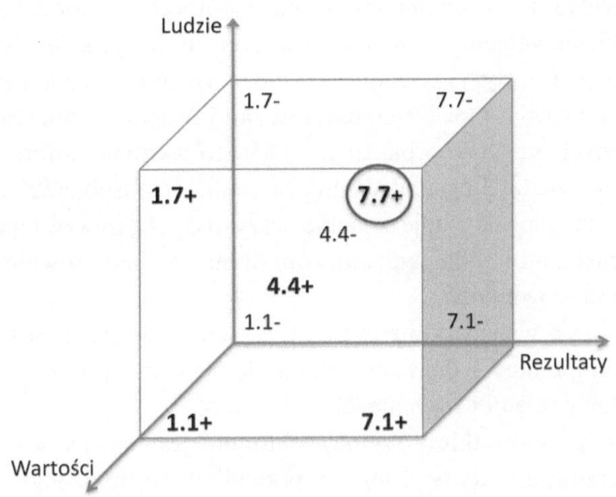

Wysokie zorientowanie na zadania, wysokie zorientowanie na ludzi, wysokie zorientowanie na działania organizacji, oraz chęć do budowania atmosfery oddania i zaangażowania. Lider o stylu 7.7+ zna wartość każdego pracownika, nieustannie demonstruje swoje zaangażowanie na rzecz osiągania najwyższych standardów działań, których celem jest znajdywanie i przyjmowanie optymalnych rozwiązań akceptowanych i uznawanych przez wszystkich. Ten styl charakteryzuje się potrzebą rozwijania i doskonalenia własnych kompetencji oraz niesienia pomocy pracownikom w realizacji ich potencjału przy jednoczesnym poszanowaniu tradycji i wartości organizacji. Przywódca 7.7+ stara się, żeby każdy członek zespołu włączał się w jego pracę i był w nią szczerze zaangażowany. Analizuje fakty i wysłuchuje wszystkie opinie, aby osiągnąć porozumienie i synergię.

© Springer-Verlag GmbH Germany, part of Springer Nature 2019
A. Zankovsky and C. Heiden, *Przywództwo z Synercube*,
https://doi.org/10.1007/978-3-662-58235-0_13

13.1   Podstawowe cechy stylu 7.7+

Styl 7.7+ charakteryzuje się najwyższym oddaniem wartościom i misji organizacji, jak również najwyższym poziomem zorientowania na ludzi i rezultaty. Różnica pomiędzy tym a pozostałymi stylami modelu Synercube polega na płynnym eliminowaniu sprzeczności, które powstają w procesie dążenia do osiągnięcia wysokiego poziomu we wszystkich trzech wymiarach skutecznego przywództwa. To pomaga liderowi 7.7+ w budowaniu bardziej efektywnej współpracy opartej na synergii.

Liderzy 7.7+ wkładają całą swoją energię w służbę organizacji. Taka interakcja w połączeniu z realizacją strategicznych celów zwiększa u menedżerów poczucie własnej wartości, gdyż rozumieją oni, że ich osobisty wkład przynosi zmiany na lepsze, a te z kolei przekładają się na lepsze rezultaty. Lider o tym stylu potrafi rozwiązać każdy konflikt. Jest to możliwe dzięki siłom dośrodkowym, które jednoczą wszystkich pracowników wokół wspólnych celów i wartości.

Cele organizacyjne i indywidualne zaczynają współbrzmieć, zorientowanie na zadania pokrywa się ze zorientowaniem na ludzi, a zyski czerpie się zgodnie z istniejącym kodeksem etyki organizacji. Ten styl przywódczy charakteryzuje się autentycznością i ufnością; lider 7.7+ szczerze wierzy w to, że najlepsze wyniki osiąga się poprzez zaangażowanie wszystkich dostępnych zasobów organizacji. Dlatego wymiana informacji w znacznym stopniu opiera się na wiedzy i osiągnięciach personelu. Usposobienie lidera 7.7+ jest pozytywne; chce się angażować i daje z siebie wszystko. Ta motywacja ma związek nie tylko z jego osiągnięciami i oddaniem sprawom organizacji, ale również z osiągnięciami i zaangażowaniem pracowników.

Nigdy nie kieruje się własnym interesem i nie zachęca do takiej postawy swoich podwładnych. Jest skrupulatny i dokładny; stara się wykorzystywać wszystkie dostępne narzędzia dla poprawy relacji i wydajności.

Spójność pomiędzy wszystkimi trzema wektorami jest wyjątkową cechą stylu 7.7+. Siła lidera reprezentującego ten styl leży w prawidłowym, logicznym i rozsądnym podejściu, wedle którego jeśli pojawia się jakiś problem, należy otwarcie się nim zająć i rozwiązać dla dobra organizacji i ludzi. Jest osobą obiektywną, nie obawia się podejmowania otwartych i szczerych starań na rzecz rozwiązania złożonego problemu.

Zwykle działa w zgodzie z wartościami organizacji. Oznacza to, że priorytetową sprawą są dla niego sukces i rozwój organizacji. Dla niektórych współpracowników i podwładnych to może być problematyczne i rodzić obojętność, protest lub pozorowanie działań. Wszystko zależy od ich stylu zachowania i aspiracji. Należy jednak zaznaczyć, że niezależnie od różnic w zachowaniu i poglądach, lider 7.7+ potrafi wpłynąć na zmianę zachowania innych osób, ujmując ich swoimi pomysłami i silnymi przekonaniami.

Lider 7.7+ ma wysokie wymagania etyczne względem samego siebie i swoich współpracowników. Wartością o znaczeniu fundamentalnym są dla niego sprawiedliwość, szczerość, zaufanie i odpowiedzialność. Są to wartości wyznawane, cenione i popierane przez wszystkich. W dużym skrócie można powiedzieć, że lider 7.7+ jest obiektywny i szczery, skromny i bardzo samokrytyczny; wspiera innych patrząc przez cały czas w przyszłość. Nie szuka zmian dla samej tylko zmiany, ale uważa je za siłę napędową postępu. Osoba o tym stylu jest skutecznym przywódcą w kulturze korporacyjnej, która sprzyja pracy zespołowej i uniwersalnej współpracy w ramach całej organizacji.

13.2 Praca zespołowa w stylu 7.7+

Jeśli członek zespołu nie radzi sobie z pracą, lider 7.7+ skrytykuje go tylko, jeśli dysponuje faktami. Nie obawia się konfliktu i, jeśli jest taka konieczność, potrafi być stanowczy. Omawia postępy prac, aby uzgodnić cele i ewentualne korekty. Jeśli ktoś nie zgadza się z obranym kierunkiem działań i nie robi nic, aby poprawić swoją efektywność, wówczas lider 7.7+ jasno określa, jakie konsekwencje grożą jemu i całej organizacji.

Przywódca o tym stylu uważnie wsłuchuje się w słowa krytyki i zadaje pytania ujawniające jej prawdziwe znaczenie. Jeśli krytyka jest właściwa i zasadna, niezwłocznie dostosowuje do niej swoje działania. Jeśli zaś uwagi nie są uzasadnione, wówczas wykazuje sprzeczności i stara się osiągnąć lepsze porozumienie z osobą krytykującą.

Jest przekonany, że dobre rezultaty O (outcomes) można osiągać tylko gdy każdy posiada niezbędne i istotne informacje, które umożliwiają wykonywanie obowiązków na możliwie najwyższym poziomie. Komunikacja musi być nie tylko dokładna, jasna i spójna, ale również wyrażać szczere oddanie sprawom i wartościom organizacji. Tylko w ten sposób członkowie zespołu mogą zaniechać politycznych gier, faworyzowania i intryg oraz w sposób otwarty i szczery wyrażać swoje pomysły i sugestie.

W grupach, którym przewodzi lider o stylu 7.7+ panuje entuzjazm, pewność siebie i spójność. Charakteryzuje je chęć ciągłego doskonalenia jakości interakcji pomiędzy członkami. Pracownicy mogą omawiać pomysły bez obawy o popełnienie błędu lub bycie o coś oskarżonym. Wiedzą, że zawsze mogą zabrać głos, a ich opinie, choć nie zawsze uzyskają poparcie, zawsze zostaną wysłuchane. Lider 7.7+ pomaga w przełamywaniu barier komunikacyjnych, co zwiększa poczucie bezpieczeństwa i pewność siebie pracowników oraz sprawia, że są bardziej gotowi wyrażać nawet te pomysły, które aktualnie wydają się nierealne. Takie aktywne włączanie ludzi w działania pomaga zwiększać zaangażowanie i poczucie osobistej odpowiedzialności. Jeśli kreatywny pomysł zaproponowany przez pracownika stanie się elementem strategii organizacji, wówczas taka osoba wkłada jeszcze większy wysiłek w jej realizację. Wszak ludzie zwykle entuzjastycznie podchodzą do projektów, w których biorą bezpośredni udział.

Entuzjazm i zaangażowanie, jakie panują w zespole lidera 7.7+, wynikają z bycia dobrze poinformowanym. Przywódca nie ukrywa ani nie wypacza informacji przekazywanych członkom zespołu. Jego wysokie zaangażowanie w realizację celów wymaga otwartej i szczerej wymiany informacji, aby możliwe było rozpatrzenie alternatyw. Oznacza to, że problemy omawiane są otwarcie i szczerze, włączając w to konstruktywną krytykę, a członkowie zespołu wspierają się na drodze do perfekcji. Kiedy ludzie są dobrze poinformowani, problemy można rozwiązywać od razu albo nie dopuszczać do ich wystąpienia. Istnieje również mniejsze prawdopodobieństwo, że fakty wymkną się spod kontroli z powodu plotek i spekulacji. Świadomość pomaga w rozwiewaniu nieporozumień i wzajemnej niechęci, ponieważ rozmawianie o konfliktach i ich rozwiązywanie jest rzeczą naturalną.

Duże zaangażowanie lidera w działania kreuje atmosferę pewności w zespole. Wzajemne zaufanie i szacunek zwiększają się, kiedy ludzie czują się swobodnie w wyrażaniu swoich uczuć i opinii i nie boją się podejmować ryzyka decydując się na niezwykłe i kreatywne rozwiązania. Wkład każdego pracownika jest oceniany według zasług, a nie deklaracji czy układów. Dlatego obawy, które towarzyszą pracownikom zespołów, w których panują inne style przywódcze, w tym przypadku ustępują miejsce szczerej chęci niesienia pomocy sobie nawzajem. Jeśli jakiś pomysł przyniesie nieprzyjemne konsekwencje, cały zespół czuje się odpowiedzialny i stara się naprawić błąd.

Jednak pomimo ducha współpracy i wzajemnego wsparcia, podejście lidera 7.7+ nie zmniejsza poczucia osobistej odpowiedzialności i osobistego wkładu we wspólną sprawę. Wysoki poziom wsparcia w grupie oznacza, że poszczególni pracownicy mają więcej okazji do nieskrępowanego wyrażania twórczych pomysłów. A skoro wkład każdego członka zespołu ocenia się według zasług, niektórzy czują jeszcze większą dumę, kiedy ich pomysł przyczyni się do sukcesu całego zespołu. W efekcie zespół utrzymuje poprzeczkę bardzo wysoko, podczas gdy zdrowa rywalizacja powoduje, że każdy chce się uczyć i doskonalić swoje umiejętności.

13.3   I-ZONE w stylu 7.7+

Wysoki poziom otwartości i szczerości obniża poziom stresu w relacjach, ponieważ ludzie mogą swobodnie wyrażać uczucia, ufają sobie nawzajem i wspierają. Członkowie zespołu wspólnie pokonują przeszkody, realizując przy tym cele zarówno osobiste, jak i organizacyjne. Takie relacje sprzyjają zmaganiom z trudnymi sytuacjami i porażkami, gdyż kolektywne zasoby są wykorzystywane z maksymalną skutecznością. To jednak nie znaczy, że układy, poczucie wyobcowania, lęki i niezdrowa rywalizacja znikają na dobre. Pojawiają się od czasu do czasu jako nieodłączna część interakcji każdej grupy. Różnica jednak polega na tym, że prawdopodobieństwo, aby takie zachowanie wpłynęło na wydajność jest mniejsze, ponieważ cała interakcja w grupie opiera się na zasadach fair play, konsekwencji i zasadności. Kiedy interakcja jest otwarta i szczera, wówczas wszelkie przejawy niewłaściwego zachowania od razu są widoczne i eliminowane, aby praca mogła być kontynuowana z maksymalną wydajnością. Otwartość i szczerość dają zespołowi szansę na wytropienie problemów i ich szybkie rozwiązywanie. Nie zaprzecza się ani nie ukrywa problemów, udając, że nic złego się nie dzieje do momentu aż „bomba wybucha" niwecząc całą dotychczasową pracę i odsuwając grupę od realizacji celu.

Relacje budowane na wzajemnym zaufaniu, szacunku i szczerości pomagają w osiągnieciu synergii. W atmosferze nie sprzyjającej otwartemu wyrażaniu opinii i powstawaniu twórczych pomysłów osiągnięcie synergii jest o wiele trudniejsze.

Rys. 13.1 7.7+

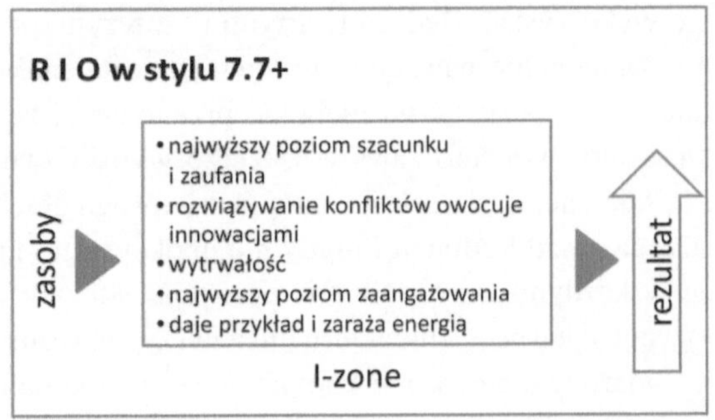

W takim sprzyjającym środowisku zwykle wszystkie dyskusje są prowadzone w sposób obiektywny, informacje nie są ukrywane, pomijane, czy traktowane powierzchownie. Dyskusje generują zupełnie nowe, wspaniałe pomysły i odkrywają możliwości, które dla pojedynczej osoby byłyby nieosiągalne.

Przywódca o stylu 7.7+ jest zaangażowany na poziomie indywidualnym, zbiorowym i organizacyjnym. Pragnie, aby jego wysiłki przyniosły pozytywne zmiany. Jest pełen entuzjazmu i oddania, a współpracowników traktuje z szacunkiem. Kiedy zauważa niewykorzystany potencjał, zaczyna działać w celu jego uwolnienia. Styl 7.7+ jest jedynym, w którym każdy w sposób aktywny może osiągać i rozwijać umiejętności i zdobywać cenne dla siebie, jak i dla całej grupy doświadczenie. Jeśli lider 7.7+ czuje, że dane zadanie może być ryzykowne i wymagać poświęcenia, wówczas stara się zobrazować i objaśnić grupie sytuację, osiągnąć porozumienie i zdobyć niezbędne zaangażowanie (Rys. 13.1).

Lider o tym stylu z pełnym zaangażowaniem działa na rzecz wspólnej sprawy, lecz nigdy kosztem drugiej osoby czy rezultatów. Ponieważ rodzi to w nim wewnętrzny konflikt, nie akceptuje osobistych czy zespołowych celów, jeśli są one sprzeczne z celami organizacji. To samo tyczy się celów organizacji, które są sprzeczne z celami zbiorowymi czy osobistymi. Lider 7.7+ zawsze w sposób konstruktywny identyfikuje te różnice i w przypadku konfliktu stara się znaleźć rozwiązanie satysfakcjonujące każdą ze stron.

Jego motywacja, oparta na zasadzie „co jest słuszne?", daje jemu i jego podwładnym poczucie, że dołożyli wszelkich starań i zrobili co mogli. Takie działanie powoduje, że wszelkie konsekwencje, zarówno pozytywne, jak i negatywne, są przyjmowane bez żalu.

13.4   Kultura i wartości w stylu 7.7+

Kultura zaufania, sprawiedliwości, oddania, odpowiedzialności i przejrzystości

Zaufanie Dla przywódcy 7.7+ zaufanie jest naturalną formą interakcji z ludźmi. Jest przekonany, że każdy człowiek posiada wiele talentów, że natura wyposażyła go w liczne pozytywne cechy i tylko okoliczności nie zawsze sprzyjają temu, aby mógł je odpowiednio wykorzystać. Będąc otwartymi i szczerymi oraz obdarzając innych zaufaniem, ludzie pomagają sobie nawzajem w ujawnianiu talentów. Takie postępowanie charakteryzuje lidera 7.7+, który żywi głębokie przekonanie, że wszyscy członkowie zespołu uważają tak samo. Ponadto zawsze szczerze wyraża swoje intencje, nie próbuje manipulować. Ma taki sam szacunek i z taką samą uwagą słucha menedżerów i podwładnych. Przestrzega zasad kurtuazji i nigdy nie upokarza ani nie obraża swoich rozmówców. Wierzy, że w każdym drzemie wielki potencjał, który z powodu niesprzyjających okoliczności czy pewnych cech charakteru nie zawsze ma szansę zostać zrealizowany. Jednak pokładając wiarę w ludzi, w ich kompetencje i przekonania można pomagać i wzbogacać siebie nawzajem. Jego postawa zwiększa wiarę w sukces organizacji oraz daje poczucie zrównoważonego zarządzania środowiskiem pracy. Zaufanie wypełnia teraźniejszość i przenika do przyszłości organizacji. Pracownicy wierzą w sukces organizacji, a organizacja cieszy się z sukcesów pracowników.

Sprawiedliwość Lider 7.7+ swoim zachowaniem udowadnia, że awans i osiągnięcia są ze sobą ściśle powiązane. Jasno ustala kryteria przyznawania nagród i kar, i szczegółowo omawia je z personelem. Uważa, że warto zachęcać pracowników do poprawy wyników, umiejętności lub budowania swojej motywacji, a każdy przypadek spadku jakości pracy, umiejętności i motywacji powinien być zidentyfikowany i przeanalizowany. Nagroda nie ogranicza się wyłącznie do korzyści finansowych, lecz obejmuje cały szereg korzyści niematerialnych: uwaga i wsparcie szefa, publiczne uznanie, dodatkowy bodziec do rozwoju osobistego i zawodowego itd. Decyzje lidera 7.7+ dotyczące rozwoju kariery oraz formy i wysokości nagród są przekazywane pracownikom wraz z uzasadnieniem. To tworzy sytuację, w której każdy stara się zmaksymalizować swoją wydajność i sukces. Koresponduje to również z kulturą organizacji, która zachęca do podejmowania inicjatywy i osiągania wybitnych wyników.

Zaangażowanie się i utożsamianie Lider 7.7+, zgodnie ze swoim systemem wartości, całkowicie identyfikuje się z organizacją. Nawet wtedy, gdy zajmuje względnie niską pozycję, nie czuje się jedynie częścią składową organizacji, ale kimś, kto odpowiada za jej losy. I nie jest to kwestia wybujałego ego, ale wynik głębokiego identyfikowania się z firmą. Działa w poczuciu najwyższej odpowiedzialności, odnosi się z szacunkiem do ludzi i organizacji. Wykazuje się innowacyjnym myśleniem i gotowością do podejmowania ryzyka oraz brania na siebie odpowiedzialności. Dbanie o interes firmy, jej własność intelektualną i materialną jest dla niego równoznaczne z ochroną własnych interesów i własności.

Odpowiedzialność i niezawodność Przywódca reprezentujący ten styl jest przekonany, że wiarygodność i odpowiedzialność są najważniejszymi wartościami organizacji. Wartości te mogą być wdrażane w życie tylko dzięki ciągłemu przestrzeganiu najwyższych standardów kultury korporacyjnej we wszystkich aspektach działalności organizacji. Jednocześnie największe osiągnięcia nauki, technologii i zarządzania powinny być podporządkowane przyjętemu systemowi wartości. Kultura stylu 7.7+ zwiększa wiarygodność zarządzania i jedocześnie daje przestrzeń do samodzielnej i rzetelnej pracy. Lider 7.7+ czuje się odpowiedzialny nie tylko za własne błędy, ale za samodoskonalenie i rozwój. Taka postawa umożliwia mu działanie w zgodzie z korporacyjną polityką odpowiedzialności społecznej i angażowanie się w jej realizację na wszelkie możliwe sposoby. Wierzy, że organizacja oraz wszyscy jej pracownicy czują się odpowiedzialni za losy społeczności i ludzkości w ogóle, za ochronę środowiska naturalnego dla przyszłych pokoleń i przyszłości organizacji. Wspiera ciągłe, aktywne i odpowiedzialne reformy wdrażane z myślą o przyszłości. Wykorzystuje informacje zwrotne do planowania i organizowania procesów w sposób bezpieczny i umożliwiający ich korektę w razie potrzeby. Sama informacja zwrotna jest zawsze obiektywna i stosowana jako ważne narzędzie zarządzania i rozwoju.

Przejrzystość i prawdomówność W opinii lidera 7.7+ otwartość, szczerość i transparentność życia organizacyjnego są podstawą do skutecznej współpracy i synergii. Bez otwartości i szczerości nie ma miejsca na zaufanie partnerów i współpracowników ani na pewność, że uda się przewidzieć przyszłe decyzje i działania. Bez otwartości, szczerości i transparentności planowanie staje się przypadkowe, co wprowadza dużą niepewność do środowiska pracy. W takiej atmosferze niemożliwe jest wykorzystywanie informacji zwrotnych do korygowania i optymalizacji operacji. To znacznie utrudnia, a wręcz uniemożliwia osiąganie wyższych celów. Albowiem tylko w warunkach transparentności i sprawiedliwości udaje się precyzyjnie i szczegółowo planować procesy, organizować pracę i dokonywać pomiaru rezultatów, a w konsekwencji – korygować przyszłe działania.

13.5   Kultura i władza w stylu 7.7+

Władza oparta na informacji, wiedzy i autorytecie

Kara Lider 7.7+ wierzy, że ludzie są z natury pozytywnie usposobieni i utalentowani, i dlatego jest zażartym przeciwnikiem stosowania kar jako narzędzia wywierania wpływu. Ucieka się do kar tylko w wyjątkowych sytuacjach, po tym jak już wszystkie inne środki zawiodły. W jego rozumieniu kara jest uzasadnioną i logiczną konsekwencją działań podejmowanych wbrew ogólnie przyjętym standardom i do pewnego stopnia szkodliwych dla organizacji. Ten związek oraz nieuchronność kary są przez niego podkreślane, gdyż w takiej sytuacji kara jest uzasadniona i właściwa.

Nagroda Dla lidera 7.7+ nagroda jest zachętą do terminowej i skutecznej pracy. Zachęty są ściśle powiązane z kryteriami formułowanymi z wyprzedzeniem. W odróżnieniu od pozostałych stylów, w tym modelu stosuje się cały szereg nagród, w tym niematerialnych. Ich arsenał jest bardzo bogaty i obejmuje: osobistą wdzięczność i pochwałę, publiczne uznanie, zwiększenie zakresu odpowiedzialności, stawianie kolejnych wyzwań, większą swobodę działania. Uznanie jest związane z konkretnymi wynikami, ma różną skalę i jest dostosowane do indywidualnych potrzeb i cech osobowościowych pracownika.

Pozycja Przywódca o tym stylu nigdy nie koncentruje się na swojej władzy tylko podkreśla znaczenie partnerstwa, w którym kluczową rolę odgrywa profesjonalizm, oddanie i zaangażowanie. Najczęściej lider 7.7+ wykorzystuje swój status do reprezentowania interesów organizacji lub działu, do ich wyjaśniania i obrony.

Informacja Lider 7.7+ używa zasobów informacyjnych do budowy działu lub organizacji o kulturze korporacyjnej, która skupia wszystkich pracowników wokół celów, wartości i standardów organizacji. Nieustannie podkreśla wspólne cele i wartości, które jednoczą firmę, pomagając w pokonywaniu wszelkich konfliktów i osiąganiu wysokich rezultatów. Aktywnie bierze udział w wymianie informacji ze wszystkimi pracownikami po to, aby każdy miał dostęp do najświeższych informacji. Nie dopuszcza do deficytu informacji, który sprzyja powstawaniu plotek. Jest przekonany, że posiadanie wszystkich istotnych informacji jest warunkiem niezbędnym do osiągania najwyższych wyników.

Wiedza Lider o tym stylu przywódczym ma bardzo wysokie kompetencje w swojej dziedzinie, jak również bogatą wiedzę ogólną. Dlatego współpracownicy i podwładni często zwracają się do niego po fachową opinię lub radę na temat różnych spraw organizacyjnych bądź zawodowych. Jednak on sam nie uważa siebie za wszystkowiedzącego, docenia profesjonalizm każdego pracownika i jest gotowy angażować zewnętrznych ekspertów do pomocy w rozwiązywaniu bardzo skomplikowanych problemów. Zdając sobie sprawę z tego, że w ciągle zmieniającym się świecie wiedza szybko się dezaktualizuje, nieustannie dąży do zdobywania nowej wiedzy i poszerzania własnych horyzontów.

Autorytet Lider 7.7+ posiada dość mocną władzę opartą na autorytecie i charyzmie. Jest pewny siebie, samowystarczalny, konsekwentny w działaniu i ma siłę perswazji. Jest niezależny i rzeczowy. Cechuje go optymizm i pozytywne nastawienie i taką też atmosferę buduje wokół siebie. Jest szczerze oddany sprawom organizacji, identyfikuje się z nią, a jednocześnie ma własne zdanie, swoją wizję pracy i życia w ogóle. To wszystko w sposób niezamierzony przyciąga do niego ludzi i zachęca ich do naśladowania jego pomysłów, wartości i celów.

13.6   Umiejętność współpracy w stylu 7.7+

Rozwiązywanie konfliktów

W tym stylu przywódczym różnice zdań i konflikty są traktowane jako okazja do doskonalenia i rozwoju. Lider 7.7+ wyraża swoją dezaprobatę otwarcie, aby pokazać rzeczywiste przeszkody na drodze do wysokiej skuteczności. Uważnie analizuje powody wszelkich niezgodności i sprzeczności, starając się dostrzec płaszczyznę do współpracy pomimo różnic. Stosowanie metody bezpośredniej, poufnej i opartej na szacunku komunikacji umożliwia mu bycie otwartym i szczerym, co pomaga w konstruktywnym rozwiązywaniu konfliktów i korzystaniu z władzy po to, aby poprawiać skuteczność i umacniać ducha współpracy.

Lider 7.7+ uważa, że konflikt jest istotnym składnikiem postępu i silnie oddziałującym źródłem energii i twórczej ekspresji. Większość ludzi nie lubi brać udziału w konflikcie, on jednak rozumie, jak duże ma znaczenie dla postępu, dlatego zawsze stara się znaleźć jego prawdziwą przyczynę. Wie, że próba wyciszenia konfliktu jest o wiele bardziej szkodliwa dla zespołu i nierzadko wywołuje efekt lawiny, który ostatecznie może przynieść katastrofalne skutki. Rozmowa na temat wątpliwości, lęków i sprzeczności pozwala pokonywać problemy i ciągle poruszać się naprzód.

Atmosfera szczerości, wzajemnego zaufania i szacunku, którą lider 7.7+ stara się stworzyć, pomaga w koncentrowaniu się na niezbędnych zasobach i opiniach innych osób. Zasada „co jest słuszne?" jest kluczowa dla optymalnego rozwiązywania konfliktów. Ludzie zdobywają się na odwagę, aby bronić swoich pomysłów, podejmować ryzyko i omawiać pojawiające się sprzeczności, kiedy mają pewność, że ewentualne konsekwencje będą opierały się na ocenie poprawności i stopnia zoptymalizowania działań organizacji i samych pracowników. Lider 7.7+ jest przekonany, że w atmosferze unikania, tuszowania, poszukiwania kompromisów, wymuszania jednostronnych decyzji nie można w sposób aktywny i konstruktywny rozwiązywać konfliktów. W takich okolicznościach ludzie tracą przekonanie, że ich opinie zostaną wysłuchane i ocenione obiektywnie i sprawiedliwie, myśląc: „po co mam cokolwiek robić, skoro sprawiam same kłopoty?". Kiedy konflikt zostaje wyartykułowany, lider 7.7+ od razu poddaje analizie powody jego wystąpienia pod kątem obiektywnych i istotnych faktów, po czym każdy członek zespołu może wyrazić swoją opinię.

Chęć unikania konfliktów jest zupełnie naturalna z uwagi na ich emocjonalny aspekt, który powoduje dyskomfort. Zwykle aktywnej obronie przed zarzutami towarzyszy złość, gestykulacja, a czasami nawet krzyk, dlatego wielu szefów woli załagodzić lub wyeliminować konflikt po to tylko, aby nie musieć spierać się z rozzłoszczonym pracownikiem. Jak wiadomo różni ludzie mają różną odporność na manifestację wrogich emocji, np. płacz w sytuacji konfliktowej może wywołać u drugiej strony dyskomfort i reakcję obronną. Z drugiej jednak strony unikanie emocji podczas konfliktu może tylko pogorszyć sprawę. Ludzie powinni móc głośno mówić, co mają do powiedzenia; chcą być wysłuchani, szczególnie gdy nachodzą ich wątpliwości.

Jeśli chodzi o stosunek lidera 7.7+ do emocji w sytuacji konfliktowej to, owszem, każdy ma prawo zabrać głos, ale powinien zawsze trzymać się faktów i przyczyn konfliktu. Aby tak się stało, włącza jednego lub dwóch współpracowników do rozmowy jako obiektywnych obserwatorów. Obiektywne podejście jest szczególnie ważne, kiedy osoby zaangażowane w rozmowę straciły zdolność do zachowania bezstronności. W takiej sytuacji rozmowa o konkretnych faktach i logicznych argumentach jest bardzo pomocna.

W efekcie strony sporu mogą skupić się wyłączenie na rozwiązaniu konfliktu, zapobiegając tym samym dalszej konfrontacji.

Jeśli zasada „co jest słuszne?" w procesie rozwiązywania konfliktów obowiązuje w całym zespole, pracownicy eliminują sprzeczności trzymając się faktów, analizując dane i identyfikując przyczyny. Wówczas zaproponowane rozwiązanie jest akceptowane przez wszystkich członków zespołu.

Podejście lidera 7.7+ opiera się na konfrontowaniu pomysłów, nie ludzi. Jeśli skonfliktowane strony dążą do ustalenia, co jest słuszne, wówczas osoba, której pomysł został odrzucony nie czuje się urażona. Powie do swojego oponenta: „Mój pomysł nie był do końca słuszny. Mam nadzieję, że twój lepiej się sprawdzi". To oznacza, że w tej sytuacji nie ma przegranych, a na realizacji zwycięskiego pomysłu korzystają wszyscy członkowie zespołu.

Dla lidera 7.7+ konstruktywne rozwiązywanie konfliktów jest jednym z możliwych sposobów na osiągnięcie synergii. Porównując i omawiając różne punkty widzenia, początkowo skonfliktowane strony mogą znaleźć rozwiązanie, które okaże się lepsze od ich pierwotnych pomysłów. I choć takie nowe rozstrzygnięcie może zawierać elementy pomysłu wyjściowego, jest rozwiązaniem zupełnie nowym, głębszym i dalekim od zwykłego kompromisu. Synergia jest marzeniem każdego zespołu. Jej osiągnięcie jest możliwe tylko wtedy, gdy zespół jest gotowy na rozwiązywanie konfliktów, nie próbuje ich bagatelizować czy tuszować. Przywódca 7.7+ zawsze pamięta, że nierozwiązane konflikty okradają zespół z energii i zaangażowania koniecznego do osiągania wysokich wyników.

Komunikowanie się

Przywódca o stylu 7.7+ ma bardzo wysokie kompetencje komunikacyjne. Stara się zapewnić pełen dostęp do informacji, aby każdy członek zespołu mógł podejmować słuszne decyzje. Pracownicy mają wiedzę na temat tego, co dzieje się w organizacji. Praca zespołowa jest zawsze poprzedzona identyfikacją koniecznego wkładu każdego członka grupy. Lider 7.7+ przyciąga do siebie tylko tych pracowników, którzy rzeczywiście powinni brać udział w rozwiązywaniu problemów i ich omawianiu. Bardzo rzadko zwołuje ogólne zebrania. Jeśli organizuje spotkania zespołowe, to uczestniczą w nich tylko ci pracownicy, którzy mają wiedzę, umiejętności i doświadczenie niezbędne do osiągnięcia celu spotkania.

Liderowi 7.7+ zależy na aktywnej wymianie pomysłów, na włączaniu wszystkich dostępnych zasobów i osiąganiu wysokich wyników. Nowe pomysły są przez niego mile widziane, rozważane i promowane. Aby móc porównywać i dzielić się różnymi pomysłami i opiniami, stosuje metodę aktywnego słuchania, co gwarantuje aktywny udział każdej osoby i wysoki stopień odpowiedzialności za zadanie. Lider 7.7+ aktywnie poszukuje sprawdzonych niezbędnych informacji. Zaprasza pracowników do dialogu i uważnie wysłuchuje się w ich pomysły i opinie, nawet jeśli bardzo różnią się od jego własnych.

Nieustannie weryfikuje słuszność swojego rozumowania i podejmowanych decyzji, porównując je z podejściem innych liderów.

Nigdy nie próbuje ukrywać, bagatelizować lub wyolbrzymiać informacji. Chętnie dzieli się informacjami celem dokonania obiektywnej analizy i oceny. Dlatego szczerość jest najważniejszą cechą lidera o tym stylu, przynajmniej w kontekście wymiany informacji. Zawsze bardzo precyzyjnie ocenia dostępne zasoby. Nie byłoby to możliwe, gdyby nie miał pełnego dostępu do kompletnych informacji. Ponieważ dąży do osiągania najwyższych wyników, nie obawia się być dociekliwym i zadawać wielu pytań. Jeśli ma wątpliwości związane z profesjonalizmem pracownika, mówi: „Doceniam twoją inicjatywę, ale nie jestem przekonany, czy masz wystarczającą wiedzę i umiejętności, aby wykonać to zadanie na wysokim poziomie. Wydaje mi się jednak, że swoim entuzjazmem i energią mógłbyś wesprzeć tych kolegów, którzy mają w tym temacie większe doświadczenie."

Gdy widzi, że ktoś ma problemy z realizacją projektu, analizuje je za pomocą metody bezpośredniego zbierania informacji. Stara się nie zadawać pytań zamkniętych, na które odpowiedź brzmi „tak" lub „nie". Zadaje za to dużo otwartych pytań, które zapraszają do rozmowy bez narzucania własnego punktu widzenia. Jest to szczególnie ważne w sytuacji, gdy osoba zadająca pytania zajmuje wyższą pozycję w hierarchii organizacji. Ludzie mają w zwyczaju popierać opinię osób mający autorytet, na przykład wynikający z zajmowanego stanowiska, niezależnie od tego, czy się z nimi zgadzają, czy nie.

Proaktywność

Opinie lidera 7.7+ zawsze są poparte solidnymi argumentami. Z przekonaniem broni swojego zdania i zachęca do tego innych. Nawet kiedy wydaje się, że klamka zapadła, z troski o wysoki rezultat prosi osoby, które jeszcze się nie wypowiedziały, aby i one wyraziły swoje zdanie. Jest gotowy powiedzieć, co on sądzi na dany temat, nawet gdy argumenty oponentów brzmią przekonująco. Zawsze inicjuje działania, które zwiększają uczestnictwo i zaangażowanie pracowników.

Kiedy przychodzi mu bronić swoich poglądów, wypowiada się jasno i z dużą pewnością siebie. Wysokie zorientowanie na wartości organizacji, ludzi i zadania powoduje, że broni własnych przekonań celem osiągnięcia najlepszych wyników. Te same wartości sprawiają, że robi to bez atakowania kogokolwiek. To, że posiada silną pozycję nie oznacza, że może przerywać innym w połowie zdania czy ignorować rozmówców. Wynika to również z przekonania, że nie ma takiego pomysłu, którego nie dałoby się udoskonalić.

Argumentowanie i obrona własnego zdania czasami rodzą dylemat związany ze zwycięstwem i porażką. Jeśli opinia zostaje przyjęta przez zespół, to można powiedzieć, że argumentujący odniósł zwycięstwo, jeśli zaś zostanie odrzucona – wówczas uważa się, że poniósł porażkę. Tymczasem lider 7.7+ odrzuca model wygrany/przegrany i zachęca wszystkich do przejścia na model wygrany/wygrany. Innymi słowy, do zastanowienia się nad tym, „co jest słuszne", zamiast kto ma, a kto nie ma racji. Zawsze stara się weryfikować słuszność swoich opinii, omawiając je z innymi osobami. Takie dyskusje umożliwiają mu szczegółową analizę problemu z różnych perspektyw. Jeśli w toku dyskusji okaże się, że lider 7.7+ miał rację, przystępuje do pracy z jeszcze większą energią i wsparciem zespołu. Jeśli zaś inny pomysł okaże się lepszy, wówczas bez wahania zmienia zdanie i przychyla się do pomysłu bardziej słusznego i optymalnego. Gdy niektórzy współpracownicy nie zgadzają się z jego poglądem, choć wiadomo, że jest on słuszny, kontynuuje swoje działania z pełnym przekonaniem i świadomością, że zrobił co w jego mocy, aby mogli zrozumieć jego uzasadnienie. Po jakimś czasie ponownie próbuje przekonać nieprzekonanych.

Aktywnie podejmuje inicjatywę w oparciu o obiektywną ocenę zasobów R (resources). Swoim rozmówcom okazuje szacunek i zainteresowanie. Taka postawa pomaga pozostałym członkom zespołu ocenić dostępne zasoby i zaplanować działania. Ma zawsze trafne spostrzeżenia na temat możliwości swojego zespołu i potrafi ocenić wpływ poszczególnych działań na każdego z jego członków. Jeśli nowa inicjatywa rodzi potrzebę cięższej pracy za mniejsze wynagrodzenie, lider 7.7+ dostrzeże tę sprzeczność i ją rozwiąże. Jeśli zaś inicjatywa spowoduje zatrzymanie produkcji, również będzie w stanie dostrzec takie niebezpieczeństwo z wyprzedzeniem.

Wiara przywódcy 7.7+ w kompetencje pracowników zachęca ich do bycia bardziej aktywnymi, jako że w swoich ocenach kieruje się on zawsze obiektywnymi przesłankami. Szybko podejmuje decyzję na temat trybu działania, a jego entuzjazm jest zaraźliwy. Działać z entuzjazmem nie oznacza jednak działać pospiesznie lub ignorować okoliczności i obawy. Działać z entuzjazmem oznacza zrobić krok w tył i przyjrzeć się wydajności pod kątem dostępnych zasobów, podejmowanych decyzji i strategii. Proaktywne podejście lidera 7.7+ umożliwia mu pójście naprzód, poszukiwanie, odnajdywanie i analizowanie informacji. Zaletą takiej postawy jest bardziej optymalna i realistyczna wizja możliwości obrony własnego punktu widzenia, która opiera się na faktach, logicznym rozumowaniu i zdrowym rozsądku.

Punkt widzenia lidera 7.7+ charakteryzuje szczerość. Nie obawia się analizy faktów. Aby móc z powodzeniem wykonywać zadania, konieczne jest rozpatrzenie wszystkich okoliczności i podejmowanie z wyprzedzeniem odpowiednich kroków. Osoba o tym stylu przywódczym wykazuje się inicjatywą na każdym etapie działań. Nieustannie ustala priorytety, analizuje możliwości wdrożenia planu oraz sam proces wdrażania, tak aby w razie konieczności móc podjąć odpowiednie kroki. Podczas gdy większość członków zespołu woli od razu przejść do działania, on zaczyna od zdefiniowania kryteriów i kamieni milowych. Po wykonaniu zadania inicjuje ocenę skuteczności prac i wprowadza konieczną korektę z myślą o przyszłych projektach.

Podejmowanie decyzji

Lider 7.7+ przywiązuje wielką wagę do podejmowania słusznych decyzji, które mogą pomóc organizacji w osiąganiu wspólnych celów. Słucha opinii innych osób na dany temat i porównuje z ustalonymi kryteriami. Zrozumienie i porozumienie są dla niego niezwykle ważne. Nie obawia się niepopularnych czy trudnych decyzji i zawsze stara się rozwiązywać problemy na bazie porozumienia i wysokiej motywacji.

Decyzje lidera o tym stylu opierają się na otwartej wymianie cennych pomysłów, opinii i faktów. W efekcie decyzje zapadają w atmosferze porozumienia i wzajemnego zrozumienia. Takie podejście stwarza najlepsze możliwości do odniesienia sukcesu, gdyż umożliwia identyfikowanie i rozwiązywanie utajonych i potencjalnych problemów. Kluczem do wydajności procesu podejmowania decyzji w tym modelu przywódczym jest wysoki poziom zaangażowania. W rozumieniu lidera 7.7+ wysokie zaangażowanie w poszukiwanie rozwiązań wymaga swobodnego wyrażania opinii, omawiania rozwiązań alternatywnych, wysuwania ciekawych pomysłów, dyskusji o nieporozumieniach i błędach komunikacyjnych. Jakość rozwiązań ocenia się odpowiednio do ich stosowności i optymalności. Tak wynegocjowane rozwiązania wydają się być naturalnym rezultatem szczerej debaty. Wysoki stopień zaangażowania, charakterystyczny dla stylu 7.7+, zwiększa akceptację dla podjętej decyzji. Ludzie są bardziej skłonni popierać takie rozwiązania, ponieważ brali udział w ich kształtowaniu. Nawet jeśli nie udało się osiągnąć pełnego porozumienia, członkowie zespołu byli dobrze poinformowani na temat wszystkich faktów, opinii i działań. Łączy ich wspólne zobowiązanie, gdyż każdy miał okazję zaoferować coś innego – własną opinię, wątpliwości i obawy. Takie zobowiązanie konsoliduje grupę, ponieważ nawet jeśli tylko jedna osoba przedstawia oryginalny pomysł, każdy ma okazję go poprzeć i stać się odpowiedzialnym za jego realizację.

Według lidera 7.7+ liczba osób biorących udział w procesie decyzyjnym zależy od rzeczywistych potrzeb. Jeśli pracownik może wnieść istotny wkład dzięki swemu doświadczeniu, umiejętnościom lub odpowiedzialności, wówczas jego uczestnictwo w procesie jest pożądane. Grupowe podejmowanie decyzji może obejmować zarówno członków zespołu, jak i strony trzecie. W każdym z tych dwóch przypadków podjęcie decyzji jest łatwiejsze, gdyż status i wpływy każdego jednego mówcy znaczą mniej niż waga jego osobistego wkładu w proces. Jeśli najmniej doświadczona osoba biorąca udział w dyskusji przedstawi najlepszą propozycję, jest ona przyjmowana jako optymalne rozwiązanie. A jeśli menedżer lub najbardziej doświadczony pracownik zaproponuje słabe rozwiązanie, zostanie ono odrzucone jako nieoptymalne. Takie podejście oznacza, że z czasem wszyscy członkowie zespołu będą mieli swój większy lub mniejszy udział w podjęciu szeregu różnych decyzji. Oczywiście finalne rozstrzygnięcia zapadać będą w gronie jednej lub dwóch osób, które ponoszą pełną odpowiedzialność za podejmowane decyzje.

Kolejną zaletą procesu decyzyjnego w modelu 7.7+ jest prostota procesu, która wynika z zaufania i szacunku, jakim obdarzają siebie członkowie zespołu. Wszyscy wiedzą, że decyzje zapadają według kryteriów poprawności i optymalności, a poszczególni członkowie grupy nie muszą uczestniczyć w procesie decyzyjnym, jeśli nie mają nic do zaoferowania. Kiedy lęki, obawy i bariery zostaną wyeliminowane, pracownicy mogą sprawnie podejmować słuszne decyzje, niezależnie od tego, kto brał udział w procesie.

Konstruktywna krytyka

Najważniejszą cechą charakterystyczną stylu 7.7+ jest otwartość i szczerość w relacjach. Te cechy są szczególnie widoczne, kiedy lider 7.7+ dzieli się krytycznymi uwagami i informacjami zwrotnymi. Typowa dla tego stylu krytyka opiera się na ciągłej analizie skuteczności zespołu i obejmuje wszystkie rodzaje krytyki: na etapie poprzedzającym działanie, wynikającą z planowej oceny, spontaniczną oraz podsumowującą działanie. Taka sekwencja pozwala liderowi 7.7+ na sprawniejsze i skuteczniejsze rozwiązywanie problemów już w momencie ich wykrycia. Jeśli mimo wszystko nie uda się zapobiec komplikacjom, dzięki szybkiej identyfikacji problemu można je dość szybko i sprawnie rozwiązać. Wzrost świadomości u członków zespołu sprawia, że problemy są rozwiązywane na wczesnym etapie, zanim nieodwracalnie zaszkodzą organizacji.

Dzięki krytyce, która pomaga zidentyfikować wszystkie problemy i alternatywne rozwiązania, lider 7.7+ posuwa całą organizację naprzód. Zawsze stara się używać obiektywnej krytyki, szczególnie w trudnych lub emocjonalnych sytuacjach. Sam chętnie poddaje się krytyce, gdyż zależy mu na opiniach innych i naprawieniu błędów dla zapewnienia ciągłego postępu. Liderzy mają często w zwyczaju traktować krytykę jako etap końcowy. Uważają, że powinno się jej używać dopiero po wykonaniu zadania. Bywa, że taka krytyka jest formą świętowania sukcesu, a większość zespołów nie uważa za zasadne, aby prześledzić drogę, która ich do niego zaprowadziła. Dlatego krytyka zamienia się w swego rodzaju laudację, której celem jest podtrzymanie wysokiego morale. W takiej atmosferze łatwo jest popaść w samozadowolenie będące jednym z najgroźniejszych skutków ubocznych sukcesu. Ludzie zaczynają zbyt mocno wierzyć w swój sukces i widzą w sobie zdobywców najwyższych szczytów. Z czasem taka postawa prowadzi do spadku jakości i oczekiwań. Historia zna wiele przykładów przedsiębiorstw, które po osiągnięciu niezwykłego sukcesu na długie lata pogrążyły się w kryzysie.

W zespole dowodzonym przez lidera 7.7+ również świętuje się sukcesy i osiągnięcia, z tym że jednocześnie analizuje się wszystko, co wydarzyło się po drodze – począwszy od wstępnych oczekiwań, a skończywszy na rezultacie jaki idealnie byłoby osiągnąć. I jeśli okaże się, że w zasięgu ręki był wzrost o 40 %, a nie tylko 20 %, to nie ma powodów do radości. Jeśli zaś rezultat jest o wiele wyższy niż zakładano, to znaczy, że najprawdopodobniej oczekiwania były zbyt niskie. Oczywiście sukces powinien być powodem do radości, ale nigdy nie można zapomnieć o ciągłej poprawie jakości i wzmacnianiu zaangażowania.

Bywa, że krytykę wykorzystuje się do poszukiwania i karania winnych. Krytyczna debata zamienia się wówczas w spektakl wzajemnych pretensji. U osób, które przeżyły taką krytykę słowo to zaczyna budzić silne negatywne emocje. W rzeczywistości nie jest to krytyka tylko nadużycie władzy celem znalezienia winnych wśród podwładnych. Styl krytyki lidera 7.7+ daleki jest od takich niestosownych i szkodliwych praktyk. Jej celem jest rozwijanie kreatywności, a nie ukaranie czy upokorzenie. Lider o tym stylu z taką samą uwagą podchodzi do krytycznych uwag kierowanych pod adresem innych osób, jak i do krytyki jego własnych działań.

Wszystkie sprawy są komentowane w atmosferze wzajemnego zaufania i szacunku. Kiedy każda ze stron rozumie, że nadrzędnym celem krytyki jest znalezienie sposobów na poprawę wydajności, łatwiej jest przedstawiać i przyjmować krytyczne uwagi. Takie podejście wspiera rozmówców i pomaga przeżyć porażkę, ponieważ nikt nie czuje się osamotniony czy porzucony. Pomimo pojawiających się sprzeczności i tarć, lider 7.7+ zawsze podkreśla znaczenie celów: „Jesteśmy zespołem!". Nie oznacza to, że osoby o tym stylu nigdy nie popadają w złość. Jednak zasadnicza różnica polega na tym, że negatywne komentarze są zawsze wygłaszane w sposób konstruktywny, koncentrując się na poprawie wydajności i rozwoju.

Lider 7.7+ stara się koncentrować na konkretnych przykładach zachowania oraz na wpływie, jaki to zachowanie miało na postępy prac zespołu. Nie uznaje krytyki za coś złego i koncentruje się na konkretnych działaniach i ich wpływie na skuteczność grupy. Zasadniczym celem krytyki stosowanej przez osoby o tym stylu jest pomoc pracownikowi w samodoskonaleniu. Z czasem pracownik sam zaczyna prosić innych o podzielenie się z nim konstruktywnymi uwagami. Krytyka ułatwia zrozumienie wzajemnych zależności pomiędzy działaniem a rezultatem, a więc pracownik, który ma naturalną potrzebę otrzymywania informacji zwrotnych, zaczyna rozumieć, jak powinien poprawić swoje zachowanie. Widać wyraźnie, że konstruktywna krytyka jest naturalnym, motywującym i koniecznym składnikiem każdego efektywnego przedsięwzięcia.

13.7 Wnioski

Lider 7.7+ wyraża dużą troskę o zadania i ludzi oraz silnie koncentruje się na wartościach. Ten model przywódczy charakteryzuje się wysokim stopniem spójności oraz dużym rygorem etycznym, który lider o tym stylu sam sobie narzuca. Istotne znaczenie mają dla niego wartości, takie jak sprawiedliwość, szczerość, zaufanie i odpowiedzialność, które są ważne również dla pracowników. Lider 7.7+ jest obiektywny i szczery, trafnie ocenia swoje własne decyzje i postawę, jest skromny i wspierający; myśli o przyszłości i robi dalekosiężne plany. Działa w sposób pewny i zdecydowany. Nie wprowadza zmian z samej tylko chęci odmiany, lecz traktuje je jako niezbędny element rozwoju organizacji. Kultura modelu 7.7+ może być skutecznym narzędziem zarządzania, sprzyjającym rozwojowi i doskonaleniu organizacji.

Lider 7.7+ zapewnia konsekwentną realizację celów i zaangażowanie wszystkich zasobów i energii zespołu. Ten styl jest ucieleśnieniem wszystkich najważniejszych zasad dotyczących efektywności pracy zespołowej, gdyż jako jedyny nie opiera się na dominacji, oportunizmie, zgniłych kompromisach, unikaniu, instrumentalnym podejściu, czy nadużywaniu władzy. Oferuje świeże spojrzenie na relacje, dodaje sił i zapewnia silne wsparcie. Lider 7.7+ kształtuje strefę relacji międzyludzkich w sposób, który umożliwia nie tylko realizację celów, ale również budowanie silnego zaangażowania i poczucia spełnienia.

Jest dobrze poinformowany, dzięki czemu wymiana informacji w zespole przebiega sprawnie. Daje przykład otwartej i szczerej komunikacji opartej na faktach oraz pokazuje, że identyfikowanie przyczyn ułatwia rozwiązywanie konfliktów i sprzeczności. Nie boi się przyznać do słabości i porażek, z chęcią wysłuchuje, co inni mają do powiedzenia. Taka otwartość zachęca do otwartości pozostałe osoby w zespole.

Kieruje się zasadą „co jest słuszne?", a nie „kto ma rację?", co eliminuje potrzebę wchodzenia w układy, poszukiwania sojuszników lub kontrolowania zachowania innych; znikają też obawy przed zaangażowaniem, charakterystyczne dla innych stylów przywódczych. Taka postawa inspiruje zespół do współpracy i osiągania wysokich wyników, nie pozostawiając miejsca na próby zdobycia uznania u innych. Indywidualne osiągnięcia są oceniane i nagradzane, ale tylko w kontekście osiągnięć zbiorowych.

Lider 7.7+ włącza się do zadań każdego pracownika, na którego decyzje lidera mają wpływ. Takie porozumienie, od momentu jego zawarcia, stanowi zobowiązanie niezbędne do efektywnego wdrażania planów. Rezultaty płynące ze zbiorowej interakcji nie przychodzą same z siebie, ale wymagają ciężkiej pracy. Podobnie, styl 7.7+ sam z siebie nie będzie efektywny jeśli członkowie zespołu nie zbudują atmosfery opartej na wzajemnym zaufaniu i szacunku. Bez zaufania niemożliwa jest intensywna wymiana informacji i prawdziwie szczere relacje. Nikt nie może oczekiwać, że któregoś dnia przyjdzie do biura i raptem zacznie działać w stylu 7.7+. Uniemożliwiają to całe lata złych nawyków i gorzkich rozczarowań, a droga do lepszego zrozumienia siebie jest często wyboista. Szczerość rodzi krytykę, która może zostać odebrana jak zniewaga. Postawy, które odpowiadają za nieefektywne zachowanie wynikają z głęboko zakorzenionych (często ukrytych) wartości, które trudno jest zmienić.

Z uwagi na dużą swobodę działania i odpowiedzialność lider 7.7+ jest w rzeczywistości bardzo wymagający. Jednocześnie okazuje swoją satysfakcję i wyraża uznanie wobec każdego, kto angażuje się w zadania. Nie czeka bezczynnie na informacje, lecz wkłada dużo wysiłku w to, aby być dobrze poinformowanym, tym bardziej, że udowodnienie swoich racji poprzez wyjaśnianie powodów, poszukiwanie argumentów i ocenę opinii pracowników jest trudnym zadaniem. Wielu menedżerów jest przyzwyczajonych do autorytarnych metod zarządzania. Takie osoby nie lubią wyjaśniać czy uzasadniać swoich działań.

Lider 7.7+ wykorzystuje bieżące konflikty jako źródło energii niezbędnej do zrównoważonego rozwoju i poprawy wydajności. Jest to możliwe głównie dzięki ciągłemu wzmacnianiu siły dośrodkowej w obszarze współpracy. Cele organizacji i poszczególnych pracowników wchodzą w harmonijną interakcję. Zorientowanie na cele i na ludzi zazębia się gdy dążenie do osiągania wysokich wyników odbywa się w oparciu o normy etyczne wspierane przez organizację. Ten model przywództwa wyraźnie pokazuje, że tylko dzięki zaangażowaniu wszystkich dostępnych zasobów możliwe jest osiąganie maksymalnych rezultatów.

Lider 7.7+ przykuwa uwagę innych i jest szanowany w środowisku organizacji, a pracownicy czerpią prawdziwą przyjemność ze współpracy z otwartym i pewnym siebie liderem. Nie oznacza to, że jest nieomylny i nigdy nie popełnia błędów. Jego też nachodzą wątpliwości i ulega wpływowi negatywnych czynników, ale jego konstruktywne myślenie i sprawne działanie pomagają mu w skutecznym pokonywaniu trudności.

Teoria Synercube wraz z umiejętnościami i wiedzą, na których bazuje, umożliwia nie tylko optymalne przekształcanie zasobów (R) w rezultaty (O). Umożliwia również określanie celu działań oraz jego znaczenia. Wymiar wartości kulturowych powoduje, że cele stają się społecznie odpowiedzialne, sprawiedliwe i przejrzyste, a więc stają się szlachetne w najlepszym tego słowa znaczeniu; zyskują rangę i znaczenie dla społeczności, jednocząc ją i motywując. Czy cele takie można nazwać wizjonerskimi? Tak, ale tylko pod warunkiem, że są one jednocześnie moralne. Wizjonerski czy nie, cel w organizacji powinien przede wszystkim oferować wysokie prawdopodobieństwo osiągnięcia ekonomicznych pożytków. Z tego punktu widzenia, sprowokowanie krachu na rynkach walutowych, co może przynieść olbrzymi zysk, można uznać za zrealizowanie znaczącego celu – kierownictwo przewidziało to, czego inni nie przewidzieli. Należy sobie jednak zadać pytanie – czy ten cel jest szlachetny? Dlatego my wolimy stosować koncepcję przyzwoitych wizjonerskich celów lub po prostu celów szlachetnych.

Nie jest istotne, kogo lub czego dotyczy stawka – osoby czy dużej korporacji: sukces nie oznacza jedynie osiągania rezultatów za pomocą dostępnych zasobów, ale osiąganie dobrych rezultatów o dużym społecznym i osobistym znaczeniu.

We współczesnym świecie, w którym wysokie wartości ogólnoludzkie dewaluują się, a nawet stają się przedmiotem kpin, pojęcie szlachetnego celu może wydawać się nazbyt wysublimowane. Tymczasem pojęcie szlachetnego celu, podobnie jak przyzwoitości w ogóle, jest łatwiejsze do zrozumienia niż nam się czasami wydaje. Jeśli masz zamiar coś zrobić, w Twojej głowie musi pojawić się jasno sprecyzowany pomysł na temat tego, co chcesz zrobić, ale również *dlaczego* chcesz to zrobić. Obraz przyszłego rezultatu staje się siłą napędową i potrafi motywować do działania, ale tylko wtedy, gdy cel ma dodatkowe znaczenie i jest wartościowy dla wielu ludzi.

Podobnie jest w organizacji – jeśli zadanie ma zostać wykonane, każdy powinien wiedzieć, co ma do zrobienia i mieć jasną wizję końcowego efektu, jego znaczenia i wartości. A im bardziej jasne, zrozumiałe i osobiste jest znaczenie celu, tym większe jest zaangażo-

© Springer-Verlag GmbH Germany, part of Springer Nature 2019
A. Zankovsky and C. Heiden, *Przywództwo z Synercube*,
https://doi.org/10.1007/978-3-662-58235-0_14

wanie każdego członka zespołu i większa szansa, że ludzie zjednoczą się, aby go osiągnąć przy wykorzystaniu wszystkich dostępnych zasobów.

Szlachetny cel zwiększa motywację z jeszcze jednego powodu. Jeśli mamy wyraźną wizję szlachetnego celu i tego jak możemy go osiągnąć, wówczas sama świadomość, że z jakiegoś powodu cel ten nie może zostać osiągnięty staje się dla nas nieznośna. Podejmujemy działania, aby pokonać wszelkie przeszkody, walczymy, aby zachować swoją godność. W biznesie oczywiste jest, że jeśli firma ma szlachetny cel to skłania swoich konkurentów nie tylko do myślenia o tym, jak dotrzymać jej kroku, ale, co równie istotne, jak to zrobić w sposób godny.

Wyznaczanie szlachetnych celów może wydawać się utopijne, a pomysłodawca zwykle spodziewa się wielu trudności. O osobach, które sięgają po takie cele często mówi się, że są zuchwałe lub aroganckie, albo odwrotnie – że są idealistami oderwanymi od rzeczywistości. Obawy i lęki skłaniają do myślenia o czynnikach, które mogłyby przeszkodzić w realizacji celu: „A co jeśli wydarzy się X?". Takie obawy są często barierą, która blokuje działania. Pamiętajmy jednak, że im cel jest bardziej szlachetny, tym mniejsze są powody do obaw i lęków, a większe poczucie utożsamiania się z celem i zaangażowania w jego realizację wśród pracowników. Członkowie zespołu zaczynają się wspierać, przedstawiać twórcze pomysły, które wzmacniają przekonanie, że cel jest w zasięgu ręki. Istnieje również taka możliwość, że ten szlachetny cel oraz wysiłek, jaki zespół włada w jego realizację, zainteresują osoby decyzyjne, które go wesprą. Każda dyskusja na ten temat będzie uwalniać potencjał do nowych działań, nowe twórcze pomysły, stwarzać możliwości, a w rezultacie, budować synergię, której nigdy nie udałoby się osiągnąć, gdyby cel był pozbawiony istotnego dla wszystkich znaczenia i wartości.

Szlachetny cel posiada dodatkowy wymiar związany właśnie z wartościami. Dzisiaj ten cel staje się kluczowym elementem długoterminowego i stabilnego sukcesu.

Dobra strategia składa się z trzech zasadniczych elementów. Po pierwsze, organizacja powinna koncentrować się na określeniu zestawu dominujących wartości kształtujących ogólną filozofię firmy, która jest swoistym drogowskazem i pozostaje niezmienna nawet w obliczu zmian, w tym zmian kierownictwa, zakresu oferowanych towarów i usług, zakresu działalności itp.

Fundament w postaci ustalonych wartości umożliwia formułowanie wielu różnych zamierzeń: od prostych i prozaicznych, mających pomóc w rozwiązywaniu problemów dnia codziennego (np. znaleźć rozwiązanie problemu chrapania), do najbardziej wizjonerskich i ambitnych, które dzisiaj mogą wydawać się całkowicie nierealne (np. uszczęśliwić cały świat). Co najważniejsze – cel powinien mieć rzeczywistą wartość dla ludzi, organizacji, społeczności i ludzkości. A im większy będzie zakres jego oddziaływania, tym większe będzie miał znaczenie dla organizacji i będzie bardziej motywował do działania.

Jednym z najważniejszych elementów wartościowej strategii jest szczegółowy i konkretny opis tego, co planujemy osiągnąć w ramach szlachetnego celu. Lider może posiadać wyjątkową wiedzę i umiejętności, ale nawet on działając w pojedynkę nie będzie tak efektywny, jak grupa dziesięciu ludzi zaangażowanych w jego realizację. Danie impulsu do realizacji szlachetnego celu zawsze działa motywująco na wszystkie działy i departamenty organizacji, które zaczynają tworzyć własne szlachetne cele cząstkowe i zamierzenia w oparciu o cel nadrzędny. I to nie dlatego, że taka była decyzja kierownictwa wysokiego szczebla, ale dlatego, że każdy pragnie znaleźć swoje prawowite miejsce wśród ludzi, mierzyć się z kolejnymi wyzwaniami.

Dlatego wartościowe organizacje realizują cele, które inni uważają za całkowicie nierealne.

Warunkiem wstępnym do realizacji szlachetnego celu na każdym poziomie – indywidualnym, grupowym czy korporacyjnym – jest jego ciągła aktualizacja w świadomości członków zespołu. Albowiem zadaniem lidera nie jest samo określenie celu, ale zapisanie go na papierze, omówienie metod jego realizacji z pracownikami, nadanie znaczenia każdego z działań, oraz zapewnienie, że wszyscy pracownicy przyjęli ten cel i są pełni wiary w sens jego realizacji.

Trzeba podkreślić, że szlachetny cel jest czynnikiem motywującym do rozwoju osobistego. A im bardziej ludzie uczestniczą w formułowaniu szlachetnego celu, tym większe jest ich zaangażowanie w realizację oraz pragnienie, aby móc zobaczyć go na własne oczy, i tym mniejszy lęk przed porażką.

Z punktu widzenia pojedynczego człowieka, przywództwo w swojej najbardziej zwięzłej definicji oznacza wyznaczanie szlachetnych celów i przekonywanie ludzi do ich realizacji. Dzięki fundamentom w postaci systemu wartości ludzie mogą identyfikować się ze szlachetnymi celami i mogą je realizować. Organizacja, która nie posiada jasno zdefiniowanych i znaczących celów ani wewnętrznego systemu wartości korporacyjnych, będzie miała problemy z przyjęciem wartości Synercube. A to właśnie wartości przejawiające się w kulturze organizacji tworzą warunki sprzyjające połączeniu sił przez zespół w celu realizacji szlachetnego celu. Oczywiście pod warunkiem, że jest on podparty szlachetnym zachowaniem lidera. Wartości i umiejętności opisane w koncepcji Synercube wzmacniają zaangażowanie ludzi w realizację celu, poprzez budowanie relacji opartych na otwartości, szczerości i wzajemnemu zaufaniu, szacunku. Wzmacniają synergię. Słowem: wartości Synercube tworzą solidne fundamenty na ścieżce do realizacji szlachetnego celu.

Model doboru naturalnego wg Darwina, który wpływał na rozwój świata biznesu przez wiele lat, zakładał wkładanie wysiłku w adaptowanie się do zmian rynkowych i maksymalizację zysków. Dzisiaj teoria biznesu ma bardziej ucywilizowaną i skoncentrowaną na społecznościach formę – przetrwa ten, kto zdoła zaadaptować się do zmieniających się warunków, uczyni to w sposób szlachetny, realizując przy tym szlachetne cele.

Aktywna postawa lidera oparta na wspólnych dla wszystkich pracowników wartościach, może mieć silny wpływ na grupowe normy i rezultaty. Ludzie zwykle wierzą, że ich wartości i postawy są czysto osobiste, indywidualne i unikatowe. Tymczasem badania pokazują, że większość indywidualnych zasad wywodzi się z norm grupowych. W efekcie to grupa wpływa na jakość indywidualnych starań w stopniu większym niż mogłoby się wydawać. Normy grupowe są ujęte w tradycjach, legendach, zwyczajach, rytuałach, zasadach, regulacjach, politykach, instrukcjach, obyczajach, tabu, przeszłych doświadczeniach.

Te normy i standardy powstają w procesie zwanym **konwergencją**, kiedy ludzie pracujący ze sobą stopniowo zaczynają się do siebie coraz bardziej upodabniać – tworzą specyficzny język, żarty, zwyczaje, postawy. Konwergencja prowadzi do spontanicznego rozwoju zasad poprzez dostrojenie się indywidualnego zachowania do wspólnego, grupowego szablonu (Turner i Killian 1993).

Spójność jest jednym z najbardziej istotnych zjawisk w organizacji społecznej. Ludzie mają w zwyczaju trzymać z osobami o podobnym doświadczeniu, gdyż to pozwala im przewidzieć zachowanie drugiej osoby, co w przypadku „outsiderów" jest niemożliwe. Komunikacja z osobami wtajemniczonymi jest łatwiejsza. Taka zbieżność może wynikać z faktu przynależności do tej samej rasy, wyznawania tej samej religii, posiadaniu podobnych poglądów politycznych, statusu społeczno-ekonomicznego, wykształcenia itd. Natomiast w środowisku organizacji istotne są jeszcze inne kryteria, np. długość zatrudnienia, funkcja, uczestnictwo w szkoleniach, wspólne doświadczenie. Jeżeli spójność jest wysoka, ludzie ufają sobie i są sobie oddani (Eisenberg 2007; Beal i in. 2003).

Zgodność jest zjawiskiem, które skłania wszystkich członków zespołu do przyjęcia ustalonych norm i zachowania. Zgodność sprzyja tworzeniu kodeksów postępowania poprzez wywieranie pewnej presji, zwykle wyczuwanej intuicyjnie, która powoduje, że ludzie nie tylko przestrzegają grupowych norm, ale również działają na rzecz ich konsolidowania (Cialdini i Goldstein 2004; Bond i Smith 1996).

Wspomnianych norm nie da się obalić na drodze przekonywania, przymusu czy wpływu. Jednak znajomość dynamiki tworzenia norm grupowych umożliwia szefowi organizacji zadanie sobie kluczowego pytania: „Czy istniejące normy grupowe i standardy zachowania wspomagają pracę czy ją utrudniają?". Zgodność sama w sobie nie jest ani niczym dobrym, ani złym; jest za to typowym przejawem dynamiki grupowego zachowania.

Zgodność może wpływać na poprawę skuteczności, ale równie dobrze ją blokować, ponieważ normy i standardy mogą być nieskuteczne, nieprawidłowe lub przestarzałe.

Można założyć, że normy są zasadne tylko wtedy, gdy opierają się na wartościach wyznawanych przez członków grupy. Jeżeli normy grupowe bazują na niesłusznych wartościach lub stoją w sprzeczności z wartościami, mogą stać się istotną przeszkodą dla koniecznych zmian organizacyjnych. Taka sprzeczność jest typowa dla stylów o niskiej kulturze korporacyjnej.

Przywódcy grup odgrywają wiodącą rolę w tworzeniu standardów. Dzięki dobremu zrozumieniu dynamiki grupy i jej zasad, lider może wykorzystać te naturalne prawa do wsparcia postępujących systematycznych zmian. To właśnie w takich momentach osobisty styl przywódcy ma znaczenie nadrzędne. Jak tylko organizacja próbuje zacząć zmieniać istniejącą sytuację, od razu pojawia się cały szereg chaotycznych, sprzecznych i niepewnych reakcji. Ten chaos daje liderowi szansę na przyjrzenie się sytuacji krytycznym okiem i zarządzanie zmianą, ponieważ w tym zamieszaniu kryją się bezcenna energia i ładunek emocjonalny.

Ważne jest, aby liderzy w trakcie całego procesu wdrażania zmian potrafili produktywnie wykorzystać wspomniane powyżej trzy rodzaje energii: konwergencję, spójność i zgodność.

Kiedy już norma zostanie ustalona, grupa daje swoje wsparcie, zmuszając członków zespołu do jej przestrzegania. Lider 7.7+ potrafi zainicjować zmiany i pokierować procesem przejścia od zasad, które blokują rozwój, do postępu.

Normy i standardy mogą w łatwy sposób wpływać na zachowanie, ale lider zorientowany na wartości jest w stanie skierować ten proces w odwrotną stronę, tj. poprzez zachowania wywrzeć silny wpływ na zasady i standardy grupy.

Wdrażanie zrównoważonych i skutecznych zmian wymaga od lidera, aby wykonał trzy zasadnicze zadania, tj. aby:

1. Rozpoznał lęki pracowników i nadchodzące zmiany.
2. Stworzył podstawę dla zmian.
3. Dawał przykład skutecznego i właściwego zachowania.

W obliczu zmian, które wkraczają w sferę personalną związaną ze zwyczajami, postawami i przekonaniami, pojawiają się liczne obawy. Zwykle zwiększają się jeszcze bardziej, kiedy zmiany wpływają lub kwestionują poczucie własnej wartości i wartości osobiste. W takiej sytuacji obawy są czymś zupełnie naturalnym. Zmiany są związane z utratą kontroli nad sytuacją i dlatego mogą zagrażać niezależności i dotychczasowym osiągnięciom. Innym powodem do obaw jest brak świadomości i zrozumienia bieżącej sytuacji.

Obawy i lęki pojedynczych osób oraz niechęć do zmian powodują, że ludzie wolą zrobić krok w tył i udawać, że nie biorą udziału w procesie podejmowania decyzji, nawet jeśli to oni są osobami decyzyjnymi. W efekcie dobrze znane i nieefektywne normy pozostają niezmienione, a członkowie zespołu z obojętnością spoglądają na katastrofalny obrót zdarzeń, nie robiąc nic, aby go zmienić.

Pracownicy często usprawiedliwiają bierność strachem przed konsekwencjami albo odwołują się do czynników, takich jak brak jasnych regulacji, niewystarczająco skuteczne procedury, błędy planowania (o ile plan istnieje), nawyki, niechęć do działania, brak wsparcia oraz brak czasu. Ukrywają przed sobą swoje lęki, nie rozmawiają o nich z obawy przed posądzeniem o bycie słabym czy niedojrzałym. Im wyższy jest status pracownika w organizacji, tym trudniej jest mu się przyznać do obaw – prawdziwy ekspert nie powinien czuć strachu ani mieć wątpliwości.

Jednak sytuacja zmienia się diametralnie, kiedy lider może wpływać na zmianę, jeśli w pełni rozumie sytuację i posiada wszystkie niezbędne informacje. Zrozumienie potrzeb i gotowość do zmiany nie wystarczają, gdyż równie istotne jest, aby wiedzieć, jak zmiany należy wdrażać.

Pierwszym zadaniem na drodze do pokonywania obaw i wewnętrznego sprzeciwu wobec zmian jest uświadomienie sobie, że one istnieją oraz zaakceptowanie ich jako naturalnego objawu. To pozwoli rozpoznać strach za każdym razem, kiedy pojawi się potrzeba zmiany. Skuteczni liderzy, potrafiący zarządzać zmianą, muszą zachęcać do szczerości i być uważni na wszelkie skrywane obawy swoich podwładnych, pracując jednocześnie nad własnymi lękami. Choć strachu przed zmianą nie da się w pełni wyeliminować, można go kontrolować, jeśli stworzy się model, w którym pracownicy będą mogli działać w obiektywny, systematyczny i skoordynowany sposób. Takim modelem jest Teoria Synercube. Zmienia ona strach przed zmianą w kontrolowany proces rozwoju umiejętności, szczerości i obiektywizmu. Tworzy obiektywną typologię stylów kierowniczych.

Style i ich opis według Teorii Synercube umożliwiają kierowanie się własnym osądem przy podejmowaniu decyzji na temat tego, jak powinno wyglądać właściwe zachowanie lidera, oraz porównanie zachowania modelowego z własnym. Jest to atrakcyjne podejście, gdyż pozwala na ocenę faktów i wyciąganie własnych wniosków na temat metod podejmowania decyzji, rozwiązywania konfliktów lub podejmowania inicjatyw. Osiągnięcie rzeczywistych i długotrwałych zmian w organizacji jest możliwe tylko jeśli dostrzeżemy błędy w dotychczasowym zachowaniu i zechcemy je wyeliminować. Jeśli pracownicy omówią i stworzą model właściwego zachowania, zmiany stają się realne i wykonalne. Tego typu modele pozwalają budować własne standardy relacji.

Z perspektywy organizacji, Teoria Synercube jest w pewnym sensie katalizatorem najgłębszych zmian. Gdy ludzie zaakceptują nowe wartości, zmiany indywidualne przybiorą formę grupowych norm. Ostatecznie zmiany rozleją się na całą kulturę organizacji. Jeśli porozmawia się o obawach z wyprzedzeniem i wszyscy pracownicy zaakceptują model skutecznego przywództwa, zespół będzie mógł skupić się na przekształcaniu zasobów R w rezultaty O. Kształtując i wdrażając korporacyjne wartości i postawy oraz zwracając uwagę na dynamikę interakcji w grupie, organizacja może skutecznie budować silne przekonanie o konieczności wprowadzania zmian.

Ważne dla budowania takiego przekonania jest zrozumienie, że ludzie szczerze akceptują tylko to, co sami stworzyli albo w stworzeniu czego uczestniczyli. To pokazuje, jak ważne jest angażowanie osób, które będą uczestniczyły w procesie wdrażania zmian w rozmowy na temat planowanych przemian.

Podejście Synercube do zmian obejmuje kilka etapów rozwoju organizacyjnego w kierunku budowania relacji opartych na wzajemnym zaufaniu, szacunku i szczerości.

Proces ten rozpoczyna się od zmian indywidualnych, następnie przechodzi na cały personel i staje się wzorcem relacji grupowych, a na koniec wkracza na szczebel planowania strategicznego organizacji. Działania podejmowane na wysokim szczeblu hierarchii organizacji wpływają na wszystkie jej szczeble oraz na całokształt relacji. Liderzy wpływają na zmiany własnym zachowaniem i działaniami. Trudno jest przekonać ludzi do skuteczności wdrożonych zmian, jeśli kierownictwo wysokiego szczebla ich nie akceptuje ani nie inicjuje. To ludzka energia uruchamia i napędza zmiany. O ile przenika całą organizację od szczytu po sam dół, jest potężną siłą motywującą i jednoczącą.

Pomimo tej oczywistości, wiele organizacji koncentruje się na poszukiwaniu przeszkód na drodze do zmian na niższych szczeblach. Strategiczne plany, jeśli nie wychodzą poza papier, na którym zostały spisane, pozostają pustymi oświadczeniami woli, które ktoś inny ma wdrażać. Dążenie liderów do skutecznego wdrażania zmian zmusza ich do motywowania pracowników do zmiany zachowania na lepsze. Nieważne jednak jak słuszne są intencje kierownictwa, pracownicy zaczynają się opierać zmianom, czują strach i obawy. Czują się wykorzystani, więc zaczynają poszukiwać sposobów na uniknięcie zmian.

W odróżnieniu od takiej metody, zarządzanie zmianą bazujące na Teorii Synercube opisującej szereg czynników psychologicznych i behawioralnych otwiera realne możliwości do wdrażania ciągłych i skutecznych zmian organizacyjnych.

Źródła

Książki

Turner R, Killian L (1993) Collective behaviour (4th Ed.). Prentice Hall, New York
Eisenberg J (2007) Group Cohesiveness. In Baumeister R and Vohs K (Eds) Encyclopaedia of Social Psychology. Thousand Oaks, California, p. 386–388

Czasopisma

Beal D, Cohen R, Burke M, McLendon C (2003) Cohesion and performance in groups: A meta-analytic clarification of construct relation. J Applied Psychol, 88, p. 989–1004
Bond R, Smith P (1996) Culture and conformity: A meta-analysis of studies using Asch's (1952b, 1956) Line Judgement task. Psychol Bulletin, 119, p. 111–137
Cialdini R, Goldstein N (2004) Social influence: Compliance and conformity. Annual Review of Psychology, 55, p. 591–621